浙江省哲学社会科学规划重点课题（19NDJC012Z）成果

孔氏南宗文獻

整理与研究

吴锡标　刘小成　周洪才　徐寿昌　著

国家图书馆出版社

图书在版编目（CIP）数据

孔氏南宗文献整理与研究 / 吴锡标等著. — 北京 ：国家图书馆出版社，2021.10

ISBN 978-7-5013-7079-5

Ⅰ.①孔… Ⅱ.①吴… Ⅲ.①孔丘（前551-前479）—家族—文献—研究 Ⅳ.①K820.9

中国版本图书馆CIP数据核字（2020）第212981号

书　　名　孔氏南宗文献整理与研究
著　　者　吴锡标　刘小成　周洪才　徐寿昌　著
责任编辑　张慧霞　司领超
助理编辑　王若舟
封面设计　爱图工作室

出版发行　国家图书馆出版社（北京市西城区文津街7号　100034）
（原书目文献出版社　北京图书馆出版社）
010-66114536　63802249　nlcpress@nlc.cn（邮购）
网　　址　http://www.nlcpress.com
印　　装　北京科信印刷有限公司
版次印次　2021年10月第1版　2021年10月第1次印刷

开　　本　787×1092（毫米）　1/16
印　　张　21
字　　数　304千字

书　　号　ISBN 978-7-5013-7079-5
定　　价　68.00元

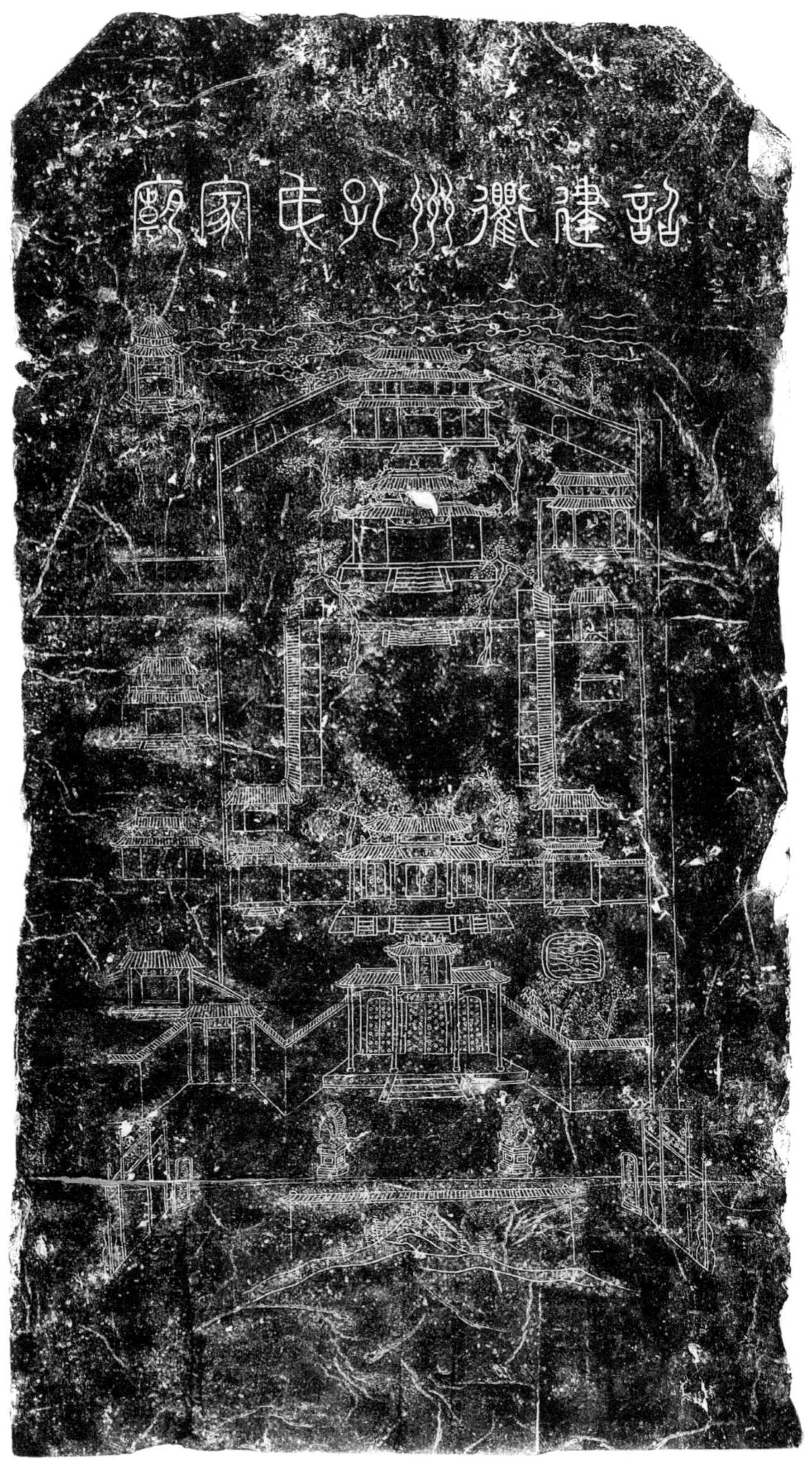

孔氏南宗家庙藏 《诏建衢州孔氏家庙》图碑

孔氏南宗家庙藏　明正德十五年（1520）《拓充家庙以隆祀典事》碑

衢州孔氏家廟碑

衍聖公孔端友先聖嫡裔也扈宋高宗南渡因家于衢詔以家廟權寓學宮至孫𢖍使子洙乃請建于

爵奉祀庶覲既而讓爵魯宗廟亦經燹

國朝太宗初年還于城南隅即今舊廟也

孝宗時郡守沈杰疏乞以端友之裔曰彥繩者官五經博士奉四時廟祀仍許世襲今博士亦美其仰也承美

舊廟傾隘而子姓日蕃不能成禮是思請建于西安縣學遺址分守參議胡鎮分巡副使丁沂爲請于巡按監

察御史唐公鳳儀公慨然曰先聖之道衣被萬世宗嗣家廟先聖靈所眷注者廟貌弗嚴博士無居卧非也是

誠在我于時布政使何天衢副使于鏊晉度皆提學僉事歐端明亦深贊之公乃爲請于

朝朝議題之公復躬詣其邦乃出羨帑乃役暇氓乃相舊基乃營新宇于是同知陳必達判官倫知縣劉儀又協

王思明佚正綱胥督厥力而推官楊文鼎則專督者也群材畢集百工競趨肇于正德十五年十一月竣于越

于明年夏四月辛亥展奠有如事在有居齊宿館庖無集紋頌之所無弗備者規模崇宏堅致壯麗巋嚴閟里

黃相鎮咏斯文命快吾道之尊承美念兹鴻績可使泯泯乎請于言勒石廟下俾後之人曰衢州之有孔氏自

端友始衢州孔氏之有家廟自孫𢖍使始衢州家廟之有新廟自唐監察始頃弗藏兕愛塘之上浮屠所道

聖靈爲憑維兹學宮靈夙所憑以地則得矣城南之遷恒祠弗若聖冑蕃衍維兹新廟有可依焉以事則便矣

先監察軒公是嘗有是志而未果行豈有待于今日乎

昔

大明正德拾伍年太歲庚辰冬十一月既望

進士出身承直郎刑部湖廣清吏司主事

邑人方豪記

□道隷□□孫慶審錄郡人聞化刊

孔氏南宗家庙藏　明正德十五年（1520）《衢州孔氏家庙碑》 方豪撰

孔氏南宗家庙藏　清顺治六年（1649）《恭修祖庙并设祭田碑记》 孔贞锐撰

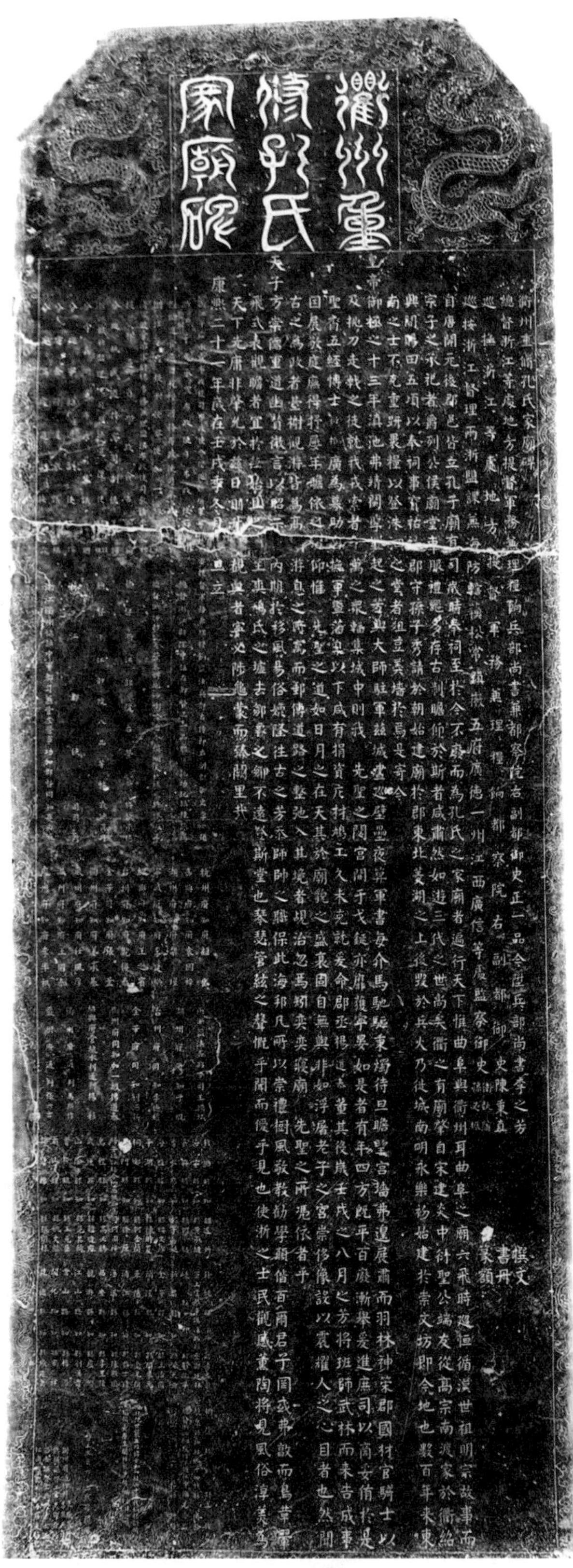

孔氏南宗家庙藏　清康熙二十一年（1682）《衢州重修孔氏家庙碑》 李之芳撰

孔氏南宗家庙藏　清咸丰五年（1855）《孔氏承启家塾捐田碑记》

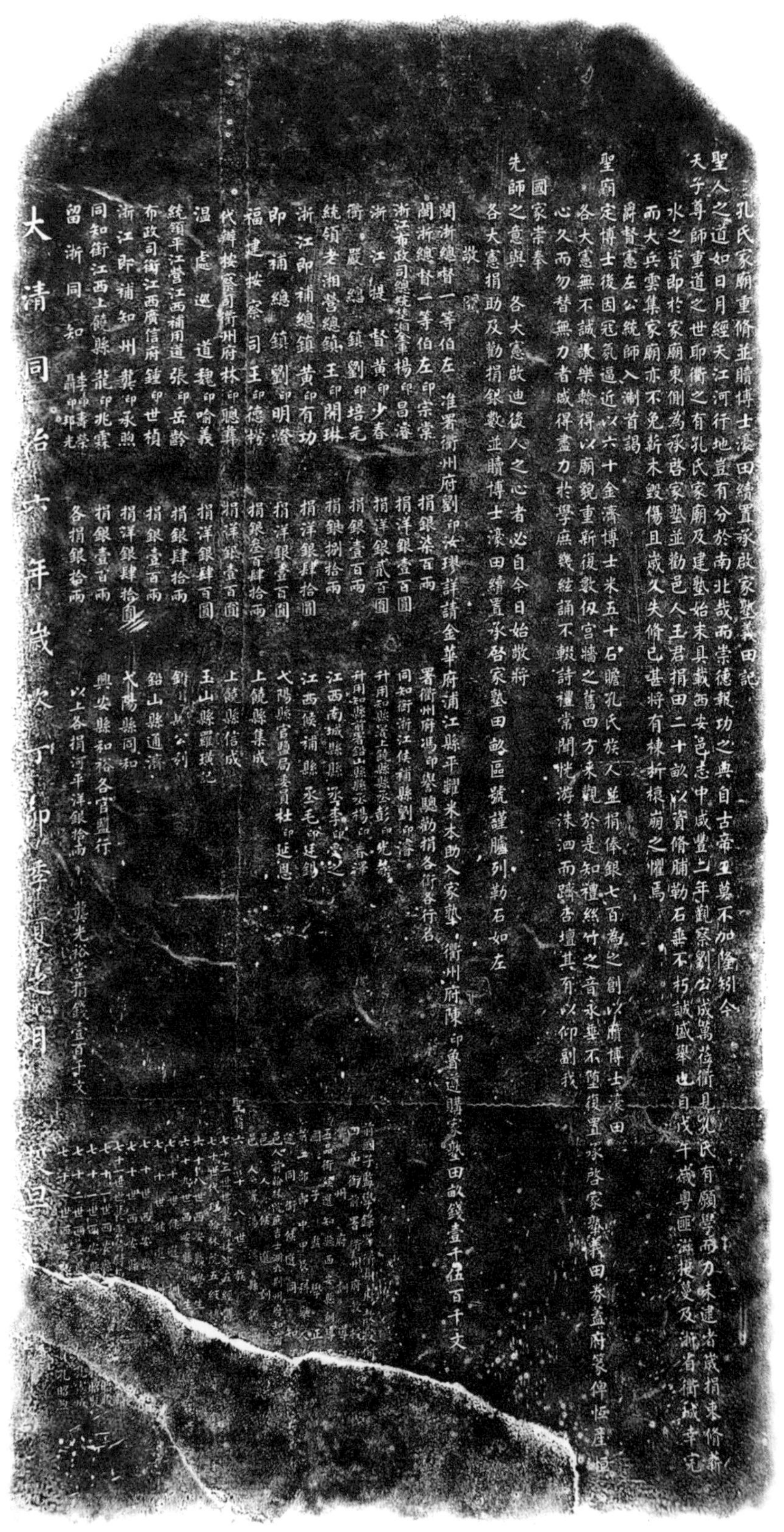

孔氏南宗家庙藏　清同治六年（1867）《孔氏家庙重修并赎博士濠田续置承启家塾义田记》

序　言[①]

大道南来，自是孔门正脉；衢江东去，同于洙泗渊源。

汉代司马迁说过："天下君王至于贤人众矣！当时则荣，没则已焉。孔子布衣，传十余世，学者宗之。"截止当下，孔子后人，已传八十余代了，真可谓"天下第一宗族"！在人们熟知的山东曲阜"三孔"胜迹外，还有号称"孔氏嫡裔"的浙江衢州孔氏"南宗"，构成"南孔""北孔"双峰并峙的文化奇观。

南宗的形成，要追溯到九百年前的南宋初年。当时金人入侵，天下板荡，孔子四十八世孙孔端友率部分族人南渡，先扈跸于扬州，又随朝廷居于杭州，于宋建炎三年（1129）赐居衢州，宋绍兴六年（1136）以州学为家庙。宋宝祐元年（1253）诏建孔氏家庙于衢，次年建成，礼部尚书赵汝腾作《南渡家庙碑记》。孔端友之后，其子孙孔玠、孔搢、孔文远、孔万春、孔洙依次承袭，南宗共计六代衍圣公。

宋亡以后，元世祖意欲择孔氏宗子受爵，以示尊孔之意。孔洙为孔氏宗子，世祖欲召孔洙回曲阜承袭奉祀，孔洙以"庙墓在衢，不忍舍去"，遂让爵于曲阜宗弟孔治。明弘治十八年（1505），衢州知府沈杰上奏朝廷，希望将"衢州孔端友子孙一人，添授以世袭翰林院五经博士一员，以主家庙祭祀"。明正德元年（1506），授五十九世孙孔彦绳为五经博士，子孙

① 本序言系四川大学国际儒学研究院院长舒大刚教授为《孔氏南宗文献丛书》所作。

世袭，孔氏南宗由此恢复爵位。自恢复爵位以来，孔氏南宗先后有十五代五经博士。至民国二年（1913）北洋政府改衢州世袭五经博士为奉祀官。直至当代，七十五世孙孔祥楷，仍主南宗家庙祀事。除衢州之外，孔氏南宗族人散居江南各地。在南宋时期孔氏南宗初渡之时，就有族人择地而居，散于江南。在后来漫长的历史发展过程中，孔氏南宗后人又迁徙到南方各省。由此，孔氏南宗形成了以衢州为中心、散居各地、支派众多、联系紧密、文化深厚的庞大家族。

孔氏南宗作为圣人之后，不仅演绎着孔氏血脉，而且传承着诗礼文化，孔氏各代都非常重视文化教育，在各朝各代都涌现出众多学人。南宋时，有孔端友、孔传、孔元龙等著名人物。孔端友为孔子四十八世嫡长孙、衍圣公，为孔氏南宗始祖。孔传，原名若古，随孔端友南渡，乃衢州派始祖，官至右朝议大夫，有《东家杂记》《孔子编年》等著述，其仿照《白氏六帖》体例，辑唐五代典籍，编成《孔氏六帖》，最为著名。孔元龙为南宋大儒真德秀弟子，柯山精舍山长，年至九十余，犹手不释卷，有《柯山讲义》《论语集说》《鲁樵斐稿》等著述。元代时，则涌现出孔洙、孔思俊、孔克英等著名人物。孔洙曾辞让爵位，两次修建衢州家庙。孔思俊曾在福建任职期间建设大同书院，传播文化。孔克英曾任丹阳书院山长，明初大学问家宋濂曾亲聆其教诲，称其“扬榷古今，陈义甚高”。明代时，孔氏南宗族人著名者有孔思模、孔彦绳、孔贞运等人。孔思模根据曲阜得来的《孔氏实录》等书，续修谱系，详考家谱，弥补错漏，成《东家举要》一书。孔彦绳在正德元年授翰林院五经博士，为南宗复爵第一人。孔贞运历任翰林院编修、国子监祭酒、翰林院侍读学士、礼部尚书等职，官至首辅，为明末贤相，《明史》有传。清代，孔氏南宗也有诸多学者名士，如孔尚大、孔鼎、孔毓周、以及孔毓琼、孔毓功兄弟。孔尚大以“隐居力学”而闻名，专研《易经》，博通经史，工诗书，著《道之园集》。孔鼎工于诗文，其文章“韵折多奇气”，著有《楷园集》。孔毓周勇于任事，率民捍匪，其事迹载于浙江总督李之芳《行间隙笔》，被誉为“南宗之伟望”。孔毓琼、孔毓功兄弟两人亦皆有著述，于古人议论，“多有发明”。

孔氏南宗族人继孔子之德教，以诗书传家，自南宋以至于明清、民国，代有著述，文献丰富。据现有史料考证，孔氏南宗有著述者见于记载的有五十多人，著述类文献见于著录者达一百余种，兼涉经、史、子、集诸部。更有庞大的宗族宗谱、族谱、家谱、家乘、祠谱、渊源录等文献，虽然限于体例，未作收入，但亦可以窥见孔氏南宗家族之大、脉络之广、文献之富。在孔门南宗的著述中，于经部，则有孔元龙《论语集说》《柯山论语讲义》、孔拱《习经》、孔鼎《周易达传》《四书达注》《增删大学衍义补》、孔昭晙《五经详注》等著作。于史部则有孔传《东家杂记》《阙里祖庭记》《孔子编年》、孔津《孔圣图谱》、孔继尧《孔孟圣迹图》等著作。于子部则有孔传所著《文枢要记》《孔氏六帖》等类书，还有孔承聘《医论》《可知因病二论》、孔毓礼《痢疾论》《论瘟》《重订医门普度温疫论》、孔广福《记忆方诗》等医书。集部则有孔传《杉溪集》、孔端问《沂州集》、孔璞《景丛集》、孔元龙《鲁樵集》、孔拱《锡山草堂集》等文集。另外孔氏南宗族人与时俱进，还有不少反应近代新思潮的著述，如孔宪彭《共和新论说启蒙》《初学论说必读》《共和新尺牍》《共和女界新尺牍》等著作。还有的涉及数学，如孔宪昌与楼惠祥合撰的《笔算数学详草》，还有的涉及字典编纂、法令汇集，如孔宪彭与葛天爵合编的《中华民国最新字典》、孔庆云所著《国民政府新法令》等等。可以说，孔氏南宗族人的著述兼涉四部，根柢深厚，而又能推陈出新，切于时用。孔子世家的著述延续时间极长，涉及范围极广，内涵极其丰富，是全国罕见的“文献故家”。

孔氏南宗著述作为孔子世家著述的重要组成部分，自宋至今皆有著书，经史子集各部类皆有成果，富有学术和文献价值。首先，南宗文献中本身就有具有重要意义者，如孔传所著类书《孔氏六帖》，早在南宋末就与白居易《白氏六帖》合刻并行，称《白孔六帖》，该书内容博洽，涵盖天文、地理、律算、阴阳、考工等诸多方面，书中所录文献，有些早已亡佚，故而该书对辑佚、校勘之学有重要价值。另外，孔氏南宗文献中的集部文献种类繁多，富有特色，从南宋时期孔传《杉溪集》、孔端问《沂州集》到清代孔昭蟾《月亭诗草》、孔昭美《昭美文稿》、孔宪荣《性安文集》等，集部文献达几十种之多，诗、文、词、曲无所不有。另外，孔昭晙、孔昭冕、孔宪教等人参与科举考试的硃卷仍有保存，也属于难得的南宗文献。

睹乔木而思故家，考文献而爱旧邦。文献是文化和文明的载体，保护文献、整理文献、传播文献是文化复兴和文明发展的必由之路。靡革匪因，靡故匪新，任何事物的发展都是在对过往的继承和对未来的展望相承辅的过程中展开的，而文献的整理就是“故有”和“新命”的连接过程。孔氏族裔绵延两千余年，弦歌不绝，斯文所在，诚为人类文明延续与发展的奇迹与范本。孔氏南宗自南渡以来，绍孔门之家风，行礼让之亮节，东南之境，以此而能广被教化。千百年来，孔氏南宗著述者代有其人，文献宏富，体大思精，价值珍贵。古籍文献年代久远，单行著述难免有亡佚之虞，南宋时期孔氏南宗中有著述者六人，著述十五种，而今仅存两种，所失大半，令人扼腕唏嘘。考察古代文献的流传，单行本因其体量小、流布范围窄、影响力弱等原因，大多不利于保存与传播，而体量巨大、精于审校的大型丛书，往往能起到继绝存亡的效果，无数的珍贵文献也因此而能保存至今。另一方面，一部分孔氏南宗珍贵文献目前尚且处于民间散落状态，又加之保护环境和手段的限制，一批珍贵文献随时面临着损毁甚至是消亡的危险。因此，这些文献具有宝贵价值的同时，也迫切地需要进行抢救性的保护和整理。

习近平同志任浙江省委书记期间，曾多次赴衢州视察孔氏南宗家庙，并且作出了“让南孔文化重重落地”的重要指示。为进一步落实习近平同志重要的指示精神，衢州学院孔氏南宗文化研究中心启动了孔氏南宗文献搜集、整理与编纂的项目，将孔氏南宗现存的文献以及研究孔氏南宗的著述，择其精本，去伪存真，上自南宋，下迄民国，萃为一编，纳入《孔氏南宗文献丛书》。这对于孔氏南宗文献的汇集、保存与传播，有当代之利，更有后世之功。

《孔氏南宗文献丛书》的编纂，除了具有抢救性保存古籍的作用之外，同时具有重大的文化意义和社会功用。长期以来，孔氏南宗族人皆因孔氏子孙的身份而以儒家思想作为立身用世的准则，孔氏南宗文献之中大多也浸润着儒家文化的熏陶，孔氏南宗族人的交游亦多是学术世家、文化巨擘。因此孔氏南宗文献的整理，对于发掘儒家思想，弘扬中华优秀传统文化具有重要意义。同时，孔氏南宗以衢州地区为中心，以广阔的江南地带为腹地，在长期发展的过程中深深影响了该地区的文化，也受到当地文化的浸润。因此对孔氏南宗文献的搜集、整理、出版、研究，厘清孔氏南宗内在的发展脉络和机制，对江南学术的梳理、浙学的研究、宗族史和社会史的研究，也有重大的促进作用，并且为之提供了新的材料和深入而广阔的视角。

吴锡标先生及其团队长期从事孔氏南宗、区域文献整理与研究，在多个方面均有较大突破和影响。近来，吴先生撰写的《关于高质量实施南孔文化基因解码工程的对策建议》被浙江省社科联《浙江社科要报》刊用，并呈报浙江省领导参阅。浙江省委书记袁家军、时任浙江省省长郑栅洁等主要领导都对报告作了重要批示。我想，吴锡标先生担任主编的这部《孔氏南宗文献丛书》作为一部集大成之作，也必定能够在保护孔氏南宗文献、促进儒学研究、发扬传统文化等领域起到重要而深远的作用。

孔门之教，千年南宗；文献渊薮，萃兹一编。郁郁乎，其盛也哉！

是为序！

舒大刚

庚子冬于四川大学国际儒学研究院之《儒藏》学馆

前　言

孔氏南宗是相对于以山东曲阜为中心的孔氏北宗而言的，具体是指以浙江衢州孔氏家庙为重要物质遗存、以衢州孔氏为核心、支派遍布江南各地、由孔子后裔组成的一个特殊宗族的总称。

南宋初年，孔子四十八世嫡长孙、衍圣公孔端友率部分族人南渡，寓居衢州。孔氏大宗南渡居衢之后，传习礼乐，弘扬儒学，成为推动衢州乃至江南文化发展的重要力量。孔氏族人南渡以后，支分派衍，分布于江南各地，各支派无不以衢州孔氏宗子为“南宗子家大人”，以衢州孔氏家庙为圣地，并且经常赴衢州拜庙、会族。在历史的演进中，江南孔氏族人以衢州孔氏宗子为统领，形成了孔氏南宗。

衍圣公孔端友被称为“南渡祖”，他和叔父孔传一起为孔氏南宗的发展奠定了坚实的基础。孔端友之后，其子孙于南宋一朝“皆袭封，主祀事”（《宋史》卷一百十九）。自孔端友至孔洙，孔氏南宗共计六代衍圣公。元世祖忽必烈平定天下之后，意欲择孔氏宗子受爵，以示尊孔崇儒之意。有人指出寓居衢州的孔洙为宗子，于是召孔洙赶赴京城。孔洙奉旨北上，至京城，称“庙墓在衢，不忍舍去”，让爵于曲阜宗弟孔治，孔氏南宗于是走向平民时代。直到明正德元年（1506），授孔彦绳为翰林院五经博士，子孙世袭，孔氏南宗由此恢复爵位。自复爵以来，孔氏南宗先后有十五代五经博士。五经博士注重孔氏家庙修葺，虔诚主持祭祀，不懈地继承和发展孔氏家族文化。民国改五经博士为孔氏南宗奉祀官，后又改为大成至圣先师南宗奉祀官。至孔子七十五世孙孔祥楷，仍主南宗家庙祀事。

孔氏家族于动荡之际南渡，部分族人于途中择地而居，如孔若罕滞于泰兴、孔端佐居于镇江等。宋建炎三年（1129）初，孔传、孔端友等人寓居衢州，在漫长的岁月中，其后人复因仕宦、游学、避乱等原因分迁浙江、江苏、江西、安徽、湖南、湖北、福建、广东、云南、贵州及台湾等地。由此，孔氏南宗形成了以衢州为圣地、联系紧密、家族文化深厚的众多支派。

宋室南渡后，孔端友、孔传开创孔氏南宗祖业。在衢州境外，南孔主要支系大致分徙为南宗派、衢州派和其他派系。南宗派为孔端友一系流寓后裔，有湖北江夏支、福建漳州支、广东潮州支、浙江湖州南浔支和浙江杭州支。衢州派为孔传一系后裔。孔传有七子，有二子无嗣，其余五支后裔一部分居衢州，其他部分大致分徙为：长支为孔端问一系流寓子孙，有江西抚州临川支、江苏镇江支、湖北荆门支、云南大理支、江苏应天支；二支为孔端已一系流寓子孙，有江西兴国支、上海青浦支、江苏镇江支、江苏泰兴支；三支为孔端位流寓子孙，即湖南常德支；四支为孔端植一系流寓子孙，有湖北鄂州支、江西兴国支、江苏镇江支、湖北嘉鱼支；五支为孔端隐一系流寓子孙，有江苏句容支、江西新城支、安徽建德支、浙江湖州支、安徽合肥支、安徽庐江支。其他派系有安徽徽州支、江苏长洲支和浙江永康支、钱塘支、吴兴支、桐乡高田支等。

孔氏南宗各支派注重敬宗收族和文化传承，涌现了一批德行崇高、才干突出的人物。南宋时，孔氏南宗历史文化名人有南宗始祖、孔子四十八世嫡长孙、衍圣公孔端友，有衢州派始祖、《孔氏六帖》《东家杂记》撰者孔传，有真德秀弟子、柯山精舍山长孔元龙。元代时，孔洙让爵是孔氏南宗的重要事件，除辞让爵位、两建家庙的孔洙外，六行兼修的孔涛、福建名宦孔思俊、丹阳书院山长孔克英等都是这一时期的重要历史人物。明代时，孔氏南宗有一批文化名人脱颖而出，著名者有五经博士孔彦绳，详考宗谱的孔思模，新建家庙的孔承美，栋梁之材孔贞时，明末贤相孔贞运等。清代，孔氏南宗也涌现许多历史名人，如被誉为真高士的孔鼎，南宗之伟望的孔毓周，好古敏学的孔毓琼、孔毓功兄弟，品学兼优的孔昭晙等。孔氏南宗历代名人诗礼相传、弦歌不辍，不仅不断推动家族发展与江南社会文化进步，也有不少族人著书立说，推动了当地学术的发展和进步。

随着孔氏南宗家族文化的发展，孔氏南宗文献也不断问世。孔氏南宗文献主要包括孔氏南宗著述、孔氏南宗谱牒两大类。孔氏南宗著述又包括孔氏南宗族人的著述和记载孔氏南宗的著述。传统谱牒文献种类繁多，包括孔氏南宗宗谱、族谱、家谱、家乘、祠谱、渊源录等。由于《孔氏南宗文献丛书》主要收录孔氏南宗著述类文献，故此着重介绍这类文献。

据现存的各种可考史籍，孔氏南宗著述类文献达一百多种，可惜其散佚情况十分严重，二不存一，至今存世者仅四十多种，于经、史、子、集各部类皆有著述。经学类著述以经学的注解和阐释为主，代表性的有孔元龙《论语集说》《柯山论语讲义》、孔拱《习经》、孔鼎《周易达传》《四书达注》《增删大学衍义补》、孔昭晙《五经详注》等著作。

孔氏南宗族人的史部著作，以传记、杂史、方志各类著述为多。传记类著述以孔传《东家杂记》《阙里祖庭记》《孔子编年》、孔津《孔圣图谱》、孔继尧《孔孟圣迹图》等较为著名，杂史类著作主要有孔洙《江南野史》、孔璹《吏事总龟》、孔昭秉《孝逆炯鉴》、孔宪采《西征日记》、孔宪教《救荒弭变转被诬陷本末》等。孔氏南宗族人参与修撰的方志也不少，主要有孔衍洙参纂的《［顺治］延平府志》、孔兴浙参纂的《［康熙］兴国县志》、孔传薪参纂的《［嘉庆］太平县志》、孔传庆参纂的《［道光］定远县志》、孔广聪参纂的《陕州直隶州志》，这类著述至今皆有传世。此外，还有史评类著述——孔拱的《读史》，以及传世至今的诏令类著述——孔贞运的《皇明诏制》。值得一提的是，孔贞运还参与修撰了《明光宗实录》《明熹宗实录》，此二书至今保存。

孔氏南宗族人子部类著述也较多，其中以类书类、医书类著作成就为大。孔传著有类书《文枢要记》《孔氏六帖》，后者至今仍传。至南宋末，《孔氏六帖》与白居易《白氏六帖》合并刻行，遂名《白孔六帖》，被称为唐宋时期流传至今的重要类书中的一种，并收入《四库全书》中。孔氏族人从医者不乏其人，并有诸多医学著述，这类著作有孔承聘《医论》《可知因病二论》、孔毓礼《痢疾论》《论瘟》《重订医门普度瘟疫论》、孔广福《记忆方诗》，毓礼、广福二人的医书仍有流传。在清末算学受到重视的背景下，孔宪昌与人合编《笔算数学详草》。民国时，孔宪彭与人合编有《中华民国最新字典》，孔庆云编有《国民政府新法令》，孔庆云另有《现代对于孔子之各方言论》。民国时，随着新思想的传入，一些反映新思潮的著作也随之出现，这类著作有孔宪彭《共和新论说启蒙》《初学论说必读》《共和新尺牍》《共和女界新尺牍》。

孔氏南宗族人的各类著述，以集部著作最多。南宋时的文集有孔传《杉溪集》、孔端问《沂州集》、孔璞《景丛集》、孔元龙《鲁樵集》、孔拱《锡山草堂集》《村居杂兴诗》，元代的文集有孔洙《承斋集》、孔涛《存存斋稿》、孔津《鲁林集》，可惜这些文集皆不传世。明代也有许多文集，传世者仅孔贞时《在鲁斋文集》、孔贞运《敬事草》。南宗族人著述于清代文集最多，其中孔鼎《楷园文集》、孔尚典《孔天征文集》、孔毓琼《孔英尚文集》、孔毓功《孔惟叙文集》、孔煌猷《唾余集》、孔兴祖《迂立堂诗集》、孔传薪《梦松居士诗略》、孔传曾《省斋诗钞》、孔继尧《莲乡题画偶存》、孔继琳《导性集》、孔继瑛《瑶圃集》、孔广威《秋浦诗草》、孔广芬《丛桂轩诗稿》、孔昭粲《春岩草》、孔昭勋《爨余文稿》《百尺楼诗稿》、孔昭蕙《桐华书屋词》《桐华书屋诗》、孔昭蟾《月亭诗草》、孔昭美《昭美文稿》、孔宪荣《性安文集》，以上诸作，除孔鼎、孔传薪、孔毓琼、孔毓功、孔继尧五人之作外，皆不存。除别集外，孔氏族人还编有合集文献，这类著作有孔毓琼编《唐宋八家文选》、孔宪采编《双溪诗汇》《双桂轩古文》、孔宪荣编《潇鸣诗社唱和集》，然仅《双溪诗汇》传世。另外，孔昭晙、孔昭冕、孔宪教、孔庆云、孔庆諴参与科考的硃卷仍见存，也属难得的南宗文献。

据统计，历代南宗族人中，南宋有著述者仅孔传、孔端问、孔璹、孔璞、孔元龙、孔拱六人，凡有著述十五种，仅孔传《东家杂记》《孔氏六帖》见存。元代有著述者仅有孔洙、孔津、孔涛三人，凡五种，皆不传。

明代有著述者为孔承聘、孔贞时、孔贞运三人，凡十一种，其中贞时、贞运兄弟有五种著述传世。清代孔氏南宗族人著述很多，孔鼎、孔尚典、孔继尧、孔衍洙、孔煌猷、孔兴祖、孔兴浙、孔毓琼、孔毓功、孔毓礼、孔传薪、孔传庆、孔传曾、孔继尧、孔继琳、孔继瑛、孔广聪、孔广福、孔广谟、孔广威、孔广芬、孔昭秉、孔昭粲、孔昭勋、孔昭蕙、孔昭蟾、孔昭美、孔昭冕、孔昭晙、孔宪昌、孔宪采、孔宪荣、孔宪教、孔庆誠等三十四人有著述，凡六十一种，然传世者仅二十七种。民国时，孔宪彭、孔庆云共有著述七种，皆见存。就孔氏南宗各支派来说，宋元时期的著述基本上由南宗派族人所作，明代著述主要出于衢州派句容支，清初以江西临川支著述较多，此后以浙江桐乡支最盛，句容支次之，而江苏吴县支、兴化支和南宗派也有著述。

有关孔氏南宗文献与史料的整理，历史上就比较重视：明代沈杰编刻有《三衢孔氏家庙志》；清道光年间，地方士人陈朴在文献整理基础上辑成《孔氏家庙志》二卷（今不传）；衢州宿儒徐映璞于民国年间著成《孔氏南宗考略》。

孔氏南宗文献是孔氏家族文献的重要组成部分。有关孔氏家族文献资料的整理与研究，对开展孔氏南宗文献的整理与研究具有重要参考价值。孔氏家族史料整理方面，《孔子文化大全》（山东友谊书社，1991）从经典、论著、史志等方面搜罗了孔氏家族史料与儒家著述。周洪才《孔子世家艺文志》（国家图书馆出版社，2015）正式著录作者七百余人，著述两千余种，该书对于搜集、整理孔氏南宗文献提供了极大便利。

二十一世纪以来，孔氏南宗史料整理取得了一些新成果：衢州市政协文史委将崔铭先校勘的《东家杂记》《三衢孔氏家庙志》《孔氏南宗考略》合编为一册（2001），崔铭先编纂《孔氏南宗府藏诗》（2004），叶裕龙等编纂《孔氏南宗家庙诗稿》（第二辑）（2009），徐寿昌先后编纂《孔氏南宗史料》卷一至十六。孔氏南宗研究的成果集中在以下方面：有关南宗概况及祭孔的著作有谢昌智主编《衢州孔氏南宗家庙志》（浙江人民出版社，2001）、王霄冰《南宗祭孔》（浙江人民出版社，2008）、崔铭先《孔氏南宗志》（中国文史出版社，2018）；有关南宗支派的著作有洪铁城《沉浮榉溪》（机械工业出版社，2006）、孔繁廉《温岭孔子后裔》（天马图书有限公司，2005）；有关孔子嫡长孙事迹的著作有崔铭先《孔夫子的嫡长孙们》（浙江人民出版社，2009）、郭学焕《孔子后裔在浙江》（浙江人民出版社，2013）。这些史料整理和研究成果，为全面系统地整理和研究孔氏南宗文献奠定了良好基础。

有关孔氏南宗文献整理与研究虽已取得一些成就，但总体上缺乏系统性和全面性。孔氏南宗研究领域的进一步拓展、研究内涵的进一步深化，都有赖于对孔氏南宗文献的系统而全面地收集、整理与研究。孔氏南宗文献如不能及时得到搜集整理，散落于民间的部分孔氏南宗文献随着现代化进程的加速而随时面临损毁甚至消亡的可能，孔氏南宗研究工作也难以实现实质性突破。

作为南北文化融合的典型宗族，特别是作为地位特殊、文化深厚的宗族，孔氏南宗研究在历史研究特别是宗族研究中具有代表意义。鉴于孔氏南宗地位的独特性、重要性，以及孔氏南宗文献整理与研究的现状，全面系统地开展孔氏南宗文献搜集与整理，显得尤为迫切，这对其文献价值、研究价值及现实价值的发掘，都具有重要意义。

本书从历史演变与重要宗支两方面系统地梳理了孔氏南宗的源流；从多彩纷呈的宗族活动与文以载道的优良传统两方面阐释了孔氏南宗的宗族形态；从政治活动、社会交往和教育活动诸方面呈现了孔氏南宗与江南社会的关系；从宗族性、政治性、思想性与区域性等方面展示了孔氏南宗的文化内涵，从孔氏南宗的自强不息、历代地方官员的重视支持等方面揭示了孔氏南宗文化的传承机制。在此基础上，对孔氏南宗著述类文献（主要包括孔氏南宗族人的著述和记载孔氏南宗的著述）进行了全面而系统的整理，一是对孔氏南宗著述作了整体性考察，对未收录丛书的若干重要南宗家谱和失传著作也了提要性介绍；二是就影印出版的孔氏南宗著述撰写提要，包括述作者之字号、世次、支派、科第、封赠、仕历，及内容梗概、价值所在、版本特征、历代著录与馆藏信息。在整理南孔文献过程中，需要进行深入细致的考证，以避免误收不属于南宗的其他文献。提要的撰写为学界研究南孔文献提供了有效线索，起到了导夫先路的作用。而且对于同一著者的同一著作，不同文献的记载也时有歧义，如在著述名称、撰述者、著作卷帙、撰述者籍贯与生平等方面可能会存有差异。因此，对于不同文献资料记述的差异详加考辨，这在提要中得到了充分体现。

本书既是对以往成果的修订、完善与深化，又是一个新的研究起点。孔氏南宗文献的搜集、整理和汇编出版，是对孔氏南宗家族文献实施的有效抢救和保护。这一工程将为孔氏家族研究与区域社会史研究等领域提供文献支撑，进一步推进孔氏南宗及孔氏宗族研究，为孔氏南宗文化更好地服务新时期的文化建设提供有益启示，同时为推动江南家族史与江南社会文化史研究提供新的视角和思路。更为重要的是，孔氏南宗的各类著述大多深受儒学文化的影响，整理孔氏南宗文献对于弘扬中华优秀传统文化具有重要的现实意义。

吴锡标
2020年12月

目 录

第一章　孔氏南宗源流

孔子是中国历史上伟大的教育家、思想家，儒家学说的创始人和奠基人，其思想学说不仅影响了两千多年的中国传统社会，而且对人类文明产生了重要影响，具有重要的时代价值和现实意义。正如元大德十一年（1307）元武宗在加封孔子为大成至圣文宣王时所说："先孔子而圣者，非孔子无以明；后孔子而圣者，非孔子无以法，所谓祖述尧舜、宪章文武、仪范百王、师表万世者也。"[①]

孔子之后，历代政府及广大民众把对孔子的这种尊崇一代又一代地延续到其裔孙身上，这从孔子裔孙所享有的封号就得以说明。如汉高祖时，封孔子八世孙孔腾为奉祀君，孔子嫡系长孙从此享有世袭爵位。宋至和二年（1055）改封为衍圣公（其间曾改为奉圣公），中华民国政府改衍圣公封号为大成至圣先师奉祀官。清代，衍圣公为正一品官阶，位列文臣之首，享有较大特权。特殊的政治、社会、文化背景，造就孔氏家族特殊的政治社会地位和思想文化影响，正如学者所说："阙里孔氏号称'天下第一家'，是我国历史上延续时间最长的封建世袭贵族，研究孔氏家族无疑等于以个案形式研究中国封建社会，它广泛涉及政治、经济、社会、历史等方面。"[②]如此崇高的政治和社会地位，赋予孔子后裔"衍圣弘道"的重要使命和职责，这对于南宗士人也不例外，正所谓"礼之所在，君子慎

---

① （清）嵇璜：《钦定续文献通考》卷四十八《学校考》，文渊阁《四库全书》本。

② 周洪才：《孔子世家艺文志·自序》，国家图书馆出版社2015年版，第2页。

之，况其子若孙，人将曰此圣人之后也，将以圣人望之”[①]。

由于各种原因，孔氏大家族虽然曾在历史上或多或少、或大或小地出现过一些迁徙活动。但长期以来，包括嫡长孙在内的孔子后裔主要生活于以山东曲阜为中心的北方地区，总体来说相对比较稳定。正如孔子五十世孙孔拟所说：“孔氏子孙聚居祖庙几二千年，无异居他州者。”[②]这种局面一直到孔子四十八世孙、衍圣公孔端友晚年时期，才发生了大规模甚至于根本性的变化，两宋之交的金兵南下彻底改变了孔子后裔及孔氏家族的历史命运和发展轨迹。

第一节　孔氏南宗的历史演变

孔氏南宗是孔氏家族的重要组成部分。孔氏家族分立为南北两宗，是金兵南下及宋金对峙而导致的政治产物。孔氏南宗的形成、发展是与国家命运紧密结合在一起的。孔氏南宗历经了南宋时期的初步形成与发展、元初让爵而导致的平民化以及明中后期之后因复爵而走上振兴等重要历史阶段。

一、孔氏南宗的发端

宋靖康二年（1127），金兵大举南下，掳走宋徽宗、宋钦宗及宗室三千余人，北宋灭亡。康王赵构在南京应天府称帝，揭开了南宋历史的序幕。次年八月，南宋朝廷筹备宋高宗登基后的首次祀天大典，并于十一月举行了祀天大典，孔端友等人赴扬州陪祀。期间，金兵向山东发动大举进攻。宋建炎三年二月，宋高宗到达杭州。不久，孔端友率领的部分孔氏族

① 《［康熙］衢州府志》卷七《圣庙图第七·修建·胡翰记》，清光绪八年（1882）重刻本。
② （宋）孔传：《东家杂记·五十代孙孔拟序》，宋刻递修本。

人也抵达杭州。之后，宋高宗移跸建康，以示抗金之志，孔子族人仍滞留杭州。八月，金兀术兵分东西两路，分别追袭宋高宗和隆祐太后，宋高宗由建康到杭州，然后到越州，再到明州，经定海前往台州、温州。在此危急关头，滞留杭州的孔氏族人在孔端友率领下，于十二月“乘船离开杭州，历经千辛万苦，溯水而上，抵达衢州”①。大理寺评事孔端躬并未前往衢州，先“侍父随驾抵台之章安镇”，而后“道经婺之永康榉溪，值父疾作而卒，葬于溪北钟山后坞。公因痛父埋玉，难返于鲁，见山水之秀丽，遂家焉”②。

关于孔氏南渡的原因，历史上主要有“避难”与“扈跸”两种说法。前一说法主要见于李心传的《建炎以来系年要录》《建炎杂记》以及《两朝纲目备要》《续资治通鉴》等文献；后一说法主要见于赵汝腾《南渡家庙碑记》及宋元之后的《孔氏家乘》《明一统志》《大清一统志》等文献。由此可见，“孔氏大宗南渡，既有扈跸之因，亦有避难之由”③，是两种因素综合作用的结果。也就是说，孔端友、孔传是在奉诏陪祀返回山东后，因形势剧变而南下扈跸的。

关于“赐家衢州”问题，《明一统志》《圣门志》《［民国］衢县志》等文献的记载均十分简单，至于具体时间则都未作明确记载。徐映璞先生经过认真考证后，明确认为赐家衢州的时间是宋建炎三年④。对这一说法认同者较为普遍。关于宋绍兴六年（1136）“诏权以衢州学为家庙”，见于《［弘治］衢州府志》《［康熙］衢州府志》以及陆容《菽园杂记》、刘禺生《世载堂杂忆》等文献。那么，“赐庙宅于衢”与“以州学为家庙”之间究竟有何关系？徐映璞先生在《两浙史事丛稿》中均提到宋建炎三年“敕赐庙宅于衢”与“（宋绍兴）六年，诏权以衢州学为家庙”⑤。其实，前者应

---

① 谢昌智主编：《衢州孔氏南宗家庙志》，浙江人民出版社2001年版，第2页。

② 《［民国］永康孔氏宗谱》卷七《端躬》，民国八年（1919）木活字本。

③ 徐寿昌：《孔氏南宗史实辨正》，载《儒学研究》（上），杭州出版社2006年版，第103页。

④ 徐映璞：《两浙史事丛稿》，浙江古籍出版社1988年版，第27页。

⑤ 徐映璞：《两浙史事丛稿》，浙江古籍出版社1988年版，第9页。

是仅指赐家而未赐家庙。按照常理来说，在当时背景下一般不会也不可能立即考虑“家庙”之事。即便是七年之后诏“以州学为家庙”，也仅仅是南宋朝廷的权宜之策。

南宋时期关于扈跸南渡规模的记载多有五人南渡之说法。宋淳熙五年（1178），孔子五十世孙孔拟认为：“独四十七世孙中散公讳传与四十八世孙袭封公讳端友，及右司公讳端木、四十九世孙知府公讳瓒、主簿公讳琯五位挈家随驾南渡，散居于衢、徽、雪川、江右，松楸因寓焉，余皆留祖庙。”[①]孔传、孔端友等人寓衢，后来孔端木寓徽，孔瓒寓雪川，孔琯寓江右。此外，李以申、赵汝腾都有关于裔孙五人南渡的类似记载。李以申认为：“孔氏子孙聚居阙里几二千年，自中散传及公五位随驾而南，散居衢、徽、湖、抚四州，今四世矣。”[②]赵汝腾则如此说：“高皇帝驻跸吴会，其裔孙五人，传、端友、端木、瓒、琯扈六飞南渡，寓三衢，因家焉。”[③]宋濂也持上述说法：“今之南北裔如曲阜之崇圣苗孔二村所居，及若古一名传、端友、端朝之迁衢，端植之迁鄂，琯之迁抚，瓒之迁吴兴，皆其子孙，固不可以不谨其传，而于正外二支，尤所当明辨之也。”[④]

至于南渡孔氏族人的规模，已很难得出一个确切数据。但很显然，南渡者绝不止于上述裔孙五人及其家属等，也不限于后来寓居衢、徽、湖、抚四州的裔孙。除“裔孙五人”外，“《孔子世家谱》据各地支谱注明‘从宋高宗南渡’者，计有：47代若钧及其后（始‘家衢’，后卜居永康榉川，为榉川支祖）、48代端志及其后（与端友同随驾，流散南方，为江苏靖江支祖）、端廉及其后（南渡后，落居浙江温岭，为温岭支祖）、端佐及其

① （宋）孔传：《东家杂记·五十代孙孔拟序》，宋刻递修本。

② 《［嘉庆］黟县志》卷七《孔右司端木传（李以申撰）》。

③ （明）沈杰辑：《三衢孔氏家庙志·南渡家庙碑记（赵汝腾撰）》，明嘉靖刻本。

④ （明）宋濂著，黄灵庚点校：《宋濂全集》卷四十《题识五·孔氏谱系后题》，人民文学出版社2014年版，第895页。

后（南渡居润，为江苏靖江支祖）”[①]。关于泰州孔氏，元代学者杨维桢明确认为其始祖为孔端朝，“泰州之派，实繇宋朝（散）公端朝出守泰，得赐田，建家庙于州之东北，地因名孔家垛”，孔子五十五世孙、孔端朝第七世孙孔瑛“仕中山府教授”；后来，孔瑛之子孔希道“遭罹兵难，挟碑渡江，与温、衢之派参会不诬”[②]。扈跸南渡孔氏族人的规模由此可见一斑。因时局动荡以及自然条件等原因，南下途中居于江苏靖江、镇江等地的孔氏族人也显然不少。

二、孔氏南宗的发展与演变

孔氏南宗的形成发展以及兴衰荣辱，都与国家命运息息相关，“端友之从高宗而南，可谓忠矣。高宗为其立庙、赐田，助其为孝也。君臣之间可谓两尽”[③]。孔氏南宗的历史发展主要历经了以下三个重要阶段。

1.南宋时期：孔氏南宗形成与初步发展

南宋时期是孔氏南宗的形成与初步发展时期。这一时期，孔子后裔扈跸南渡，定居衢州，初创基业，逐步恢复宗族事务。可以想象，南宋王朝因本身也处于抗金这一特殊而艰难时期，除了根据历代旧制赐封衍圣公爵位以及不得不给的一些待遇之外，事实上没有也不可能有更多的财力和精力顾得上孔氏南宗。南宋朝廷总是寄希望于北还，这也可从孔氏南宗第一座家庙的建造时间得到印证。孔端友等人到达衢州之后，宋廷一直在七年之后，即宋绍兴六年（1136）才下诏以州学为家庙，这一决定在当时的南宋朝廷看来无非是一种权宜之计。北还最终无望，宋廷只得在一百二十多年后正式同意兴建菱湖家庙，从而结束了南渡以来孔氏南宗“无专飨之庙”的局面。

南宋初期，对孔氏南宗最具影响的代表人物是孔端友、孔传。衍圣公

① 徐寿昌：《孔氏南宗史实辨正》，载《儒学研究》（上），杭州出版社2006年版，第121页。

② （元）杨维桢：《东维子文集》卷十三《衍泽堂记》，《四部丛刊初编》本。

③ 《[嘉靖]衢州府志》卷十二《人物纪三·孔氏家庙》，民国抄本。

孔端友和族长孔传从决定南渡到告别留守林庙的族人，从坎坷南行到寓居浙江衢州，直到开创和奠定孔氏南宗基业，一方面为国家局势而忧虑，希望早日能够为国效力；一方面为宗族事务不断奔波操劳。

孔端友于宋崇宁三年（1104）袭封为衍圣公，“从八岁开始，因钦命教授的严格训导，不仅博通经史，而且工于书画、擅于骑射”。南渡后深得时人尊崇，宋绍兴元年（1131），“孔端友返衢治病。其时，吏部侍郎、同知枢密院事叶义问，于饶州教授秩满后徙居衢州”[①]。

毫无疑问，生存与发展问题是孔子后裔来到衢州之后所面临的头等大事。楼宇烈先生曾说：“孔子，华夏之圣哲也。生周之季，逢乱世，辙环天下而不遇。乃讨论坟典，删述六经，木铎金口，有教无类，发诗书之泽润，垂万世之师范。虽经秦燔，简编断缺，而汉儒纲罗条理，犹不害于传。其旨之要，曰仁曰礼，孝武而下，道统寄焉……后世帝王欲承正朔、敦纲常、洽声教、励忠贞者，莫不推重儒典，隆礼素王。”[②]由于孔子的地位和影响，曲阜孔氏名满天下，受到无比尊崇。那么，孔氏大宗来到衢州之后，其生存和发展，不仅关系到南迁孔氏族人立足的问题，而且关系到如何得到南方士人认同与尊重的问题。前者出于生存的需要，是现实问题；后者则是发展的需要，是长远问题，因为关乎圣祖的声誉、家族的地位。

在此背景下，孔端友和孔传一道，一方面安顿族人，既关心族人生活；一方面勉励族人牢记圣裔身份，在困苦中不坠志节、修己安人。宋建炎三年底，孔传出任峡州知州，孔端友肩上的担子更重了，更为努力地操持族务。在其主持之下，经过族人的共同努力，南渡之后的祭祀、会族等活动逐渐得以开展，孔氏家族诗礼相传的传统得以赓续。同时，孔氏族人与当地士绅民众的交往也逐渐增多，为全面深入融入当地社会，为地方做贡献奠定了良好基础。宋建炎四年（1130），孔端友奉命出任郴州知军。

---

① 徐寿昌：《孔端友考》，《浙西文学》2002（夏）。

② 孔德平等编：《孔子博物馆藏孔府档案汇编·明代卷》，国家图书馆出版社2018年版，第1页（序）。

宋绍兴二年（1132），孔端友去世。

孔传（原名若古，字世文，又字圣传，1065—1139），号杉溪，孔子四十七世孙。在南渡孔氏族人中，可谓德高望重。作为孔子后裔，孔传倾心于宗族事务特别是族学教育发展，注重培养人才，从而为孔氏南宗的诗礼传承奠定了良好基础。宋绍兴四年（1134），孔传辞官回到衢州之后，倾心于传道授业，一时间“家居授徒千人”[①]，“凡南渡庙学皆其所请”[②]，由此足见其规模与影响之大。作为学者，孔传勤于著述，成就颇丰。成书于宋宣和六年（1124）的《祖庭杂记》，后人虽未能见其原稿，所幸其序载于孔元措编撰的《孔氏祖庭广记》之中，从而可以得知其作该书的目的。孔传高度重视孔氏家族典故与历史的整理和记载，著有《祖庭杂记》和《东家杂记》，其中《东家杂记》在清代被收入《四库全书》。作为朝廷任命官员，孔传政绩突出、造福一方。《成化孔氏宗谱》称其“操行介洁，不为利诱势怵”。不论任职何地，孔传均以造福百姓为己任，以仁爱之心行善政，“曾知邠州，锄豪扶贫，吏民畏服。知峡州，平鼎澧寇，以功进秩右谏大夫”[③]，真可谓“每至一处，政绩暴著”[④]。孔传的言传身教取得了良好效果，培育了众多英才，在家风建设方面为孔氏南宗和世人均树立了典范，吕元善称孔传诸子“兄弟齐芳，号为‘五龙’。”

2.元朝初年到明朝中期：孔氏南宗的平民化

这一时期是孔氏南宗因“失爵”而造成的困境时期，即平民化时期。元世祖忽必烈灭南宋之后不久，出于统一思想、巩固统治的根本目的，就将孔子后裔袭封之事作为重大问题提到重要议程。元至元十九年（1282），元世祖拟对孔子嫡裔授爵，“议所立，或言寓衢者为大宗，召洙至，欲封之使归鲁”，孔洙却“以先世庙墓在衢州，不忍舍，固让其爵于在鲁者。

---

① 徐映璞：《两浙史事丛稿》，浙江古籍出版社1988年，第27页。

② （明）沈杰辑：《三衢孔氏家庙志·郡志·〈衢州府志〉载·流寓》，明嘉靖刻本。

③ 徐映璞：《孔氏南宗考略》卷二《宋代名贤事迹考第十二·传》，民国三十七年（1948）铅印本。

④ 徐寿昌：《仙源县开国男孔传》，载《衢州名人》，天马图书有限公司2003年版，第64页。

且以母老乞南还。世祖嘉之曰：‘宁违荣而不违亲，真圣人后也。’授祭酒兼提举浙东学校，以便奉母。自端友后六世皆袭衍圣公，其罢封自洙始”[①]。自此，“衍圣公”这一至高无上的爵位就由北宗孔氏后裔承袭。这就是孔氏家族历史上具有重大转折意义的事件——“孔洙让爵”。这一事件首先是维护了孔氏家族和睦，消解了南北两宗的爵位之争，顺应了结束分裂、统一国家的历史潮流，元世祖由是盛赞孔洙“宁违荣而不违亲，真圣人后也”[②]，并授以护持林庙玺书，以国子祭酒兼提举浙东道学校事。就连孔子六十八世孙、衍圣公孔传铎之子、清代著名学者孔继汾也对孔洙让爵所体现的礼义精神表示由衷敬佩，称其为“大义”之举：“不有迁者，谁共社稷？不有居者，谁奉烝尝？衍圣公在宋金元之交，南北各受其封是也。然于四郊多垒之际而能守其传器，弗坠厥宗，则居者视迁者为尤苦，况世爵原为奉祀，匪仅荣我孙子。洙之能让，可谓深知大义。”[③]然而，孔洙让爵对孔氏南宗却带来了不可挽回的重大损失，随之而来的是长达二百二十多年的平民地位。明永乐初年迁庙于崇文坊后，孔氏南宗甚至陷入“子孙益多，庙乏主祀，衣冠祭仪混同流俗”[④]的困境。平民化时期的孔氏南宗经历了五代，即孔子五十四世至五十八世嫡孙孔思许（字与道）、孔克忠（字信夫）、孔希路（字士正）、孔议（字明伯）、孔公诚（字贵文）。

3.明朝中期以后：孔氏南宗走上复兴之路

这一时期是孔氏南宗因“复爵”而走向复兴的时期。孔氏南宗因失爵而造成的不幸遭遇，历任地方官员和士绅民众对此深表同情，特别是对孔洙让爵以来出现的与“崇正道，植元气”，使孔氏“南北子孙均沾恩典”这一宗旨相违背的现实表示极大不满。明弘治十八年（1505），时任

① 《［民国］衢县志》卷二十二《人物志二·孔洙（引《元史类编》）》，民国二十五年（1936）铅印本。

② 《［天启］衢州府志》卷九《人物志·圣裔·孔洙》，明崇祯五年（1632）增修刻本。

③ （清）孔继汾：《阙里文献考》卷八《世系考》，《孔子文化大全》本。

④ （清）陈梦雷：《钦定古今图书集成·明伦汇编·官常典》卷一百十六《圣裔部汇考二》，中华书局影印本。

衢州知府沈杰以孔氏南渡、孔洙让爵等重大史实为依据，上疏明朝廷，请求恢复孔氏南宗爵位。明正德元年（1506），明廷诏授孔子五十九世嫡孙孔彦绳（字朝武）为世袭翰林院五经博士，秩正八品，享受衍圣公次子待遇。继孔彦绳之后，明代有第六十世孙孔承美（字永实），明正德十四年（1519）承袭；第六十一世孙孔弘章（字以达），嘉靖二十六年（1547）承袭；第六十二世孙孔闻音（字知政），明万历五年（1577）承袭；第六十三世孙孔贞运（字用行），明万历四十三年（1615）承袭；第六十四世孙孔尚乾（字象元），因早卒而未袭职。清代有第六十五世孙孔衍桢（字泗柯），清顺治九年（1652）承袭；第六十六世孙孔兴燫（字北衢），清康熙四十年（1701）承袭；第六十七世孙孔毓垣（字东安），清康熙五十三年（1714）承袭；第六十八世孙孔传锦（字宫锡），雍正十三年（1735）承袭；第六十九世孙孔继涛（字晋三），早卒未袭；第七十世孙孔广杓（字衡观），清嘉庆元年（1796）承袭；第七十一世孙孔昭烜（字亘青），清嘉庆二十四年（1819）承袭；第七十二世孙孔宪坤（字静一），清道光十九年（1839）承袭；第七十三世孙孔庆仪（字寿籛），清同治三年（1864）承袭。民国三年（1914），北洋政府将翰林院五经博士改称为南宗奉祀官，这样，自孔彦绳到孔庆仪，孔氏南宗翰林院五经博士共历十五世。孔庆仪既是最后一任翰林院五经博士，又是第一任孔氏南宗奉祀官。民国十三年（1924），第七十四世孙孔繁豪（字孟雄）继任孔氏南宗奉祀官。民国二十四年（1935），南京国民政府将孔氏南宗奉祀官改称为“大成至圣先师南宗奉祀官”。民国三十七年（1948），第七十五世孙孔祥楷（字子摹）继任大成至圣先师南宗奉祀官。

三、孔氏南宗家庙

孔氏南宗家庙也称衢州孔氏家庙、南宗孔氏家庙，作为孔氏南宗的重要物质遗存，与一般孔庙相比较具有本质上的区别，拥有特殊的历史地位和象征意义。

（一）孔氏南宗家庙的历史沧桑

从南宋以来的近九百年历史中，孔氏南宗前后共计四庙，经历三建三迁，大小修葺达数十次之多。其中的“三建”正如《［嘉靖］衢州府志》所说：“衢州家庙始建于菱塘。逮我太宗文皇帝时，有司请徙郡南隅崇文坊。但自孔洙绝爵后，缺官主祀。弘治乙丑，孝宗敬皇帝以守臣沈杰疏，允命嫡裔孔彦绳官翰林五经博士，主衢之庙祀，仍许一袭。正德庚辰，武宗毅皇帝诏许新庙，遂徙于西安县学旧址，规制始备。”[①]而明代学者谢迁所说的“三衢之有孔庙，自宋衍圣公端友始。端友扈跸南渡，因家于衢，是时以家庙权寓学宫”[②]，很显然是将州学看成是真正意义的家庙了。

1.以州学为家庙

一庙就是以州学为家庙。孔端友及其族属赐家定居衢州后，因种种原因，未能立即兴建家庙。首先，南宋朝廷面临抗金现实，尽管“战”与“和”之间争论激烈，但宋王朝终究抱着“北还”的希望，朝廷不可能一开始就将新建孔氏家庙列入议程日程。其次，对于孔端友等人而言，面临的首要问题也不是新建家庙，而是解决族人的生存和生计问题。随着生活的逐渐稳定，宗族事务逐渐提到重要地位。经过不断努力，宋绍兴六年（1136），宋高宗诏令“权以家庙寓学宫，春秋舍奠，袭封奉祀者率族拜跪踧踖”[③]。期间，孔端友把唐朝画圣吴道子所绘“先圣遗像”摹勒于石，恭奉在州学家庙之中。

2.菱湖孔氏南宗家庙

二庙一建一迁即菱湖家庙。宋宝祐元年（1253），宋理宗下诏同意孔氏南宗衍圣公孔洙、衢州知州孙子秀奏请，拨款三十六万缗，在衢州城北菱湖芙蓉堤上兴建家庙，宋宝祐二年（1254）春正式竣工。这是孔氏南宗历史上第一座真正意义的家庙。龙图阁大学士、礼部尚书赵汝腾为之作

---

① 《［嘉靖］衢州府志》卷十《侨寓列传》，民国抄本。

② （明）沈杰辑：《三衢孔氏家庙志·新建家庙碑记（谢迁撰）》，明嘉靖刻本。

③ （明）沈杰辑：《三衢孔氏家庙志·南渡家庙碑记（赵汝腾撰）》，明嘉靖刻本。

《南渡家庙碑记》，对菱湖家庙兴建的缘由与重要意义、兴建盛况、家庙布局与功能作了详尽描述，既以“夫子多贤子孙，百圣所不能及”勉励南宗后裔，又以“名孙亹亹，其将必有达者出焉”对南宗后裔寄予厚望。

3.城南崇文坊孔氏南宗家庙

三庙二建二迁即城南崇文坊家庙。令人遗憾的是，菱湖孔氏家庙仅仅存在二十多年就毁于宋末元初之战火。在此背景下，衍圣公孔洙不得不将家庙迁到城南。由元末明初学者胡翰所作的《孔氏家庙碑记》可以推知，城南家庙其实并没有遵循菱湖家庙规制，所谓“庙故书楼，其制非宝祐之旧”。孔洙让爵之后，元政府一直未拨专款修葺城南家庙，以至于到元朝末年，庙宇毁坏达到十分严重的地步。常遇春攻占衢州后，朱元璋得知南宗家庙遭受兵火之灾，于是命守臣予以修葺。

明永乐初年和明中期，对城南家庙进行了两次较大规模的修葺，罗璟所撰的《重修孔氏家庙记》记载的即是明弘治年间的修葺经历。记中说道，“永乐初，礼部尚书胡公过衢见之，始命有司迁庙于郡城崇文坊，即今地也”，其中的“迁庙”应是“修庙”，前面已经讲到，迁庙是在元初孔洙之时。之后，吏部郎中周近仁在出使四川途经衢州时拜谒南宗家庙，对当时的境况不能容忍，就责备陪同的萧文明等人：“此非有司之责乎？”萧文明当即表示“愿尽力，遂抽己俸为倡，措置增益”，后得到新任太守张世英的“益相与协力”。修葺后的城南家庙“有前殿，有寝殿，视石柱之坚固者仍其旧，其朽损者悉撤易之。榱题仰板，焕然一新。覆以筒瓦，翚飞翼翼，建大成之门与殿相称。殿前厢东，以待谒庙之宾；西设教读，以训孔氏子孙”[①]。从中可以看出，祭祀活动与族人教育一直是孔氏南宗关注的两件大事。崇文坊家庙在不断修葺中前后存在了二百三十余年。

4.新桥街孔氏南宗家庙

四庙三建三迁即新桥街家庙。在衢州知府沈杰等人努力下，明武宗正德元年（1506），孔子五十九世孙孔彦绳被封为世袭翰林院五经博士，这是

① 《［嘉靖］衢州府志》卷十二《人物纪三·孔氏家庙》，民国抄本。

孔氏南宗恢复爵位的开始，标志着孔氏南宗由此逐渐走上了复兴之路。明正德十五年（1520），五经博士孔承美以崇文坊家庙“旧庙倾圮，而子孙日蕃，不能成礼是惧，请建于西安县学遗址”[①]，巡按浙江、监察御史唐凤仪等根据孔承美的申请上奏朝廷，“切缘家庙建造年久，日渐倾圮，况兼子孙繁盛，庭院窄狭，昭穆莫容，难以展礼。查得城内遗有西安县学旧基一所，见在空闲，愿乞于内起造家庙……非惟慰圣灵于右飨，抑且垂盛典于无穷矣，缘系拓充家庙，以隆祀典事理”[②]。明武宗诏许重建孔氏南宗家庙，并拨给库银。新桥街家庙由同知陆钟、通判曾伦、推官杨文升及所属五县知县共同督造，于明正德十六年（1521）四月建成，与翰林公署合一。方豪为之撰《明正德衢州孔氏家庙碑》。祝銮所撰颂碑中如此赞曰：“趋庭有闻，维诗维礼。匪曰私之，教所伊始。伟哉庙貌，岂直美观。古今之望，泰岳巑岏……圣容穆穆，于墙于羹。”[③]

明朝万历年间，清朝顺治、康熙、雍正、乾隆期间，对新桥街家庙都作了不同程度的修葺，其中“康熙甲寅（1674）之变，兵燹为灾，庙屋几毁。制府郧园李公（李之芳）视师于衢，捐俸，力谋鼎新。迄今庙貌煌煌，剑佩琴书，悉增精彩”[④]。至清道光年间现存孔氏南宗家庙基本定型，“旧殿后为思鲁阁，圮。佥议移建西北隅隙地，就其址建大成殿。殿基故卑湿，因增高五尺许，而槛柱多易木以石，阶墀门庑得以次开拓。崇圣祠以下，亦皆踵而新之，视旧制进深高广增十之二焉”[⑤]。此后，新桥街孔氏南宗家庙虽屡毁屡葺，但总体格局未有重大变动。

---

① 《［民国］衢县志》卷十六《碑碣志一 · 家庙 · 明正德孔氏家庙碑（方豪撰）》，民国二十五年（1936）铅印。

② （明）沈杰辑：《三衢孔氏家庙志 · 附录新家庙记载事实（卷一）· 唐凤仪奏疏》，明嘉靖刻本。

③ 《［民国］衢县志》卷十六《碑碣志一 · 家庙 · 明正德重建孔氏家庙颂碑（祝銮撰）》，民国二十五年（1936）铅印本。

④ 《［民国］衢县志》卷十六《碑碣志一 · 家庙 · 清康熙叶淑欧撰孔氏家庙记》，民国二十五年（1936）铅印本。

⑤ 《［民国］衢县志》卷十六《碑碣志一 · 家庙 · 清道光重修衢郡至圣家庙碑记（谭瑞东撰）》，民国二十五年（1936）铅印本。

（二）孔氏南宗家庙的地位

孔氏家庙与其他各地孔庙不可同日而语，孔氏南宗家庙则是与山东曲阜孔庙具有同等地位的“家庙”。对此，清朝大臣李之芳曾说：“自唐开元后，郡邑皆立孔子庙，有司岁时奉祠，至于今不废。而为孔氏之家庙者，惟曲阜与衢州耳。”[①]

曲阜孔庙是历史上第一座孔庙，同时也是第一座孔氏家庙。自北魏“孝文帝下诏全国各郡县学均祀孔子”之后，孔庙发生了“历史性的转折”；隋代“各级学校在其庙内释奠孔子”；唐代“各地孔庙有了进一步发展”[②]，唐高祖“武德二年（619），始诏国子学立周公、孔子庙；七年（624），高祖释奠焉，以周公为先圣，孔子配”，“贞观二年（628），左仆射房玄龄、博士朱子奢建言……乃罢周公，升孔子为先圣，以颜回配。四年（629），诏州、县学皆作孔子庙”[③]。

根据性质或类别，孔庙主要可以分为孔氏家庙、国庙和学庙三大类。历史上郡邑所立的孔子庙（简称孔庙），也叫学庙或文庙，是古代士人祭祀孔子的重要场所，其分布最为广泛，遍布国内各地。《阙里孔府档案》相关统计数据显示，清末全国孔庙“数量达1560多处”，目前“保护完好，或有遗址、遗迹可寻的有近200处”。海外许多国家也建有孔庙，“朝鲜历史上有362个礼制性孔庙”，日本、越南、缅甸、英国、德国、美国等国家都曾建有孔庙[④]。

然而，孔氏南宗家庙则截然不同，主要体现在以下方面：第一，在全国范围内能够称得上孔氏家庙的只有两座，“自京师至直省各府州县莫不有学，学皆祀孔子。而为孔氏之家庙者，则惟曲阜与衢……衢之家庙与

---

① 《［康熙］衢州府志》卷七《圣庙图第七·修建·李之芳记》，清光绪八年（1882）重刻本。

② 张晓旭：《中国孔庙研究专辑·中国孔庙发展史纲》，《南方文物》2002年第4期。

③ （宋）宋祁、欧阳修：《新唐书》卷十五《礼乐五》，中华书局1975年版，第373页。

④ 张晓旭：《中国孔庙研究专辑·中国孔庙发展史纲》，《南方文物》2002年第4期。

曲阜并垂不朽”[①]。第二，衢州孔氏家庙在规制上则“与阙里之堂，南北并峙”[②]，“展奠有地，博士有居，斋宿牲庖，燕集弦诵之所，无弗备者。地位崇广，规制壮严，遐瞻阙里，实相辉映，斯文佥快，吾道益尊”[③]。这就充分说明，作为“孔氏嫡系长房长孙主持供奉先祖的庙宇”[④]，孔氏南宗家庙与曲阜孔庙具有同等地位，因而为历代政府和广大民众所重视，在历代“踵而增新之”[⑤]的历程中令其永远矗立在三衢大地之上和民众心目之中。衢州孔氏家庙与曲阜孔庙在文化上也具有同等意义，“由春秋以来，传序五十有三世，庙于鲁者，礼也；舍鲁而南者，宗子去国，以庙从焉，亦礼也……昔周有清庙，鲁有闷宫，至今歌咏不足，使人想见盛德之美”[⑥]，其兴衰存亡所透视的正是“国家安定与否的象征”[⑦]。这就赋予衢州孔氏家庙独特的历史内涵和文化特征，它有力地见证了孔氏南宗的历史进程，“南北相比，南方的衢州孔氏家庙所表现的大起大落则更加突出地表现了历代皇朝的兴衰、动乱与安定”[⑧]。

孔氏南宗家庙在功能上既具有官庙性质，即作为“封建统治者推崇孔子思想的物化象征”；又具有家庙性质，即具有“家祭的作用”，是孔氏南宗族人家祭的重要场所。其建筑从“布局、配置乃至各个方面均反映了儒家的礼治思想和宗法伦理道德的观念”[⑨]，现在家庙中的“思鲁阁”以及“泗淛同源”等匾额，具有鲜明而特殊的内涵，体现了南宗人士心目中南

---

① 《[民国]衢县志》卷十六《碑碣志一·家庙·清道光重修衢郡至圣家庙碑记（谭瑞东撰）》，民国二十五年（1936）铅印本。

② 《[民国]衢县志》卷十六《碑碣志一·家庙·清道光重修衢州孔氏家庙碑记（帅承瀛撰）》，民国二十五年（1936）铅印本。

③ 《[民国]衢县志》卷十六《碑碣志一·家庙·明正德衢州孔氏家庙碑（方豪撰）》，民国二十五年（1936）铅印本。

④ 周斌：《衢州南宗孔氏家庙》，《浙江档案》2009年第9期。

⑤ 《[民国]衢县志》卷十六《碑碣志一·家庙·清道光重修衢郡至圣家庙碑记（谭瑞东撰）》，民国二十五年（1936）铅印本。

⑥ 《[康熙]衢州府志》卷七《圣庙图第七·修建·胡翰记》，清光绪八年（1882）重刻本。

⑦ 崔铭先：《孔夫子的嫡长孙们》，浙江人民出版社2009年版，第516—523页。

⑧ 崔铭先：《孔夫子的嫡长孙们》，浙江人民出版社2009年版，第521页。

⑨ 谢昌智主编：《衢州孔氏南宗家庙志》，浙江人民出版社2001年版，第37页。

北一家的大局观和统一观，从中折射出深厚的礼义观，“衢之庙，为博士子孙所世守，家法常存，式凭如在，与阙里之堂，南北并峙，四方观礼而至止者，不啻溯洙泗而跻凫峄也”[①]。

在孔氏南宗族人心目之中，南宗世子作为宗主，南宗家庙就是圣地；在江南士人心目之中，拜谒南宗家庙则如“登洙泗之堂”[②]般的充满憧憬与感到荣耀，沈杰曾有诗曰：“柯城家庙历三朝，思鲁堂高岁月遥。独有皇明重圣裔，翰林主典帝恩饶。”[③]吏部郎中周文兴《谒孔圣新庙》诗曰：“菱角塘头迹已陈，邵阳人物树殊勋。宫墙宗庙斯文在，棫朴菁莪圣泽存。南渡冠裳重继武，新成栋宇欲干云。翰林更有贤宗子，尤为孳孳究典坟。”[④]这些都充分说明孔氏南宗家庙的重要象征意义及其所赋予的文化意蕴。

四、孔氏南宗的历史地位

（一）孔氏南宗之定位

孔子后裔在南渡过程中体现了孔氏家族一直秉承的诗礼精神、忠义襟抱以及勇者气局。孔子后裔南迁并被朝廷赐家衢州，使衢州成为闻名遐迩的“东南阙里”[⑤]。大宗南渡事件于孔氏家族而言或许是不幸之事，然而对于衢州、浙江乃至江南地区而言则是莫大之幸事。首先，孔氏南渡使江南士民得以与“圣裔”为邻，近距离地仰其风神、闻其教诲、观其风范；其次，孔氏南渡在很大程度上推动了江南地区以儒学为核心的学术繁荣与文

---

① 《［民国］衢县志》卷十六《碑碣志一·家庙·清道光重修衢州孔氏家庙记（帅承瀛撰）》，民国二十五年（1936）铅印本。

② 《［康熙］衢州府志》卷七《圣庙图第七·修建·李之芳记》，清光绪八年（1882）重刻本。

③ （明）沈杰辑：《三衢孔氏家庙志·题家庙（沈杰撰）》，明嘉靖刻本。

④ （明）沈杰辑：《三衢孔氏家庙志·谒孔圣新庙（周文兴撰）》，明嘉靖刻本。

⑤ 据上海辞书出版社1989年版《辞海》：阙里，春秋时孔子住地，在今山东曲阜城内阙里街。因有两石阙，故名。孔子曾在此讲学。后建有孔庙，几占全城之半。旧亦曾用作曲阜的别称。衢州地处东南地区，因孔氏南宗家庙在此，故被称为“东南阙里”。

化发展，促进了南北文化的融合互动，孔氏宗族文化与江南各地望族文化在互为吸收、互为影响的交融之中形成了文化合力，推动了江南社会文明进步。滕复先生对此认为：孔氏南宗对于南宋以后浙东学术及其发展产生了三方面影响：一是使儒家“崇文厚德”的社会风气进一步深入民间，对于宋代以后的浙江社会起到了移风易俗的作用，从而构成浙东学术繁荣的丰沃土壤。二是孔氏南宗文化促进了儒学在浙江的进一步传播，使浙东学术及思想的发展遵循儒学的轨道但又融合了本土注重实际的特点。永嘉学派“以经制言事功”的思想主张，可以看出其中的某种关联。三是孔氏南宗在浙江的文化存在及发展，某种程度上逐渐培育了浙江文化和学术的主流意识。

当代人尤其是当地人每每谈起孔氏南宗，关注最多的则是孔氏南宗家庙，感到自豪的则是在全国只有两座之一的孔氏南宗家庙就在身边，因而将孔氏南宗家庙与孔氏南宗两个概念混为一谈，同时将孔氏南宗家庙的地位简单等同于孔氏南宗的地位。因此，要准确把握孔氏南宗的地位和价值，唯有突破上述误区，以更大的格局和开放的视野，科学准确地把握其形成与发展的历史脉络，才能全方位深层次地揭示其历史文化内涵、传承发展机制及其当代精神和未来价值。

我们可以从狭义和广义两个维度来定义孔氏南宗的概念。狭义上的孔氏南宗很显然是指南宋初年随宋室南渡的孔氏族人及其后代，正如徐寿昌先生所说：“‘宗’者，此系‘宗族’‘宗派’之谓也。‘南宗派’的内涵，是宋金战争和对峙时期，始终效忠于赵宋王朝而南迁的孔子后裔；其外延则是所有与孔端友一起，或像他一样从宋室南迁的孔氏族人。”[①]目前，学术界和社会界普遍认同的正是这一外延概念上的孔氏南宗。广义上的孔氏南宗则还包括南宋以前南迁、南宋之后归附南宗衍圣公的孔氏后代，如孔子二十二世孙孔潜避地会稽之后形成的会稽支；第四十一世孙孔昌弼于唐末时避地南雄、其后代移居广州后形成的广州支；第四十二世孙孔桧于后

① 徐寿昌：《孔氏南宗史实辨正》，载《儒学研究》(上)，杭州出版社2006年版，第121页。

唐时迁居温州后形成的温州支等等。

狭义上的孔氏南宗与广义上的孔氏南宗在某种程度上早就融为一体了。对此，崔铭先先生认为，大宗南渡以后，“南宋境内之孔氏，却仍以衍圣公马首是瞻，心悦诚服地接受孔氏南宗府管理。即便是早于孔端友南迁的孔氏族人，亦到衢州叙旧典、续昭穆，也把衢州当做是东南之阙里”[①]。总而言之，衢州是江南孔子后裔心目之中的中心所在。

综上，孔氏南宗作为孔氏家族的重要组成部分，是以衢州孔氏家庙为重要物质遗存、以衢州孔氏为核心、支派遍布广大江南地区、由孔子后裔组成的一个特殊宗族。第一，孔氏南宗家庙不仅是孔氏南宗族人而且是广大江南士人心目中的圣地，其地位可谓至高无上，具有重要的象征意义和文化内涵。第二，衍圣公和五经博士居衢，“大宗主鬯”，主祭祀、守家庙、护祖坟，对江南各地孔子后裔具有统领作用，衢州成为江南孔子后裔的中心。第三，大宗南渡之后，在江南广大地区支分派衍，孔子后裔遍布江南各地。与此相关联，孔氏南宗文化则是传统孔氏文化与江南社会文化在长期互动融合进程中形成的、以儒家文化为核心的区域文明教化体系。

（二）孔氏南宗之地位

元代学者鲁贞曾说：“三衢孔氏，自中奉始，曲阜太末，二宗对峙。代有显人，不替厥绪，圣人之泽，百世不已。”[②]其中“曲阜太末，二宗对峙”所揭示的是孔氏南宗在整个孔氏家族中的重要地位，说明其是孔氏家族不可或缺的重要部分；“代有显人，不替厥绪”所反映的则是孔氏南宗的繁荣兴盛，“圣人之泽，百世不已”所透视的是孔氏南宗的历史作为。的确，在时局动荡的南宋时期，以衍圣公代表的孔氏南宗族人历尽千辛万苦，一方面奉祀如常，敬宗收族；一方面传承诗礼，光大儒学，继承孔氏

---

① 崔铭先：《孔氏南宗之作为及其影响》，载《儒学研究》（下），杭州出版社2006年版，第113页。

② （元）鲁贞：《桐山老农集》卷三《故遂安县主簿孔世广墓志铭》，文渊阁《四库全书》本。

大宗的优良传统。孔洙让爵之后，面对政治、社会、经济地位一落千丈的残酷现实，孔氏南宗族人不忘初心，艰难前行，孔氏南宗文化表现出更蓬勃的生命力。

孔洙让爵之后，由于衍圣公爵位由北宗孔氏后裔承袭，加之孔氏南宗处于艰难处境，“谁是孔氏宗子”不仅成为孔氏家族本身，更成为政府和社会各界共同关注的焦点问题。明清时期，胡翰、程敏政、刘宗周、魏禧、李元度等著名学者，都旗帜鲜明地坚持孔氏南宗的大宗地位。

失爵期间，很多学者因深知孔氏南宗在孔氏家族中的重要地位，对于南北后裔所受恩遇之悬殊深表不满，尤其对于南宗境遇之艰难深表同情，“先圣之后……在衢者为布衣，而人皆恻之”。广大学者在孔氏南宗地位上的这种共识，为孔氏南宗得以复爵奠定了坚实的思想基础和社会基础。复爵之后，孔氏南宗的影响得到进一步扩大。复爵前后的两位明代著名学者，即被誉为“学问该博”的程敏政、“千秋正学”的刘宗周，都立场坚定地坚持衢州孔氏的大宗地位。程敏政强烈主张，“先圣之后，凡嗣爵奉祀者，谓之大宗子。宗法在礼，不可不慎重。而考诸史籍，则因袭之间尚有可议”，通过大量的史实考证之后，他旗帜鲜明地认为：“从高宗南渡者为大宗，受刘豫所封者为小宗矣”，并始终坚持“南宗出于当时嗣爵之人，而北宗则其疏且远者”①。刘宗周则明确宣称：“浙之衢有至圣裔，相传为孔氏大宗。盖宋南渡时，其宗子抱祭器随驾，因而袭封。而留曲阜守孔林者，其支庶子也。”②清初著名诗人朱彝尊与王士祯并称“南朱北王”，他们对孔氏南宗了解至深，都明确肯定孔氏南宗的大宗地位。朱彝尊兼擅诗词、考据，著有《曝书亭集》《经义考》等。朱彝尊与桐乡支孔氏族人孔兴俊交往密切，熟谙孔氏南宗历史，对孔洙让爵体现的可贵精神高度赞赏，“元人思复立大宗，而宗子辞不受，能以礼让，是人之所难也”，特别是对于孔子六十一世孙孔宏幹所作的《孔门佥载》“于三衢一支弃而不

---

① （明）程敏政：《篁墩文集·圣裔考》，文渊阁《四库全书》本。

② （明）刘宗周：《刘蕺山集》卷九《曾氏家乘序》，文渊阁《四库全书》本。

录奠系”的做法表示强烈之愤慨：“世辨昭穆者宜如是乎？可为长太息也矣！”[①]清人陶澍和张德容都持同样观点。陶澍认为，孔子“长房之裔，实从宋高宗南渡居于衢。其世爵在曲阜者皆次支之裔也”[②]。张德容指出：“吾衢自宋端友公扈跸南渡，遂世居于衢，实圣裔宗子也。”[③]

扈跸南渡和孔洙让爵是南宗历史上影响深远的两大事件。在魏禧心目中，无论是孔传、孔端友扈跸南渡所体现的忠义之举，还是孔洙让爵所体现的德让之风，所折射的是孔氏南宗对儒学真精神的感悟与践行，其核心就在于“孝”“义”二字。在江澜看来，能将衍圣公这样至高无上的爵位让于人，实在是可贵至极：“夫人之情，苟有益于身、得于后，虽小者必取焉，而无以让于人，况爵位之大，可传于子孙而继于无穷者，肯不自取而固以让为乎哉……以坟墓不可离而不去者，孝也；以公之爵而让于人者，义也。孝义既立，而子孙法之，亦安于贫贱而略无以及于公爵之荣，可谓难矣。”[④]魏禧对孔氏南宗族人传承弘扬先圣礼义文化的优良传统高度赞赏，在《贤溪重修孔圣庙碑记跋》将孔传、孔洙等誉为“以宗子守先圣之道”的楷模，且明确指出：“自宋渡江以来，先圣陵庙虽在曲阜，而道则南矣。”他认为，孔洙让爵以来，曲阜孔氏承袭衍圣公爵位和曲阜县令之职，而孔氏南宗后裔则仅仅被封为翰林院五经博士，两者在待遇上的悬殊差距实在令人不可思议，所以强烈主张“圣君贤宰相复起，其必有以厘定”。魏禧的这一主张引起李腾蛟、李元度等人的强烈共鸣，其中李元度力挺魏禧主张：“往读宁都魏禧文，孔子裔以南宗为嫡子……金人立其支子袭爵于曲阜，是为北宗。元明至今因之，而南宗仅得官五经博士。禧拟

---

① （清）朱彝尊：《曝书亭集》卷四十七《艺文·书韩敕孔庙前后二碑并阴足本》，文渊阁《四库全书》本。

② （清）陶澍：《陶文毅公全集》卷三十八《石磴曾氏族谱序》，《续修四库全书》本。

③ （清）张德容：《二铭草堂金石聚》卷六《鲁相韩敕修孔子庙立礼器碑》，清同治十二年（1873）刻本。

④ （明）沈杰辑：《三衢孔氏家庙志·送孔君承美授翰林世袭荣归序（江澜撰）》，明嘉靖刻本。

请于朝，以公爵还大宗，元度深韪之。”[①]魏禧等人的这些主张，为人们全面而准确地认识孔氏南宗的历史地位提供了更为广阔的视角。

对此，郭松义先生所作的评论令人深思：“按照严格的宗法关系，北宗属于庶支，衢州孔氏才是真正的大宗，可是由于曲阜是孔子的故里，统治者需要在北宗树立正统形象，这样大宗必须贬为小宗，小宗则取代大宗。为了避免争端，明正德元年（1506），经朝廷批准，在南宗的宗谱中，还专门把它作为既定的‘制典’，写入家规，使在衢子孙‘绳绳遵守’，如‘有违者，以不忠不孝论，置之重典，永不叙录’（孔府档案，编号：0736之18）。由此可见，宗法名分，也不是确定不变的，只要统治阶级需要，随时可以移上为下，持小为大。孔氏家门一向以守礼教自诩，最讲究宗法名分，但它尚且如此，其余当然更不可严而究之了。”[②]这一评论从本质上揭示了大宗之争的深层次根源所在——最重要的就是政治需要。

第二节　孔氏南宗重要宗支

古人曾云：“宗者，何谓也？宗，尊也，为先祖主也，宗人之所尊也。”[③]宋室南渡时，阙里孔氏大宗适传至第四十八世孙、衍圣公孔端友，故阙里“五位”之后，凡挈家随衍圣公端友扈跸南渡而散居江南诸省之第四十八、四十九世孙（随父南渡者如端友子玠、端廉子高等除外），皆分别为“宗”，以尊其扈跸之德。孔端友为大宗，其余为小宗，乃尊重历史也。至于第四十七世若古、若钧、若冲诸公，以其年高德劭，均由子侄侍

① （清）李元度：《天岳山馆文钞》卷十九《书衢州文庙圣像事》，《续修四库全书》本。

② 郭松义：《孔氏宗谱于孔氏家族组织——介绍曲阜孔府所藏家谱资料》，中国谱牒学研究学会：《谱牒学研究》第一辑，书目文献出版社1989年版，第201—202页。

③ （汉）班固：《白虎通义》卷下《宗族》，《摛藻堂四库全书荟要》本。

护，则视为支持南渡之长者，仅以其子侄分别为“宗”。

支者，乃一本旁出，一源之分流。故以嗣后徙离始寓州县而异居他乡，且有谱为据者，才叙为分支。至其县内乡村间之迁移分合，可谓目不暇接，殊难稽考，姑舍之不叙。复鉴于宗支衍而蕃硕不等，故有多达二十五分支者，亦有仅始祖所居地为宗支者。

南渡之孔氏，第四十八世孙尚有端弼、端雅、端伟、端越，以及第四十九世孙璋，诸谱仅载其南渡。其后裔，或云“失考”（端伟），或云徙居某地（端弼、端雅），或仅为方志载其事迹（端越）。本节姑且不立为一宗。

宋建炎南渡之阙里孔氏，往昔有因孔端友、孔传而误为仅袭封、中散位数支。其实不然。南渡者，袭封位有端友、端廉、端弼、端雅，以及端本子珪、璋，端禀子琝；中散位有端朝、端问、端己、端位、端植、端隐，以及端节子琛、瓒；侍郎位有墉子琯；中舍位有端佐、端礼，以及端言子文杰；博士位有端躬、端阐、端任、端穆、端思、端伟、端修、端原。此外，尚有端志、端越等。故宋建炎扈跸南渡者，当属孔氏中兴祖下“五位”后裔中义气激昂之精英者。

宋高宗建炎三年（1129）春、四年间[①]，曲阜孔氏除留守林庙、异居他

---

① 关于孔氏大宗南渡的年月，宋李心传《建炎以来系年要录》、元脱脱等《宋史》、清毕沅《续资治通鉴》均认为以宋高宗为首的宋室南渡，是从建炎三年二月初三（壬子）开始的。建炎元年五月初一（庚寅），康王赵构即位于南京，是为高宗；同年十月二十七日（癸未），避敌至扬州。建炎三年二月初三（壬子），高宗君臣渡江南奔，十三日（壬戌）抵达杭州，以州治为行宫。在此之前，高宗从未到过江南。其它史籍，著者迄今未见异于此说者。所以，扈跸南渡的孔氏大宗及其族属，南渡江浙的年月亦应是建炎三年二月。然而，1994年版《衢州市志》却认为“建炎二年，孔子第四十八世孙、衍圣公孔端友……随宋室南渡”。以致诸多衢籍人士以讹传讹，将孔端友南渡衢州误以为是建炎二年。

又，南渡孔氏族人中，大多随衍圣公或孔端隐南渡，尚有少数因故未能同行，直至建炎末始南渡来浙。如，掌印官端禀长子孔琝奉命护章至衢（新纂《钱塘孔氏宗谱》）；大理评事若钧次子端阐携侄孔瓒南渡至婺之榉川（民国八年《永康孔氏宗谱》）等。

乡者外，其精英大多挈家支持或追随衍圣公孔端友扈跸南渡[①]。

考诸史、志、家乘，支持孔端友南渡的孔子四十七世孙中，以族长孔传为首，尚有若钧、若冲、若罕[②]等孔族长者。挈家追随孔端友南渡者，第四十八世孙有端廉、端弼、端雅、端朝、端问、端己、端位、端植、端隐、端佐、端礼、端躬、端阐、端任、端穆、端思、端伟、端修、端原、端志、端越等二十一位；第四十九世孙有端本子孔珪、孔璋，端禀子孔

---

① 考诸第四十六世袭封衍圣公孔宗愿之子孙，当如是说。宗愿子四：若蒙、若虚、若愚、若拙。建炎南渡前，衍圣公孔若蒙、奉圣公孔若虚及孔若愚均已病故，唯孔若拙以进士为金州司马参军而异居于彼，未审其健在否。

孔宗愿有孙十五，除若拙子端孜、端美、端常、端中、端申随父侨寓金州外，居住曲阜者十人，即：若蒙子端友、端操；若虚子端本、端廉、端裕、端恪；若愚子端弼、端雅、端禀、端立。建炎南渡前，孔若虚长子端本已经病卒，三子端裕、四子端恪，诸谱或注“无传”，或仅录其名，未明其是“早卒”，或是“异居”。可考者有七人：衍圣公端友和胞弟端操，若虚次子端廉，若愚长子端弼、次子端雅、三子端禀、四子端立。其中，端弼、端雅随常德军承宣使孟忠厚奉隆祐太后南渡（见《镇江孔氏合修宗谱》），端友、端廉扈高宗南渡，唯端操及端禀、端立留守林庙。

孔宗愿有曾孙十二，除端孜子孔士元随父寓居金州外，家在曲阜者十一人，即：端友子玠，端操子瑄、璠、瑱，端本子珪、璋、珖，端廉子高，端禀子琢、珵，端立子琥。建炎南渡前，端操长子瑄为江西饶州守、三子瑱为江西南康教授，在曲阜者仅玠、璠、珪、璋、珖、高、琢、珵、琥九人。其中，南渡者六人，即玠、高、珪、璋、琢、珵；留曲阜者仅侍父留守陵庙的端操子璠、端立子琥而已。至于端本幼子王尧，诸谱皆注“无传”，或“绝”，未审其早夭或南渡否，已属无考。

第四十八、四十九世孙中，在国难当头时，明人程敏政在其《篁墩文集·圣裔考》认为：“以史考之，凡出于北宗者，实皆逃难四出，流落民间，非真有仗义守礼之心、效死而不去者。”明孝宗时的礼部右侍郎，且与当时被黜衍圣公孔弘绪“连襟”的程敏政所持这一说法，纵观中国历史，不可简单地予以肯定或否定。客观地说，仗义守礼、效死而不去者有之，如端操、端禀等；逃难四出、流落民间者，亦有之。然而，逃难流落者为谁？五百年前的程敏政没有明确指出，也许有其难言之隐，后人就很难、也没有必要去揣度了。

② 孔若罕，民国及近年续修之《孔子世家谱》，均不见其名，仅录其子端志“与端友兄同随驾”，为江苏靖江支始祖。然而，元王逢《梧溪集》卷二《题马洲书院》的小序，记其携子端志“将之衢”而流寓靖江、创设书院等史事，应予增补。这犹如孔若冲，《孔子世家谱》亦未录其名，而近年续修的《孔子世家谱》，已按民国己未《永康孔氏宗谱》等增补为国子博士宗毂第七子、若钧之幼弟。

理，端节子孔琛、孔瓒，壎子孔琯，端言子文杰等七位[1]。

与衍圣公孔端友、族长孔传扈跸南渡赐家衢州的孔族精英，历经三个阶段。

第一阶段：避寇扬州。宋建炎二年（1128）十二月，金宗翰率部南下，侵东平、攻济南。由于刘豫叛降，形势剧变，两河危急。仓促之中，孔端友与孔传遂按所议带领族属至扬州行在避敌，与先期抵达扬州的太学博士端朝以及端隐、端佐、端礼等会合[2]。

第二阶段：扈跸南渡。宋建炎三年（1129）正月，金兵穷高宗之所往而追之，御营左将军韩世忠兵溃沭阳，金兵锋芒直指扬州。二月壬子（初二），金兵攻占天长军，高宗仓惶南渡长江，"惟御营都统制王渊，内侍省押班康履五六骑随之"[3]。孔端友及孔传等，亦与避寇扬州的士民先后渡江至京口，并扈从至杭州。因事出仓卒，随其者仅端木、端问、瓒、琯等。嗣后，渡江时流散的孔氏族属除若罕、端志父子留滞泰兴外，均陆续到达杭州行在。

第三阶段：赐家衢州。二月丁卯（十七日），百官入见，诏"杭州寄居迪功郎以上，并许造朝"。端友与传以北归一时无望而率族拜疏、叙家门旧典。高宗念其扈从之劳，敕赐庙、宅于衢。

其时，大理评事孔端躬等尚须留在杭州扈驾，流散的孔端廉等尚在来

---

① 文中所列七位，盖为乃父卒后，建炎间追随衍圣公端友或孔端隐南渡者。孔子四十九世孙，为数甚众，大部为侍父或随父南渡者，如端友子玠、端廉子高、端思子琢（端禀长子继端思为后）端礼子文璲等；尚有部分为南渡后出生，如端隐子璩、瑄等。此外，诸如端朝、端问、端位、端植、端佐、端礼、端躬、端穆、端修、端志等之子，有的出生于建炎南渡前，有的生于南渡后，殊难晰考，故仅录其父。

② 宋建炎二年七月，著名抗金将领、东京留守宗泽病卒，金主以当穷康王（宋高宗）其所往而追之而命金将宗翰等南伐，以消灭立足未稳的南宋政权。与此同时，高宗诏"东京所属官司，般发祭器、大乐、朝祭服、仪仗、法物赴行在"，准备在扬州祀天，旨在立足淮甸、偏安江南。在此形势下，时为太学正的端朝嗣后在其《续阙里谱系序》中谈到："建炎戊申（二年）十月，端朝不得已去林庙南奔"扬州。又据元赵孟頫撰《宋察推孔子宣公传》等："靖康之乱"，端隐"乃选宗族中义气激昂者数十人与俱至大元帅宗泽幕府请自效"；宗泽卒后，豪杰人士皆不为资政殿大学士杜充、祈请使宇文虚中所用，故端隐与端位、端礼等遂召募豪杰之士扈跸扬州。

③ （宋）李心传：《建炎以来系年要录》卷二十《建炎三年二月壬子》，中华书局2013年版。

杭途中，孔端友与孔传遂率端木、瓒、琯先行抵达衢州。鉴于此，宋淳熙五年（1178），孔瓒长子孔拟在《东家杂记》附书称：“挈家随驾南渡者为传、端友、端木、瓒、琯五位。”理宗端平二年（1235），教授李以申的《孔右司端木传》和宋宝祐二年（1254）资政赵汝腾的《南渡家庙碑记》都持这一说法。这些文献无疑是指首批流寓衢州者，且略去了孔传诸子。此后，端廉、端佐、端礼以及孔珪、孔璋等也先后抵达衢州。而孔若鼎诸子扈驾至明州定海后，“留端原审观形势”，端伟、端修则取道越、婺至衢。孔若钧、孔端躬父子及端弼、端雅复扈从至章安，孔端弼、孔端雅流寓台州，孔若钧父子准备取道婺州至衢，然行至永康榉溪，以若钧疾作而流寓榉溪。

高宗一行南渡至镇江时，“宿于府治，从行无寝具，上以一貂皮自随，卧覆各半”，第二天，形势急转直下，“金游骑至瓜洲，民未渡尚十余万，奔迸堕江而死者半之”[①]。可见，孔氏大宗及其精英的扈跸南渡，诚为数十万南渡义民之表率，为抗金名将岳飞、韩世忠等克敌致胜、巩固赵宋王朝半壁江山的社会基础。这种执着不悔的情感、忠诚报国的气节、至死不渝的立场，可歌可泣。

本节考诸几经浩劫的文献，继衢州宿儒徐映璞《圣裔支派考》之后，试图就南渡孔氏之宗支作进一步考证。

（一）大宗

大宗始祖系第四十八世孙、衍圣公孔端友。宋建炎年间，孔端友率族扈跸南渡，敕赐庙宅于衢州首县西安，至第五十三世孙孔洙皆袭封衍圣公于衢州，主奉南渡家庙祀事。元至元年间，孔洙德让衍圣公爵位于曲阜宗弟，至第五十八世孙公诚，只以孔氏恩例授官。明朝中叶，孝宗、武宗先后诏授第五十九世孙孔彦绳为世袭翰林院五经博士。迄于清末民初第七十三世孙孔庆仪，皆主南宗家庙祀事。民国时期把翰林院五经博士先后

① （宋）李心传：《建炎以来系年要录》卷二十《建炎三年二月壬子》，中华书局2013年版。

改为南宗奉祀官、大成至圣先师南宗奉祀官，至第七十五世孙孔祥楷，仍主南宗家庙祀事。

徙外分支：

1.浙江宁海隅南支。该支始祖系第五十三世孙孔淋，衍圣公孔玠玄孙。孔玠次子孔持生文莲，文莲生万程，万程生淋。孔淋，“树帜艺林，司铎邹序”，宋亡后，“挂冠入山，栖会稽，复迁宁波隅南居焉”[①]。子一：思初；孙一：克聪。明初学者章朴应孔克聪之邀撰《隅南孔氏谱序》。

2.江西贵溪（今江西鹰潭）石塘支。该支始祖系第五十三世孙孔濂，衍圣公文远孙，万春侄。文远次子万龄生濂。濂，进士及第，“博学鸿词，尤精于《易》，著有《五经图说》行世”。与弟沟由衢州徙居江夏（今湖北武汉市武昌区）。元初，以教授信州路，复由江夏徙居贵溪石塘，《[乾隆]贵溪县志·寓贤》有传。子一：檏。孙五：克吉、克升、克良、克华、克轩，故其后分为五大房。

3.湖北江夏（今湖北武昌）支。该支始祖系第五十三世孙孔沟（亦名洵）。万龄子，濂弟。元初，与兄濂从衢州徙居江夏。子七：思仁、思义、思礼、思智、思信、思忠、思诚。

4.江西芦溪支。该支始祖系第六十一世孙孔宏绶，衍圣公文远第十世孙。万龄生沟，沟生思诚，思诚生克勤，克勤生希剑，希剑生言侃，言侃生公玉，公玉生彦循，彦循生承式。宏绶，承式三子也。明嘉靖间，宏绶由江夏徙居江西芦溪陇田。子四：闻诗、闻礼、闻治、闻政。

5.福建崇安（今福建武夷山）支。该支始祖系第五十四世孙孔楷（字鲁林），衍圣公孔洙长子。孔楷于元至正年间尹崇安，以拒陈友定死。明何乔远《闽书》、清《[乾隆]大清一统志》《[道光]大清一统志》《[雍正]福建通志》《[康熙]建宁府志》《[民国]崇安新志》以及董天工《武夷山志》皆以名宦为之立传。子克和、克逊卜筑焉，建孔子祠，其地

① （清）陈梦雷：《钦定古今图书集成·明伦汇编·氏族典》卷三百七十八《孔圣部艺文·隅南孔氏谱序》，中华书局影印本。

遂名小孔林。

6.浙江湖州南浔支。该支始祖系第五十五世孙孔克安（字诚夫），衍圣公孔洙孙，孔克忠弟。孔洙次子孔思俊，孔克安即孔思俊次子。孔克安始恩授南浔白社书院（又名白莲书院，《孔氏南宗考略》误作白水书院）山长，后敕授浏阳州教授，辟湖北宪司书吏。卒后，遗命葬南浔，其子希雯、希廉庐墓居此。

7.福建龙溪（今福建漳州龙海区）支。该支始祖系第五十五世孙孔克权（字贵中），衍圣公孔洙孙。孔洙幼子孔思溥生孔克权。元朝时，孔思溥为福建省掾，孔克权随父宦居，因避兵乱与弟孔克法流寓漳州龙溪。明万历年间，诏建立家庙，以裔孙一人掌庙事。子一：孔希桂。其后裔还有徙居南靖者。

8.广东潮阳和平支。该支始祖系第五十五世孙孔克法（字彦详），旧名公法，衍圣公孔洙孙，孔思溥次子。孔克法始与兄孔克权寓居龙溪，后兄弟分居，入籍潮阳（今广东汕头），定居和平。子二：孔希江、孔希涛。其后裔遍及潮汕澄海、惠来等地。

9.浙江杭州支。该支始祖系第六十六世孙孔兴燧（字尧章），五经博士孔衍祯三子。清乾隆年间，孔兴燧被派主杭州敷文书院祀事，卒葬万松岭方家峪。其子孔毓堦、孙孔传钊等遂世为驻杭执事官，住杭州候潮门内。

10.河南息县支。该支始祖系第六十九世孙孔继沄（字德安），五经博士孔传锦四子。清乾隆末年，议叙恩贡，以直隶州州判分发河南。笃友悌之谊以省兄，卒葬兄孔继瀚于息县（今河南信阳）知县任所，子昭泉、昭烺、昭煌、昭煜遂由衢州徙居光州息县。

11.江西瑞金支。该支始祖系第五十四孙孔从周，衍圣公孔搢玄孙。孔搢次子节干生君贤，君贤生昭祖，昭祖生从周。元朝时，孔昭祖为江西儒学提举，孔从周随父由衢州徙居瑞金，卒后葬于斯。其子孔福志定居于此。

按：孔从周之子孔福志“易姓为胡”。上海图书馆馆藏清光绪十三年

（1887）和民国十八年（1929）修《瑞金县孔胡氏族谱》，详载其源流。

（二）二宗

该宗始祖系第四十九世孙，其父孔端本为奉圣公孔若虚长子[①]。宋建炎三年（1129）春，孔珪以康王府主簿与弟孔璋从衍圣公孔端友扈跸南渡。孔珪始寓衢州，宋绍兴初年，因“思圣祖故墟，遂同叔端礼”等想回曲阜，到达润州（今江苏镇江）时，“欲渡江，兵阻。泣曰：‘吾无复北还矣。’”于是定居润州南门外。今镇江孔氏皆孔珪曾孙孔定国（孔定魁弟）后裔。

徙外分支：

1.江苏丹徒大松园支。该支始祖系第五十二世孙孔定魁，孔珪曾孙。珪生霈，霈生元宝、元据。孔定魁，孔元宝长子，南宋时由镇江南门外徙居丹徒大松园。子二：括、抃。

2.江苏江都张纲支。该支始祖系第五十七世孙孔言明、孔言平，第五十八世孙孔公秉。孔言明、孔言平，孔元宝次子孔定国第五世孙。定国生渊，渊生思龙，思龙生克儒，由镇江徙居广陵（今江苏扬州）。克儒生希仁，希仁生言明、言平。孔言明、孔言平于明朝初年转徙于扬州邗东（今江苏江都张纲镇）。孔言明之子孔公赞等亦定居于此。孔公秉，孔元据第七世孙，元据生定晓，定晓生澍，澍生思举，思举生克明，克明生希天，希天生言通。孔公秉，孔言通长子，明朝中叶由镇江徙居扬州江都张纲镇。子二：彦说、彦诚。

此外，还有徙居丹阳十里甸、河北甘邑陈家甸、泰兴孔家桥者。

---

① 考近年纂成之《江南孔氏族谱》，其《中兴爵系纪》之“孔珪小传”云：“珪，端本公长子，官康王府主簿，随从父端友扈驾南迁。后思圣祖故墟，遂同叔端礼公侄文杰、文璲至润。欲渡江，因兵阻不可往，泣曰：‘无复北还矣！’遂各择里而居焉。珪公居润南之门外……”并指出《孔子世家谱》将珪公后裔改为丹阳派玮公名下之误。证之清康熙己酉之《江南孔氏族谱》（合修），有顺治间以探花及第、官翰林修撰的蒋超伯和国子监学正谈兆隆所撰的两篇序，皆一再强调：“京口祖珪为端本子”；“端本，若虚子也”；“衍圣公端友扈跸南渡，其从父传、端本子珪实与偕来，赐地衢，因家焉”。至于其徙居润之南门外，亦如上述。由此可知，孔端本长子孔珪随衍圣公南渡，始寓衢州。后以思圣祖故墟从衢州北归，至镇江后复以兵阻而流寓镇江南门外。

（三）三宗

该宗始祖系第四十八世孙孔端廉，奉圣公孔若虚次子，孔端本之弟。宋建炎三年（1129）春，孔端廉从衍圣公端友南渡寓衢。宋绍兴年间，携子孔高徙居温岭江绾。嗣后，子孙以温岭为主繁衍生息。

（四）四宗

该宗始祖系第四十九世孙孔理，其父孔端禀，祖孔若愚。南渡时，孔端禀以掌管印鉴、管理庙产而协助孔端操留守林庙。宋建炎四年（1130）二月初四，孔端禀获悉衍圣公孔端友等赐家衢州后，夤夜召孔理至祖庙，令其护圣物（宣圣章、主祭祀章、文宣王章等）南下衢州。同年七月，孔理渡江至衢，遂寓西安菱湖。三传至万山，为太常寺卿，始由衢州徙居钱塘定南乡龙潭。万山子一：孔沁（字心一），为明布政使，复由钱塘徙居萧山砾山。孔沁有四子：思章、思德、思懋、思俊（亦作思敞），唯孔思德仍居龙潭，孔思懋、孔思俊后裔也有从萧山回徙钱塘东江口村等地者。孔思懋四子孔克源，孔克源五子孔希常，孔希常次子孔文魁（字南轩），由萧山徙居钱塘麻栗树下。孔文魁有五子：韶九、韶十、韶十六、韶十七、韶十八。其后裔，世有族长主钱塘族事、祀事。

（五）五宗

该宗始祖系第四十九世孙孔琛，宋解元，其父孔端节，祖孔若升。宋建炎三年（1129）春，从衍圣公端友扈跸南渡。同年底，复扈驾至明州（今浙江宁波），遂与子孔授流寓奉化四明山。至孔授之子孔文祐，自奉化转寓慈水（今浙江慈溪）李碶。第五十三世孔之问建祠祀之。子二：思近、思正。

按：清康熙年间纂修的慈水孔氏家谱称之为“南宗第九派”。

浙江慈溪支。该支始祖系第五十二世孙孔万荣，孔琛曾孙。孔琛之孙文祐由奉化转寓慈水李碶，孔文祐之子孔万荣为庄桥始祖。

（六）六宗

该宗始祖系第四十九世孙孔瓒（字纯老），宋免解进士，其父孔端节，祖孔若升，孔琛之弟。宋建炎三年（1129）春，孔瓒与兄孔琛从衍圣公孔端友扈跸南渡，赐家衢州；宋绍兴元年（1131），随从父孔端朝徙居安徽歙县。后以通直郎为琴川（今江苏常熟）令，升安徽无为军通判，仕至知和州（今安徽安庆）。仕外期间，孔瓒复转徙雪川（今浙江湖州），卒葬于彼。子三：拟、揆、择。

徙外分支：

1.浙江萧山苧萝支。该支始祖系第五十三世孙孔成十，孔瓒玄孙。孔瓒次子孔揆生文逈，孔文逈生万善。孔成十，孔万善三子。宋元之交，孔成十携子孔正十由雪川徙居萧山苧萝。子一：正十。

按：该支纂于清光绪二十九年（1903）之《萧山苧萝孔氏宗谱》，今藏美国哥伦比亚大学东亚图书馆，中国台北“故宫博物院”则藏其缩微品。又，孔万善长子孔成六后裔转徙临海，尚待考证。

2.浙江富阳支。该支始祖系第六十六世孙孔聪四，孔万善第十四世孙。万善生成十，成十生正十，正十生可七，可七生敬六，敬六生文二，文二生和一，和一生德贤，德贤生顺十八，顺十八生闰二十，闰二十生敏二十一，敏二十一生乾十六，乾十六生春十四，春十四生夏六。孔聪四，孔夏六次子。清康熙年间，孔聪四由萧山苧萝徙居富阳虎爪坞（今浙江萧山义桥镇）。子一：安二。

按：衢州市博物馆藏民国三十八年（1947）《富春孔氏宗谱》（三修）之“凡例”称：“吾族尊聪四公为始祖，以其为迁居、开基于此之始。我一派自为一宗。”因此，仍按当时行政区划另立“富阳支”。

3.浙江崇德青镇（今浙江乌镇）支。该支始祖系第五十八世孙孔公昉（字后溪），孔瓒次子孔揆第八世孙。孔揆生文逈，文逈长子万善生汉，汉生思敏，思敏生克明，克明生希绰，希绰生谟，谟生公昉。明正统、景泰年间，孔公昉由雪川东阡塘徙居崇德青镇。子一：彦璋。

4.安徽寿县支。该支始祖系第五十七世孙孔原，孔瓒幼子孔择第七世孙。孔择生元勋，元勋生之翰，之翰生湖，湖生思孝。孔思孝由雪川徙居鄞县（今浙江宁波鄞州区）。孔思孝生克家，克家生希三，希三生原。孔原又由鄞县徙居安徽寿县。子三：公善、公化、公治。

5.安徽淮南支。该支始祖系第六十六世孙孔兴宝，孔公善第八世孙。公善生彦宁，彦宁生承贤，承贤生宏昶，宏昶生闻琏，闻琏生贞铸。贞铸生尚润，尚润生衍丹，衍丹生兴宝。清初，孔兴宝由寿县徙居淮南石埠头。子三：毓合、毓文、毓三。

6.浙江象山支。该支始祖系第六十六世孙孔兴琏，孔瓒第十七世孙。万荣长子渊生思正，思正生克佑，克佑生希臻，希臻生诩，诩生公缉，公缉生彦恭，彦恭生承晖，承晖生宏仪，宏仪生闻芮，闻芮生贞运，贞运生尚美，尚美生衍聪。孔兴琏，衍聪之长子。清初，由慈溪徙居象山墙头镇。

（七）七宗

该宗始祖系第四十八世孙孔端朝（又名端木），孔若升之子，继孔若谷为嗣。宋徽宗宣和四年（1122）赐上舍出身，除太学正。宋建炎三年（1129）春，从衍圣公孔端友扈跸南渡，赐家衢州。宋绍兴元年（1131），赴官安徽黟县令，遂举家由衢州徙居歙县城南。不久，宋高宗特授左承事郎、秘书省正字，历迁都官员外郎兼权著作佐郎、司封员外郎、尚书考功员外郎、右司员外郎、知袁州（今江西宜春）和临江军（今江西）。秩满返歙，卒葬于彼。子四：璞，兰溪簿；琐，监左藏库；琢，江都令；玩，石埭簿。

徙外分支：

1.浙江婺州（今浙江金华）支。该支始祖系第四十九世孙孔璞，孔端朝长子。孔璞始授江西德兴簿，后改婺州兰溪簿。致仕后，寓居婺州府西菱角塘头。子一：掖。其后裔徙居婺州七架屋基等地（今浙江金华金东区）。

2.安徽绩溪支。该支始祖系第五十五世孙孔克焕、孔克炜、孔克新、孔克文，孔端朝第八世孙，父祖待考。明洪武年间，孔克焕贡授绩溪学正，遂与诸弟由歙徙居绩溪八都。

按：前文已提及，据杨维桢《东维子文集》卷十三《衍泽堂记》载："泰州之派，实繇宋朝（散）公端朝出守泰，得赐田建家庙于州之东北，地因名孔家堡。"元代泰州孔氏子孙有第五十五世孔瑛，为中山府学教授，其子孔希道，元末遭罹兵难，"挟碑渡江，与温、衢之派参会不诬"。

考孔端朝的仕履，诸传均未见载其出守泰州的事迹，惟其三子孔琢曾为江都令，然孔琢之子孔愻却寓于歙。杨维桢所记当有所据，因而录以俟考。

（八）八宗

该宗始祖系第四十八世孙孔端问（字子诚），族长孔传长子。宋建炎三年（1129）春，孔端问以迪功郎、仙源县丞侍父从衍圣公孔端友扈跸南渡，赐居衢州西安县南隅，因名"鲁儒坊"。宋绍兴年间，孔端问授从政郎、洪州（今南昌市）奉新县丞。卒于任，朝廷以圣人之后给"省钱"，葬于奉新五里官山。子四：璹、珦、珉、琬。

徙外分支：

1.江苏句容百社（今江苏句容后白镇曹村）支。该支始祖系第五十一世孙孔应达（一名元迁），孔端问曾孙。端问生璹，璹生摅。孔应达为孔摅幼子。孝宗间，孔应达授金坛教谕，迁润州学正，宋淳熙十一年（1184）由衢州徙居句容百社大村。子四：之蕚、之芳、之华、之兰。

2.山西临汾陈庄支。该支始祖系第五十四世孙孔思焕，孔应达曾孙。应达生之芳，之芳生泷，泷生思焕。孔思焕为锦衣卫校尉，遂由句容百社徙居山西临汾陈庄。子一：克礼。

3.云南通海支。该支始祖系第五十四世孙孔思弟，孔应达曾孙。应达幼子之兰生无锡教谕孔漾，由句容百社徙居安徽广德，孔漾幼子孔思弟又因仕徙居云南通海县城秀山。子一：克让。

按：孔思弟第十四世孙、广西巡抚孔继尹，曾于道光间携《孔氏通海支谱》至曲阜通谱。

4.江苏兴化支。该支始祖系第五十九世孙孔彦渠，孔应达第八世孙。应达生之芳，之芳生泷，泷生思文（思焕弟），思文生克祠，克祠生希吉，希吉生讯，讯生公琦，公琦生彦渠。明嘉靖间，由句容百社徙居兴化。子四：承礼、承仪、承凤、承怀。

按：清宣统元年（1909）纂修的《兴化孔氏支谱》（上海图书馆藏）称，其始祖为第六十一世孔宏贤，以父承凤出外贸易，殁葬兴化东郊外，遂占籍焉，其地今名孔戴村。其实，始迁兴化者乃其祖父孔彦渠。盖以承凤次子、三子五传皆绝、承凤弟之后又皆失考故也。兴化孔氏曾于清顺治、雍正、宣统时期分别由孔尚极、孔兴骧、孔宪荣主持，进行了三次修谱。

5.云南玉溪宋官屯支。始祖系第五十九世孙孔彦福，孔应达第八世孙。应达幼子之兰生孔漾，由句容徙居广德。孔漾生思才，明永乐初由广德游学入滇，寄居省垣。思才生克己，克己生希文，希文生谟，谟生公鑫，公鑫生彦福，转徙玉溪县玉湖乡宋官屯。子三：承铭、承亨、承良。

此外，孔应达之后尚有孔泷第五子孔思源徙居湖北东湖（今湖北宜昌）、之萼曾孙孔克禳徙居河南固始、之兰玄孙孔克让徙居云南通海等，有待考证。

6.安徽太湖孔河支。始祖系第五十三世孙孔滨[①]，孔端问第五世孙。孔摅次子孔应发生之廉，之廉生滨。孔滨博学能文，尤工诗赋，于元初恩授信州路（今江西上饶）学正，转邵武路太宁县株口巡检，终将仕郎、兴化路仙游县主簿。致仕后由衢州徙居安徽太湖县。子一：思安。其后裔散居怀宁、潜山、望江等地。

7.湖北荆门支。始祖系第五十五世孙孔克成（字集夫），孔应发玄孙。孔应发次子之诏生灏，灏生思森，思森生克成。孔克成，滨州教授，迁汶水县尹。元至正间转湖广荆门州管民官。卒于任，以道阻葬于城东沙阳地。

---

① 考诸各地《孔氏宗谱》，第五十三世名“滨”者，仅孔端问长孙孔摅之后有两位孔滨：一为孔应发子之孔濂长子名“滨”，二为孔应达子孔之萼幼子名“滨”。孔之濂子孔滨从衢州落居安徽太湖县；孔之萼子孔滨，其孙孔克让则从句容百社徙居河南固始。又，孔之濂长子“滨”，明成化修刊《孔氏宗谱》作“渍”，而《孔氏南宗考略》之名贤传仍为“滨”，考其“渍”和“滨”小传，仕履完全相同，当为同一人。不是误“渍”为“滨”、误“滨”为“渍”，便是旧名“渍”后改“滨”，或“滨”亦名“渍”。本节姑从“滨”。

子四：希初，希祈、希祐、希祥，遂家于其东南五里山阳田村。其后裔遍布湖北江陵、监利、松滋、公安、石首、沙市、钟祥，及湖南长沙、益阳、宁乡、慈利、华容、湘乡、常德、澧州、安乡、溃阳等地，为南宗复拥有十八分支之大支。

8.安徽肥西石桥支。始祖系第六十五世孙孔衍习、孔衍长。孔克成第十世孙。克成长子希初，希初生证，证生公涣，公涣生彦宗，由荆门徙居湖南华容。彦宗生承统，承统生宏烈，复于明弘治间由华容徙居长沙。宏烈生闻元。闻元五子孔贞奇生尚用，衍习之父；闻元六子孔贞新生尚性，衍长之父。明末清初，孔衍习、孔衍长再徙安徽肥西石桥村。

按：孔衍习之子，名讳失考；孙二：毓新、毓元。孔衍长之子，名讳亦失考；孙一：毓卿。今其后裔均已传至八十世。

9.江西进贤支。始祖系第四十九世孙孔珦，孔端问次子，孔璹弟。孔端问卒葬奉新，珦与兄弟庐墓后，徙居进贤孔家村。子五：抛、扬、拓、捸、揭。

10.江西临川支。始祖系第四十九世孙孔琬（字莘夫），孔端问幼子。宋孝宗乾道二年（1166），以迪功郎授江西抚州临川县丞，遂由衢州徙居临川临汝乡（今名孔家街）。子三：拱阜、拱衢、拱周。除孔拱阜长子孔元训、长孙孔之轩世居临川外，其后裔遍及赣、闽、台三省，亦为孔氏南宗之大支①。

---

① 孔琬四世孙温宁《遗帙》云：端问“第四子讳琬，字莘夫，余之高祖也。公于孝宗乾道二年丁亥授迪功郎、丞临川，遂家焉。予曾祖讳拱阜。伯祖讳元训，生之昂、之轩，仍居临川。伯父讳之缙，与予严父讳之绅同迁金溪。予于恭宗德祐元年乙亥元将李恒陷江西州县，乃避乱建宁，入赘岭腰，遂家于此。今耄矣，水源木本若不记之以示后人，恐世远年湮于何凭考，爰自阙里南渡以暨予父，编成一帙云！”此帙为临川孔氏最早的家谱，编于元代初年，是临川孔氏五十三世前最具权威的家谱。然而，近年所纂之《孔子世家谱》等多有悖于此者，将温宁误为之统之子，而将温锡误为之绅之子，便是一例。

又，之缙、之绅迁徙之因之迹，明《孔子世家谱》之绅小传云：“一名宇绅，字书诚。……博极群书。宋末，世运将否，绝意仕进，隐居自乐。咸淳元年，因从兄之绪之子徙居新城（今黎川）贤溪，公与胞兄之缙徙居金溪名杨桥，而公复徙湍山孔坊。余裔多安土著，惟子温宁复迁居建宁赤上堡岭腰。”由此可知：徙金溪者为之缙、之绅昆仲。由金溪转徙上饶毛源村者，当为之缙之子英玉；英玉十五世孙广发，复由上饶毛源村分徙铅山县。由金溪再徙建宁岭腰楚尾村者，乃之绅次子温宁。

11. 江西金溪支。始祖系第五十二世孙孔之缙、孔之绅，孔琬曾孙。孔琬长子孔拱阜生元诵，元诵生之缙、之绅。宋咸淳元年（1265），由临川徙居金溪杨桥，隐居自乐。其后裔除徙居异地者外，主要寓居金溪之湍山鸣阳、孔坊、泸溪之许坊。清乾隆间，曾与孔平仲析居临川乳泉而转寓金溪锈谷等地后裔，合为一谱。

12. 福建上杭支。始祖系第五十四世孙孔思铭（字世新），孔琬第五世孙。孔琬长子孔拱阜生元诵，元诵生之绅，孔之绅生湍宠，湍宠生思铭。元至治年间，孔思铭宦游汀州，遂由金溪徙居福建上杭。子一：克相。

13. 福建永定支。始祖系第五十八世孙孔公进（字仲贤），孔思铭玄孙。思铭生克相，克相生希图，希图生文华。孔公进，孔文华长子也。孔公进性好简静，以城市纷嚣，复由上杭徙居永定县龙门乡。子三：彦仁、彦义、彦级。

14. 江西铜鼓支。始祖系第六十五世孙孔衍珍、孔衍启、孔衍凤，孔公进第七世孙。孔公进三子彦级生承荫，由龙门乡徙居湖雷。孔承荫次子宏阶，复徙居下寨。孔宏阶生闻诏，孔闻诏长子贞一生尚熙、尚兰。孔衍珍，尚熙之子，由永定下寨徙居铜鼓县沙垠；孔衍启，尚兰之子，由永定下寨徙居铜鼓县古桥。孔衍凤五世祖亦承荫，孔承荫四子宏裕生闻敬，闻敬生贞洪，贞洪生尚行，由永定湖雷徙居赣州沙石。孔衍凤，尚行之子，复由沙石徙居铜鼓县南垠。孔衍珍子六：兴郡、兴拔、兴荣、兴起、兴仑、兴纶。孔衍启子二：兴诜、兴持；孔衍凤子一：兴泰。

15. 浙江丽水支。始祖系第六十五世孙孔衍新，孔承荫第五世孙。孔承荫三子宏裔（宏阶弟）生闻日，闻日生贞世，贞世生尚霞。孔衍新，孔尚霞之次子，由永定湖雷徙居浙江丽水中溪村。子二：兴铨、兴铭。

16. 江西赣县支。始祖系第六十五世孙孔衍奥、孔衍深，孔宏裔元孙。孔宏裔次子闻中（闻日弟）生贞荣，贞荣生尚彩。孔衍奥、孔衍深，尚彩子也。孔衍奥，由湖雷徙居赣县长洛；孔衍深由湖雷徙居赣县太源。孔衍奥子一：兴明。孔衍深子六：兴凌、兴琏、兴禄、兴龙、兴升、兴江。

17. 台湾桃园支。始祖系第六十八世孙孔传昕（又名懋官），孔宏裔第七世孙。宏裔三子闻仁生贞翰，贞翰由湖雷徙居淑雅。贞翰五子尚华生衍亮，衍亮生兴廷，兴廷生毓晃。孔传昕，孔毓晃之次子。清乾隆间，由永定淑雅徙居台湾桃园县。子一：继瑞。

18. 台湾屏东支。始祖系第六十九世孙孔继星，孔宏裔第八世孙，孔贞翰第六世孙。尚华次子衍生（衍亮弟）生兴正，兴正生毓耑，毓耑生传源。孔继星，孔传源之长子。孔传源，由淑雅徙回湖雷；孔继星，复由湖雷徙居台湾屏东县建功村。子二：广麟、广奖。

19. 江西铅山石溪支。始祖系第七十世孙孔广椿，孔衍生第五世孙。衍生四子兴泰（兴正弟）生毓旃，毓旃生传述，传述生继进，继进生广椿。清道光间，孔广椿由淑雅以贸易徙居铅山县石溪。子八：昭瑛、昭熙、昭燫、昭炘、昭爆、昭灿、昭煜、昭煌。

20. 广西容县支。始祖系第六十八世孙孔传华，孔兴泰孙，孔兴泰七子孔毓随（毓旃弟）之子。孔传华，太学生，清嘉庆间以宦由淑雅徙居广西容县。子四：继煌、继业、继茂、继让。

21. 湖南茶陵支。始祖系第六十七世孙孔毓官，孔贞翰玄孙。贞翰幼子尚全生衍萌，衍萌生兴蕃。孔毓官，孔兴蕃之长子。由淑雅徙居湖南茶陵县漠溪波。子四：传克、传泗、传洙、传泽。

按：孔思铭之后裔，尚有永定县长支之贞尔徙居广东大埔县、三支之贞兰徙居浙江龙泉等地者。然考新、旧诸谱，大埔支仅录至第七十四代，龙泉支则为第七十三代，故暂略之。

22. 福建建宁支。始祖系第五十三世孙孔温宁、孔温宏，孔琬玄孙。孔温宁，孔之绅次子。恭宗德祐元年（1275），元将李恒攻陷江西所在州、县，孔温宁抱道守贞，徙居建宁岭腰，绝意仕进，惟以著作自娱。晚年“乃挈遗帙，纪南迁始末，复订一脉世系，上自圣祖，下递之绅，装订成帙”。琬次子拱衢生元谌，元谌生之统。孔温宏，孔之统之长子也。宋亡，与孔温宁同时徙居建宁县三滩。孔温宁子四：思觉、思程、思园、思吉；孔温宏子二：思慧、思宪。

23. 江西新城（今江西黎川）支[①]。始祖系第五十三世孙孔温宠（一名均宠），孔琬玄孙。孔拱衢生元谌，元谌长子孔之绪，孔温宠之父也。宋咸淳元年（1265），孔温宠应贤溪余晔延请，从临川至贤溪授学，遂寓于新城县宏村。子一：思亮。其后裔尚有徙居福建光泽、沙县、建宁及江西弋阳者。

24. 江西石城支。古田岩背始祖系第五十九世孙孔彦舍、孔彦旺，铺背竹溪始祖系第六十二世孙孔闻安。孔拱衢曾孙孔温宏徙居福建建宁三滩（一说徙居宁都），孔温宏次子思惠生克礼，克礼生希文，希文生言明，言明生公广、公贵。孔彦舍，孔公广子；孔彦旺，孔公贵次子。明弘治年间，孔彦舍、孔彦旺由福建徙居江西石城古田岩背。孔彦舍子三：承福、承禄、承寿；孔彦旺子一：承宽。孔拱阜曾孙孔温宁徙居宁都大坑（一说徙居福建建宁），孔温宁长子思觉生克佑，克佑生希中，希中生言坚，言坚生公禧，公禧生彦莹，彦莹生承历，承历生宏谷，宏谷生闻安（字松山）。明嘉靖年间，孔闻安由宁都徙居石城铺背。子一：贞爱。又二传至衍赐、衍财等，又析居竹溪。

25. 江西宁都支。该支始祖系第五十三世孙孔温锡，孔琬玄孙，孔之统（之绪弟）幼子。元朝时，孔温锡携思觉、思程、思园、思吉四子由临川徙居宁都上坑村。

（九）九宗

该宗始祖系第四十八世孙孔端已（字子正），孔传三子，孔端问弟。宋建炎三年（1129）春，孔端已与兄孔端问侍父从端友扈跸南渡，赐居衢州西安县南隅鲁儒坊。孔端已习见祖庭旧事，常举以训子弟。历信阳军判

① 据江西黎川宏村《孔氏宗谱（十修）》等所载：新城（今江西黎川）孔氏，皆为孔端问幼子孔琬之后裔。然而，徐映璞《孔氏南宗考略·圣裔支派考》却云："新城支，四十九世琯。父端隐，祖传。迁江西新城。"此说误甚：其一，孔琯并非孔传孙、端隐子，而是侍郎宗翰之后。宗翰三子孔忱生壎，壎生琯。其二，传幼子端隐以察推江宁，其后分别由衢徙居江苏句容、丹徒。孔琯则因孔传知抚州而徙居抚州；其六世孙孔克心复由抚州徙居江苏武进，未见有徙江西新城（今江西黎川）者。

官等五十年，操行清介，民不能忘，卒后以曾孙孔应得贵，赠少保。子二：璞（行可）、璨。

按：《孔氏南宗考略·孔行可小传》云："后弟璨及弟璋，皆以最长袭官。"考成化修刊《孔氏宗谱》等，璋应为端位子，而非端己之子。

徙外分支：

1.江苏吴江支。该支始祖系第五十四世孙孔思构（字基道），孔端己第六世孙。端己生璞（行可），璞生从隆（一作从龙），从隆生应祥，应祥生纯，纯生涛，涛生思构。孔思构以孔氏恩例授安陆教授，再除福建元帅府照磨，不赴。元文宗至顺元年（1330），随父为吴江掾。唐时，有三十四世祖孔祯任苏州长史，奉圣祖所遗衣冠环璧葬于吴江青浦，故有衣冠墓。时主祀无人，遂依墓而居，入赘五都盛氏。后又侍父之任他处。父卒，扶梓归葬衢州。元至正乙酉，服阕，挈家从衢州徙居吴江唐桥。子二：克勋、克懋。

按：《孔氏南宗考略》称为"唐桥支"。

2.江苏青浦（今上海青浦区）支。该支始祖系第六十七世孙孔毓行（字钟敏），孔思构第十三世孙。孔思构长子克勋生希声，希声生言课，言课生公麒，公麒生彦稷，彦稷生承彪，承彪生宏瓒，宏瓒生闻约，闻约生贞成，贞成生尚卿，尚卿生衍安，衍安生兴豫。孔兴豫子四：孔毓行乃其幼子。清乾隆三年（1738），呈请长洲、青浦两县，苏松两府会详，布政使转申督抚两院，咨请衍圣公选派南渡衢州迁居苏州之县学生孔毓行为孔宅主祀事。奉大部给礼，世袭五经博士为奉祀生，世祀青浦孔宅衣冠圣墓，遂由吴江唐桥正式徙居青浦孔宅。子四：传镗、传杏、传沂、传埙。

3.江苏泰兴支。该支始祖系第六十一世孙孔宏鸾，孔思构第七世孙。克勋次子希桂（希声弟）生言升，言升生公椿，公椿生彦明，彦明生承吉，承吉生宏鸾。明弘治三年（1490），孔宏鸾由吴江唐桥徙居泰兴城北三十里丁庄。子二：闻臣，闻国。

4.江苏镇江支。该支始祖系第五十七世孙孔访，孔端己第九世孙。孔涛弟孔洧生思恒，思恒生克闰，克闰生希育。孔访，孔希育次子。明成化年间，孔访由衢州西安徙居镇江罗家巷。子一：公基。

按：孔纯次子，孔涛墓志为“洧”，成化修刊之《孔氏宗谱》及《孔氏南宗考略》等亦皆为“洧”，惟《孔子世家谱》误为“渭”。

孔思构之后，尚有徙居江苏仪征者。

（十）十宗

该宗始祖系第四十八世孙孔端位（字子著），孔传第四子，孔端己弟。宋建炎三年（1129）春，因父兄从衍圣公扈跸南渡、赐家衢州而至衢。宋绍兴年间，赐儒林郎、授常德录事参军，为官“清廉，与兄弟齐芳”。致仕后，又由衢州徙居湖北龙阳县（今湖南汉寿）祝家岗。子二：璋、瑞。

徙外分支：

1. 湖南桃源支。该支始祖系第四十九世孙孔瑞、五十世孙孔抃。孔瑞（字福祥），孔端位次子。宋淳熙初年，由汉寿祝家岗徙居桃源县。子一：振。孔抃，端位长子孔璋之子，授修职郎、桃源儒学教谕，遂徙居桃源木塘坪。子二：元泰、元永。

2. 湖南常德支。该支始祖系第六十世孙孔承先、第六十三世孙孔贞志。孔承先，孔璋第十一世孙。璋生抃，抃生元泰，元泰生之文，之文生淳，淳生思贞，思贞生克承，克承生希异，希异生诰，诰生公贞，公贞生彦芳。孔承先，孔彦芳之长子，由桃源徙居常德德山，子一：宏道。

孔贞志（字用白），庠生，孔璋第十四世孙。孔璋次子孔挺生元德，元德生之敏，之敏生渊，渊生思义，思义生克家，克家生希圣，希圣生语，语生公庆，公庆生彦经，彦经生承明，承明生宏会，宏会生闻达，闻达生贞志。孔贞志由龙阳徙居常德同春。子四：尚才、尚正、尚登、尚选。

（十一）十一宗

该宗始祖系第四十八世孙孔端植（字子固），孔传五子，孔端位之弟。宋建炎三年（1129）春，孔端植与兄孔端问、孔端己侍父从衍圣公孔端友扈跸南渡，赐居衢州西安县南隅。宋绍兴年间，出官湖北路通城，居官廉介，民不能忘。终通直郎、两浙路武康县丞。卒后葬于通城九岭山。子五：璪、玲、瑞、瑢、璿。

徙外分支：

1.湖北通山支。该支始祖系第五十世孙（字秀茂），孔端植长子孔璪之长子。宋光宗年间，孔援任兴国州教授，遂由通城徙居通山县下泉村。子一：文杨。

2.江西武宁支。该支始祖系第六十世孙孔承进，孔援第十世孙。援生文杨，文杨生万英，万英生俊卿、俊卿生思举，思举生克舜，克舜生希宁，希宁生言语，言语生公让，公让生彦琏。孔承进，彦琏之长子，由通山下泉徙居江西武宁县沙坪。子五：宏源、宏宋、宏良、宏周、宏东。

3.湖北嘉鱼支。该支始祖系第五十二世孙孔廉见（字孝哉），孔端植玄孙。孔璪幼子拱生文振。孔廉见，孔文振之长子。因爱嘉鱼山水清奇，由通城徙居嘉鱼柘庄，转迁赤城湖之曹山土解。孔廉见尝任信州教授，历绍兴路知事、池州路经历，升江陵、枝江县尹。卒于官，归葬于嘉鱼曹山土解。子二：福元、福祥。

4.江苏武进绿城湾支。该支始祖系第五十二世孙孔万有（字大盛），孔端植玄孙，孔文振次子，孔廉见之弟。孔万有，宋授通直郎、镇江录事参军。南宋灭亡后，隐居常州武进青山门外德胜河绿城湾。子二：郡、源。

5.湖北蕲水（今湖北浠水）支。该支始祖系第五十四世孙孔思贤、孔思胜，孔端植第六世孙，孔万有次子孔源之长、次两子。孔万有次子孔源由武进绿城湾徙居袁州（今江西宜春）。孔思贤又由袁州转徙湖北蕲水（今湖北浠水）英山，孔思胜则徙蕲水之孔山头。孔思贤子一：克宽。孔思胜子四：克斌、克类、克才、克贵。

6.湖北鄂州支。该支始祖系第五十四世孙孔思真，端植第六世孙，孔万有幼子，思贤、思胜弟。元初，孔思真与嗣子孔克类（思胜次子）由武进绿城湾徙居鄂州段店。子二：希露、希忠。

7.湖北兴国（今湖北阳新）支。该支始祖系第四十九世孙孔玲、孔瑢，第五十三世孙孔湘。

孔玲（字明老，一字声之），孔端植次子，孔瑑之弟。宋绍兴年间进士及第，为江西茶马官，后知武昌府兴国州事，遂由通城徙居兴国州排市。子三：未育、挟、持。

孔瑢（字德老，一字仕评），孔端植四子。宋绍兴年间进士及第，授江夏尉，调巴陵丞，升长沙令。继知崇阳县、通判江夏郡，除知制诰。因数言事，乃改为江南西路茶马官，复知兴国军州事。任南相去三十里有孔子岭，因由通城徙居焉[①]。子一：复之。

孔湘（字世宗），旧名润，孔端植第五世孙。孔端植长子瑑生拱，拱生文朴，文朴生万宪，万宪生湘。孔万宪，宋授迪功郎；元初，以孔氏恩例授湖广儒学提举。其子孔湘抱兴国路儒学祭器、文籍归附，并附籍兴国，为儒学教授[②]。子二：思学、思闻；孙二：克仁、克宽。

8.江苏丹徒莱村支。该支始祖系第四十九世孙孔璿，孔端植幼子。宋

---

① 孔瑢之仕履，明成化修刊之《孔氏宗谱》与《孔氏南宗考略》近似，而新纂修之《孔子世家谱》则称："瑢，字德老。自幼好学，十岁能文，龙精于诗赋，授岳阳临湘县主簿"。兹从《孔氏南宗考略》。

② 湖北兴国（今阳新县）此支，史、志所载不一。该支之闻达者，莫过于《明史》立传的孔克仁。这位在明太祖创业时"侍帷幄最久"的勋臣，其籍里，《明史》《明外史》及《［雍正］江南通志》《［乾隆］句容县志》《［光绪］续纂句容县志》等，皆以其为江苏句容人。而《［雍正］湖广通志》则称："孔克仁，字原夫。父为兴国路教授，因家焉"，则为湖广兴国路（治今阳新县兴国镇）人。考《元史·地理志》，唯湖广行省有兴国路，领永新（今阳新）、大冶、通山三县，江西行省的兴国，则是赣州路所领赣县、兴国、雩都、信丰、石城五县中之一。复考明初太史宋濂《文宪集》，其《故检校孔君权厝志》有衢州孔瀛"转徙来金陵，依富川族孙克仁居"等语，湖北兴国路治永新，以有富水横贯，时人尝以其称代之。明万历间吴国伦的《甔甀洞稿》，其《兴国孔氏谱序》谓其父教授兴国，遂家焉，"其子克仁同侍太祖，数被宠遇。尝与史臣宋濂进讲《左氏春秋》，后累官至浙东按察使。卒于官，弟克宽疏以其榇归葬兴国（明时，永新改兴国州），诏许之"。濂尝与克仁同侍太祖，过从甚密，并为克仁撰《孔氏谱系后题》；国伦则应其后裔孔伸所请，继宋濂为《兴国孔氏宗谱》撰序。据上所述，克仁之籍里为湖北兴国（今湖北阳新）无疑矣。至于"克仁，句容人"之说，恐为句容是孔端问、孔端植支系，特别是孔端隐后裔生息之乡，又为南渡孔氏聚居人数最众之区，且孔克仁长期供职应天（今江苏南京），与句容族人频繁往来，便难免被误为句容孔氏。又，徐映璞的《孔氏南宗考略·圣裔支派考》，以孔克仁为"湖州支始祖"，或许是孔克仁的后裔有徙居湖州者，著者至今未明其所据。

孝宗乾道五年（1169），赐官迪功郎，由通城徙居镇江。其孙孔元福，游润南三十里，见其山水清幽、风俗淳美，遂定居于此，因名其地曰莱村（今江苏镇江丹徒上党镇莱村），《孔子世家谱》作江苏镇江莱村支。子二：揵、揽。

9.江苏句容下坝支。该支始祖系第六十三世孙孔贞静，孔璿第十三世孙。璿生揵，揵生元福，元福生万缘，万缘生渭，渭生思汤，思汤生克亮，克亮生希光，希光生诲，诲生公相，公相生彦虎，彦虎生承钱，承钱生宏佩。贞静，宏佩之六子，由莱村徙居句容下坝。子三：尚鸿、尚一、尚清。

（十二）十二宗

该宗始祖系第四十八世孙孔端隐（字子宣），孔传第六子，孔端植之弟。孔端隐幼聪敏，成童即以明经授博士弟子员，乡党中皆知其为孔氏之隽望也。靖康之变，当路者莫不逃匿，端隐独喟然曰："凡稍知大义者咸思仗剑以从王事，况吾孔氏子孙乎！"于是与族中义气激昂者数十人至大元帅宗泽府请自效。宋建炎二年（1128）冬，又召募豪杰之士至扬州以从王事。三年春，扈跸南渡至杭州，后随父兄寓居衢州西安南隅。宋高宗绍兴八年（1138）登进士第，授文林郎、江宁府观察推官。历官十载，清慎自持，士大夫亦莫敢私己。尝观风至属县句容，雅爱青城山水之秀，曰："吾百岁后，其归于是乎！"后以劝农，复至句容而殁，士民如丧考妣，为立去思碑以颂其德。卜葬于句容福祚乡瓜窝地。子二：长子孔璩回到衢州，次子孔瑄留句容守墓。

徙外分支：

1.江苏金坛支。该支始祖系第四十九世孙孔璩（字伯玉），孔端隐长子。孔璩在与其弟孔瑄将父葬福祚乡并庐墓十余年后回到衢州，后来又以从政郎为润州丹徒县丞，致仕后卜居华阳东麓（今江苏句容华阳镇孔达村）。子一：抒。其后裔还有分徙金坛阳山、戴达等地者。

2.江苏丹徒支。该支始祖系第五十三世孙孔浒（字子敬），又名应元，孔璩玄孙。璩生抒，抒生元良，元良生之高。孔浒，孔之高幼子，由金坛孔达徙居丹徒县塔山村。子一：思国。

3.江苏丹阳支。该支始祖系第五十六世孙孔希旺、六十一世孙孔宏周。

孔希旺（一名叔行），孔璩第七世孙。璩生抒，抒生元良，元良次子（之高弟）之静生滴，滴生思术，思术生克懋。孔希旺，孔克懋幼子，于元文宗至顺二年（1331），由金坛孔达村入赘丹阳县石羊里村徐氏。子一：诏。其后裔又分徙丹阳陈家桥、北门新河桥、沈家段严家村、前后颜庄等地。

孔宏周，孔浒第八世孙。浒生思国，思国生克济，克济生希名，希名生评，评生公擢，公擢生彦随，彦随生承圣，承圣生宏周。孔宏周由丹徒塔山村徙居丹阳后石羊村。子二：闻杰、文华。

4.江苏溧水支。该支始祖系第五十六世孙孔希昱（又名天祥），孔抒第六世孙。抒幼子元贞生之本，之本生润，润生思德，思德生克慎，克慎生希昱，由金坛徙居溧水县荆山白石观南（今名孔家后村）。子二：言试、言让。

5.江苏句容支。该支始祖系第四十九世孙孔瑄（字伯禄），更名灵，孔端隐次子，璩弟。服阕，孔璩还衢奉祖庙，孔瑄“哀不忍去，遂奉母乐清县君城居，极尽孝养凡四十年”。后徙居墓南三里许青城，曰：“此先察推志也”[①]。又念不能归奉祖庙，于所居之隙构家庙奉祀。子三：撰、措、抡[②]。句容孔端隐之裔，以孔措徙居豫东，皆孔撰、孔抡之后也。

6.江苏江宁方山支。该支始祖系第五十五世孙孔克让，孔瑄第六世孙。孔瑄长子孔撰生元祥，元祥生学孝，学孝生世基，世基生思敬。孔克让，

---

① （清）孔广沧等：《［嘉庆］句容孔巷孔氏家谱》卷一《谱系集·句容始祖察推公以下·四十九代·孔瑄》，清嘉庆元年（1796）刻本。

② 关于孔瑄之子，清乾隆间孔继汾《阙里文献考》载，瑄子二：撰、措。《［嘉庆］句容孔巷孔氏家谱》则称，瑄子二：撰、抡。安徽合肥《孔氏家谱》载，始祖为措，瑄之次子。究其原因，当为孔措早于宋宁宗庆元二年（1196）外仕宣武卫经历，徙居豫东，其后裔复定居合肥，只与曲阜孔氏通过谱，致使句容孔氏谱失叙。又，孔抡之后裔虽世居青城，却远不及孔撰之子孙闻达，故令孔继汾误为孔瑄仅孔撰、孔措二子。

孔思敬次子也，于明初从句容徙居江宁方山。子一：希宗。

7.安徽庐江支。该支始祖系第五十五世孙孔克珏（字珍陆），孔瑄第六世孙，孔思敬三子，孔克让弟。元明之交，孔克珏由句容避战乱至太平，教授生徒。明洪武十二年（1379），又徙居庐江（今安徽合肥）城北莲荷塘，创置房产，营建家庙，依山傍水，子孙世守。子二：希显、希纯。

《［乾隆］江南通志》卷四十二《舆地志·庐州府》载："宣圣南祠在庐江县，宣圣五十八代孙孔思原徙庐江，建家庙，春秋祭如学宫仪。"

8.安徽淮南支。该支始祖系第五十八世孙孔公彩（又名文耀），孔克珏曾孙。孔克珏次子希纯生孔论，孔论生公彩。孔公彩由庐江徙居淮南庙新村。子一：彦球。

9.安徽长丰支。该支始祖系第六十一世孙孔宏魁（字仰庄），孔希纯第五世孙。孔希纯幼子谕生公昇，公昇生彦潮，彦潮生承高。孔宏魁，孔承高幼子，由淮南徙居长丰南孔。子三：闻选、闻道、闻鼙。嗣后，闻道之子贞书，又分徙定远（今安徽滁州）。

10.安徽建德（今安徽东至）支。该支始祖系第五十七世孙孔应隆、孔伯隆。

孔应隆，孔瑄第八世孙。孔瑄长子撰生元祥，元祥生学孝，学孝生世基，世基生思敬，思敬生克坚，克坚生安一，安一生应隆。元末，孔应隆袭义兵长，由句容侍父佥伍江西抚州守御所；明永乐二年（1404），屯田直隶池州建德。子三：公爵、公巨、公盛。

孔伯隆（又名言栋），孔世基第四世孙。思敬弟思谦生克昌，克昌生希安。孔伯隆，希安之次子，元末袭义兵长，侍父由句容佥伍江西抚州守御所；明永乐年间，屯田池州建德天井阪。子二：公智、公颖。

11.河南商城支。该支始祖系第五十五世孙孔克优，又名士优（字明老，一字声之），孔瑄第六世孙。学孝三子世洪生思学。孔克优，孔思学之次子，于明初徙居河南商城（今河南信阳）。子一：希杰。

12.河北新城（今河北雄县）支。该支始祖系第五十六世孙孔希新，孔瑄第七世孙。学孝四子世德生思尧，思尧生克儒。孔希新，孔克儒之长子。明初，孔希新子孔郎随明成祖北征，被封为世袭锦衣卫指挥，于是由句容徙居北京卫（今河北雄县孔家码头）。子二：兴、旺[①]。

又，孔希新从弟孔希庄（原名之达，克儒胞弟克俊长子）于明洪武间由句容徙居辽东卫，后因调任锦州卫而转徙辽宁锦州，子孙定居于此。

13.江苏南京支。该支始祖系第五十四世孙孔思禹，孔瑄第五世孙，学孝五子孔世良次子。明初给儒户，其户名原道，孔思禹由句容徙居南京国子监前。子一：克闰。其后裔还有徙居江宁、骆口等地者。

14.安徽合肥支。该支始祖系第五十五世孙孔克美（字敬夫，号永五），孔瑄第六世孙。孔瑄次子泰州尹孔元文生泰兴令孔之聪，之聪生河州教谕孔济，济生宝庆令思恭。孔克美，孔思恭次子，善诗赋，任四川夔州知府。未满秩，挂冠不仕。好游名山巨川，见合肥山水秀丽，于是定居于此。子一：希魁。其后裔又有徙居庐江、肥东等地者。

此外，孔端隐之后，尚有徙居淮安（孔尚蒲）、苏州（孔兴畿）、松江（孔尚政）、六合（孔衍浩）、宣城（孔尚礼）、高淳（孔衍敬）、锦州（孔希庄）、当涂（孔彦兆）、徐州（孔弘侃）等地者。

（十三）十三宗

该宗始祖系第四十九世孙孔瑨（字德老），刑部侍郎孔宗翰三子孔忱之孙，孔壎之子。宋建炎三年（1129）春，孔瑨随衍圣公孔端友扈跸南渡，赐家衢州。宋绍兴三年（1133），孔传以年近古稀知抚州，孔瑨随侍之任而落居江西抚州。嗣后，以白身最长，诏授右迪功郎，终从仕郎、通城主薄。子二：掞、抑。

主要分支：

---

① 据新纂《孔子世家谱》，孔希新为孔撰次子后裔，即孔撰次子季祥生学思，学思生世德，世德生思尧，思尧生克儒。孔希新，克儒之长子。而新纂之《江南孔氏宗谱》则称，孔希新则为孔撰长子元祥之后，即孔撰生元祥，元祥生学孝，学孝生世德，世德生思尧，思尧生克儒。孔克儒子三：希新、希宽、希修。孔希新，迁居北京卫。今从《江南孔氏宗谱》。

1.江西临川支。该支始祖系第五十世孙孔掞（改名时贵），孔琯长子，寓居抚州临川胜地乳泉。子三：元善、元庆、元裔。其后裔散居临川乳泉、金溪、铅山等地。元至正三年（1343），其曾孙孔思良（学名以立）始纂宗谱。

2.江苏武进支。该支始祖系第五十五世孙孔克心（字敬夫，号苍梧），孔琯第六世孙。孔琯次子孔抑生元懋，元懋生万俞，万俞生勋，勋生思时，思时生克心。孔思时，尝游学武进，乐其风土，颇有依恋之意。元延祐年间，孔克心任湖州路南浔教谕。秩满，遂因父志而徙居于江苏武进南乡寨桥里。子三：希绍、希崇、希允。

（十四）十四宗

该宗始祖系第四十八世孙孔端佐，太子中舍孔宗寿孙，孔若陟次子。宋建炎元年（1127），与孔端隐至大元帅宗泽府请自效；三年春，随衍圣公孔端友扈跸南渡。途中流散，遂寓镇江圌阳。子二：璿、珪[①]。孔璿二传至第五十一世孔元魁，又徙居芮坐。子四：万物、万象、万盛、万茂。

徙外分支：

1.江苏丹徒支。该支始祖系第五十八世孙孔公礼，孔端佐第十世孙。孔元魁次子万象生瀚，瀚生思智，思智生克贤，克贤生希孟，希孟生言慧。孔公礼，孔言慧之长子，由镇江芮坐徙居丹徒柳泉。子三：彦坤、彦增、彦埰。嗣后，彦埰又徙居丹徒小沙。

---

① 新纂维扬《江都孔氏宗谱》称，其始迁祖为孔珪第九世孙、孔子五十八世孔公秉，其上世迁徙之迹自相抵梧，且误以孔传、孔端隐为祖。其卷三之“外纪世系总图”在孔端隐名下注曰：“我等系出于公自此始，迁于浙江衢州，同以若古为江南诸分之始祖。”又在孔珪名下传曰：“康王府主簿，随从端友扈驾南迁，以思圣祖故墟，遂同叔端礼、侄文杰至润，欲渡江，兵阻，泣曰‘吾无复北迁矣！’遂各择里而居，因居润南门外。三传至定魁公，观辛封之西土沃俗淳，遂居于此，名曰‘大松园’，里曰‘戴达’，入籍金坛。后分居戴达、汤山、源水、丹阳石羊、颜庄等处，皆其后也。”其卷四之“世表”，在第四十九世孔端隐公长子孔璩公传中曰：“因父卒于官，同弟扶柩葬句曲之福祚乡。……弟兄无后，以堂弟端佐次子珪公承接。”又在孔端佐公次子孔珪公名下注曰：“自泗州迁于丹阳，我等系接于此。”九传至孔公秉，始迁扬州东乡张纲镇。（下转）

2.江苏句容支。该支始祖系第六十四世孙孔尚钺，孔端佐第十六世孙。清初，孔尚钺徙居句容下蜀。子一：衍澳[①]。

（上接）其迁徙之迹自相抵牾，如卷三孔珪传曰“因居润（镇江）南门外”，而卷四却是“自泗州迁于丹阳”。其孔端隐子孔璩、孔瑄“弟兄无后”，更属荒唐。孔璩、孔瑄之后众而且达。据新纂《孔子世家谱》的统计，迄今已有四万五百余人，且达人辈出，其贵有如明崇祯首辅孔贞运，乃中兴祖数百万裔孙中之唯一。

考《江南孔氏宗谱（合修）》等，随从衍圣公孔端友扈驾南迁的孔珪，实为奉圣公孔若虚长子孔端本之长子。江南孔氏合修宗谱，始于清顺治十一年乙未，倡修者为丹徒松园、句容百社、建德（今安徽东至）天井三支。修成于康熙七年戊申，孔端本第十五世孙、松园之孔贞起（字苍虬）与修。该谱卷首之孔贞标《记修宗谱始末》、孔尚介《合修三分族谱记》《重修宗谱后跋》、翰林修撰蒋超伯《江南孔氏合修族谱序》、国子监学正谈兆隆《孔氏合修宗谱序》、福建道监察御史徐浩武之《孔氏合谱序》，无不以为“京口（镇江）祖珪为端本子”；“衍圣公端友扈跸南渡，其从父传、端本之子珪实与偕来，赐地衢，因家焉（衢谱，珪弟璋亦与俱来，二传后失考）。”今修《江南孔氏宗谱》之“中兴爵系纪”，承袭历修之谱，其四十九世孔珪传，仍认为：“端本公长子，官康王府主簿。随从父端友公扈驾南迁。后思圣祖故墟，遂同端礼公、侄文杰、文璲至润，欲渡江，因兵阻不可往，泣曰‘无复北还矣！’遂各择里而居焉。珪公居润南之门外。三传至定魁公，睹辛封之西土沃俗淳，卜居于此，名曰‘大松园’。子二：括、抃。”并经考证注曰：“其南门一支，因年久兵燹、谱牒散失、派序不清，未敢入谱，其实皆珪公后也。”

复考历届修纂的《孔子世家谱》及镇江《孔氏宗谱》，以孔端佐为祖的孔氏后裔，始以孔端佐流寓之地而居镇江圌阳，四传至孔元魁徙居芮坐，又七传至孔公礼徙居柳泉，孔公礼三子孔彦渠才外徙丹徒小沙，未见有徙居润南门外者。又，孔端佐长子孔璿，成年后才“以父扈驾功赐迪功郎”，其幼子孔珪绝不可能在北宋徽、钦间为康王府主簿。

由此可见，随孔端友南渡寓衢，嗣后流寓镇江南门外者，为孔端本长子孔珪。孔端佐幼子孔珪与胞兄孔璿，当为孔端佐携家南来者。维扬《江都孔氏宗谱》将孔端本子孔珪误为孔端本再从弟孔端佐之幼子孔珪无疑矣。鉴于此，著者将江都张纲镇孔氏录入第二宗孔端本长子孔珪之徙外分支。至于孔端佐幼子孔珪，诸谱仅录其名，未注其去向、子嗣。是早年夭折，抑或是并无其人，已属无考。

① 句容下蜀孔氏，自第六十四世祖尚钺徙居下蜀，迄今已历十三世、计二百八十五人。然除第四十八世祖为孔端佐外，上世十五代祖及辗转迁徙等，以年远事隐、文献散失，尚属未知数。考《［光绪］续纂句容县志》卷四《古迹志·祠庙》：“宣圣祠有三处：一在福祚乡许巷……一在县东南隅，裔孙孔端佐南渡，因家句容。至裔孙孔逢吉充集庆路句容县儒学，主奉祠祀，御史徐郁同时奏准蠲免差徭。裔孙胤祖重修。一在承仙乡百社村，至今子孙蕃衍。”由此可见，孔端佐之裔曾于明以前由镇江圌阳或芮坐徙居句容，并在城南建庙祀祖。至明清之交，才因战乱而离开城区。句容下蜀支极有可能是孔逢吉之一支后裔。

（十五）十五宗

该宗始祖系第四十九世孙孔文杰，中舍孔宗寿曾孙，祖孔若讷，父孔端言。宋建炎三年（1129）春，孔文杰与叔父孔端礼随衍圣公孔端友扈跸南渡，家于衢州。宋绍兴初年，也因思念圣祖故墟，又与孔端本子孔珪、孔端礼子孔文璲，随叔父孔端礼北归。至润州遭兵阻，于是寓居丹徒。子二：雩、霆。

徙外分支：

江苏溧阳支，该支始祖系第五十世孙孔霆。宋孝宗淳熙年间，孔霆由丹徒徙居常州溧阳。子三：元磷、元举、元钧。

（十六）十六宗

该宗始祖系第四十八世孙孔端礼，祖孔宗寿，父孔若晦。宋建炎三年（1129）春，携侄孔文杰随衍圣公孔端友扈跸南渡，家于衢州。宋绍兴初年，因思念圣祖故墟，又与侄孔珪、孔文杰北还，至润州，因兵阻不能前往，于是择地居于圌阳南丹徒文庙旁。宋高宗"授奉直郎奉庙祀，名曰孔巷"（镇江致中堂版《阙里家乘》）。子一：文璲。

徙外分支：

江苏江都支。该支始祖系第五十三世孙孔过庭，孔端礼第五世孙。文璲生雩，雩生师道（幼子），师道生大鸣（三子）。孔过庭系孔大鸣长子，由丹徒徙居江都（今江苏扬州）。子四：思彪、思泽、思熊、思奎。

（十七）十七宗

该宗始祖系第四十八世孙孔端躬（字子敬），博士孔宗彀孙，赠评事孔若钧长子。孔端躬，少力学，以明经登进士第。宋徽宗宣和三年（1121），授承事郎、大理寺评事。持身清白，谳狱恕平，吏畏其威，人怀其德。宋建炎三年（1129）春，侍父随衍圣公孔端友扈跸南渡。衍圣公孔端友等赐家衢州，孔端躬暂寓杭州。同年冬，金兵分两路渡江追击，孔端躬又侍父随驾至章安镇（今浙江台州椒江区），因父疾发作而辞驾欲取道婺州赴衢州。途次永康榉溪（今浙江磐安），恋其山水佳丽，遂寓焉[①]。子五：璜、琎、瑹、玹、玐。

琎、瑹、玹早卒，玐出嗣孔端阐，该宗裔孙皆孔璜之后。孔璜子四：挺、措、掫、擨。孔擨，出嗣孔玐。

徙外分支：

1.浙江仙居支。该支始祖系第五十四世孙孔思昂、第五十五世孙孔克云、第五十九世孙孔彦彬。

孔思昂（字嘉祖），孔璜第五世孙。孔挺长子文可生万寿，万寿次子湖生思昂。明初，孔思昂由榉溪徙居仙居瑞岩。子二：克元、克光。

孔克云（字应龙），孔璜第六世孙。孔挺次子文务生万秘，万秘生浙，浙生思旸。孔克云，孔思旸长子，明朝初年由榉溪徙居仙居下溪东。子二：希新、希怡。

孔彦彬，孔璜第九世孙。孔掫五子文存生万钿、万钿生汲、汲生思森，思森生克义，克义生希闾，希闾生立礼，立礼生公立，公立生彦彬。

---

① 孔若钧、孔端躬等南渡暨寓居磐安榉溪之时间、因由，尚有值得商榷之处，在此姑以孔若钧小传论之。《[民国]永康孔氏宗谱》卷七《若钧小传》云："若钧，旧名若焘，字益元。历官赠至评事。宋高宗建炎四年辛亥，避金陷兖州，公侍兄中奉大夫开国男传、侄袭封衍圣公端友，长子大理寺评事端躬辈皆扈从圣驾而去鲁南渡。传与端友寓居三衢，公与子端躬抵台之章安。道经于婺之永康榉溪，因患而卒，年七十五，葬于溪北钟山之后坞。"商榷之一，是金陷兖州、宋室南渡的年月。《宋史》《建炎以来系年要录》《续资治通鉴》等史书，皆分别为建炎二年十二月甲子、建炎三年二月壬子，并非建炎四年。又，建炎四年为庚戌，辛亥是绍兴元年，亦误。建炎四年正月丙午，高宗由明州至台州章安镇，住了四天便到温州去了。这四天，当为孔端躬以父疾辞驾取道婺州前往衢州的时间。商榷之二，孔若钧并非"道经榉溪"时"因患而卒"，而是寓居榉溪若干年后才病卒，葬于溪北钟山之后坞。《[民国]永康孔氏宗谱》卷二十八所录《栗川遗稿》，有孔若钧所赋的三首诗可为明证。其《感怀》诗云："国否时危计致身，岂知今托栗山滨。庙林惆怅三千里，骨肉飘零八九人。顾影空高鸿鹄志，违时惊见柳梅春。皇天悯我斯文裔，净洗中原丑虏尘。"该诗当作于建炎四年春，写的是他与弟孔若冲及子侄千里迢迢以扈跸而寓居磐安榉川的情景，表达了渴望恢复中原、回归故里的思想，并无病危老人客死他乡的伤感。其《有怀衢城兄弟》诗则无疑赋于"胡骑黄河界"的绍兴初年，表达了对赐家衢州的同胞骨肉的无限倾慕、向往。不久，他们就来衢州团聚，又留下了《月夜衢城会集》诗："天月初圆夜，人心复合时；浮生无定迹，不必叹支离。"诚可谓直面宋金对峙之形势，勉励宗党在衢婺衍圣弘道，再创伟业。

明朝中期，孔彦彬由北山下宅徙居仙居瑞岩。子二：承容、承梧。

2.浙江东阳支。该支始祖系第五十五世孙孔克雨、孔克堂。

孔克雨（字儒龙），孔璜第六世孙，孔思旸次子，孔克云之弟。明初，孔克雨由榉溪徙居东阳塔岭里（今浙江东阳千祥镇）。子二：希悦、希述。民国癸丑，孔克雨第十八世孙孔庆轲等，仿榉溪家庙之旧创建宗祠，至今仍存。

孔克堂，孔璜第六世孙。孔掫次子文禄生万锅，万锅生澹、澹生思曻。孔克堂，孔思曻长子，于明初由榉溪徙居东阳姜山头（今浙江东阳泮西）。子二：希铭、希韶。

3.浙江天台支。该支始祖系第五十六世孙孔希太、孔希和，第六十世孙孔承庄。

孔希太、孔希和，孔璜第七世孙。万寿长子泓生思昭，思昭生克彬。克彬子四，孔希太其长子、孔希和其幼子也。明正统间，由榉溪徙居天台后路茶潭。孔希太子一：谊。孔希和子三：立谯、立谠、立谋。

孔承庄，孔璜第十一世孙。思曻弟思晟生克宏，克宏生希传，希传生立志，立志生公渭，公渭生彦钥。孔承庄，孔彦钥之五子。明中期，孔承庄由小盘徙居天台下田孔。子六：宏历、宏由、宏荼、宏臬、宏机、宏梅。

4.浙江缙云支。该支始祖系第五十八世孙孔公钷（字存景）。孔泓长子孔思时之嗣子克远，克远生希哲，希哲生立访。公钷，漳州知府立访之幼子。明永乐年间，孔公钷以教授缙云而由榉溪徙居缙云双溪口。子二：彦湘、彦档。

5.浙江永康支。该支始祖系第五十五世孙孔克英、第五十八世孙孔公销。

孔克英（字中夫，又字积中），孔璜第六世孙，孔泓孙。孔泓幼子孔思靖生丹阳书院山长孔克英。元末，孔克英由榉溪徙居永康邑城。子三：希仁、希鲁、希元。

孔公销，孔璜第九世孙。孔泓次子孔思昭生孔克魁（克彬弟），克魁生希弼，希弼生立谭，立谭生公销。明朝中期，孔公销由北山徙居永康阳龙。子四：彦仁、彦义、彦礼、彦智。

6.浙江金华支。该支始祖系第五十四世孙孔思昶，孔掫玄孙。孔掫三子文数生万禄，万禄生潮，潮生思昶。明初，孔思昶自榉溪徙居金华知道山。子五：克完、克文、克闾、克愳、克旃。

7.浙江嵊州支。该支始祖系第六十八世孙孔传肇，孔掫第十八世孙。孔掫次子文禄生万锅，万锅生澹，澹生思晟（思昦弟），思晟生克宏，克宏生希江，希江生立大，立大生公仕，公仕生彦罗，彦罗生承康，承康生宏禄，宏禄生闻卷，闻卷生贞全，贞全生尚厅，尚厅生衍鸾，衍鸾生兴南，兴南生毓连，毓连生传肇。第五十五世祖孔克宏由榉溪徙居小盘，第五十六世祖由小盘徙居盘溪，第六十五世祖孔衍鸾由盘溪徙居铁店，孔传肇又徙居嵊州松树岭。子六：继舜、继尧、继紬、继纶、继绵、继绢。

按：该支还有徙居新昌、武义等县者。徙居新昌者为孔端躬第九世孙，即孔子五十七世孙孔立设。

（十八）十八宗

该宗始祖系第四十八世孙孔端阐，孔若钧次子，孔端躬弟。孔端躬侍父孔若钧随衍圣公孔端友扈跸南渡时，孔端阐奉父命与侄儿孔璜留守阙里家园。宋建炎四年（1130），鉴于父兄寓居婺州永康榉溪（今浙江磐安），孔端阐遂携侄儿孔璜南渡至榉溪。卒后葬于溪北岸尖山脚。无子，以兄孔端躬幼子玠为嗣。玠复无嗣，又以兄孔璜幼子揓为嗣。

揓子二：文洪、文规。长子孔文洪之后住榉溪，六传至孔立评失叙，次子孔文规生万镃。孔万镃子二：能举和旷，兄弟俩皆由榉溪徙居永康山西孔村（今浙江象珠镇）。孔能举子二：思致、思敬。孔旷子一：思宝。

按：孔端阐嗣子、嗣孙之后裔，据不完全统计，今已逾一千二百人。榉溪孔氏旧谱称其为“山西孔宅派”，新谱则入为孔端躬之“四支”，实际上是孔端阐后裔。近年，孔能举后裔孔赵银等续明弘治年始修的旧谱，纂成《孔氏族志》，以孔若钧为南渡祖、孔能举为始迁祖。该《志》存浙江图书馆和永康市图书馆。

（十九）十九宗

该宗始祖系第四十八世孙孔端任，孔若钧幼子，孔端阐之弟。宋建炎三年（1129）春，随长兄孔端躬侍父南渡，流寓今浙江磐安。宋绍兴年间，徙居东阳南岭（今东阳城东街道堂鹤村）。妻李氏。子二：守仁、守义。后因舅家无嗣，长子孔守仁易姓承其后。孔守义无后，致使此宗以孔山李氏蕃衍。

（二十）二十宗

该宗始祖系第四十八世孙孔端思[①]，博士孔宗彀之孙，孔若符之子。宋建炎三年（1129）春，孔端思与兄孔端友一道扈跸南渡，孔端友等赐家衢州，孔端思以教授杭州府学，于是寓杭州钱塘定南乡。子珥、珂早夭，以孔端禀长子孔琢为嗣。四传至孔沁徙居萧山砾山（今浙江杭州萧山区义桥镇）。子四：思章、思德、思懋、思俊。

徙外分支：

1.浙江绍兴支。该支始祖系第五十五世孙孔克启、孔克创，均为孔沁

---

① 明成化修刊之《孔氏宗谱》以及萧山砾山六修、七修《孔氏宗谱》，皆认为孔端思子三，即珥、珂、琢。而钱塘之新旧《孔氏宗谱》（钱塘谱）则以为：孔端思无子，以孔端禀长子孔琢为嗣。由此可见，孔端思子珥、珂当为早年夭折，因此以孔端禀长子孔琢为继嗣。

又，据萧山民国己丑修刊《孔氏宗谱》（萧山谱）所载：琢子一，曰捐；捐子一，曰元成；元成子一；曰万山；万山无子，以端修五世孙沁为嗣；沁子四：思章、思德、思懋、思俊。而钱塘谱则认为：珵子五：拴、掆、拮、攀、择。掆、拮、攀、择，其后失考，与成化修刊《孔氏宗谱》相同。唯孔拴子一曰元成，元成子一曰万山，万山子一曰沁；沁子四：思章、思德、思懋、思敞，又与萧山谱近似。萧山谱以元成、万山为捐之后裔，并以端修五世孙继万山，祖端思及琢，五世皆寓钱塘定南。然而，《孔子世家谱》则以为，端思之孙孔损无传而绝（该谱以端思孙为损，无疑为捐之误）。钱塘谱则以元成、万山、沁为孔拴之后裔，祖孔端禀及孔珵，四世皆寓衢州菱湖，至万山始由衢州徙居钱塘定南乡。

由上可知，孔端禀、孔端思两宗及其与衢州大宗和孔端修之间关系之一斑。端禀、端思之第四十九世至第五十三世，虽居两地，实为一家，只是有分有合罢了。孔琢子孔捐无嗣，而弟孔珵子孔拴又只有一子一孙，元成、万山便理所当然地继承了衢州菱湖和钱塘定南两份家业。故钱塘谱认为：孔珵、孔拴、孔元成、孔万山四世频繁往来于衢州、钱塘之间。孔万山复徙萧邑砾山，遂以寓衢之孔端修第五世孙孔沁为嗣。孔沁生四子，思章、思德、思懋、思俊。故，孔沁之后裔按先世继承惯例，分别宗为孔端禀及孔珵、孔端思及孔琢。宗孔端思者，主要为孔思懋之后，以萧邑砾山为中心繁衍生息。宗孔端禀者，主要为孔思章（一作思敞）之后，以钱塘为中心繁衍生息。他们又与徙居萧山临浦之孔端修第五世孙孔汭及其后，有着亲密关系。

长子孔思章之子。明初，孔克启、孔克创由萧山砾山之埠头徙居绍兴郑家塘。孔克启子二：希邹、希尧；孔克创子七：希禹、希汤等。

2.浙江富阳支。该支始祖系第六十一世孙孔宏溪（字南溪），孔沁第八世孙。孔沁三子孔思懋生希祥，希祥生友诚，友诚生公贤，公贤生彦迁，彦迁生行泽十六。孔宏溪，行泽十六次子。明嘉靖年间，孔宏溪旅见富阳杨埠场商埠兴、水运通，于是侍双亲卜宅于此。

此外，该宗还有第六十八世孙孔传濂，清道光三年（1823）因赴贵州玉屏县堂兄孔传曾任所而赘居并入籍贵阳者。

（二十一）二十一宗

该宗始祖系第四十八世孙孔端修[①]，孔宗彀孙，孔若鼎次子。宋建炎三年（1129）春，孔端修与兄孔端伟、弟孔端原挈族随衍圣公孔端友扈跸南渡，途中与孔端友等走散，于同年十一月扈跸至明州，后至定海（今浙江宁波市镇海区）。宋建炎四年（1130），孔端修取道越州、婺州至衢州与孔端友会合。宋孝宗淳熙年间，孔端修因怀思鲁林，遂由次子孔琇等护送还鲁，长子孔珦，三子孔瓒、幼子孔瑥仍寓居衢州。

徙外分支：

1.浙江萧山支。该支始祖系第五十三世孙孔汭（字世川），孔端修第五世孙，与兄孔滔、孔洊俱居衢州。元初，孔汭以孔氏恩例，初任集庆路

---

① 上海图书馆藏民国二十四年四明慈水《孔后圣祠家谱》（稿本）和绍兴图书馆藏民国八年萧山觉山《孔氏宗谱》之孔端修本传，皆云："端修，若鼎公次子。建炎初，与兄端伟随衍圣公端友扈跸南迁，遂挈族而家于衢。子四：珦、琇、瓒、瑥。"其后裔有定海（今浙江宁波市镇海区）清水湖和萧山峙后二分支。而民国及今修《孔子世家谱》却认为："端修，金章宗时授进义校尉，不就。以年长命为孔庭族长兼提领监修林庙事。子二：珦、琇。"其后裔有十六、十八、二十等三派。可见，孔端修与兄孔端伟于建炎三年春从衍圣公扈跸南渡，家于衢州。至晚年，才由部分子孙侍从其回到曲阜居住。至于"金章宗时授进义校尉，不就，以年长命为孔庭族长兼提领监修林庙事"，其时，留守阙里林庙的从兄孔端操已传至曾孙孔元措，孔端修也已经是百龄老人。此事，虽然有不实之处，却证明了孔端修的高寿及其返回曲阜的大致时间。

鉴于孔端修北还后子孙分居大江南北多处，虽各以衢州、曲阜为中心，然因始为宋金、后为宋蒙南北对峙，交通不便，故其子孙数量和传承，南北诸谱所载不一，故殊难晰考。

明道书院山长，辟湖北宪司书吏，升将仕郎、绍兴路知事，转江浙省掾、摄会稽县尹。诸子随仕至越。历江西儒学副提举、福建道宪司经历，南台监察御史、江浙行省都事、西台监察御史、南台都事。卒于官，葬于绍兴路萧山县觉山。子九：思泰，思复，思贲，思颐，思益，思升，思德，思忠。嗣后，诸子有归衢适鲁者，唯思颐、思升庐居墓侧，因家峙后村。思颐子三：克茂，克泰，克明；思升子二：克法，克峻。

2.浙江镇海支。该支始祖系第五十五世孙孔克后，孔端修第七世孙。孔端修长子琦生摘，摘生元正，元正生之教，之教生守澄，守澄生思敬，思敬生克后。明初，孔克后为定海县（今浙江宁波镇海区）儒学宾序，遂由衢州徙居镇海清水湖。

（二十二）二十二宗

该宗始祖系第四十八世孙孔端原，孔宗彀孙，孔若鼎幼子（亦作次子）。宋建炎三年（1129）春，孔端原与兄孔端伟、孔端修“随衍圣公端友、叔传、侄玠”扈跸南渡。途中与孔端友等走散，同年底扈驾至明州，次于定海（今浙江宁波镇海区）。孔端伟、孔端修“留端原审观形势”，两人则前往衢州会商以定行止。孔端修寓居衢州后，孔端原遂卜居慈溪东乡李碶。子一：季玉，转寓奉化，中乡试解元。季玉长子孔杏传（次子行安、幼子六杏失考）生养高，又由奉化徙回慈溪李溪。其后裔在李溪建前后二祠，分为两宗[①]。

---

① 慈溪李碶村（今浙江慈溪庄桥镇）孔氏，先后所建的两座宗祠，分别纂有两部宗谱：一是《四明慈水孔氏宗谱》，为民国二十四年（1935）前祠木活字本（二十卷十六册）。二是《四明慈水孔后圣祠家谱》（稿本），为民国二十年（1931）孔积善堂抄本（二卷一册）。

前圣祠《谱》以第五十三世孔之问为祖，后圣祠《谱》以第五十三世孔之遁为祖。其始迁李碶之祖则同为第五十一世孔文祐（字休徽，号养高）。然两《谱》所载南渡祖却不相同。前祠《谱》纂者孔广鼐在《三修宗谱序》中云：“自建炎初年四十八代祖端节公（若升长子）次子琛公南渡，流寓奉化四明山。五十一世祖文祐公由奉化转寓慈水，遂为慈水一支矣。”后祠《谱》卷二之端原小传则说：“建炎四年，随衍圣公端友、叔传、侄玠扈驾至明州，次于定海（今浙江宁波镇海区）。留端原审观形势，遂卜居邑东李碶。”（原件注为“出县志”。）又说：“若鼎生子三：端修、端原、端伟。端伟无考。端修寓定海（今浙江宁波镇海区），惟端原为慈水支之始迁祖也。生子季玉，寓奉化，中解元，生子杏传、杏安、六杏。杏传生子三：而慈水支旧《谱》独载一子养高，由奉化复寓慈邑东乡李碶，遂为庄桥前后二祠之祖也。养高生东溟，东溟生之问、之遁。之问为前祠祖，之遁为后祠祖。”**（下转）**

前祠祖：第五十三世孙孔之问。前祠以孔琛为南渡祖。

后祠祖：第五十三世孙孔之遁。后祠以孔端原为南渡祖。

（上接）鉴于《四明慈水孔氏宗谱》三修时宗长孔传林和纂者孔广鼐所撰之序皆云：宗谱始修于清康熙年间，至光绪十九年重修时已属“旧谱阙失，悠邈难追”，只能“搜集残余，旁求遗抄，爬罗剔抉”，并“稽之丁册”始克成。从康熙始修至光绪重修，只间隔一百七十余年尚且如此，况且从建炎南渡至清康熙始修、间隔已达五百余年，《谱》中舛误遗漏当所难免。尽管如此，继旁求遗抄、爬罗剔抉而修成的民国两部家谱，仍为后人传递了如下史事：

其一，中散位下的孔琛和博士位下的孔端原兄弟三人从衍圣公孔端友、族长孔传扈跸南渡，并在仓惶渡江或南奔杭州途中走散，故于孔端友等赐家衢州后，继续随驾至明州（今宁波市）。高宗泛海避敌至昌国（今舟山）而后南去，孔端修等遂“留端原审观形势”并流寓明州诸地。

其二，孔端原、孔琛二宗的关系非同寻常。按前圣祠《谱》卷六《发祥世纪》，其第四十八世至第五十三世是：孔端节（字子奇）—孔琛（字季玉），流寓奉化四明山—孔授（字杏传）—孔文祐（字休徽，号养高）由奉化转寓慈水李溪，为庄桥始祖—孔万荣（字元匡，号东溟）—孔渊（字观澜，初字之问）、孔涌（字观源，初字之遯）。按后圣祠《谱》卷二《宗子世系传》，则是孔若鼎子孔端原，为溪水始迁祖—孔季玉，寓奉化—杏传—养高，由奉化寓慈邑李溪，为庄桥前后二祠之祖—东溟—之问，为前祠祖；孔涌为后祠祖。据此当为：博士位下孔若鼎次子孔端原无子，以中散位下孔端节次子孔琛为嗣，南渡流寓明州（宁波）的两宗遂合为一宗，五十、五十一、五十二世皆为单传，前祠谱著其名，后祠谱则录其字或号。至五十三世孔渊始有子二：思近、思正；孔涌子四：思慎、思明、思忠、思敬。自此，子孙代益繁盛。明崇祯六年（1633），孔涌第九世孙岱宗创建后祠，复又分为二宗，前祠以孔端节子孔琛为始祖，后祠则以孔端原为始祖。孔端原和孔琛后裔同居李溪，合而又分，致使前圣祠的康熙宗谱有“以端节一名端原”之说，至民国二十四年三修宗谱时，才“正其误”。

问题还不止于此。自宋南渡，昔慈溪县东三十里的李溪，即今宁波市江北区庄桥街道孔家村生息繁衍的孔子后裔，其南渡祖又增加了一位，盖有三位：一是明姚宗文的《［天启］慈溪县志》、清曹秉仁《［雍正］宁波府志》、俞樾《［光绪］镇海县志》，其寓贤传或流寓传，均为孔端原，迄今为止未见《慈溪县志》等有孔端节次子孔琛、六子孔瓒流寓之记载。二是今藏上海图书馆等的《［民国］四明慈水孔氏宗谱》（前圣祠）和《孔后圣祠家谱》（稿本），其始祖分别为孔琛、孔端原，已如上述。三是孔德成的《［民国］孔子世家谱》二集卷十四《浙江慈溪派》、今孔德镛《孔子世家谱》二集卷二十一《浙江慈溪派》，均将昔日慈水李溪前、后圣祠后裔著录于孔瓒的麾下：瓒—长子拟—文逸—长子万荣—渊、涌。又若鼎子仅载端伟、端修，不见端原；琛之后则只著录五十代“授”、五十一代“文佑”，后注曰“失考”。

孔端原、孔琛的五十二代孔万荣（东溟）及其后，与孔瓒的五十二代孔万荣及其子孙完全相同。孔万荣究竟是谁之后却莫衷一是。考方志及李溪旧谱无疑是庄桥前后二祠之祖。虽《孔子世家谱》并未著明孔万荣的迁徙，亦不能因此而否定之。若此尴尬的局面，难道是孔瓒徙居慈溪的后裔先入《孔子世家谱》所致？著者姑且分别著录为三宗，以俟来者考订。

（二十三）二十三宗

该宗始祖系第四十八世孙孔端穆，孔宗彀孙，孔若冲子。宋建炎三年（1129）春，孔端穆及其长子孔珍侍父孔若冲与伯父孔若钧、兄孔端躬，随衍圣公孔端友、族长孔传扈跸南渡至杭州。同年十一月，又与孔若钧、孔端躬随跸至章安镇（今浙江台州椒江区），后取道婺州至衢州。途经永康榉溪（今浙江磐安），亦以其山水佳丽而卜居于榉溪。孔若冲卒后，葬于榉溪后坞；孔端穆卒后，葬于榉溪燕山脚。孔端穆子二：长子孔珍，侍父南渡寓榉溪，后裔徙居诸暨枫桥；次子孔玙，以教授冀州而流寓河北南宫。

主要分支：

1.浙江诸暨支。该支始祖系第五十一世孙孔源明，孔端穆曾孙。端穆长子珍生扞，扞生源明。孔源明由榉溪徙居诸暨枫桥。子一：贤允。

2.河北南宫支。该支始祖系第四十九世孙孔玙[①]，孔若冲孙，孔端穆次子。北宋末年，孔玙以儒林郎、夏津县儒学教谕，升冀州教授。宋建炎南渡前陷于金，未能侍祖父孔若冲、父孔端穆扈跸南渡，遂落居河北南宫。子二：长子孔信行，侍父寓南宫；次子孔信道，后奉父命南渡至衢州、婺州省亲而流寓榉溪。

3.河北冀州支。该支始祖系第五十七世孙孔言义，孔玙第八世孙。孔玙长子信行生元昊，元昊生之受，之受生溱，溱生思能，思能生克富，克富生希文。孔言义，孔希文之幼子，明成化年间，由南宫徙居冀州。子一：公兴。

---

① 《新修孔子世家谱》之“河北南宫冀县支”，其孔玙传云：“宋高宗绍兴间，儒林郎、夏津县儒学教谕，升冀州儒学教授。因金兵阻隔，家于河北南宫。子二：信行、信道。”考《宋史》《续资治通鉴》等史籍，河北东路大名府所辖夏津以及冀州所属之南宫，早于建炎二年冬入金，故其宋高宗绍兴间以儒林郎为夏津教谕等说有误，应是建炎二年末乃父孔端穆、乃兄孔珍随衍圣公孔端友避兵扬州之前，故陷于金，复为金兵所阻而未南渡，于是家于冀州属县南宫。

（二十四）二十四宗

该宗始祖系第四十八世孙孔端志，其父孔若罕“高抗不群，长于《春秋》”[①]。宋建炎三年（1129）春，孔端志侍父随衍圣公端友扈跸南渡，途中流散而留滞泰兴。孔若罕见江边龙开河西北通淮、泗，以其为“洙泗龙泉之支流”，遂命筑室河边居焉。垦田百亩，各授弟子业。孔端志子孔玙、孙孔拊，世以耕读为业。宋理宗淳祐元年（1241），曾孙孔元虔避战乱于沙州（今江苏靖江），以沙石构室，创立马洲书院。闭户藏修以教授生徒，不求闻达，恪守祖训。元末文人王逢作有《题马洲书院》诗及序。孔元虔因之崇祀乡贤，其牌位至民国犹存于靖江至圣庙中。

孔若罕高抗不群，致其上世失叙。然其子孔端志后裔，今仍在靖江繁衍生息，有谱可考。

综上，诚如清朝大学士纪昀所说：“圣人德配天地，其教垂于千万世，其泽亦逮于千万世。自《史记·世家》以后，今所传者，叙述渊源，莫古于王肃《家语》之《本姓解》；考求故实，莫古于南宋孔传之《东家杂记》。列朝纂录，不可殚数，至《明史·列传》以衍圣公世次列入儒林。先圣功德延及子孙者远矣，其谱牒系述曲阜世袭之绪，宋金间南渡之宗，炳炳然无论矣。其分支别出，散在四方者，数千年来不知凡几。中间世远年湮，佚其房眷者又不知凡几。幸而支派可考，是即先师之灵爽式凭，一本之爱，虽千万里视若一堂，千万人视如一身者矣。不及其可考而缀辑之，使叶不归根，不重可惜与！”[②]故本章仅录其有史志家乘可资稽考者。

---

① （元）王逢：《梧溪集》卷二《题马洲书院（有序）》，《丛书集成初编》本。

② （清）纪昀：《纪文达公遗集》卷八《河间孔氏族谱序》，清嘉庆刻本。

第二章　孔氏南宗的宗族形态

自从孔传、孔端友开创基业以来，孔氏南宗在广大的江南地区支分派衍，诗礼相承、贤才辈出，不仅成为孔氏家族的重要部分，而且逐渐成为江南望族之一，产生了广泛而深远的影响。在历史上，孔氏南宗曾享受到朝廷和社会给予的种种优遇，让爵之后曾一度陷入“衣冠礼仪，猥同氓庶”[①]的艰难境地。但不论处于何种境地，孔氏南宗一直秉承诗礼传家的优良传统，形成了形式多样、内涵丰富、富有特色的宗族形态，不仅推动了自身宗族发展，也为江南地区其他宗族树立了典范。

第一节　多彩纷呈的宗族活动

孔氏南宗的宗族活动多姿多彩、内涵深厚，一是重视祭祀活动，不断推陈出新；二是重视族学教育建设与发展，致力于培育优秀人才，并与时俱进地推动族学教育不断走向社会；三是重视谱牒传承，弘扬诗礼传统，培植优良家风；四是重视宗族内部交往，不断促进宗族友谊和谐，推动南宗大家族共同发展。孔氏南宗的宗族活动发挥了良好的示范引领作用，成为推动江南社会文化发展的重要力量。

---

① （清）张廷玉等:《明史》卷二百八十四《儒林三 · 孔彦绳》，中华书局1974年版，第7300页。

一、祭祀活动及其当代发展

在古代，不但孔子后裔祭祀圣祖，而且帝王、文武百官、天下士人等均祭祀“大成至圣文宣王”“至圣先师”。前者为家祭，后者为官祭、学祭，两者在性质、功能、祀期、礼仪方面均存在差异。最为显明的特点是：孔氏南宗祭孔兼具家祭与官祭功能，“是孔子后裔行‘孝道’，又是历代帝王行尊圣之礼的一项隆重活动”[①]。

孔氏南宗祭孔兴起于南宋，最初祭于州学，因条件所限，“袭封奉祀者，率族拜跪踧踖，献不与焉。退修鱼菽之祭，喧嚣湫隘，甚非所以崇素王也。盖百有三十余年”[②]。宋宝祐二年（1254），衢州首座家庙（菱湖家庙）建成。此后，孔氏族人祭于家庙。

宋元时期，孔氏南宗祭礼简省，明代之后逐渐兴盛，至清代臻于极盛。南宗祭孔主要包括四大祭、四仲丁祭、八小祭、节气祭、朔望祭拜及特别祭等。四大祭又叫做“四大丁祭”，时间在每年春、夏、秋、冬各季第二个月的上旬丁日，其中以春秋两祭为重，散居衢州各地的族人均前来参加。大祭前十天，考核、确定乐舞生、礼生，合格后集中操练祭礼。大祭前五天，整理和洗刷祭器。大祭前三天，翰林院五经博士及各执事官、乐舞生、礼生进入家庙居住，沐浴、习礼。大祭前一天，准备祭品，至子时一切就绪。子时正，孔氏家庙内钟鼓共作，灯火齐明。寅卯相交之时，钟鼓三鸣，祭祀开始，乐舞生起舞，礼生赞礼。祭祀分为初献、亚献、终献等三献礼过程。主祭、助祭者由东阶而上，进至大成殿神位前，献奠帛、献爵、诵祝文，行三跪九叩之礼，从西阶而下复位。三献之后，再行九叩之礼。礼毕，参加祭祀人员依次退出。四仲丁祭是四大祭的延伸，分别在大祭后第十天进行。八小祭、节气祭等形式简洁，

① 谢昌智主编：《衢州孔氏南宗家庙志》，浙江人民出版社2001年版，第82页。

② （明）沈杰辑：《三衢孔氏家庙志·南渡家庙碑记（赵汝腾撰）》，明嘉靖刻本。

然祭礼亦至严至虔。

1984年，曲阜孔庙恢复民间祭孔。本世纪以来，衢州及各地孔氏族人，各地的学庙、书院等纷纷举行祭孔活动。孔氏南宗当代祭孔始于2004年，并且从一开始便体现了鲜明的“当代人祭孔”、平民化祭孔的特色。

从主祭人、陪祭人、参祭人来看，孔氏南宗祭孔参与面广。政府代表、高校与中等专业学校校长等均担任过主祭人。2018年9月28日，孔子诞辰2569周年祭祀典礼于孔氏南宗家庙隆重举行。此次祭孔为学祭，孔子七十五世孙、孔氏南宗家庙管委会主任孔祥楷首度担任主祭人，六名衢州市教师代表担任陪祭人，邀请有近四十年教龄的班主任代表，一家三代均为教师的家庭，聋哑学校的师生等教育界代表参加祭典。整个祭祀过程诚敬端严，孔祥楷先生恭读《祭孔子文》。祭祀典礼结束后，孔祥楷先生在接受记者采访时说：“是一种信念在支撑着我，人是很难的，但也要实实在在地去做一些事，不能偷懒！”[①]参祭人涉及孔氏族人、儒学爱好者、学生、“最美衢州人”称号获得者、环卫工人、留学生代表、海外孔子学院代表等。

从祭祀仪式上看，以当代人的方式祭祀孔子。孔氏南宗祭孔采用五年“三祭”轮换的形式：逢“五”逢“十”年份举办社会各界公祭，其余年份孔子文化节祭与学祭轮流举行。祭祀过程形式严谨，全过程约四十分钟，包含礼启、献礼、颂礼、礼成。“礼启”含奏乐、敲钟、主祭人陪祭人就位和全体参祭人员向孔子像行鞠躬礼。“献礼”含礼生进香、献五谷，主祭人、陪祭人进香敬酒，社会团体敬献花篮，主祭人诵读《祭孔子文》。“颂礼”含中学生集体诵读《伟大的孔子》，参祭代表分组诵读《论语》章句。“礼成”为最后一个环节，全体合唱《大同颂》。祭文分公祭和学祭两种，由衢州文人崔铭先创作。《大同颂》出自《礼记·礼运》，由孔祥楷谱曲，表达了对大道流行、“天下为公”的大同境界之深切向往。祭孔典礼

① 谢丹：《中国大陆最后的奉祀官：孔祥楷先生的第十五次祭典》，https://wap.qz96811.com/news.aspx?newsId=46716。

之中，诵读祭文，合唱《大同颂》，庄隆而肃穆，引人念往昔而追来者，兴起追思孔子、传承儒学、移易风俗之志愿。

孔氏南宗祭孔具有广泛的社会影响和当代价值，正如邓立光先生所说，“衢州祭孔迸发出的文化能量……显示了复兴传统文化的气魄与划时代意义”①。2005年和2011年，“南宗祭孔”和“南孔祭典”先后被列入省级和国家级“非物质文化遗产”名录。

孔氏南宗各支派族人也在祠堂举行祭孔典礼，江西黎川县宏村镇、浙江磐安县盘峰乡榉溪村、衢州柯城区沟溪乡沟溪村等地孔氏族人逐渐恢复祭孔活动，并融入了地方民俗与当代文化内涵。榉溪当代祭孔在每年家祭的基础上，三年一小祭，五年一大祭，包含多种形式的文化活动。祭祀活动由献三牲、迎圣、作乐舞、颂《论语》、祭拜等环节组成，并融入“翻九楼”“十八罗汉”“三十六行”等文艺表演，庄严肃穆之外，具有鲜活灵动的色彩，广受当地民众的欢迎。2012年，“婺州南宗祭孔典礼”被列入浙江省第四批非物质文化遗产名录。

二、族学教育及其优良家风

孔氏南宗继承发扬了诗礼传家的优良传统，高度重视子弟教育，其“家塾教育，萌芽于南宋初年孔传等家居时办的‘私学’，发端于南宋后期的‘思鲁堂’，兴盛于明清时期的家塾、书院，发展于清末民初的近代学校”②。特别是明清时期，基于“崇儒重道”、注重宗族教化功能的时代大背景，孔氏南宗深受朝廷重视与优待。翰林编修孙清一针见血地道明了复爵之目的：“皇上之所以爵尔官，复尔田亩，优尔廪禄，非徒为尔荣养也。盖追先圣之德。”③复爵之后，孔氏南宗的政治、经济和社会地位得到不同程度的恢复。清朝政府给予孔氏南宗“除正供外，一切杂泛差徭概行优

① 邓立光：《从衢州祭孔看中国的文化发展》，《星岛日报》2004年10月4日。

② 谢昌智主编：《衢州孔氏南宗家庙志》，浙江人民出版社2001年版，第119页。

③ （明）沈杰辑：《三衢孔氏家庙志·送孔朝武五经博士还衢序（孙清撰）》，明嘉靖刻本。

免”等特权。所有这一切，极大地推动了孔氏南宗宗族文化的传承发展。

明弘治初年，孔氏南宗在城南家庙殿前西厢重建族学。明嘉靖年间，推官刘起宗在东岳庙废址改建孔氏家塾，“为东序者三，以迪成材，为西序者三，以训幼稚”[①]，邹守益在其所作孔氏南宗家塾记中如此形容其浩荡之儒风：“刘子偕郡守王子，聚诸师诸生，切磋于衢麓讲舍，携孔氏童子四十余人，歌《鹿鸣》《伐木》之章，恍然若游洙泗，聆丝竹也……四方于是乎观训圣门之训，弟子俱成法矣。”[②]邹守益作为王阳明嫡传弟子，具有极高的学术地位与影响力，时人认为“阳明之没，不失其传者，不得不以先生为宗子”[③]。邹守益为孔氏南宗家塾作记，既反映了广大江南学者对孔氏南宗族学的肯定与重视，也反映了孔氏南宗对王阳明门人的敬重及其对阳明学说的态度，由此折射出当时衢州儒学发展的方向以及孔氏南宗教育活动对阳明学说传播的推动作用。明末清初，孔氏南宗家塾一度出现逐渐衰败的迹象，直到清咸丰年间刘成万捐资在家庙东厅建立承启家塾，南宗族学又迎来了新的契机。清同治初年，浙江巡抚左宗棠倡议捐修家庙，并赎回博士濠田，续置承启家塾。此后，孔氏南宗不断得到官方的拨款和士绅官吏的捐资，族学发展由此获得了良好的物质保障。

孔氏南宗族学教育的一个重要特点是十分重视传承儒家思想与关注社会现实的紧密结合，由此不断推动了儒学的发展，同时培养了一批又一批济世之才。明洪武六年（1373），孔克表“以学行举，入见上，与语经史，皆称旨，拜修撰，兼国史编修官”[④]，并因“博学笃行，尤精于史学”[⑤]而被荐为翰林编修。其中的“皆称旨”反映出孔克表在经史方面的造诣之深。江西金溪支孔大德（字登小）学养深厚，著述丰富，“南宫罢归，杜门著

---

① 《［民国］衢县志》卷三《建置志上·学校·孔氏家塾》，民国二十五年（1936）铅印本。

② 《［康熙］衢州府志》卷七《圣庙图第七·家塾·邹守益记》，清光绪八年（1882）重刻本。

③ （明）黄宗羲撰，沈善洪主编：《黄宗羲全集》第七册《明儒学案》卷十六《江右王门学案一》，浙江古籍出版社2005年版，第381页。

④ （明）黄佐：《翰林记》卷三《录用圣贤后裔》，文渊阁《四库全书》本。

⑤ （明）李贤：《明一统志》卷四十八《温州府·人物·孔克表》，文渊阁《四库全书》本。

述，瓶无储粟，意兴豁如"[①]，著有"《易解》八卷、《史评》十五卷，《秀野堂集》八卷、《褧园诗草》四卷，《江西通志·艺文志》经部易类、史部史评类、集部别集类分别著录，《［康熙］抚州府志》卷二十二、《［同治］金溪县志》卷二十五亦载之"[②]。孔子六十三世孙孔贞运官至宰辅，管绍宁对其才学、判断力、应变力及气度都给予高度肯定，称其"学周识敏，临事能缘情变化而坦夷，敦厚大约，以度量容天下"[③]。因此，时人将其学问和人品与唐初大儒、孔子三十一世孙孔颖达（字冲远）相提，明崇祯二年（1629）正月，《明史》载："帝临雍，贞运进讲《书经》。唐贞观时，祭酒孔颖达讲《孝经》，有《释奠颂》。孔氏子孙以国师进讲，至贞运乃再见。帝以圣裔故，从优赐一品服。"[④]

基于阅读经典与关注现实相结合的治学导向，孔氏南宗历史上造就了许多栋梁之才。孔克仁（字元夫）的学识与才干深得朱元璋赏识，"太祖数与论天下形势及前代兴亡事"；孔克仁曾向明太祖提出"积粮训兵，观衅待时"等主张，均起到了良好效果。孔克仁堪称孔氏南宗士人中经师与人师完美统一的典范人物，正因为如此，明太祖于洪武二年（1369）"命克仁等授诸子经，功臣子弟亦令入学"[⑤]。在朱元璋心目之中，孔克仁完全能够胜任"模范后学者，使之成器"[⑥]的重任与使命。

清末民初是中国社会的重大变革与转型时期。这一特殊背景使孔庆仪成为南宗士人中由传统向现代转型的典型代表。孔庆仪忧国忧时、力挽时艰，率先推行新学，将家国命运紧紧地联系在一起。在宗族管理方面，"躬

---

① （清）陶成等：《［雍正］江西通志》卷八十二《人物十七·抚州府三·孔大德》，文渊阁《四库全书》本。

② 周洪才：《孔子世家艺文志》（下），国家图书馆出版社2015年版，第867页。

③ 《［光绪］句容孔巷孔氏家谱》卷十《阁学玉横孔公墓表（管绍宁撰）》，清光绪九年（1883）刻本。

④ （清）张廷玉等：《明史》卷二百五十三《列传第一四一·孔贞运传》，中华书局1974年版，第6535页。

⑤ （清）张廷玉等：《明史》卷一百三十五《列传第二十三·孔克仁传》，中华书局1974年版，第3922、3924页。

⑥ （明）林尧俞：《礼部志稿》卷一《圣训·兴学之训》，文渊阁《四库全书》本。

承祀典，趋跄有度”，以至于“宗老见之，翕然叹之”。同时，“聿新家祠，更建公署，经营祀产，百废俱举”；在教育发展方面，“慨旧学之不足以图存，力与维新，倡立孔氏中学校，培植族内寒畯，复长县立高小学，灌溉地方文明”，由此推动孔氏南宗族学不断走向社会；在经济发展方面，推行“创商会，以平市政；督堰工，以兴水利”等事关国计民生的重大举措；在社会建设方面，提倡厉行烟禁。所有这些“莫不得风气之先”①。

孔氏南宗在家风建设方面“呈现出强调恪守礼法、教子宜严、父权以及治家是治国基础的特色”②。南宗族人在研读儒家经典的同时，在言行上更加恪守先圣训导，推动家学兴盛。孔克准（字则夫）始终坚持“‘孝乎惟孝，友于兄弟’，施于有政”的理念，在家孝敬长辈、家庭和睦，任太常博士期间因“母夫人在堂，旦则出营职，及暇而归，即率妇、子侍左右，备物敬养焉，夫人乐之”；为人坦诚、为官敬业，“谦慎和厚，秉礼而蹈义，其奉职尤尽诚。与人交，久而敬”。孔克准因“事亲处友，睦姻戚，和乡党，可适其宜者”而深得时人尊重，“人亦无不爱敬君者”，以至于其去世后“相知者莫不哀之”，真可谓“圣泽之长，君行之良；宜寿宜昌，而忽已忘；纳铭其藏，后世之光”③。孔克进（字献夫）为人谦和文雅，能诗善文，因特恩任奉议大夫、宗人府经历，杨士奇（名寓，1366—1444）在孔克进去世后为之所作的《孔经历挽诗》二首④，对其人品深表赞赏。其一曰：“礼乐唐尧日，诗书孔氏门。登朝荣象笏，列署切薇垣。卓荦怀千载，凄凉遽九原。英灵知不化，未报圣明恩。”其二曰：“识尔趋庭际，芳年玉树高。谦和自天性，文雅出时髦。旧好过从断，深情梦寐劳。他乡新冢在，松柏晚萧骚。”孔有斌勤俭持家，注重家风建设，行事处世深得时人好评，族志称：“为人克俭克勤，其厚于持家也；安分守己，其厚于处世也。而且弗损于人，无利于己，善亲朋，睦乡里，训其子孙循乎

---

① 《［民国］衢县志》卷二十三《人物志三·孔庆仪》，民国二十五年（1936）铅印本。

② 孔德懋、高建军：《孔子家族全书·家规礼仪》，辽海出版社1999年版，第161—162页。

③ （明）王直：《抑庵文集》卷二十九《孔君墓志铭》，文渊阁《四库全书》本。

④ （明）杨士奇：《东里集续集》卷五十八《孔经历挽诗（二首）》，文渊阁《四库全书》本。

规矩，此皆公之所厚者也。”[①]孔子六十四孙孔尚芝为人纯朴，以身作则，善为表率，《孔子世家谱》称其“性孝友，敦厚朴诚，以忍诫诸子。处世谦和厚重，里党则之”。孔昭晙（字寅谷）以孝闻名于时，致力于地方人才培养，成效卓然。其孝心与尽心尽责相得益彰、家庭责任与社会责任相统一的优秀品德被传为佳话，“少贫嗜学，博通经史……同治庚午，举优行，贡明经。京兆试，因病报罢归。以祖母春秋过高，母亦年老，乏人侍养，不忍远离，愿就教职候铨。在家以娱亲、课子、授徒为乐，每岁科两试，及门获隽者常八九人。瞿宗师案临衢郡时尝谒访之，有‘品学两优，不愧为圣人后裔’之誉”[②]。清代句容孔巷支南宗族人孔兴麟（字天石）善恶分明，为人正直，待人宽厚，喜交朋友，被称为乡人楷模。时人赞其“不但孔巷之善良，亦句邑之隐君子也……其生平为人，孝友以仪型于家，端方以树范于族。恶色至前，勿视也；恶声入耳，勿听也。介然自立，不与庸众为伍，得乎圣人之清。宗党有以忿争求平者，必宽柔以教之，婉言以喻之……莫不相悦以解。至人有以非礼相干者，悉坦夷以处之，合乎圣人之和。其尤足羡者，性喜与文人学士交游”[③]。南宗族人不辱圣人后裔之殊遇，时刻遵循孝悌之道，谦和爱人，深得世人尊敬，成为民众之典范，诚如徐映璞所说，“足为乡邦弁冕”[④]。

三、谱牒传承与家族和谐

孔子六十六世孙孔兴燦（字培元）“穷研经史，博通古今。念神明之世胄，遗住他乡，痛音问之久疏，终流异地，遂愤然曰：既为孔氏子孙，

① 《（永康山西孔村）孔氏族志》卷四十《有斌翁传赞（施其略撰）》，浙江省图书馆藏本。

② 《［民国］衢县志》卷二十三《人物志三·孔昭晙（引《怀旧后录》）》，民国二十五年（1936）铅印本。

③ 《［光绪］句容孔巷孔氏家谱》卷十一《天石公传（宣芸撰）》，清光绪九年（1883）刻本。

④ 徐映璞：《两浙史事丛稿》，浙江古籍出版社1988年版，第26页。

不识林庙，何以为人！乃携谱束装诣鲁”[①]身居他乡却始终不忘“庙林”的初心，充分折射出谱系在孔子后裔心目中的重要程度。的确，在传统社会中，谱牒在人们心中具有特殊的情结，因而在宗族管理和基层社会治理中都具有重要作用，正所谓“王化必自睦族始，而睦之之道，情以恩亲，分以义正。自宗法废，而族无所统，犹赖世之仁人君子作为谱谍以联属之”[②]。南渡以后，孔氏南宗族人秉承修谱传统，不断续编族谱，以“辨氏族，别异同，令子孙族亿万世后得以溯本穷源，而不昧于敬宗睦族之道”[③]。在孔子四十六世孙孔宗翰（字周翰）所编古谱基础上，孔传既有继承，又有考证、补遗，“克承前志，推原谱牒，参考载籍，摘拾遗事，复成一书”，此为《孔氏祖庭杂记》，汇聚“历代褒崇之典，累朝班赉之恩宠”“祖壁之遗书”等“故老世世传之”轶事、旧闻，既让“闻见之所未尝及者如接于耳目之近”，又让“好古君子得以观览焉”[④]。可惜，此书因战乱而“不暇镂行”[⑤]。孔氏家族的修谱工作不断趋向常态化、制度化，“考我家乘，宋以前衹具册写，自四十六代宗翰祖始创为刊印，至明弘治二年（1489）首次重修，并定为六十年一大修，三十年一小修”[⑥]。

南渡之时，孔传、孔端友在仓促颠沛的艰难背景下依旧不忘宗谱，甚至以身相保，足见宗谱在他们心目中的崇高地位及其对宗谱的深厚感情，由此也保证了南北谱牒的一致性，“怀宗谱南迁，而衢鲁源流之分合，实权舆诸此”[⑦]。孔传于宋绍兴四年（1134）编成的《东家杂记》具有万世之功，“在孔氏家族史上拥有特殊地位，系孔氏家乘之著作”，因而不愧于

① 孔德墉主编：《孔子世家谱》二集卷四十七《安徽桐城支·六十六代·兴爍》，文化艺术出版社2009年版，第25119页。

② （明）罗钦顺：《整庵存稿》卷九《南安林氏重修族谱序》，文渊阁《四库全书》本。

③ 转引自孔繁廉：《温岭孔子后裔》，天马图书有限公司2005年版，第91页。

④ （宋）孔元措：《孔氏祖庭广记·祖庭杂记旧引》，《丛书集成初编》本。

⑤ （宋）孔元措：《孔氏祖庭广记·引》，《丛书集成初编》本。

⑥ 孔德成：《［民国］孔子世家谱·孔传堉序》，山东友谊书社1990年版。

⑦ （明）孔行远：《续修南渡阙里世谱记》，载《［民国］萧山孔氏宗谱》，民国七年（1918）木刻本。

“最早的孔氏志书”[①]的评价。该书充分彰显了“昭示后代不忘祖先，清理孔氏谱牒，列数‘历代褒崇之典，累朝班赍之恩宠’”[②]的重要宗旨。宋咸淳元年（1265），孔洙对《东家杂记》予以重新刊刻。《东家杂记》不仅在孔氏家族史上具有重要意义，而且其社会意义和历史影响也十分重要，因而被广泛著录于《宋史·艺文志》《郡斋读书志》《直斋书录解题》《文渊阁书目》《四库全书总目》《郑堂读书记》《阙里文献考》及山东、曲阜、衢州各志书等文献之中。明代衢州知府沈杰鉴于《东家杂记》损毁严重的情况，对其进行了抢救性保护：“刻本旧在府治东斋，今遗存者仅半，因索其原本，命工补缀。复以家庙旧藏小影摹刻于前，使读者知所起敬，且以见孔氏文献之足征云。”[③]

在孔氏南宗历史上，视宗谱如珍宝甚至不惜舍身相保者不乏其人。孔宗翰始创的“孔氏旧谱”在南渡时尚存，此后历经坎坷，“建炎戊申十月，端朝不得已去陵庙南奔。明年己酉八月，蒙恩以孔氏特差徽州黟县令，后二年辛亥四月赴官。六月，张琪犯徽州，黟之四境，焚杀一空，端朝与幼累奔山间，仅不得死，所携上世告勅、祖父遗书，生生所资皆失之矣。独此谱山中人得之，转以见归。此谱乃古本。顷叔祖贰卿削去旁支，独载世袭者，有识惜之”，孔端朝对此谱的“失而复得”感慨万分庆幸，认为这是天心之眷顾：“今亡而更存，岂非天也？”[④]孔端朝于宋绍兴年间将其增补至第四十九世，此即为《阙里世系续》。宋景定年间，孔应得在任广德军通判期间编成《家谱正误》一书。孔氏南宗对宗谱的珍惜程度可从以下规矩和要求中得到充分有力印证：“凡宗谱须用收掌端正，莫鼠漏所伤，或十年纠众重修，倘遇水火先须守护，休放失落”[⑤]。“收掌端正”说明宗

① 孙聚友、杨晓伟：《孔子家族全书·典籍备览》，辽海出版社1999年版，第77页。

② 刘炘：《研究孔氏南宗的珍贵史料》，载《南孔研究》，中国戏剧出版社2001年版，第159页。

③ （明）沈杰：《跋〈东家杂记〉后》，载《衢州历史文献集成》（文集专辑）第十册，中华书局2013年版，第80页。

④ （宋）孔传：《东家杂记·孔端朝序》，宋刻递修本。

⑤ 《（永康山西孔村）孔氏族志》，第34页，浙江省图书馆藏本。

谱地位的神圣性；在特殊情况下“先须守护”说明族谱比其身家性命更为珍贵。孔子五十三世孙孔瀛（字世表，1300—1362），晚年由于时局动荡而辗转颠沛，先从湖南入蜀，再因蜀乱而转徙湖广。然后又逢鄂乱，妻张氏、子思樵皆死，复泛舟至豫章、九江。九江不可居，家产皆失，最后独持《孔氏宗谱》到达金陵，一路上“被垢衣，伥伥走，持《孔氏南北谱》惟恐失之，见者或曰：‘迂人哉。’或曰‘此知本者也。’公一弗顾，转徙来金陵，依富川族孙克仁家居”[①]，孔瀛冒死保护族谱的原动力和真实动机恰恰来源于“知本”，其对族谱的痴迷与珍视不仅为孔氏家族留下了宝贵财富，从中体现的“知本”精神更令后人肃然起敬。据孔传荣《传雅公传》所载，清咸丰、同治年间，孔子后裔孔传雅因遭遇战乱而有家难回。在此背景下，孔传雅念念不忘的仍是其家谱，临终之际郑重地嘱咐其子孔成：“吾家所贵者谱系耳，他无足重。宁可弃其家，不可失其谱。”孔成不辜负父亲嘱托，“负谱而逃于兵燹之余。虽其间年表失之过半，犹幸源流世系班班可考”，因而保存了珍贵的家族史料，真可谓“大益于吾族”。清代孔继钠（字秀惠）对修谱工作十分重视，萧山士绅韩钦在《鉴亭公家传》中载，孔继钠“敬谱系之学，尝两辑家乘，蒐采极博，抉择极严。至人有片长薄善，必亟为甄录”，在其心目之中，家谱的意义极为重要，所谓“家乘以示后人，俾无忘先泽可矣”。

由于宋金对峙所造成的南北分裂，南北宗之间在整个南宋期间连正常交往尚未能开展，就更不必说共同进行修谱了，作为中华第一家的孔氏家族，竟然出现“南北阻隔百有余载，彼此世系多不相知”[②]的局面，实在令人扼腕痛心。这种局面一直持续到元统一后才得以改变。元至元十九年（1282），孔洙奉旨北上大都途中，先抵曲阜与北宗族众会聚。此后，南北宗之间交往逐渐增加。元大德四年（1300），孔津与北宗孔淑等人将南北

① （明）宋濂著，黄灵庚点校：《宋濂全集》卷七十二《杂志·故检校孔君权厝志》，人民文学出版社2014年，第1744页。

② （明）沈杰辑：《三衢孔氏家庙志·跋〈孔氏宗谱〉后（周伯琦撰）》，明嘉靖刻本。

孔氏宗图合为一本。元天历二年（1329），孔涛前往曲阜“拜瞻林庙，惇叙宗次，而南北子孙始相通谱，犹恐来者罔闻，遂与五十三代孙、秘书朝城宰淑，五十四代孙、袭封思晦编订谱系”，这就是《阙里谱系》。《阙里谱系》的编纂开启了南北宗通谱的先河，在孔氏家谱编修史上具有划时代意义，孔涛此举赢得了族人和学者的高度赞誉，不愧为“尊祖敬宗之意至矣”[①]。元至正十六年（1356），孔思朴（字淳道）花费大量心血重修《阙里谱系》，极大地增进了南北两宗之间的交往与情谊，“涛既没，传代者又多矣。而五十四代孙思朴，体前人之心，复叙次以续之，传之不朽……地理南北虽有间，而圣人之泽固不以此而有间，此则思朴用意之广且深也”[②]。元朝时期，其它孔氏家谱也得以刊行，如“（钱大昕）《补元史志》有《孔圣图谱》三卷，大德年间，孔子五十三代孙泽刊。泽，爵里未详，盖亦涛之兄弟行也”[③]。

南北两宗共同编订谱牒的传统在明清时期得到进一步传承。明洪武十二年（1379），孔思模携宗谱前往曲阜拜扫林庙，期间与衍圣公孔希学（字士行）、曲阜县尹孔克伸（字刚夫）一道纂修宗谱。此次修谱，既有补充，又有纠误，可谓考订严格，谨慎严肃，因而意义重大。孔思模在《阙里世谱序》中深情地回顾了期间的经历：“洪武己未，思模持谱归拜林庙，修祀会族，得与五十六代衍圣公士行、祖庭家长五十三代世清翁、曲阜宰五十五代刚夫等参究编刻，考叙宗次，子孙有未载及事迹阙略者悉补之，讹舛者正之，莠蕹苗辨，灿然在目。”孔思模南还之际，孔希学、孔克伸均赋诗送行，表达了彼此间的深情厚谊。南还以后，孔思模为方便后代考订，就以《孔氏实录》《孔庭纂要》等文献为重要依据，编纂而成《东家举要》。该书“以《孔氏实录》《纂要》等书采摭统绪，始自先圣祖，下逮五十七代，从源至流，继承传系，名字、德行之当记，及附典故、年

① （明）沈杰辑：《三衢孔氏家庙志·跋〈孔氏宗谱〉后（周伯琦撰）》，明嘉靖刻本。
② （明）沈杰辑：《三衢孔氏家庙志·跋〈孔氏宗谱〉后（周伯琦撰）》，明嘉靖刻本。
③ 《［民国］衢县志》卷十四《艺文志上·史部·阙里谱系》，民国二十五年（1936）铅印本。

爵之梗概，芟就简编，书写成帙，题曰《东家举要》，俾后之人易于考求，嗣而辑之”[①]。可惜，后人不能得见《东家举要》全书，只能从沈杰所辑的《三衢孔氏家庙志》、弘治年间增修的《孔氏宗谱》之中得见其部分史料，沈杰对此真可谓功不可没。清乾隆十三年（1748）弘历东巡曲阜之时，五经博士孔传锦前往迎驾观礼，期间也与曲阜宗人共同考订世系。衢州孔氏之外，南宗各支派也往曲阜联谱会宗，如永康支孔氏先后六次北上谒林，举行联谱、祭祀等活动。此外，孔希承、孔承美、孔闻音、孔昭煃等也先后对南宗谱系进行修订。由于交通条件等主客观因素的制约，“南宗谱系支自为支，派自为派，缺乏完书”[②]的现象比较突出。但在孔氏南宗各支派的高度重视和积极努力下，孔氏南宗谱牒不断得到丰富完善。清乾隆二十六年（1761），孔传锦为续修南宗家谱，照会各地孔氏呈送历传世系图册，“凡我族人，札到之日，务将历传世系考订分明，编辑成帙，亲赍赴衢核对，以凭汇集纂修，刊送公府盖印分发。庶南宗一脉共相维系，不致一发引千钧也”[③]。始修于元代的永康《山西孔氏家谱》，先后于明弘治年间（1488—1505）、清道光二十二年（1842）、清同治十年（1871）、清光绪二十五年（1899）进行了多次续修。句容许巷支南宗族人高度重视宗族事务，尤为注重家谱编修工作，清人施愈对此表示由衷钦佩和赞赏：“孔氏自宋室南辕，由汴而徙于浙，嗣复由浙而分徙于容，卜邑之许巷托居焉。其族姓衍蕃隶版籍者，林林总总，爰有家庙，崇祀至圣，为所自出之祖。而历代世系秩然不紊，釐然无阙。”[④]

在传统社会中，人们往往希望通过编订谱牒、制定族规、宗族祭祀、周济族人等宗族活动，以期达到敬宗收族的目标，孔氏南宗也不例外。政府的高度重视与优遇、社会各界的尊崇、家族的优良传统以及文化自觉，

---

① 《［民国］萧山孔氏宗谱·阙里世谱序（孔思模撰）》，民国七年（1918）木刻本。

② 徐寿昌：《孔氏南宗史实辨正》，载《儒学研究》（上），杭州出版社2006年版，第121页。

③ 转引自崔铭先：《孔氏南宗志》，中国文史出版社2018年版，第66页。

④ 《［光绪］句容孔巷孔氏家谱》卷十一《艺文集·子俊孔君力修祠宇赞（施愈撰）》，清光绪九年（1883）刻本。

使孔氏南宗成为中国古代宗族活动与敬宗收族的重要典范之一。

孔氏南宗支派遍布于浙、苏、湘、鄂、赣、皖、闽、粤、滇、贵、台等各省。在交通极不发达的古代社会，面对分布如此之广的支派，要做到谱系清晰，其难度确实不难想象。然而，孔氏南宗对此却从不懈怠、矢志不渝。正如第六十八世孙孔宫锡所言："今吾南宗自衢州本支外，或迁吴兴，或迁慈溪，或迁句容，或迁嘉鱼、新城，约亦不下万人。诚得一通达任事者广为采辑，列诸小宗而合于衢，由衢而合诸曲阜，以成百川注海之观，以全敬宗收族之谊。余虽老，尚能识其要，采辑之任非予而谁？吾宗勉乎哉。"[①]此序包含了极为丰富而深刻的内涵：一是说明孔氏南宗以衢州为核心，支派遍布各地；二是表明编纂宗谱的目的是为了凝聚人心；三是昭示了孔氏南宗强烈的责任意识和担当精神。第六十九世孙孔继元为《桐乡孔氏宗谱》所作之序中引用此话，旗帜鲜明地表达了南宗族人于敬宗收族的坚定志向与不懈努力。

四、宗族交往与南宗大家族发展

1.南北宗之间的交往

南渡以后，南宗孔氏后裔一直心系曲阜、怀念北宗族人。宋宝祐二年（1254）建成的菱湖家庙"仿佛鲁旧庙"，人们有理由相信，其中的思鲁阁之所以"取名思鲁，当有思念鲁地，思念故乡，思念先祖孔子林墓，思念阙里亲族之意"[②]。但由于时局动荡等诸多原因，孔氏南宗与北宗之间的正常交往在很长时期内难以实现。元至元十九年（1282），孔洙首赴曲阜才开启南宗族人赴曲阜会叙宗族的大门，这在孔氏家族史上具有重大意义，正如孔淑所说："当圣朝混一之初，宋故五十三代袭封洙，首膺召命，还谒林庙，与今袭封公治暨诸族会。百年之分，一旦复合，实吾族之

---

① （清）孔宪文等：《［光绪］桐乡孔氏宗谱·孔继元序》，清光绪三十三年（1907）刻本。

② 谢昌智主编：《衢州孔氏南宗家庙志》，浙江人民出版社2001年版，第24页。

盛事。淑尝欲取南北谱牒校同异，以为定本，久未之遂。”[①]孔涛对这一盛事表现出更为喜悦的心情，认为“浙鲁之隔，不过四十九代、五十代二辈而已。”[②]实际上，南宗从第五十一世孙开始就开启了与北宗之间的交往，因为孔洙赴曲阜时有第五十一世孙孔应祥（字吉甫）的陪同，孔应祥是时“以衢族长被旨召赴阙”。

元天历二年（1329），孔涛又赴阙里，开户了南宗与北宗共同修谱的先例。孔克英对曲阜心向往之，因而曾赴曲阜谒祖庙、会族人，“年三十，县大夫主奉孔子庙堂，府君（指孔克英）曰：‘我，孔子之裔也，我岂敢辞？’久之，往西安会孔氏群族，以叙长幼之礼”，但其仍感到“犹有未毕其志，于是渡大江，泝黄河，谒邹鲁故墟，徘徊孔林之下，抚手植桧，悠然有千载之诗”[③]。孔克英此举所体现的衷心及其出色的才华，深得衍圣公孔思晦的赞赏。明洪武十二年（1379），孔思模赴阙里会族即将南还之时，衍圣公孔希学赋诗饯行，“派出仙源本一宗，余枝绍祖固难同”所反映的是泗浙同源、南北一宗的理念；“三衢岁久成家业，千里心诚谒圣容”盛赞的是南宗族人艰苦创业的精神以及情系故乡的宝贵品质；“愿期南北贤诸族，与道绵绵万古隆”表达了南北圣裔衍圣弘道、共创辉煌的美好期盼。孔克伸所作的诗表达了深深的依恋之情：“忍将别意题诗句，且把宗盟付酒卮。去去频当寄家信，秋风勿使雁来迟。”明宣德元年（1426），太常寺丞孔克准受朝廷委派赴曲阜参加祭祀活动期间，与衍圣公孔彦缙为代表的北宗族人广泛交流、共叙情谊。为解决困扰人们因“南北异居，瞻望鲁林，相去数千余里，又不得躬拜扫于其下，是以劳思长怀，莫知所从”的思念之苦，孔克准专门请人绘制了《鲁林怀思图》[④]，一批知名学者为之

---

① 孔德平等编：《孔子博物馆藏孔府档案汇编·明代卷·阙里世系图题辞（孔淑撰）》，国家图书馆出版社2018年版，第1册，第98—99页。

② 《[民国]永康孔氏宗谱》卷七《孔传（孔涛按语）》，民国八年（1919）木活字本。

③ （明）宋濂著，黄灵庚点校：《宋濂全集》卷六十七《墓铭四·丹阳书院山长克英墓铭》，人民文学出版社2014年版，第1598页。

④ （明）沈杰辑：《三衢孔氏家庙志·鲁林怀思诗卷后序（吾绅撰）》，明嘉靖刻本。

作诗题序。王洪所作的《鲁林怀思》对孔克准不忘本及好礼的品质高度赞赏，其在诗序中称："孔氏有家于衢旧矣……论德惟兄，深惟本源之义。北瞻鲁林，眷言有怀……乐其所自生，礼不忘其本。君子于是谓公好礼"。杨荣在其《题孔寺丞鲁林怀思》中说道："迢迢浙水东，奕叶有贤孙"，称孔克准"披恩重怀思，水木求本源……羹墙寄遐思，诚义情所敦"。金幼孜（名善，1367—1431）在《鲁林怀思诗为太常孔克准赋》中写道："迢迢姑篾墟，遗泽久弥昌……眄彼洙与泗，源深流且长……写图寓深臆，怀思固难忘；愿言绍先祖，庶以慰所望。"杨士奇对孔克准"北望尼山"而从不忘却"水木本源之念"的情怀推崇之至，认为这是南宗后裔"孝"的重要体现，"孝者，善继人之志，善述人之事者也。推克准之心，诚由先圣之道，可谓孔氏贤子孙"，因而"重致爱敬之意"[①]。此外，孔承美、孔传锦、孔庆仪都曾拜谒曲阜林庙，乾隆皇帝巡视曲阜时，"命南宗孔氏偕族人陪祀听讲"，孔传锦因"仰瞻天颜，均沾圣泽，感激有心"而作《纪恩八咏》，即《东巡》《接驾》《谒林》《谒庙》《讲书》《赐宴》《赐书》《赐袍》。永康支、兴化支、建德支等其他南宗支派也都有北赴阙里会叙宗族的传统。

南、北宗族人都有因为官等原因谒庙、会族者。明成化十六年（1480），孔子五十八世孙孔公易（字蕴文）出任山东邹县学训导。他因能到先祖籍里任职而感到十分荣幸，不仅激动之心情溢于言表，而且严格要求自己，尽心尽责传道授业，令人如沐春风，同时经常谒庙会族，尽显忠孝之义，南北一家之理念在其身上体现得淋漓尽致，"曰：'邹，鲁邑耳，吾之故乡也。得官于兹，何幸于之。'下车初，即诣阙里，拜林庙、会族叙宗……先生自莅邹邑，教振敝隳，甚有矩度。且能和敬处僚友，以恩义结生徒。当时，坐春风而列门墙者，孰不倾山门之仰哉？教暇，尝咏谒庙诗，忠孝之意蔼然溢于言表……蕴文虽生长江南，其实与阙里孔氏水同源

① （明）杨士奇：《东里集》文集卷三《鲁林怀思图诗后序》，文渊阁《四库全书》本。

而木同本也……蕴文此来，其有裨益于江南孔氏亦多矣。”[①]与孔公易感同身受的当然也有北宗人士。清顺治三年（1646），北宗族人孔贞锐出任西安知县。与其他地方官员一样，孔贞锐十分关注南宗事务，“履任，即为趋谒”，当见到南宗家庙“栋宇摧残”的景象时，内心感到十分不安，“不胜欷歔”，遂“督令修葺，俾为一新。复会族众于庙庭，彬彬穆穆，风气无异洙泗”，激动之情溢于言表，“不胜輾然”。孔贞锐也因自己作为第一位到衢州任职的北宗后裔感到无比荣幸，“阙里甲第蔚起，从未有履此邑者，不敏如锐，何幸莅此”，他认为这是“圣祖有灵，轸念一脉留此，千载奇遘，以示锐亲睦之机”。正因为如此，孔贞锐也格外尽心，谨遵“节爱之训”，“无论百姓安堵如故，至吾族林林，亦皆若训而无梗化者”。既出于地方官的职责，又出于南北一家的情缘，孔贞锐对南宗祭祀格外关注，离任前特“置田一区，补庙中夏冬二祭，俾与阙里无异，勒之庭中，示同宗共守之，无间焉，庶无负追远之意”[②]。孔氏南宗和北宗之间往来的增加，增进了相互之间沟通了解，促进了孔氏家族的和睦，“孔氏宗支一脉传，派分两地岂徒然。君臣大义扶持重，祖弥先茔护守坚。鲁北已承宗子爵，江南难舍旧家氈。百年有幸躬瞻扫，忠孝于今喜得全”[③]。也正如明代御史李祯之诗所说：“阙里崇林庙，柯山盛子孙。浙居从宋徙，谱牒到今存。水木根源重，彝论圣道尊。六经如日月，千古照乾坤……身居吴越外，心在洙泗边。”[④]阙里衢州遥相呼应，南北同宗难分彼此，身在江南心系洙泗。

2.南宗支派之间的交往

鉴于支系繁多而且分布极为广泛的现实，孔氏南宗通过建立有序的组织管理及实践，加强各支派之间的交往联系，推动孔氏南宗大家族的发展。

---

① （明）《江南孔氏宗谱·孔公易谒庙叙族诗文·序文（王珙撰）》。

② （清）孔贞锐：《清顺治恭修祖庙并设祭田碑记》，孔氏南宗家庙藏碑。

③ （明）孔胤植重修：《阙里志》卷二十《五十八代孙衢州公易拜祖庙一首》，《孔子文化大全》本。

④ （明）沈杰辑：《三衢孔氏家庙志·鲁林怀思（李祯撰）》，明嘉靖刻本。

为密切衢州孔氏与南宗各支派及南宗各支派之间的联系和情谊，五经博士经常巡游各地南宗支派，了解掌握情况，落实解决各种实际问题，发挥了良好的“收族”效果。宋建炎年间，孔端躬与其子侍父孔若钧随高宗南渡，后定居永康榉川，始建于宋宝祐年间的孔庙于元至顺年间倒塌，经五经博士的斡旋，修庙之事得到圆满解决，第五十五世孙孔克英“往西安为修理恩典，复往阙里谒庙祠投衍圣公府，移牒婺州路关会修理圣庙，总管府照勘，由永康县给价修理完备”[①]。清光绪年间，榉溪南宗后裔孔宪成发现《[万历]永康县志》及《学志》《明伦堂碑记》等文献中关于孔端躬后裔被应希圣、俞柳等人诬指冒认圣裔的记载，就率领族人随携谱志来到衢州，恳求五经博士为之澄清事实。孔庆仪对此高度重视，亲自奔波解决此事，“稽其谱牒，与我衢世系相符，乃为转邑郭明府，请为更正……况乾隆年间……先大夫传锦公奉命选举族人陪祀观礼一案，内有金华府项移文，保送榉川及大小盘等处孔姓九人，同赴阙里，陪祀观礼。礼成，均沐恩施。是榉川一派之为孔氏子孙，更有据矣”，并“趋谒郭明府暨儒学施、戴两师尊，及邑中诸先达”，通过家谱文献互相查阅核对，终于为孔端躬后代昭雪，使“邑人之疑尽释，而榉川孔三百余年被诬冤屈亦明”[②]。

清康熙三十四年（1695），五经博士孔衍桢巡游岭南。孔子六十七世孙孔毓发因优免差役事趁机呈文孔衍桢。由呈文可知，唐元和十二年（817），孔子后裔孔戣任岭南节度使，惠政及民，其曾孙孔昌弼于唐光化三年（900）迁居岭南，“子孙繁茂，分居番禺、南海、顺德等处”。岭南支孔氏虽非南宋初南渡支派，但也属衢州翰林院五经博士统辖。呈文尊称五经博士孔衍桢为“南宗子家大人”“南宗子家老爷”，首先对五经博士的到来及其对族的关怀感到极其荣耀，“今幸子家大人辱临祠庙，题赐省城扁额，复光顾发等叠滘房祖祠，印给衣巾相礼札付”；其次请求“免

---

① 洪铁城：《沉浮榉溪》，机械工业出版社2006年版，第78页。

② （清）孔庆仪：《辩诬冒认圣裔碑记》，转引自崔铭先《孔氏南宗志》，中国文史出版社2018年版，第748页。

夫役及一切礼仪，恳赐批示申饬，俾天南末派，知所遵守”；最后表示“不负大人远临至意”。孔衍桢当即表示：“普天之下，凡我子姓，建有庙宇，即有奉祀衣布，以供祀典。差徭夫役概行优免……俟回浙之日，另文移送”[①]。清乾隆十七年（1752），五经博士孔传锦根据孔衍满、孔衍盛呈请，对江西新城孔氏及其豁免之事严加核实，“江右一支，实系衢支分派，屡沐圣恩”，然从明初以来却“未蒙豁免。故不得习诗礼于家庭，隐痛实深”，又基于“本朝崇儒鸿恩，至优至渥，无论南北宗派，靡不沾被余光”的传统惯例，将实情呈报衍圣公府，再由衍圣公府上报朝廷，“恭照圣朝崇儒，圣裔恩及苗裔，一切差役，例应优免”[②]。此外，孔传锦还亲自到过江西新城，时值新城孔氏兴建贤溪书院，“踊跃趋事鸠工而缔造之”，于是亲自为其撰《书院记》，对书院兴建的重要性予以充分肯定，同时对书院发展寄予希望：“所以兴朝廷之教化，衍先圣之统者，于建书辈有厚望也。”[③]

有很多南宗支派由于各种原因而未能享受政府规定的优免差徭等特权，五经博士经常为此而奔波。清康熙年间，孔子六十五世孙孔衍景兄弟由建宁迁居兴安，但在此后的一百多年间却一直未能享受各种特权。清道光三年（1823），道光帝举行临雍盛典，他们就将族谱呈请五经博士转诣阙里，最终获准照例享受恩免特权。孔端木、孔传锦、孔广杓等均为各地南宗孔氏族人优免赋役之事上书。明清时期，五经博士充分利用推荐各支派所在书院奉祀生之机会，加强与各支派的关联[④]。

众所周知，谱牒的最直接作用在于“敬宗收族”。孔氏南宗各支系之

---

① 张维华主编：《曲阜孔府档案史料选编》第三编《清代档案史料》第十六册，齐鲁书社1982年版，第15页。

② 张维华主编：《曲阜孔府档案史料选编》第三编《清代档案史料》第十六册，齐鲁书社1982年版，第40—41页。

③ 转引崔铭先：《孔氏南宗之作为及其影响》，载《儒学研究》（下），杭州出版社2006年版，第107页。

④ 关于清代奉祀生选任、顶补程序及基本情形，参见《衢州孔氏南宗家庙志》第三章《孔府》的相关论述，浙江人民出版社2001年版，第61—62页。

间通过修谱等活动，使相互间的联系得到经常性保持。在此过程中，南宗宗主发挥了主导作用。永康孔氏族人孔挺曾会合衢州南宗续订《阙里宗系》，五经博士孔承美、孔广杓先后为《梓川孔氏宗谱》作序。南宗宗主为各地支派所修谱牒作序，在各支派族人心目中，那是莫大的鞭策和鼓舞。孔子六十二世孙、五经博士孔闻音曾携谱到萧山考订宗谱，孔行远等族人认为此举意义非凡，不仅有利于厘清曲阜与衢州之间的渊源，而且有利于厘清衢州与萧山之间的渊源，更重要的是，这是萧山族人的勉励："三衢博士闻音公洞晰鲁浙谱系之详，稔知衢萧宗派之合，躬携图谱，贲然来思，参订明白，此有功于衢鲁，而迈种于吾萧也，吾萧宗亦厚幸也哉。"[①]

古人虽重视宗族和睦，但难免出现"宗有大小，未四三传，已藐若秦越之相视"[②]的现象。温岭孔子后裔对此感触颇深，"宗党岁时不能以期叙拜，讲论少长，遂至不相识知，有失次弗问者，有相冒而弗避者焉……则族谊寖薄，其弊有不可胜言者矣"[③]。孔氏南宗重视宗族组织与管理、家规制定与践行，通过编修家谱、发展族学、促进支派联系等途径，继承发展了诗礼传家的宗族文化，最大程度地克服了这一弊端，由此形成了强大的内聚力。这也正是推动孔氏南宗不断发展的源泉，从而使孔氏南宗逐渐成为望族，后先相望，代有英才，正如宋濂在《赠孔君序》中所说："太学博士端朝则徙于信安，通城令端植则迁于江夏，处士管则分守临川。间求其故，多因患难来奔而寖成巨族。或以诗书擢进士第，或以政事列刺雄藩，或以文学主教庠序，章绶辉艳，后先相望。初不拘拘于泗水之怀、尼山之思也。"[④]

---

① （明）孔行远：《续修南渡阙里世谱记》，载《［民国］萧山孔氏宗谱》，民国七年（1918）木刻本。

② （明）宋濂著，黄灵庚点校：《宋濂全集》卷六《记五·莆田林氏重修先祠记》，人民文学出版社2014年版，第143页。

③ 孔繁廉：《温岭孔子后裔》，天马图书有限公司2005年版，第89页。

④ （明）宋濂著，黄灵庚点校：《宋濂全集》卷三十二《序十一·赠孔君序》，人民文学出版社2014年版，第697页。

第二节　文以载道的优良传统

孔氏南宗传承弘扬中国传统文人文以载道的优良传统，其诗文佳作体裁多样，取材广泛，内涵丰富，思想深邃。桐乡支孔氏南宗女诗人更是独领风骚，其诗文作品体现了江南诗性文化的无穷魅力。

一、学养深厚的诗文佳作

文以载道是中国历代文人的优秀传统，孔氏南宗族人发扬以诗抒怀、以文咏志传统，借诗文抒发抱负、寄托理想，从中折射出高尚的人格风范，丰富了孔氏南宗的文化内涵。正如卢庸所说："孔氏思模……其先提举中奉抚州府君，偕袭封端友公，在建炎中从驾南渡，因寓衢州，迄今二百余年。祠庙之崇严，墓林之深邃，族系之多，诗礼之盛，亦南州之洙泗。"[①]孔氏南宗族人在研读儒家经典中反复体悟，以期修身养性。基于这种学养的诗文，其境界自然不俗。孔端朝"未冠能属文，宾兴贤阙，藉藉有声"，"至老益高古"[②]。孔涛"五岁知读书，八岁能属文……别驾陈公刚中大奇之。年二十，举茂才异等。一时名士大夫如永康胡先生、吴兴赵公、巴西邓公，无不器重焉"，其"所为诗，尚俊迈，文浑厚，不事纤巧"[③]。第五十一世孙孔应得的文才令时人陈著赞叹不已："昭孙以其遗文示，感涕不觉自流，尚忍读竟其文哉。"[④]孔克仁被宋濂誉为"孔氏孙子以学行知名者，代有其人，以文章家自显"[⑤]。孔克良（字善夫）涵养深厚，林弼对

---

① （明）沈杰辑：《三衢孔氏家庙志·序跋附·送西安教谕孔修道南还序（卢庸撰）》，明嘉靖刻本。

② 《[嘉庆]黟县志》卷七《孔右司端木传（李以申撰）》。

③ （元）黄溍著，王颋点校：《黄溍集》卷二十三《墓志铭·承直郎潮州路总管府知事孔君墓志铭》，浙江古籍出版社2013年版，第841页。

④ （元）陈著：《本堂集·书故人孔应得遗文》，文渊阁《四库全书》本。

⑤ （明）宋濂著，黄灵庚点校：《宋濂全集》卷四十《题识五·孔氏谱系后题》，人民文学出版社2014年版，第895页。

其十分赏识，“见其俊爽，以外扬贞介，以内确知为方来之彦……间见其诗若文，皆清雅有古法，释奠肃奉祀事”[①]。第六十九世孙孔继播“赋性灵敏，博学善文，尤长于诗，有《西溪辍耕集》五卷”；其兄孔继捷“性聪悟，亦善属文。博习群书，无所不达”[②]。总之，孔氏南宗族人擅长诗文者不在少数，如清初临川南宗士人孔尚典、孔毓琼、孔毓功三人在文学上均有较深造诣和影响，都有文集被收入《四库全书》。令人遗憾的是，南宗族人的诗文作品散佚情况十分严重，从而在很大程度上制约后人对其精神内涵的深刻认识和整体把握。

1.寄托忠孝情怀的诗作

孔氏南宗士人善于将忠孝情怀寄托于诗文之间。孔子四十七世孙孔若钧（字益元，1055—1130），面对金兵南侵、山河破碎所作的《感怀》诗，描写了国忧家难、飘零江湖的悲苦身世和沉重心情：“国否时危计致身，岂知今托栗山滨。庙林愀怅三千里，骨肉飘零八九人。顾影空高鸿鹄志，违时惊见柳梅春。皇天悯我斯文裔，净洗中原丑虏尘。”[③]诗中描写的“国否时危”“庙林愀怅”“骨肉飘零”，从国家、家族和个人三个层面反映了令人心酸的情境。“净洗中原丑虏尘”则表达了恢复中原的强烈愿望。

孔端躬（字子敬，？—1138）在诗作《金钟山后坞先茔初成有感》写道：“流寓他方旧虑忘，重逢道眼示青囊。山回天马金鞍应，水绕虹桥玉带长。自信尼防通地脉，还期申甫起家祥。儒林世泽垂悠久，不啻牛眠跃马岗。”[④]诗中的“自信尼防通地脉”表达了传承家学的决心；而“儒林世泽垂悠久”所表达的则是对儒学惠泽万世的由衷期待。

孔子七十世孙孔广升（字允升）在《秋暮登城有感》诗中，尽情地抒

---

① （明）林弼：《林登州集》卷八《送孔善夫序》，文渊阁《四库全书》本。

② 参见周洪才：《孔子世家艺文志》（下），国家图书馆出版社2015年版，第594页。

③ 《[民国]永康孔氏宗谱》卷二十八《诗册内集·栗川遗稿·感怀》，民国八年（1919）木活字本。

④ 《[民国]永康孔氏宗谱》卷二十八《诗册内集·金钟山后坞先茔初成有感》，民国八年（1919）木活字本。

发了忧国情怀以及寓拳拳报国之心："斗大山城气肃秋，征衫有泪落登楼。西风唳鹤惊寒木，落日饥鸿散古洲。时难虽筹团字策，天高空抱杞人忧。书生无路长缨请，志在楼兰未肯收。"[①]诗作通过西风、落日、唳鹤、饥鸿等意象的描绘，生动地展现了一幅时局艰难、民不聊生的悲凉画面，同时表达了"志在楼兰"的雄心壮志无路请缨的无奈。其在《书愤》一诗中，抒发了虽有济时之策、报国之心而终无用武之地的幽忧和孤愤心情："囊有济时策，中怀报国心。可怜不成用，空自发豪吟。"[②]孔子五十八世孙孔公恂（字宗文），明天顺元年（1457）进士，其诗《送朝音还治》借景抒情，既表达了宗族情谊，又对孔朝音寄予厚望，劝勉他忠于职守、有所作为："几年左郡播嘉声，献绩还乡画锦荣。才荷天恩辞北阙，又敦宗谊过南京。江花江草离情重，春水春波去棹轻。仕路相逢期勉励，好将忠荩达英明。"[③]

2. 寄情山水的诗作

孔氏南宗族人留下了许多山水诗，表达了寄情于山水的心境，如孔贞运的《与王乾纯、罗心华游华盖洞》《和戴时中游梅山寺诗》、孔毓垣的《峥嵘岭用孟东野韵》、孔尚萃的《自句曲至茅山》、孔尚豫的《归舟次石门》《次韵江枢宿仲尼岩》《宿夫子岩听泉》、孔尚大的《烂柯石》《杏花村》《题李以杨遇仙园》《饮马涧》《梯云磴》等等。翰林博士孔闻音所作的《九日登高》生动刻画了登高饮酒、忘情自然的心境，"登高直上翠芙蓉，绝胜龙山兴自浓。试问樵柯何处是，不知仙弈几时逢。太虚一点无通窍，下界又坛风送钟。把酒酣歌忘落帽，盘桓赋就抚孤松。"[④]孔昭晙在《恭和宾臣公祖游柯山作原韵集字》中，借对柯山传说的联想，表达了对

---

① 《［民国］衢县志》卷三十《诗文外编下·秋暮登城有感（孔广升撰）》，民国二十五年（1936）铅印本。

② 《［民国］衢县志》卷三十《诗文外编下·书愤（孔广升撰）》，民国二十五年（1936）铅印本。

③ （清）孔广沧等：《［嘉庆］句容孔巷孔氏家谱》卷十二《送朝音还治（孔公恂撰）》。

④ 谢昌智主编：《衢州孔氏南宗家庙志》，浙江人民出版社2001年，第185页。

文化发扬光大的志向，“古迹今犹在，人之不老天。当初有殊遇，少坐得长年。后惠尝无已，期游亦暂然。相期文化事，乐此寄群贤。”[①]其《西湖竹枝词》写道：“疑云疑雾山头树，时去时来堤外船。羡杀六桥风景好，满湖明月荡秋烟。”[②]诗作语言清新自然，痛快淋漓地描绘了西湖美景，仿佛让人们置身于风光秀丽的西湖美景之中：远处的树在夜晚朦朦胧胧，一轮明月倒映在湖水之中，山水辉映，风光无限。

衢州孔希潮的《题句容湖山佳致》以洗练的语句尽情地展现了句容湖山之美：“远林僧寺钟铙静，薄暮人家酒幔疏。一派秦淮围绕处，顺流西去是皇都。”[③]

3.孔贞时的代表诗作

在孔氏南宗后裔中，建德支族人的诗文创作成就斐然，因作品之多、成就之高格外引人注目，孔贞时即是其中的重要代表之一。

孔贞时（字中甫，号泰华），博览群书，早年享有盛名，时人称其“声名藉甚”[④]，其弟孔贞运称“盖伯兄而兼之父师者也……学日富，名益日噪”[⑤]。孔贞时注重经世功能，其诗文体现出“文以经天纬地，不在于字画彩绘之间”的创作理念，而“经天纬地”之作的源泉则在于深厚的修养，他因此认为，“不以文章视六经，而求文章之根本于六经，又不于六经寻根本，而以六经之根本印我”，诗文要反映“吾性吾情”的真性情，体现“出入日月，动流江河”的气势。这种基于人与天地万物浑融一体、明理见性、晓彻洞明的诗文，其境界自然非同一般，小至人情、大至国家尽包于诗文之中，所谓“无一不通于人情物理之微，无一不入于身心性命之

---

① 《［民国］衢县志》卷二十八《诗文内编下·恭和宾臣公祖游柯山作原韵集字（孔昭晙撰）》，民国二十五年（1936）铅印本。

② 《［民国］衢县志》卷三十《诗文外编下·西湖竹枝词（孔昭晙撰）》，民国二十五年（1936）铅印本。

③ （清）孔广沧等：《［嘉庆］句容孔巷孔氏家谱》卷十二《题句容湖山佳致（孔希潮撰）》。

④ （明）孔贞时：《在鲁斋文集·泰华孔公文集序（叶燦撰）》，《四库禁毁书丛刊》本。

⑤ （明）孔贞时：《在鲁斋文集·伯兄泰华简讨公文集序（孔贞运撰）》，《四库禁毁书丛刊》本。

奥，无一不当于天下国家之大，无一不协于帝王圣贤之谟”[①]。正如曹可明所评述：“先生生有智骨，有道心，有不可一世意，不喜读世间无用书，作世间无用文字。”[②]

孔贞时的诗作淋漓尽致地反映了晚明时局动荡、民不聊生的残酷现实，真实细致地抒发了内心的忧虑以及对百姓乱离的关切感怀，宛如“史诗”一般：“狼烟未靖羽书驰，处处军糈苦度支。鸿雁泽中声呖呖，车牛道上軥迟迟。”[③]在诗作《阅辽左边图》中大声疾呼“漠漠风尘归指顾，谁投班笔佐宸谟”[④]，期盼有人效仿班超投笔从戎、建功疆场。《初寒念边戍》诗中的“日落千营沙碛寒，风高九月阴山雪”[⑤]反映了边地的寒苦；“可怜砧杵授衣时，断续声中有所思”刻画了征人的思乡之情；“安得销兵作农器，尽归胡地咏尧天”寄托了诗人的美好愿望，盼望战争早日结束，百姓过上安定生活。

明末自然灾难频发，天灾人祸交织于一起。孔贞时所作的《定远飞蝗》描写了百姓遭遇旱灾、蝗灾侵袭的无奈与辛酸：“当夏方忧旱，飞蝗又见侵。翻风迷去骑，飘雪乱空林。岁事一朝尽，时艰此处深。贾生谩堕泪，汤沐自关心。”[⑥]该诗首联既道明了旱灾、蝗灾相继的现实，又表达了作者内心的忧虑；颔联以比喻的手法揭示了灾情的严重；颈联对农事的无望、百姓的无奈深表同情；尾联以贾生自喻，在自我劝慰的同时，表达了对百姓的体恤之情。其《初夏喜雨》诗将夏雨带来的喜悦心情跃然其中：“灌木森以繁，枝头啼黄鸟”“锦濯花若翻，珠溜荷犹小”[⑦]所呈现的生机盎然、清新美好的自然景致，衬托出诗人的愉悦心情。当然，更让人兴奋的自然是诗人从“三农事始肇”中所看到的美好希望。由此可见，孔贞时的

---

① （明）孔贞时：《在鲁斋文集》卷三《文章根本六经解》，《四库禁毁书丛刊》本。

② （明）孔贞时：《在鲁斋文集》卷首《小叙（曹可明撰）》，《四库禁毁书丛刊》本。

③ （明）孔贞时：《在鲁斋文集》卷一《送吴师每年兄饷节云中》，《四库禁毁书丛刊》本。

④ （明）孔贞时：《在鲁斋文集》卷一《阅辽左边图》，《四库禁毁书丛刊》本。

⑤ （明）孔贞时：《在鲁斋文集》卷一《初寒念边戍》，《四库禁毁书丛刊》本。

⑥ （明）孔贞时：《在鲁斋文集》卷一《定远飞蝗》，《四库禁毁书丛刊》本。

⑦ （明）孔贞时：《在鲁斋文集》卷一《初夏喜雨》，《四库禁毁书丛刊》本。

诗作充分体现出关注民生、关注农事的显著特点，从中折射出其体恤民情的情怀与风范，这也正是对孔子节用爱人、使民以时思想的发扬光大。

当然，孔贞时有时也会将忧虑和烦愁倾注诗作之中，其《闲坐》之十七诗写道："幽怀不可遣，鸫鹊枝头啭。日色去迎秋，闲人闭庭院。病来无些力，顾影问消息。心病几时瘳，树云都邑邑。"[①]此诗开头就让人感受到其内心的无限忧愁，鹊的叫声徒增烦恼，日色迎秋更衬托出景象的萧条，此种心情、此番景象，又有谁能说得清所问何事、所病何事，还是树、云体察诗人的心情，都显得那样的忧郁不乐。

孔贞时的诗作题材丰富，形式各异，却都能曲尽其情、动人肺腑。其古体诗内容丰富，往往在一篇之中表达多种情感，情迁笔转，浑然一体。他善于以诗表情达意，或含蓄或畅达，或委曲或直率。在《留别泗上朱君寔长歌一首》诗中，将朱君寔的家世、交游与离别、鼓励与劝勉等融为一体。开篇"汉有更生唐有泌，彼皆国姓霏昭质"[②]，将朱君寔比作汉代的历史学家、文学家刘向，唐代著名道家学者、翰林学士、隐士李泌；由"千载英标已邈然，目中却见朱君寔"引出对朱君寔家世的叙述，与朱氏家世相吻合。从"君年弱冠苞群书"开始，描写朱君寔的性情与交游。"有时大酾百挥觞，有时长啸一抱膝。有时步月话青宵，有时展卷诗满帙……此中一意凌千秋，此际片言珠万镒"，以慷慨激越的笔调淋漓尽致地描写了朱君寔的志向与才情。"谁知执手无多时，萧萧班马飘风疾"表达了相互之间难以割舍的离别之情。"去去功名须亟图，颠毛勿俟星星出"则体现了对朋友的劝勉。

孔贞时的许多诗作情感激荡、撼人心魄。其《读陆宣公奏议有感》一诗对陆贽"平生所学不负君，成败利钝岂心计？百疏若丹社稷臣，宁砭六失铖九弊"的忠贞与功业十分推崇，对其"白日不照黄金蔽""孤影零丁峡江滏"的结局又深感惋惜和悲愤，并由此抒发了"从古忠贞何代无，

① （明）孔贞时：《在鲁斋文集》卷一《闲坐》，《四库禁毁书丛刊》本。

② （明）孔贞时：《在鲁斋文集》卷一《留别泗上朱君寔长歌一首》，《四库禁毁书丛刊》本。

遇巷每难逢圣世”“吁嗟何代无忠贞，安得明良千载契”的无限感慨。该诗抒情慷慨淋漓，多处运用反问形式，“激发披陈，淋漓盈楮”“惟气撼山岳，所以字挟风霜。”[①]诗作《金台行》如椽大笔般地再现了燕昭王筑台招贤的气概，“遐哉筑之燕昭王，而今犹闻骏骨香。不爱千金来汗血，追风逐电何可当……千载风云自一时，乐剧翩翩皆騄弭。英雄意气本悬殊，七十余城只一呼。”[②]同时，诗人运用借古讽今的笔法，在诗的结尾希望国君礼贤下士、振兴朝纲：“渥洼异种自天生，昂昂骧首向谁鸣？皎然白驹维空谷，天子应思王国桢。”孔贞时有治世之才，其文章言之有物，议论精当，“酌古准今，不屑务铅华，有足兵足饷议，娓娓千言，悉中窾要”[③]。

二、青镇支淑媛诗文赏析

孔氏南宗各支系既具有忠义传家、相时损益的共同精神，又具有因地制宜的文化特色，在与当地社会文化的互动交融中形成了独特风貌。孔氏南宗青镇支自明代以来，书香浓郁，不仅科举、仕途多有佳绩，而且涌现了孔传莲、孔继孟、孔继瑛、孔昭蕙等众多女诗人。她们善于用作品表达见闻与感悟，表现青春零落、顾影自怜和志高命薄的女性化生命体验，不仅彰显了孔氏家族的文化传统，而且折射出江南诗性文化的特色和影响。

1. 青镇支淑媛诗作之文化渊源

乌镇，古称乌青镇，在今浙江嘉兴桐乡境内，“向以市河为界分为乌、青两镇……两镇划河而建，东西相望，名虽为二，实为一体，故又有乌青镇之称”[④]。明正统至景泰年间，孔子五十八世孙孔公昉迁居于此，生息繁衍，“四百年来，载在谱者不下千人，人文秀美，科第不绝，家传忠厚，

① 《四库禁毁书丛刊（集十六）》，北京出版社2000年版，第286页。

② （明）孔贞时：《在鲁斋文集》卷一《金台行》，《四库禁毁书丛刊》本。

③ （清）陈梦雷：《钦定古今图书集成》卷三百七十八《孔姓部列传二·孔贞时》，中华书局影印本。

④ 汪家荣主编：《乌镇志·概述》，上海书店出版社2001年，第1页。

人知礼义”[①]。其初，孔子四十九世孙孔瓒随孔端友等人“扈驾南渡，寓居衢州，后复迁湖州”，到孔公昉时“始从湖之东阡塘迁于青镇”，孔公昉被称为“东园始祖”[②]。

青镇支南宗族人诗书相传，人才辈出，不仅有刘宗周高足孔衍洙、清代进士孔传忠、著述宏富的孔宪采等英杰，而且还涌现出众多品性淑雅、才思聪敏的才女。其间多有兼擅诗词书画者，然而，因“才藻非女子事”的传统观念束缚和不存诗稿的创作习惯等历史原因，青镇支孔氏女性存世作品很少，仅得吉光片羽散见于沈德潜的《清诗别裁集》、阮元的《两浙輶轩录》、胡昌基的《续檇李诗系》、完颜恽珠的《国朝闺秀正始集》《国朝闺秀正始续集》、黄秩模的《国朝闺秀诗柳絮集》以及徐世昌的《晚晴簃诗汇》等文献之中。

孔传莲（1692—1757），孔子六十八世女孙，奉化县训导孔毓瓒之女，不仅以情深才俊为人所知，且以贤良而被载入《［光绪］嘉兴府志》。清康熙五十八年（1719），孔传莲出嫁为冯锦继室。冯锦因赈荒感疫而卒，孔传莲尽心侍翁教子。子冯浩，清乾隆十三年（1748）进士，入翰林，由编修至御史。孔传莲“擅文辞，娴吟咏，生平著作随得随毁”[③]，著有《礼佛余吟》，“晚年以子贵，迎养入都”[④]。

孔子六十九世女孙孔继孟（1703—1766），清康熙乙丑进士孔传忠（字贯原）之女，家学有渊源，乌程国学生夏祖勤之妻。夏祖勤病逝之时，孔继孟才年二十八，孤子夏耀曾年仅五岁，家境十分困难。孔继孟侍奉翁舅，主理家政，教育幼子，时人于其人品与才学深为赞许，称其“幼淑顺柔嘉，习姆教，读书明大义”[⑤]，《晚晴簃诗汇》也称其“德隐读书明大义”。著有《桂窗小草》。

① （清）孔宪文等：《［光绪］桐乡孔氏宗谱·后溪公传》，清光绪三十三年（1907）刻本。

② 《［光绪］青镇孔氏宗谱》之《孔氏东家外史·后溪公传》，清光绪三十三年（1907）刻本。

③ 《［光绪］青镇孔氏宗谱》之《孔氏东家外史·孔传莲传》。

④ 周洪才：《孔子世家艺文志》（下），国家图书馆出版社2015年版，第575页。

⑤ （清）冯浩：《孟亭居士文稿》卷三《夏节母孔孺人传》，《清代诗文集汇编》本。

孔继瑛、孔继堃（又作孔继坤）姐妹，孔传志之女，姐妹二人“并能诗，工骈体，善操琴”[①]。孔继瑛（字瑶圃），清乾隆元年（1736）嫁与诸生沈廷光，著有《瑶圃集》《南楼吟草》《诗余》《鸳鸯佩传奇》等。孔继堃（字芳洲），黄县知县高士敦继室，“工诗词，善画。多姊妹唱和之什，有《钱武肃王铁券歌》为时传诵”[②]，著有《听竹楼诗稿》。

孔昭蕙（字树香），孔子七十一世女孙，贡生孔广南（字笙陔）长女，生员朱万均之妻。生性颖悟，诗才负盛名，著有《桐华书屋吟稿》。

孔庆贞，孔子七十三世女孙，孔宪采长女，新昌县学训导蔡瑞桐之妻。孔宪采讲求诗文，曾在丽水、景宁等地任教职，著有《老学庵诗稿》等。孔庆贞敏慧聪颖，同时深受父亲影响，“慧而端重，寡言笑，明大义，颇通文墨”[③]。

此外，孔广芬、孔素瑛、孔昭蟾、孔昭燕等皆能诗，诗作散见于汪启淑《撷芳集》等文献之中。

2. 青镇支淑媛诗作赏析

孔氏南宗青镇支女诗人众多，酬唱频繁，时常与亲友沈宛珠（沈启震女）、郑以和（郑熙女，沈启震子媳）等相互切磋。她们的作品风格各异，或凄楚深沉，或清新婉转，或慷慨悲凉，或壮阔苍茫。同时，相近的家世与环境、频繁的酬唱与交流，也造就了许多相似创作题材、思想内容与创作特色的作品。她们的诗文不乏明快活泼之作，如孔继瑛的《游大明湖》、孔素瑛的《花前即事和韵》、孔昭蕙的《黄莺》、孔昭燕的《大姊惠寄绣鞋并寄以诗依韵答谢》等等。然而，她们得以传诵的却是那些发自肺腑、源自身世之感，因而风格鲜明、惊心动魄的诗篇，情境真切如现，一方面表现了女性的独特生命体验以及志向与理想，一方面表达了受制于现实而不得展其怀抱的压抑之情。孔氏南宗青镇支女诗人的创作，根据题材与风

---

① 《[光绪]青镇孔氏宗谱》之《孔氏东家外史·孔继瑛孔继堃合传》。

② 《[光绪]桐乡县志》卷十八《列女下·才媛传·知县高士敦继妻孔氏》。

③ 《[光绪]青镇孔氏宗谱》之《孔氏东家外史补遗·孔庆贞传》。

格，主要可以分为以下几类。

第一，超越闺阁门限与个体生命、表现心忧苍生宽阔胸怀之诗作。

孔传莲在丈夫冯锦任陕西宜川县丞之时所作的《寄夫子宜川》中写道："斯立只哦松，君今意气雄。官为七品佐，身落万山中。羽檄驰荒徼，征求感《大东》。莫嫌劳瘁剧，黾勉救疲癃。"[①]。作品开篇所运用的是唐朝蓝田县丞崔斯立的典故。韩愈所作的《寄崔二十六立之》对崔斯立的卓越才华深表赞赏，对其坎坷命运则深表同情。崔斯立任蓝田县丞期间，怀抱雄心壮志却始终"不得施用"，见官署内庭有老槐、翠竹、流泉，乃"对树二松，日哦其间。有问者，辄对曰：'余方有公事，子姑去'"[②]。此处以崔斯立不得展其抱负的命运引出同样任职县丞的冯锦。接着写时局动荡，并以《诗经·小雅》中讽刺朝廷奴役百姓的《大东》篇，表达对天下苍生的忧虑，结尾之处又劝勉丈夫匡扶时局。沈德潜《清诗别裁集》收录此诗，对孔传莲忧民忧天下的情怀大为赞赏："于羽书旁午，财粟殚亡之日，望夫子尽瘁救时，是何等胸次！"[③]

孔兰英诗画兼工，却不幸早逝，完颜恽珠"曾见其《汉宫春晓图》，工致微妙，必传之作"[④]。其《燕姬出猎图》题诗曰："霜气冷征衣，秋原雉兔肥。燕姬年十五，挟弹势如飞。"此诗意境深远，以简练的笔墨描绘了北国佳人深秋打猎之情形，尽情刻画了女诗人纵马驰骋之理想与豪迈俊逸之襟抱。汪圣清阅罢此诗，深表悲痛惋惜，于是作诗曰："自是闺中杰，含毫意气雄。心渐图倦绣，人拟赋惊鸿。皓腕舒燕角，纤腰纵玉骢。更看诗笔健，岂料彩云空。"[⑤]

孔继孟年轻丧夫，其《伤逝》诗写道："温文娴礼乐，慷慨熟《春

---

① （清）沈德潜：《清诗别裁集》，中华书局1975年版，第576页。

② （唐）韩愈撰，马其昶校注：《韩昌黎文集校注》卷二《杂著、书、启·蓝田县丞厅壁记》，上海古籍出版社1986年，第90页。

③ （清）沈德潜：《清诗别裁集》，中华书局1975年版，第576页。

④ （清）完颜恽珠：《国朝闺秀正始集》卷十二《孔兰英小传》，清道光十一年（1831）刻本。

⑤ （清）汪启淑：《撷芳集》卷四十六《孔兰英》，清乾隆五十年（1785）刻本。

秋》。长啸刘琨壮，深心贾谊忧。”该诗以其丈夫自喻，字里行间透露出自身胸怀与志向。其《秋夜登楼有感》诗则明确表达了抑郁不平之气，开篇就描写了阔大而萧瑟的秋景：“残荷香散一楼风，水静天高月在东。云影琳珑飞碧落，雁声凄切叫长空。”在香残风细、雁鸣长空的秋日之下，诗人联想到梦蝶的庄周与才高命蹇的李贺，“庄周梦幻心原达，李贺才高命竟穷”，壮志不得酬的满腔悲愤不禁喷薄而出：“辜负半生男子志，那能一吐气如虹。”①

第二，念亲怀友、望月怀人、情感缠绵细致之诗作。

夫妻遥隔千山、父母亲友远在天涯是古人生活的一部分。面对如此的生活环境，情感细腻的女诗人往往举首望月、离情顿起，因而写下思亲怀人之作。孔继堃所作的《月夜》诗，以寒虫、西风、明月等常见意象，表达了对亲友的思念之情：“独坐寒虫吟，西风起林樾。为忆故乡人，还看故乡月。”②

天资聪颖的孔昭蕙十三岁时，恰逢父亲孔广南远赴山东，孔昭蕙因之所作的《中秋玩月》将思父之情溢于笔端：“今夜团圆月，清光万里同。恐添慈母思，不敢说山东。”③该诗前两句让人感受到少女对远方父亲的思念，后两句则表现了因思念而欲言说、欲言说而又止的复杂心理，语言简洁明了却耐人吟咏寻味。她思念表妹的《秋夜怀月波沈表妹》也体现出语浅而情深的特点：“转瞬秋光又一年，红莲落尽桂华鲜。离心欲寄天边月，常照佳人玉镜前。”

此外，其《哭韬夫大弟》《夏日自遣》《思亲》等诗作，或深切沉痛，或婉转曲折，虽风格不尽相同，而皆能曲尽其情，幽隐都现。在南宗孔氏家族诗人中，孔昭蕙可谓风格鲜明、影响广泛者，“诗才敏妙，远近索者麇至，信笔酬之洒如也。檇李诗人吴澹川、顾樊桐皆推重之，推为‘闺秀

---

① （清）胡昌基：《续檇李诗系》卷三十七《孔继孟》，清宣统三年（1911）刻本。

② （清）汪启淑：《撷芳集》卷六十三《孔继堃》，清乾隆五十年（1785）刻本。

③ 王延梯辑：《中国古代女作家集》，山东大学出版社1999年版，第643页。

之冠'"[①]。

与孔继堃、孔昭蕙不同，历经家贫、别离尤其是亡夫之痛的孔继瑛，则以诗表现暮年寥落、人生如梦之感，作品风格因而显得沉痛悲苦。清乾隆三十八年（1773），沈廷光因病去世，孔继瑛作《悼亡》四首，悲苦之情尽溢于笔端。沈启震护送父亲灵柩南归，孔继瑛依旧居京师，由幼子沈启晋照顾。期间所作的五首《寄怀诗》，分别给杨氏婶母、劳氏嫂、徐表妹、四妹、三弟妇，由沈启震转交给南方亲友。其中的《寄四妹》写道："欲写离愁下笔难，老来相劝只加餐。应知世事都如梦，一任庭花开复残。"此诗第二句表现出老妇口吻，后两句以世事如梦之语强自宽解，历经沧海的内心苦楚可想而知。在《寄三弟妇》中写道："当年玉损伤吾弟，鞠子持家总赖君。我亦残躯留白发，曰归未得望南云。"[②]诗中的"吾弟"即孔传志的三子孔继章，卒于清乾隆十一年（1746），年仅二十七岁。三弟妇即指孔继章之妻朱氏，《［民国］乌青镇志》卷三十三《节烈（下）》有传。丈夫新丧、头发已白的孔继瑛在诗中感慨朱氏之不易，同时表达出暮年之悲与思乡念友之情。

第三，直面现实、表现坎坷人生与凄苦类诗作。这类诗作以表现青春零落、顾影自怜和志高命薄的女性化生命体验为主。

孔传莲在中年丧偶之后、其子冯浩成才之前，生活窘迫、颠沛流离、孤寂愁闷，曾"尽典衣饰，度艰苦之境"[③]。孔传莲将期间的苦楚不时呈现于诗文之中。清雍正十年（1732），冯景夏任江南布政使，公署在明中山王府，孔传莲随居金陵。是年五六月间，孔传莲得病，梦入阴间，惊醒而病渐愈，其间作《幻梦杂记》两首。其一曰："忽惊呼啸出堂皇，昏黑中腾引炬光。柱国阎罗原一体，前朝甲第大功坊。"其二曰："依依奴婢路歧逢，涕泣推扶劝返踪。此处绝无娘姓氏，休教迟及五更钟。"两首七言绝

---

① 《［光绪］桐乡县志》卷十八《列女下·才媛传·嘉兴诸生朱万均妻孔恭人》。

② （清）孔宪采：《双溪诗汇》卷十七《闺秀·孔继瑛》，转引自赵青：《嘉兴历代才女诗文徵略》，浙江大学出版社2014年版，第916页。

③ （清）阮元：《两浙輶轩录》卷四十《孔传莲小传》，《续修四库全书》本。

句分别以简练的笔墨表现了恍惚中忽见巍峨殿宇之惊异；奴婢于阴间劝她急归时之骇异、凄苦、急切等诸种情感。与诗作的简洁凝炼相比较，诗前的序文则体现了曲折逶迤的叙事技巧，惟妙惟肖地表现出身体虚弱时恍惚纷杂之情形：“五六月间，大疫，余神思沉迷，恍然身游一山，峰峦洞壑，楼台亭槛……忽见堂皇崇阙，端坐威严，仪从满庭，鞭笞叫号”，“若真若妄”，“忽大声如霆砰，惊悸而醒，汗渍床褥”[①]。在一首题画诗的开篇，孔传莲诉说了幽居深闺的闭塞生活：“我居中闺下帘幙，不闻庭花开且落”，转而极力摹写画册中“寒暄异候竞含胎，山水殊乡同破萼”的美好景致，结尾处则道出了“我是餐冰茹蘗人，妆台铅粉全抛却”[②]的清苦生活，这种感慨是对其寡居生活恰如其分的映射。

孔继孟早岁多艰，又年轻寡居，诗中多有幽怨孤寂之感与悲愤不平之意，其诗《白秋海棠》借咏花抒发了内心的寂寥：“惯向西风展素妆，亭亭小立玉阶芳。柔枝合缀湘妃佩，弱质羞熏贾女香。月底朦胧迷蝶梦，雨中寂寞断人肠。更怜零落深秋里，几处残丛傍夕阳。”[③]此诗表现了白秋海棠的素雅柔弱，因高洁故可与湘妃作佩，故羞熏来自西域，“一著人则经月不歇”[④]的“贾女香”（又叫韩寿香）。前四句刻画的是秋海棠的柔美清雅，五、六两句运用庄周梦蝶的典故，以秋雨凄凄之景象表现秋海棠之迷蒙与寥落，结尾两句所表现的则是在深秋夕阳背景下感慨海棠零落的凄凉。此诗虽是咏花之作，但其间所流露的寂寥彷徨与青春零落之感，却饱含了人生的酸苦之感。

伤春是古诗的常见题材，女性诗人于此时感叹青春凋零，感慨遂深。孔继孟的《送春》诗写道：“落花无迹怨春归，寂寂空枝舞蝶稀。惟有呢

---

① （清）阮元：《两浙輶轩录》卷四十《孔传莲·幻梦杂记（有序）》，《续修四库全书》本。

② （清）完颜恽珠：《国朝闺秀正始续集》卷三《孔传莲·虞山闺秀马荃字江香工画花木……戏题一篇》，清道光十一年至十六年（1831—1836）刻本。

③ （清）阮元：《两浙輶轩录》卷四十《孔继孟·白秋海棠》，《续修四库全书》本。

④ （唐）房玄龄等：《晋书》卷四十《贾充列传》，中华书局1974年版，第1173页。

喃双燕子，殷勤依旧傍檐飞。”[①]面对花落无声、飞燕成双的暮春景致，诗人以物以景及人，深感孤寂与怅惘。孔继瑛的《遥哭德隐姊》写道：“却恠闲吟成谶语，落花寂寂送春时。”诗中所涉的“闲吟”，应是指孔继孟《送春》一诗。

孔继瑛平生多艰，晚岁复遭丧偶之痛，所作的四首《悼亡》诗追忆往昔，无以抑悲，满纸充满了无奈与辛酸。陆以湉《冷庐杂识》中的“妇人悼亡诗”条独举孔继瑛与戴兰英诗句：“悼亡诗多名作，而妇人悼亡诗绝少。吾邑孔瑶圃女史（沈青斋观察之母）诗云：‘甘回蔗境亦何曾，卅八年光感废兴。七品头衔添白发，一编手泽共青灯’；‘医从隔岁求无益，命入残冬续未能。风雨南窗思往事，偷生此际独沾膺’，语独沈挚。又嘉兴戴兰英女史诗云……亦悽婉动人。”（诗中的“求无益”原作“来无益”。此处根据汪启淑《撷芳集》卷三《孔继瑛》而改，引用时句读有所改动。）[②]由此可见该诗情意之真切、传诵之广泛。其长子沈启震所说的“（孔继瑛）濡笔之时，动关至性”[③]，反映其诗作只写生平事、心底情，无限凄楚，令人肠断。

3. 青镇支淑媛诗作之意蕴

孔氏南宗青镇支才女数量之多、酬唱之频繁与创作成就之高，在孔氏家族支派中并不多见。从青镇孔氏淑媛创作的题材、词句、用典、意象和风格等方面，明显地反映出她们在经史方面所受到的良好教育，从而拥有深厚的涵养与诗文书画创作技法。她们以作品表达见闻与感悟，既让人看到众多灵秀脱俗、英气逼人的女性，以及各不相同的性情与经历；又让人看到了古代女性被压抑的情感与志趣，以及受制于社会环境而承受的痛楚。孔氏家族文化的潜移默化、姊妹亲友间的相互切磋以及江南社会文化的熏染，共同培育了孔氏南宗青镇支才女温良坚忍的品性、风流秀美的才

① 徐世昌：《晚晴簃诗汇》卷一百八十四《孔继孟》，《续修四库全书》本。

② （清）陆以湉：《冷庐杂识》卷八《妇人悼亡诗》，中华书局1984年版，第431页。

③ （清）沈启震：《孔太恭人行略》，转引自赵青《嘉兴历代才女诗文徵略》，浙江大学出版社2014年版，第914页。

华与细腻善感的情思，从一个侧面折射出孔氏南宗家族文化的深厚底蕴；同时，青镇支孔氏在与当地社会文化的互动融合中，既实现了孔氏家族文化的传承发展，又推动了当地文化的创新与前行。

首先，青镇支淑媛的诗作所透视的是孔氏南宗注重经史教育的优秀家学传承。孔氏南宗注重经史学习与德性养成，强调通经致用，修己安人，这一传统深刻影响了青镇支孔氏家族女性，使她们在子女教育中关注读书与修身，培育了冯浩、冯应榴、沈启震、朱其镇等众多德才兼备的人才。

孔传莲在儿子冯浩出生后数年，丈夫冯锦因疫而亡，尽管过着“尽典衣饰，度艰苦之境”的生活，但却并未放松对冯浩的教育。冯浩也没有辜负父亲的教育和期望，成进士、入翰林，充国史馆纂修，历任湖南巡抚、监察御史等职。退居乡里后，登门造访者不绝，“岿然负东南之望”[①]。孔传莲年老时，孜孜不倦地教育幼孙冯应榴，使其幼承家学，学识渊博，其在诗学等方面的研究深得钱大昕等人好评。胡昌基称孔传莲“生平工诗善笺札，冢孙星实光禄幼与同寝，笔墨多出其指授”[②]。“星实光禄”指冯浩长子冯应榴，清乾隆二十六年（1761）进士，历任内阁中书、四川学政、御史、江西布政使等职，为官清正廉明，为民拥戴。

孔继孟年轻而寡，其时儿子夏耀曾才五岁。她操持家事，课子读书。冯浩在《夏节母孔孺人传》中记载：“（孔继孟）鞠护耀曾周至，入学课读，则严督不少贷。耀曾早充县学生，文行重士林，固心谷之德教，亦半由母训也。”[③]

孔继瑛教子有法，在修身、读书、为官各方面都严格要求沈启震。沈启震少时因家境艰难而购书乏资，孔继瑛就令其“借书抄读之，抄未竟辄代为手缮。尝有句云：‘手写儿书供夜读，身兼婢职佐晨餐。’又云：‘夜

---

① 《［光绪］桐乡县志》卷十五《人物下·经学·冯浩》。

② （清）胡昌基：《石濑山房诗话》，转引自赵青：《嘉兴历代才女诗文徵略》，浙江大学出版社2014年版，第902页。

③ （清）冯浩：《孟亭居士文稿》卷三《夏节母孔孺人传》，《清代诗文集汇编》本。

枕先愁明日米，朝寒又典过冬衣'"[1]，从中体现的是对子弟教育的高度重视及对文化追求的执着。沈启震果然没有辜负母亲的希望与艰辛付出，先后于清乾隆二十五年（1760）、三十四年（1769）中举人和进士，历任内阁中书、刑部福建司员外郎、江南河库道等职，"历官中外，矢勤矢慎，廉洁自持。尤熟于河务，相度捍御，动合机宜"[2]。孔继瑛对为官之后的沈启震仍诲之以清廉、节俭，"及启震之官运河，贻书戒之曰：'毋虑不足而多取一钱，毋恃有余而多用一钱。'无锡嵇文恭公韪其言，手书'慎一斋'额以寄"[3]，从中折射出孔氏南宗良好的家风建设及道德典范。沈启震著有《慎一斋集》，其著述命名及声泪俱下的《孔太恭人行略》，字里行间透露出受母亲影响之深远。

孔昭蕙诗文、书法俱工，"教子其镇，纱幔传经"，并"以余事教楷法韵语，其镇驰誉翰苑，禀慈训为多"[4]。朱其镇，清道光九年（1829）进士，署理甘肃巩秦阶道，权按察使，著有《滇南纪程录》。

其次，青镇支淑媛诗作所透视的是孔氏南宗主动融入江南社会文化的优良传统。江南诗性文化促进了孔氏南宗青镇支的文化发展，为孔氏南宗家族文化增添了灵秀清雅之气。

孔氏南宗青镇支女性诗人多有兼擅书画者，她们才思敏捷，文采出众，在孔氏家族史上堪为引人瞩目，"孔氏世居乌镇，代出名媛，姊妹风雅，萃于一门，足补妆台佳话"[5]。这既源于孔氏家族的深厚文化积淀，又源于江南文化的诗性特质。董倩倩在考察清代孔氏家族女诗人创作时，也注意到了江南文化对孔氏家族文化的影响，"与清代其他女性诗人的地域分布一致，江浙地区也是孔氏家族女性诗人聚集较多的地区……其人文荟萃，流派众多，有清一代，江浙诗人数量高居榜首……生活在江南地区的

① 《[光绪]青镇孔氏宗谱》之《孔氏东家外史·孔继瑛孔继堃合传》。
② 《[光绪]嘉兴府志》卷六十一《列传·桐乡县·国朝·沈启震》。
③ 《[光绪]嘉兴府志》卷六十四《列女·贤母·桐乡县·国朝·生员沈廷光妻孔氏》。
④ 《[光绪]嘉兴府志》卷六十四《列女·贤母·嘉兴府·国朝·生员朱万均妻孔氏》。
⑤ （清）胡昌基：《续槜李诗系》卷三十八《孔昭蕙》，清宣统三年（1911）刻本。

孔氏女媳和南宗女孙得以耳濡目染，博识诗书，浸淫于文学殿堂中，产生了叶集英、孔传莲、孔继坤、孔继孟、孔昭蕙等优秀的女诗人。”[①]

最后，青镇支淑媛诗作所透视的是孔氏南宗诗礼相传的优良传统。亲友相授、唱和频仍、吟诗作画是孔氏南宗青镇支淑媛的重要生活内容。女性交游及其文化活动不仅是青镇孔氏的重要特色，而且是推动地方文化发展的重要力量。青镇孔氏淑媛频繁的唱和与文化活动形成了良好的文化氛围，亲友间的前后相授与相互切磋促进了家族文艺创作。“闺秀之冠”孔昭蕙教妹孔昭蟾、孔昭燕、从妹孔昭莹作诗一时传为佳话。沈启震之女沈宛珠，与孔昭蕙为表姊妹，“风华濡染，唱酬甚富”[②]。顺义知县郑熙之女郑以和“与夫姊宛珠及孔树香老人倡和，诗筒络绎于道”[③]。从前文所述吴澹川、顾樊桐、陆以湉等人对青镇孔氏女诗人的称誉中，更可见孔氏才女诗作的影响之广。

① 董倩倩：《清代孔氏家族女性诗人诗作综考》，曲阜师范大学2010年硕士论文。

② 《[民国]乌青镇志》卷三十四《才媛传·沈宛珠》。

③ 《[民国]乌青镇志》卷三十四《才媛传·郑以和》。

第三章　孔氏南宗与江南社会

南渡之后，孔氏南宗以各种途径和形式广泛融入江南社会。首先，积极传承弘扬儒家政治思想，以多种形式参与到不同层面的政治活动之中。其次，继承发扬孔子的教育思想，以参与官方教育、书院教育为主要途径，同时逐渐实现族学的社会化转型，推动江南教育文化发展。在广泛的政治与教育活动中，孔氏南宗族人的圣裔风范和自身价值得以充分发挥。最后，传承弘扬儒家"以文会友""以友辅仁"传统，积极而广泛地与江南各地学者名儒开展交游。在多角度、深层次的社会交往中，孔氏南宗的社会价值得到充分展示，社会影响和社会地位得以不断提升，从而在江南社会的各个层面发挥了示范引领作用。

第一节　孔氏南宗的政治活动

孔氏南宗的政治思想和政治行为相互影响、代有传承。无论南宗士人任职何方、职位高低，综观他们的政治活动，都显明地呈现出以下特点：既充分体现了其爱国忠义之心，又表现出他们高度注重学习儒家经典与关注现实的紧密结合、治家之道与治国之道的有机统一。其政治主张、政治活动和政治作为，为江南社会注入了强大的凝聚力。

一、孔氏南宗的政治活动

孔氏南宗政治活动的最重要特征在于融“为政以德”主张于政治实践之中。中国传统政治文化的重要来源是儒家政治思想，强调道德及德治的作用，认为德治可以促使民俗淳厚、社会和谐。钱穆先生曾对儒家“为政以德”的思想作了这样的阐释：“为政者当以己之德性为本”，“孔门论政主德化，因政治亦人事之一端，人事一本于人心”[①]。儒家强调为政者必须重视德性修养，因为德性是齐家治国之根本。为政者要施行爱民和仁政，就须做到“养民”和“教民”的有机统一。百姓生活富裕、安居乐业是“养民”的重要价值导向；百姓树立道德信念、自觉遵守伦理规范则是“教民”的重要价值导向。因此，“儒家提出的‘德治’”具有“巨大的吸引力，因为与其他统治手段相比，它毕竟包含了更多对人类的爱和尊重”[②]。

1.宋元时期的政治活动

孔子四十七世孙孔传“精易学，博极群书，操行介洁”[③]，一方面与孔端友等人共同开创了南宗基业，一方面以突出的学识品行为南宗族人树立榜样。孔传无论是知邠州、峡州，还是任右谏议大夫，皆能恪尽职守。在临川期间，“建昌军亦累招降皆不受，必欲见传为信，传挺然往谕，叛兵以平”[④]。由于孔传注重个人修养、爱护民众，素以信义著称，所以凭借个人劝说就解决了问题。无独有偶，孔涛在任桂阳州判官期间也发生了类似事件。当时，桂阳一带居民成分十分复杂，时任桂阳知州方思广为一己之私利，挑起民众之间的互相矛盾和斗争之后，然而加罪于告状者。孔涛对此据理力争，因未果而愤然离职。后来，方思广遭到弹劾并被罢官，孔

---

① 钱穆：《论语新解》，三联书店2002年版，第23页。

② 刘志扬、秦延红：《儒家和法家政治思想的几点比较》，《中国海洋大学学报》2003年第6期。

③ （明）陈镐：《阙里志》卷二《世家·闻达子孙》。

④ 《［民国］衢县志》卷二十一《人物志一·孔传》，民国二十五年（1936）铅印本。

涛被挽留继任，并受命单刀赴会。孔涛晓之利害祸福关系，令“蛮獠”折服，使州民与“蛮獠”之间的矛盾和斗争得以缓解，从而为百姓创造了较为安定的生活环境，“州民与蛮獠杂处，素号难治。知州方思广以贪虐启其争，杀人置弗问，反加告者罪。君与之辨，莫能直，即日解印绶去。韩公德新乘廉车按是州，劾罢思广，勉君复留。君单骑直抵獠穴，谕以祸福，皆詟服听命，人赖以安”。此前，在广寇作乱之时，孔涛就已表现出过人的胆识以及足智多谋，既没有扰民之举，又保证了军粮供给，“君独任军旅供亿，民不扰而军食亦无乏绝”[①]。孔涛任溧阳州儒学教授期间，重视发展教育，同时关心、体恤贫苦百姓，“新其庙学，而士多苦于徒役，为白诸台府，悉蠲之”[②]。

南宋初年，扈从高宗南渡的孔氏族人多有主战者且不乏“豪杰”之士，孔传之子、孔子四十八世孙孔端隐即是重要代表。孔端隐认为，作为圣人后裔，理所当然地要与国家命运紧紧连在一起，于是召集族中志同道合者并招募队伍，投奔宗泽而南渡，“时徽钦二帝陷于金营，当路者莫不逃窜。公独喟然曰：‘读圣贤书，所学何事？国家惨变，闻者寒心，凡稍知大义者，咸思仗剑以从王事。礼义由贤者出，况吾孔氏子孙乎？’乃与族中义气激昂者数十人，俱至大元帅宗泽幕府请自效。复召募豪杰，扈从高宗南渡”[③]。孔端隐读圣贤书当知为国效力的言行，充分反映出孔子后裔的爱国忠义之心。孔子四十八世孙孔端朝作为当时“文官中为数不多的主战派”[④]代表，于宋绍兴四年（1134）针对现实提出了两点主张：一要播告美实，即让天下人得知君主的志向与所为，“建立政事，既有其实，感悟人心，必假于言”。二是以引咎自责而凝聚人心，“宜用陆贽所

---

① （元）黄溍著，王颋点校：《黄溍集》卷二十三《墓志铭·承直郎潮州路总管府知事孔君墓志铭》，浙江古籍出版社2013年版，第840页。

② （元）黄溍著，王颋点校：《黄溍集》卷二十三《墓志铭·承直郎潮州路总管府知事孔君墓志铭》，浙江古籍出版社2013年版，第839—840页。

③ 孔德成：《［民国］孔子世家谱》卷十七之九《衢州派·五支》，山东友谊书社1990年版。

④ 徐寿昌：《孔氏南宗史实辨正》，载《南孔研究》，中国戏剧出版社2001年版，第27页。

言，凡制诰号令，因事见辞，以谦抑为先，必自引咎，收拾人心。且具言陛下食不重味，居不求安，思雪大耻，图复故疆之意，而侈大夸矜之词，无所杂于其间”[①]。这些主张不仅表明其主战的坚定立场，而且体现出谦抑为先的思想。在他看来，通过制诰号令播告美实，能让军民认识到君主的“谦抑”与“引咎”，从而起到凝聚人心、鼓舞斗志的作用。孔端朝知临江军期间，注重发展教育事业，也取得了显著成效，“修庠序之教，文风丕振，后与张著并祠于诸学”[②]。所有这些，正是孔子后裔对“修己以敬”“修己以安人”“修己以安百姓”儒家政治思想在实践层面的全新诠释，体现了孔氏南宗对儒家“仁”“德”思想的孜孜追求以及“以天下为己任”的使命与担当，这也正是中国古代士人对人生价值和社会价值追求的一个重要缩影。

孔子五十世孙、衍圣公孔搢曾知建昌军、任浙东安抚使参议，南宋著名文人王炎赞其“宽仁迪德，乐易近民。中朝庆赐之行，茂迎协气。近辅藩宣之善，必有殊荣”[③]。第五十一世孙、衍圣公孔文远“屡监州，皆以名显”，可见其在地方官任上恪尽职守，深得百姓拥戴而声名远扬；孔应发（字机仲）历任遂昌县尉、新建县丞、武宁县令等；孔应得（字德夫）历任泰和主簿，抚州、广德军通判，又知吉州、台州，后累官至资政殿大学士、谏议大夫、签书枢密院事，以及福建、浙江宣谕大使。第五十二世孙、衍圣公孔万春历任衢州通判、奉议郎、泉州府通判兼南外宗正丞；孔诏（字承叔）在衢州任职期间，“介然自守，以礼义化俗，未尝怒加一人，民赞之曰：‘孔宣差犹慈父母，久而不忘’”[④]；孔廉（字简斋）历任开化县主簿、绍兴路知事、池州路经历、枝江县尹等。第五十三世孙、衍圣公孔洙先后通判衢州、吉州、平江、信州等地，后被元朝廷授奉议大夫、江浙行省儒学提举、福建道儒学提举；孔淇（字世垣）历任广德县主簿、江浙

① （宋）李心传：《建炎以来系年要录》卷七十六《绍兴四年五月丁巳条》。

② （明）李贤：《明一统志》卷五十五《临江府·名宦·孔端木》，文渊阁《四库全书》本。

③ （宋）王炎：《双溪类稿》卷十八《贺孔守》，文渊阁《四库全书》本。

④ 徐映璞：《两浙史事从稿》，浙江古籍出版社1988年版，第31页。

省掾史、顺昌县尹；孔津历任遂昌、崇安县尹。鲁贞对孔灏（字世广）赞赏有加，认为孔氏家族将优良传统发扬光大从孔灏及其兄弟身上可得到印证，“今观孔君之行，尤信”；“君之兄弟皆彬彬有学，食禄于时，以世其家，所谓圣人之泽虽万世犹未艾者也”。孔灏在为政实践中表现出较为突出的治理能力，曾因恩例任宁国路学正、政和县苦竹寨巡检、海宁州儒学教授等职。在“四方盗起”的危急时期，孔灏为江浙参知苏天爵总兵过衢、选主西安簿转饷给军作出了贡献，因而升任江山县尹，不久又任将仕左郎、建德路遂安县主簿，“莅政数月，治有成绩”。此外，孔灏也以心地坦荡、孝慈谦和著称，一方面“奉母以孝闻”，一方面“聪明嗜学，心事坦夷，外无崖岸，虽有闻，不自大，恭俭慈仁”[①]。贡奎（仲章）所作《送孔世广》诗赞曰：“阙里支系盛，铨曹选擢优。行可振鸿羽，岂待敝貂裘。楚泽蒹葭晚，吴乡橘柚秋。归和逢胜概，舟楫得夷犹。”[②]孔淮于元至正十一年（1351）任江山县尹，为人正直，勤政廉洁，“居官廉勤，吏民畏服，作兴学校，百废俱举”，因此也得罪了一些小人而“以诬去职”，幸得“宪臣伸雪其事，复除本路经历”[③]。孔淮大力发扬孔氏家族重教的优良传统，重视发展当地的教育事业，“至正庚寅……重修文庙戟门，建讲堂两庑”[④]。孔子五十四世孙、衍圣公孔洙之子孔公俊（字师道，又名思俊）任邵武县尹期间，鉴于“逆节之萌，由教养之无法”的深刻教训，积极践行“存恤劳徕，惠化兼施”[⑤]思想，一方面“轻徭薄赋，爱重民力，首输左费之泉，且会廪稍之羡……役不及民，财不敛众，而功告成”，发扬光大孔子“使民以时”思想；一方面“大修学宫，俾摄学事”。两者的有机结合，令当地社会风气为之一新，“福为瓯闽甲郡，理繁治剧，刑无滥施”，

---

① （元）鲁贞：《桐山老农集》卷三《故遂安县主簿孔世广墓志铭》，文渊阁《四库全书》本。

② （元）汪泽民：《宛陵群英集》卷五《送孔世广（贡奎撰）》，文渊阁《四库全书》本。

③ 徐映璞：《孔氏南宗考略》卷二《元代名贤事迹考第十三·淮》，民国三十七年（1948）铅印本。

④ 《［同治］江山县志》卷四《学校》，清同治十二年（1873）刻本。

⑤ （明）凌迪知：《万姓统谱》卷六十八《孔公俊》，文渊阁《四库全书》本。

徐映璞将其治绩概括为“百废俱举，化行俗美”，孔公俊因此深得民众敬重。第五十四世孙孔思朴历任德兴、寿昌、常山三县主簿，常山县尹；孔思恭任宝庆县令。宋元时期，孔氏南宗出仕为官者中，注重教养者可谓比比皆是。

2.明清时期的政治活动

孔子五十五世孙孔克仁学识过人且注重实学，明太祖朱元璋“数与论天下形势及前代兴亡事”。对于明太祖所关注的汉朝“治道不纯者何”与“谁执其咎”等问题的根源，孔克仁认为分别是“王霸杂故”与“责在高祖”；而汉高祖得以平天下的重要原因则在于“知人善任”。鉴于汉代治道的历史经验，孔克仁赞成王道，从中体现出他敏锐的政治眼光；“责在高祖”体现了他对“君主之责”的独特见解；“知人善任”反映的则是儒家一贯主张的举贤才理念。对于明太祖退守两淮、待时以图中原的谋略，孔克仁认为“积粮训兵，观衅待时”[①]既是长策，又是良计。第六十三世孙、建德支族人孔贞时、孔贞运兄弟，虽然身处动荡不羁的晚明社会，但依然心系国家、勤于政事。孔贞时，人称其“生而异质，博洽群书”，明万历癸丑（1613）科进士，曾任翰林院检讨、起居注等职，才华出众，处事果断，时人称其有宰相之才，“虽文学侍从，实身任天下。凡朝庭大是非大利害，未尝不与执政台省上下可否……人谓公在，必能使有事为无事，化大事为小事……笃于诩正，信于交友”[②]，充分展示了治世之才。面对官场腐败、政事懈怠，孔贞时多次上疏，就整饬吏治提出“明职守”“定功罪”“信赏罚”[③]等主张，体现出以匡济天下为己任的情怀和担当。孔贞运处于晚明大厦将倾之时，忧国忧民，积极上疏建

① （清）张廷玉等：《明史》卷一百三十五《孔克仁传》，中华书局1974年版，第3922页。

② 《［光绪］句容孔巷孔氏家谱》卷十《艺文集·翰简孔泰华公乡贤传》，清光绪九年（1883）刻本。

③ （明）孔贞时：《在鲁斋文集》卷四，《四库禁毁书丛刊（集十六）》，北京出版社2000年版，第454—455页。

言，其主张的“重德行”，“清言路、峻廉耻、破方隅、止搜刮”[①]等政治举措，体现了宽仁爱民的思想。孔贞运的几个弟弟都深受其影响，如孔贞会（字青城）于崇祯年间授汝宁府通判、署固始县事。据地方志所载，孔贞会平定土贼而为百姓创造了安定的生活环境。当时，“流寇屡犯河南，北土贼乘之……贞会以计降其党……土贼平”，之后为防备土贼再犯，又率领军民“浚壕堑，加牛马墙，筑挽河楼”，终于赢得一方平安，实谓“甚著劳绩”[②]。孔贞得（字一甫）于明崇祯九年（1636）任郁林州判官，其政绩也为民称道，“生平忠厚简约，居官多惠政。郁民为之勒珉”[③]。孔贞定（字静甫）于明崇祯十一年（1638）任罗定州同知，“循良有声，百姓祠之”，因而担任为“浙江都司”[④]。可见，孔氏南宗的政治思想与时代同频共振，反映出孔氏南宗历来注重阅读经典与关注现实相结合、秉持儒学应有资于世用等主张。

孔子六十六世孙孔兴让于清雍正年间先后任四川崇宁、南充知县。《孔子世家谱》载，孔兴让因“惠政卓著，民多爱戴”而提任宝庆府太守，并被“世宗皇帝御赐花翎一枚，赠通奉大夫”。第六十七世孙孔毓玑任常山县令期间，重视农业生产，加强农业基础设施建设；关心民众疾苦，赈济百姓；设立学校，发展教育事业；整顿社会治理，改善社会风气。其所实施的各项举措都取得了良好效果，因而深受百姓好评，正如方志所载：“重农桑，邑多山田，教民开塘蓄水备旱荒。己亥岁饥，既请赈，复捐廉往江阴籴，减价平粜，分设粥厂，全活无算。建讲所于治东，申乡约，课诸生文艺。修邑乘，徵文献。严甲保，清奸宄，善政班班。去后，黎民怀

---

① （清）黄之隽等：《［乾隆］江南通志》卷一百三十九《人物·宦绩一·孔贞运》，文渊阁《四库全书》本。

② 《［乾隆］池州府志》卷四十三《列传五·监司·孔贞会》，清乾隆四十三年（1778）刻本。

③ 《［光绪］句容孔巷孔氏家谱》卷三《谱系集·原福户以下·六十三代·孔贞得》，清光绪九年（1883）刻本。

④ 《［光绪］句容孔巷孔氏家谱》卷三《谱系集·原福户以下·六十三代·孔贞定》，清光绪九年（1883）刻本。

之。”[①]孔氏南宗士人无论在何地担任何职位，都能率先垂范，身体力行，心忧天下，关爱民众，致力造福当地百姓，始终“遵循孔夫子的教导，在忠君爱国的同时，更加珍视作为国之本的民众”[②]，充分体现了孔氏南宗士人“以民为本”的施政特点。

面对晚清动荡不已的社会大背景，孔子七十三世孙孔庆仪审时度势，力图维新，积极有为，无论对孔氏南宗家族还是对衢州乃至浙江近代历史发展都发挥了重要作用。孔庆仪“性蚤慧，气象英伟”，“少长善读书，小试辄冠其曹，前后督学案临，均以大器目之”，具有睿智的才干、敏锐的洞察力、开拓创新的精神和勇于实干的品格。孔庆仪于宗族事务之外，全心全意致力于衢州教育文化与社会经济发展。在发展近代教育方面成绩卓著，“慨旧学之不足以图存也，力与维新”，于清光绪二十八年（1902）春“倡立孔氏中学校，培植族内寒畯”。清宣统二年（1910），孔氏中学堂改为两等小学堂，民国元年（1912）改称为“孔氏完全小学”。在发展近代经济方面，孔庆仪深受衢州商界拥戴，于清光绪三十二年（1906）组织成立商会，并被推任为总理，重视“振兴实业，首从电灯发展”。在发展社会事业方面，孔庆仪注重改善民生、整顿社会风气，致力于水利、巡察、烟禁等涉及民生与社会和谐方面的事务，“督堰工以兴水利，董率巡察，编查船舶，整理公租，厉行烟禁，谘议局开，始筹办初选事宜”。所有这些都具有开创性意义，时人称其“莫不得风气之先”[③]。在政治倾向上，孔庆仪顺应时代潮流，积极拥护民主共和。辛亥革命爆发后，革命形势迅速涉及浙江，衢州也因此人心惶惶，人们担心因事态发展以及种族纷争等原因而引起祸变。沈瑞麟等人在力谏陆军统领沈大鳌无果的背景下，“与中军游击陈怀玉谋幽大鳌”，并“假座商会开衢民大会，宣传新共和，推怀玉为军政长，李道龙元为参谋长，孔博士庆仪

---

① 《［光绪］常山县志》卷三十六《名臣・孔毓玑》，清光绪十二年（1886）刻本。

② 崔铭先：《孔氏南宗之作为及其影响》，载《儒学研究》（下），杭州出版社2006年版，第104页。

③ 《［民国］衢县志》卷二十三《人物志三・孔庆仪》，民国二十五年（1936）铅印本。

为民事长。协议既定，市悬白旗，顺应省城文告”[①]。孔庆仪在此过程中“处理井然，闾里藉之安堵，旋奉省委襄办江山清乡，多所保全。事竣，洊署太平知事篆，几有刑措之风”[②]。在衢州光复以及其后的地方治安维持中，孔庆仪又发挥了至关重要的作用。孔氏南宗士人“得风气之先”的还有孔昭晙、孔昭仁等，他们深受近代教育与西方社会思潮影响，锐意维新，走在时代前列。

二、孔氏南宗政治活动的特点及影响

综观孔氏南宗发展的历史，他们注重学习儒家经典，弘扬儒家优秀传统，造就了一代又一代精通文史、经世致用之名贤。南宗族人怀抱经世之志，继承以“德化”为重要内涵的政治思想，积极融入社会，关注现实，努力有补于世，推动社会发展，以多姿多彩的政治实践对儒家德治思想作了新的诠释。综合分析孔氏南宗的政治活动，主要呈现以下特点：第一，传承践行儒家“修己以安人”思想。孔氏南宗族人注重将儒家治家之道施于政治实践，“圣人之道，平易中正。其近始于闺房子弟和顺孝敬之节，推而极于邦国天下，明天察地之盛，不为幽奇惝恍之言，不为惊世绝俗之行”，“国家教化涵濡百年之久，道德一而风俗同，天下咸知见崇正学而黜异端”[③]。第二，融“教养”于“化民成俗”实践之中。孔氏南宗士人充分认识到：为官者既要重视个人修养，又要推行有效措施。只有这样，才能实现百姓安居乐业、社会文明进步之目的，因而他们积极践行儒家关于“仁政”的政治主张，特别重视教养在政治活动中的作用。第三，传承弘扬礼让治国思想。孔子强调：“能以礼让为国乎？何有？不能以礼让为

① 《［民国］衢县志》卷九《防卫志·历代兵事记·民国反正之初基》，民国二十五年（1936）铅印本。

② 《［民国］衢县志》卷二十三《人物志三·孔庆仪》，民国二十五年（1936）铅印本。

③ 《［民国］衢县志》卷十六《碑碣志一·清乾隆重修西安县学碑记》，民国二十五年（1936）铅印本。

国，如礼何？”（《论语·里仁》）孔氏南宗在为政实践中对先圣的礼让治国思想予以发扬光大。“孔洙让爵”无论在孔氏家族史上，还是在中国历史上，都堪称礼让“齐家”的典范。孔洙让爵事件被载于四十多种文献，足见其影响和意义不只局限于孔氏家族内部，更具有广泛的社会影响和历史意义。孔洙之子孔楷又以实际行动对德让思想作了新的注脚。有学者认为，孔楷事迹之所以未被孔氏谱牒中详载，“与他受之于父母、岳父的‘和’‘逊’思想有关，如其二子命名为克和、克逊”①。孔氏南宗其他族人也秉承德让之风，如孔子五十五世孙孔克准，明初曾任太常博士、太常寺丞等职，其为人“谦慎和厚，秉礼而蹈义”②。

齐家之道与治国之道在本质上是相通的。孔氏南宗一向强调“治家”与“治国”的有机统一，体现在处理南北宗之间的关系上，则始终坚持泗浙同源、南北无间的原则和精神。由于孔子后裔的独特身份和社会地位，孔洙让爵及南宗士人身上所体现的德让之风，不仅在维持孔氏家族内部团结和睦方面发挥了重要作用，而且对江南地区士人与民众的言行与社会规范具有典型的示范和教化作用。

综观各时期的政治活动，孔氏南宗士人传承弘扬并积极践行儒家政治思想，在促进各地文明教化和社会发展上产生了重要影响。

第一，孔子后裔的特殊身份及其积极的政治作为，为当地社会注入了强大的凝聚力。正如杨士奇所说：“今天下林林之众，孰非古圣神之裔，独孔子之裔累代至今，朝廷加宠之，著在令典。下而公卿大夫以及韦布之士，遇孔子之后，亦莫不厚敬爱以相接，不敢众人视之。”③正是由于“圣贤后裔”的特殊身份，江南士人和广大民众不仅对孔氏南宗族人仰慕之至，而且充满与其接触交往的动机和行为，可谓“见圣孙如见圣祖”④。如，元皇庆二年（1313）任江浙行省掾史的孔子五十二世孙孔昭孙（字

① 徐寿昌：《端友、洙皆有子》，载《儒学研究》（下），杭州出版社2006年版，第139页。

② （明）王直：《抑庵文集》卷二十九《孔君墓志铭》，文渊阁《四库全书》本。

③ （明）杨士奇：《东里集》文集卷三《鲁林怀思图诗后序》，文渊阁《四库全书》本。

④ 《［天启］衢州府志》卷九《人物志·圣裔》，明崇祯五年（1632）增修刻本。

名达），虽“身躯短小，仅与堂上公案相等，凡呈署牍文，必用低凳阁足令高。托欢丞相以其先圣子孙，而且才学优长，甚礼遇之”[①]。孔子六十六世孙孔兴纲（号蓼园）五十三岁时求学于明末江南大儒陆世仪。陆世仪对此感到荣幸之至，其在《赠孔蓼园序》中说道：“古人有称忘年交者，蓼园乃更忘年为师弟子，且又大圣人之后，予见蓼园，如见其先人孔子焉。”随着两人之间交往的深入，相知越来越深，当陆世仪“过其梧塍里，入其先人之庙，载拜瞻仰，恍然如登洙泗之堂。接其宗族，观其谱牒，恍然如游阙里”之时，对孔兴纲则更为崇敬，喟然感叹道：“吾向所谓见蓼园如见孔子者，谓见其人也。今吾见其心，更如见孔子之心矣。”当然，孔兴纲也没有辜负圣裔之身份，不仅学业进步快，而且具有独到见解，令其同学佩服至极，正如陆世仪所称：“一载中德业日进，与同学豫朋、介臣、紫垣、福儒诸贤，兴举讲会，志行之士翕然从之。所为文章、讲义，皆纯正英发。”从上述分析中可见孔子后裔社会地位之高。在如此浓郁的社会氛围下，孔氏族人担任地方官吏，对当地士人和民众无疑具有独特的感召力与亲和力。首先，古代士人将对孔子的尊重延伸到其后裔身上，所谓“孔子明帝王之道，垂范后来，开太平于无穷。既受其赐，则尊之亲之，不敢忘因以及其后人”[②]。在当地士人与民众看来，孔子后裔南迁使其能与圣人后裔结邻乃是十分幸运之事。其次，孔氏南宗士人相继在江南各地为官，政绩卓然，以实际行动与作为提升了自身在士人和民众心目中的地位。所有这些，都极大地优化了江南地区的社会环境和人文环境，正如吾绅所说，衢州“特多古之流风遗迹，而夫子之家庙为尤显”[③]。清人袁栋也表达了同样的意思：“孔子之后，因高宗南渡，冢房迁至浙中衢州府，后封为衍圣公……宋朱文公祖籍徽州府之婺源，其父松历官闽土，遂居焉。文公长子塾之后世居建安……一圣一贤冢房

① （元）陶宗仪：《南村辍耕录》卷二十《孔掾史》，中华书局1997年版，第246页。

② （明）杨士奇：《东里集》文集卷三《鲁林怀思图诗后序》，文渊阁《四库全书》本。

③ （明）沈杰辑：《三衢孔氏家庙志·鲁林怀思诗卷后序（吾绅撰）》，明嘉靖刻本。

嫡派俱在闽浙，岂天道之南耶？”[①]

第二，孔氏南宗士人廉而爱民，深得当地士人与百姓拥戴，推动了地方文明教化和社会进步。儒家强调当政者要以身垂范，正如孔子所说的“其身正，不令而行；其身不正，虽令不从”。的确，只有当政者体恤民情，以仁德待民众，才能得到民众尊重，从而更好推动社会进步发展，“在中国传统社会，官民关系经常出现不和谐的局面，但在中国传统政治中，‘官民相得’仍然是维系社会稳定发展的思想基础，可以说，官民的联结与互动是中国社会演进的基本机制”[②]。孔氏南宗士人在政治活动中始终注重教养，严于律己，关怀民生，体恤民情，充分践行“以民为本”思想，有效协调了官民关系，有利于社会稳定和谐。

第三，孔氏南宗士人在处理政事与个人言行方面恪守儒家伦理规范，对民众起到了良好的教化示范作用。孔氏南宗秉承诗礼传家传统，注重言传身教，先后涌现出不少名贤，真可谓“出士类增美士林，可作千秋冠冕”[③]。孔氏南宗族人在家则谨守礼义，为官则“谋其事”“谋其政”，无论是处理政事还是处理个人言行，都能恪守践行儒家政治思想主张。

总而言之，孔氏南宗的政治思想和政治行为相互影响、代有传承。吕元善《圣门志》关于“兄弟齐芳，号为五龙”[④]的赞誉，完全来自于称孔传诸子持身清白、多行仁政的政治作为。其中，孔端隐被赵孟頫誉为“负经济之大略，际时势之多艰，慨然有澄清天下之志”“功名满天下，事业盖江南”[⑤]。孔端隐于宋绍兴年间登进士第，曾任文林郎、江陵府观察推官，“历十载，以爱民为务，著清白声称，士大夫莫敢干以私者”。孔端植（字子固），曾任湖北通城县令、湖州武康县丞，为官清正廉洁、实干爱民，深受百姓敬重，“居官以介洁称，民思之不忘”；孔端已（字子正）为官

① （清）袁栋：《书隐丛说》卷十《圣贤冢派》，《续修四库全书》本。

② 王日根：《明清民间的社会秩序》，岳麓书社2003年版，第523页。

③ 《[天启]衢州府志》卷九《人物志·圣裔》，明崇祯五年（1632）增修刻本。

④ （明）吕元善：《圣门志》卷三上《宗子世纪》，明天启七年（1627）本。

⑤ 《[光绪]句容孔巷孔氏家谱》卷十《宋察推孔子宣公传（赵孟頫撰）》。

清廉，“侍父南渡，习见礼庭旧事，尝举以训族中子弟。历官五十年，介洁不污”[1]。孔端问“笃学而工于诗”[2]，随父南渡后授从政郎、洪州奉新县丞，著有《沂川集》。作为宗族和睦、家学相传的孔氏南宗，孔传、孔端朝、孔洙等人对整个南宗宗族产生了广泛影响，使孔氏南宗贤才辈出、代有英杰，同时对江南地区士绅民众起到了良好的示范作用。

第二节　孔氏南宗的教育活动

孔氏南宗后裔从事教育活动富有特殊意义，正如陈旅所说：“教授之责甚重也。人曰：‘孔子垂宪以教人，今教我者孔子之孙也，其所为必异于众人矣。’以孔子之孙典孔子之教，而无异于众人，则人将又曰：‘如是而谓之孔子之孙乎？’”又曰：“教授之责在众人已甚重，以孔子之孙处之，又益甚重矣。”[3]自南渡以来，孔氏南宗秉承诗礼传家传统，以多种途径和形式积极参与教育活动。特别是明清两代，孔氏南宗广泛活跃于东南诸省，担任学官，创办或经营书院与学校，成功实现族学教育的近代转型，在推动各地教育和文化发展方面扮演了重要角色。

一、积极参与官办教育

孔氏南宗参与官办教育活动始于宋元时期，明清时期则达到高潮。尊孔崇儒是明清两朝文化教育的主流，将学校教育与社会教化相结合则是明清时期文化教育的重要特点之一。明太祖高度重视学校教育，于是在立国

---

① 孔德墉主编：《孔子世家谱》二集卷二十五之一《浙江衢州派》，文化艺术出版社2009年版，第18805—18806页。

② 《[民国]永康孔氏宗谱》卷七，民国八年（1919）木活字本。

③ （元）陈旅：《安雅堂集》卷六《送孔彦明教授建昌序》，文渊阁《四库全书》本。

之初就要求地方官府着手恢复和兴建各级官学，宣称“惟治国以教化为先，教化以学校为本”[1]。在明太祖心目之中，教育教化对于治国具有重要意义，学校教育具有道德教化、推动国家安定与发展的重要功能。清朝政府将儒家学说推到极其崇高的地位，清顺治十二年（1655）就制定了“兴文教、崇儒术，以开太平”的国策；清康熙二十三年（1684）颁发的《御制学校论》强调学校教育与社会教化的关系，认为“治天下者莫急于正人心，厚风俗，其道尚在教也。以先之学校者，教化所以出，将以纳民以轨者也。是以古者家有塾，党有庠，乡有序，国有学”；次年颁发的《御制训饬士子文》进一步强调：“国家建立学校，原以兴行教化，作育人才，典至渥也。”同时，清代尊崇庙学，在地方之直、省、府、州、县学，除文庙之外，还规定在文庙左右并建置忠义、节孝、名宦、乡贤四祠。在明清统治者看来，学校可以通过传授儒家思想、举行祭祀圣贤等活动，在教化方面发挥积极作用，从而有利于促进民风淳厚和国家长治久安。在此背景下，孔氏南宗以更加积极的姿态投身于教育实践，努力推动儒家思想的传播与发展。

明清时期，孔氏南宗人士出任各地学官，主持各级官学教育，以此更有效地开展教育活动，这一特点较宋元时期更为明显。明代较具影响的有：历任衢州府学训导、西安县学教谕、河南许州襄城县学教谕、国子监学正等职的孔思模；历任龙游县儒学教谕、衢州府学教授的孔思柏（字茂道）；任福建福清学正的孔克忠；历任江西建昌府儒学训导、广东潮阳县儒学训导等职的孔希风（字士岐）；任江苏金坛县儒学训导的孔公望（字与文）“课士有方。去之日，多士诵之”[2]。清代较具影响的有：任湖南零陵县学训导的孔兴怀；任湖南耒阳县学教谕的孔毓德；任湖南芷江县学教谕的孔广焕；任国子监学录的孔昭章；任衢州西安县学教谕的

---

① （清）张廷玉等：《明史》卷六十九《选举一》，中华书局1974年版，第1686页。

② 《［嘉庆］西安县志》卷三十一《循吏·孔公望（引〈镇江府志〉）》，清嘉庆十六年（1811）刻本。

孔昭瑞等。这些南宗人士一方面严于律己，积极践行仁义、孝悌、忠恕等儒家道德，注重立德修身，受到各地士民尊敬；一方面言传身教，兢兢业业，倡导崇儒兴学之风，取到了良好效果。如孔子五十四世孙孔思模（字修道）“家学渊源，行之有素”①，明永乐元年（1403），明成祖“以宣圣子孙，殷勤问治，奏对称旨，擢礼科给事中”，然“辞疾不受”②，因而出任国子监学正。无论任衢州儒学教谕还是在国子监学正任上，都有较好作为，所谓“在官皆有声誉”③；第五十五世孙孔克良任漳州路儒学学正，个人魅力令人折服，短时间就使当地风气得以改观，“月季，严程诸生，士习为之一变。信乎圣人之泽，如水行地，逾远而逾衍，犹于善夫焉见之”④。孔子六十四世孙孔尚遂（字时乘）在任乐清县学训导期间，当地教育呈现出以下特点：一是注重德才并育，在教学内容安排中强调孝弟忠信、立身行己；二是奖励与激励先进相结合，每月都要举行总结表彰，对后进学生循循善诱，由此营造了良好的教风和学风，培育了一批又一批人才，有效改善了社会风气。正如桐乡族谱所载：“每月课，既第其文艺之高下，优者奖借不置口，其绌者为之讲解义理，循循启发，必至贯通而后已。人咸乐以文进质，造就甚众。朔望谒圣毕，又进诸生，而教以孝弟忠信，立身行己之事，不数年而士习文风蒸蒸日上焉。”⑤第六十五世孙孔衍球于清康熙二十一年（1682）“授都昌县训导，端己范士，学者化之”⑥；孔衍望（字数可）“博极群书，文行兼优。任建安县教授”⑦。第六十七世孙孔毓增（字厚基），任宣平教谕，《宣平县志》称其“人品

---

① （明）沈杰辑：《三衢孔氏家庙志·序跋附·送西安教谕孔修道南还序（卢庸撰）》，明嘉靖刻本。

② 徐映璞：《两浙史事丛稿》，浙江古籍出版社1988年，第35页。

③ 《［弘治］衢州府志》卷十《荐举》，明弘治十六年（1503）刻本。

④ （明）林弼：《林登州集》卷八《送孔善夫序》，文渊阁《四库全书》本。

⑤ 《［光绪］桐乡孔氏宗谱·时乘公传》，清光绪三十三年（1907）刻本。

⑥ （清）孔继汾：《阙里文献考》卷九十二《子孙著闻者考第十五之二十“孔衍球”》，《续修四库全书》本。

⑦ 崔铭先：《孔氏南宗志》（下），中国文史出版社2018年版，第531页。

方严，教诸生以圣贤有用之学，明务大义”[①]；孔毓芝（字秀三）被人称为“文主理，教子弟以敦气节，学者宗尚之”[②]。第六十八世孙孔传庆（字柳堂）“生性颖异，经史过目成诵”，曾任定远县教谕、淮安府教授，“所至讲学明伦，振兴文教，士林颂之”[③]。

孔氏南宗对官办教育的高度重视和积极参与，反映出其教育思想的重大变化，说明其教育关注的重点逐渐由原先相对封闭的族塾教育转向更加广阔的社会教育。这一转向所折射的则是其对自身社会角色的重新定位，从而使其突破了长期以来由于特殊政治、社会地位所形成的高高在上的“独尊”意识，从而以更加平民的心态融入日常的社会体系之中。这无疑是孔氏南宗在社会观念上的一种引人注目的重大转变，从而使其社会功能和价值得到充分发挥，“孔氏南宗及其近支……从创办‘私学’入手，以‘家塾’和所管理的三大书院为核心，培养和造就了一代又一代英才；自‘孔洙让爵’后，他们走出历代不倒的封建府第，从事平民教育，或为学官，或为山长，或设塾教读，活跃于东南诸省，这于孔子世家而言，无疑亦是有着特殊意义的”[④]。

孔洙让爵是孔氏南宗教育思想及其教育行为实现重大转变的重要动因，“让爵”使孔氏南宗失去特有的政治、经济和社会地位。此后，孔氏南宗族人一方面始终不忘先圣以降的家族重教传统，一方面积极投身于社会教育尤其是平民教育实践之中。更值得注意的是，孔氏南宗教育思想的转型又与明清时期儒学传播特点的转型不谋而合，正如余英时先生所说：“明代中叶以后，儒家的基础动向是下行而不是上行，是面对社会而不是面对朝廷。”[⑤]因此，孔氏南宗在明清时期的教育活动进一步推动了教育的平民化，并在一定程度上推动了江南儒学的传播方向及其教育思

① （清）郑永禧辑：《西安怀旧录》卷七《孔毓增（引〈宣平县志〉）》，清抄本。

② （清）郑永禧辑：《西安怀旧录》卷七《孔毓芝（引郑文琅〈传略〉）》，清抄本。

③ 参见崔铭先：《孔氏南宗志》（下），中国文史出版社2018年版，第541页。

④ 谢昌智主编：《衢州孔氏南宗家庙志》，浙江人民出版社2001年版，第119页。

⑤ 余英时：《中国思想传统及其现代变迁》，广西师范大学出版社2004年版，第133页。

想特点的转型。

二、广泛参与书院教育

早在宋元时期，孔氏南宗就已广泛参与书院教育活动。孔子五十世孙孔元龙在徐霖去世以后，应衢州知州谢奕中之聘，于宋景定三年（1262）出任柯山书院山长。孔元龙“发扬光大先圣‘道之以德，齐之以礼，有耻且格’的观点，用德治院，用德治学。他‘知之为知之，不知为不知’，实事求是，‘言必有中’。他讲礼治，制定出一系列管理书院的规章制度，以身作则”[①]，从而使柯山书院盛极一时，跻身于宋代全国二十二所著名书院之列。出众的才识，深厚的学养，诲人不倦的风范，令孔元龙深受士人爱戴，以至于“卒之日，门弟子三百哭之”[②]。孔子五十三世孙孔演（字德泉）“博识勇于义”，初以恩例担任柯山书院山长，元大德末年升任嘉兴路教授，此后在嘉兴“建义学八斋；小学颐讲之堂，靡不重新焉”[③]，有力推动了当地文化教育的发展。

宋元期间，孔氏南宗士人通过各种途径在江南各地创办书院，其中影响较大的有孔元虔创建的马洲书院、孔思俊创建的大同书院。孔元虔（字昆季）系孔子五十二世孙，深受家学影响，其五世祖、孔子四十七世孙孔若罕“高亢不群，长于《春秋》之学”，在由阙里往衢州迁徙途中因故滞留于江苏泰兴，当得知当地“龙开河”向“西北通淮泗”，感慨“吾洙泗龙泉之支流，其在兹”是一种难得的缘份，于是决定率领族人定居于此，并致力于发展当地教育，“筑室河上，与其子端志各授弟子业，从游日众。乃有菑田百亩，人助以力，官复其税，戒子‘治生勿求富，读书勿

---

① 金召卫：《孔氏南宗对衢州教育的影响》，载《南孔研究》，中国戏剧出版社2001年版，第101页。

② （明）孔胤植重修：《阙里志》卷九《人物志》，《孔子文化大全》本。

③ 《[嘉庆]西安县志》卷三十一《循吏·孔演（引〈嘉兴府志〉）》，清嘉庆十六年（1811）刻本。

求荣’”，体现了孔子后裔淡泊名利的价值观和人生观，因而得到地方官府的褒奖，“邑大夫嘉之，易名龙开河曰敭（扬）教，示崇化也”。宋淳祐元年（1241），蒙古军队大举南下，孔元虔兄弟因躲避战乱来到马洲。当他们发现当地没有教育场所时，就率族人出资创办书院，“咸淳间，书院落成，教授复如初”。马洲书院是靖江历史上创办最早、影响最大的书院之一。元末文人王逢途经马洲时，见到书院荒废、杂草丛生的景象，惋惜之情油然而生，为让“后之起废者得以考焉”，遂赋诗并序曰：“蝌蚪秦皆废，灵光鲁独存。豆笾漂海国，丹雘暗淮村。苔藓花侵础，蒲芦叶拥门。青春深雾潦，白日老乾坤。德化三王并，威仪百代尊。郊麟初隐遁，野兕遂崩奔。先辈俱冥漠，诸生罢讲论。断编尘树冷，遗像网虫昏。不改弦歌俗，终归礼义源。江南游学士，瞻拜敢忘言？”[①]

孔思俊赴任同安县尹后，当得知当地竟然没有祭祀朱熹的专门场所时感到十分震惊：此时国家正全力推崇朱学，朱熹曾讲学过的地方几乎都设祠纪念，而朱熹曾任职的同安竟然没有专祀朱子的场所。于是极力主张建立书院，得到当地士人积极响应。元至正十一年（1351），大同书院正式落成。闽中名士林泉生为之所作的记写道：“孔君师道尹同安之明年，政平民信，乃谋其邑人曰：‘昔先正朱文公主是邑簿，民至今称之。今国家表章理学，凡文公旧所讲习之地，悉为立学设师，弟子员闽中最盛，同安独阙焉，非所以致尊崇也。吾将兴举坠典，何如？’众欣然曰：‘唯命。’乃卜邑学之东偏，相土之刚，度材之良，弘宇峻陛，列庑崇堂，建礼殿以奉先圣，作戟门于殿之外，又外为棂星门。殿之后作别室祠文公，以乡贤朴乡吕先生大圭配。讲室斋序如邑学。既成，名之曰大同书院。”大同书院的创建深得民心，孔思俊也因此成为当地名宦，“嘉其能因民所尊信者，而兴学立教，有循吏之风”，其功绩可谓“克济世德”[②]。孔思俊侄儿、孔

① （元）王逢：《梧溪集》卷二《题马洲书院（有序）》，《丛书集成初编》本。

② （清）谢道承等：《［乾隆］福建通志》卷七十一《杂纪四·林泉生大同书院记》，文渊阁《四库全书》本。

公溥儿子孔克原在大同书院创建中也发挥了重要作用。

婺州榉溪孔氏作为孔氏南宗的重要组成部分，十分重视发展教育事业，培养人才，“创办书院，培养后代，出过不少人才，不愧为圣人之嫡裔”[①]。榉溪“风景秀丽，主要名胜古迹有杏园书塾、龙山耆社、金钟山、莲花城、东风亭、龙女祠、北峰屏东岩等，占称‘桂川八景’。古园书塾，又称杏书院（民国八年木活字本《永康孔氏宗谱》等文献将其称为杏檀书院），由宋代孔挺所建，址在川南。当时由山东曲阜携带的书籍文物均珍藏于此，评事公孔端躬和松阳县丞孔挺公曾在此开坛教学”[②]。

进入明清时期，孔氏南宗士人对书院教育更是表现出极大热情。他们或受聘担任山长，直接从事书院的教育教学活动，如孔克安于明永乐年间因孔氏恩例出任白水书院（位于今河南新野）山长，孔克原曾任屏山书院（位于今福建武夷山）山长，孔克谦曾任祁庵书院（位于今安徽黄山）山长等。婺州南宗士人、孔子五十五世孙孔克英的学识深得时人佩服，吴基德赞其“人物之伟秀，文德之化光”，因而“窃忻慕之不能已”[③]。宋濂曾亲聆孔克英教诲，对其渊博的学识、独到的见解、诲人的风范留下了深刻印象。孔克英八岁就“能自奋于学，吟五字诗，辄得清丽闲雅之趣，人誉之曰‘奇童也’”，就连“为人慎许可”的时任永康县尹俞希鲁也“以‘伟丈夫’称之”。孔克英曾北赴曲阜拜谒孔庙，衍圣公孔思晦对其才华深表惊叹，“有才如此，不可遗也；俾之横经庠序间，孰云不可哉”，于是亲自向浙江行中书省推荐其出任丹阳书院山长。孔克英主持丹阳书院山长期间，经营精心，成效显著，书院盛况空前，众人好评如潮并寄予厚望，“荐绅方满座，而府君扬擢古今，陈义甚高者，盖忻然无倦色，且咸期府君必将大用斯世，使惠泽流于时，而声光赫著于无穷”。可惜孔克英英年

① 洪铁城：《中国第三圣地——孔氏婺州阙里》，《规划师》1997年第1期。

② 洪铁城：《沉浮榉溪》，机械工业出版社2006年版，第176页。

③ 《［民国］永康孔氏宗谱》卷二十八《永康孔士安先生墓铭（吴基德撰）》，民国八年（1919）木活字本。

早逝，然令人欣慰的是其“子孙多力本嗜义有士行，其势方殷而未艾”[①]。此外，孔克英“季弟仕安设教古丽而化一邑，公（指孔希鲁）尝设教孝义而化一乡，皆仁之效验”[②]。

此外，孔氏南宗还出资创建和经营书院，金华府永康县的信安书院，江西新城县的贤溪书院和杭州钱塘县的万松书院，都长期由孔氏南宗负责管理。特别是贤溪书院和万松书院，在当时影响很大。

贤溪书院由江西新城支南宗族人创办于明弘治年间，是当地最早的民办书院之一，孔子六十八世孙、五经博士孔传锦为之撰写《贤溪书院记》，对其寄予“兴朝廷之教化，衍先圣之统者”的厚望。书院建成后，“屡毁屡建，今家庙犹存，书院仍在，只是书院改为村小，至今已有500多年了”[③]。其生源最初以孔氏子弟为主，清初著名文学家孔尚典、孔毓琼、孔毓功等都是从贤溪书院中走出来的。后来，贤溪书院逐渐向社会开放，为推动当地文化教育发展以及儒学传播发挥了重要作用。

万松书院因位于杭州万松岭而名，明弘治十一年（1498）由浙江右参政周木从元代所建报恩寺改建而来。从孔子五十八世孙孔公衢、孔公绩开始，孔氏南宗族人应聘主持书院祭祀等日常事务。明正德元年（1506）孔氏南宗复爵之后，万松书院由衢州五经博士署派执事官长驻，主持祭祀和日常管理。孔子六十一代嫡长孙、五经博士孔弘章将孔氏家庙所藏先圣遗像摹刻于万松书院。清朝初年，万松书院改名为太和书院。清康熙五十二年（1713），孔子六十六世嫡长孙、五经博士孔兴燫主持太和书院，去世后葬于万松岭侧。康熙帝南巡时曾视察太和书院，特赐“浙水敷文”匾额，书院因此改名为“敷文”。孔兴燫之后，“西安庠生毓堦继之，毓堦四子：传钊、传钺、传钧、传锡；钧三子：继勋、继恭、继思；恭三子：广檵、广树、广棫；树二子：昭焯、昭炳。焯子西安庠生宪达，即先君子

① （明）宋濂著，黄灵庚点校：《宋濂全集》卷六十七《墓铭四·丹阳书院山长克英墓铭》，人民文学出版社2014年版，第1598页。

② 《［民国］永康孔氏宗谱》卷二十八《存仁堂记（卢时中撰）》，民国八年（1919）木活字本。

③ 孔庆华：《临川孔氏考略》，《东华理工学院学报》2004年第6期。

也，皆世主万松岭圣祖祀事”[①]。此后直至新中国成立前夕，万松书院一直由孔氏南宗管理[②]。

万松书院的发展以及得以保存至今，在很大程度上得益于孔氏南宗的特殊地位、对书院的高度重视和不懈努力。明清两代，由于特定政治背景和社会环境的影响，书院发展经历过几次低落期。从明嘉靖十六年（1537）到明天启五年（1625），明政府先后在全国范围掀起了四次大规模的禁毁书院运动。清朝入关后，鉴于明朝书院士人讽议朝政的教训，也对书院采取了限制压制政策，清顺治九年（1652）敕令“各提官督率教官、生儒，务将平日所习经、书义理，着实讲求、躬行实践。不许别创书院，群聚徒党，及号召地方游食无行之徒空谈废业”[③]。在如此高压政策之下，很多书院或被毁，或走向衰败，万松书院却由于孔氏南宗的独特身份和地位得以幸免。明万历八年（1580），魏忠贤妄图毁废各地书院，万松书院也名列其中。由于大学士徐阶的支持，时任浙江巡抚谢师启、提学佥事乔因阜以万松书院乃“祀先圣”之场所为由而“不当毁，具疏得存”[④]。万松书院虽然被迫改名为“先贤祠”，却终究逃过一劫而得以保存。

在建立和完善万松书院庙学建制方面，孔氏南宗发挥了极其重要的作用。王阳明在《万松书院记》中明确指出：“惟我皇明，自国都至于郡邑，咸建庙学，群士之秀，专官列职而教育之。其于学校之制，可谓详且备矣。而名区胜地，往往复有书院之设，何哉？所以匡翼夫学校之不逮也。”[⑤]所谓“匡”“学校之不逮”，说明书院教育的重要宗旨在于纠正或弥

---

① 徐映璞：《两浙史事丛稿·跋〈孔氏南宗考略〉后（孔庆臣撰）》，浙江古籍出版社1988年，第52页。

② 参照崔铭先《孔氏南宗之作为及其影响（上）》，载《衢州政协》第101期。

③ （清）陈梦雷：《古今图书集成·选举典·学校部汇二》引《大清会典》，中华书局影印本。

④ （清）沈翼机：《［雍正］浙江通志》卷十五《学校一·敷文书院》，文渊阁《四库全书》本。

⑤ （明）王阳明撰，吴光等编校：《王阳明全集》卷七《文录四·万松书院记》，浙江古籍出版社2010年版，第269页。

补学校教育的不足。书院教育侧重于“明伦之学”，学校教育侧重于科举之学。在王阳明看来，“举业”与学“圣贤之学”之间不但不矛盾，反而完全可以兼顾并行，“但能立志坚定，随事尽道，不以得失动念，则虽勉习举业，亦自无妨圣贤之学”[①]。万松书院采用“庙学”建制，说明其宗旨和内容主要是宣传圣贤学说，这也正是古代书院所普遍遵循的原则，清代书院“继承了以往各时代的教育传统，非常重视祭祀的道德教化功能……书院祭祀以先圣先贤的道德人品为楷模，来陶冶学生的品德，树立德育规范，确立、增强了学子们对儒学伦常道德观念的认同感，引发学子们对儒学的信仰，激发他们的道德使命感与社会责任感”[②]。这也同时说明万松书院非常重视祭祀的教化功能。孔氏南宗后人主持祭祀，而且在万松岭上划出山地五顷，拨给孔家兄弟，并建大成殿及附属设施，从而使祭祀显得更为庄重，关键在《万松书院恢复志喜》中说道：“飘飘风雨自何年，刍牧伤心落日边。靡俗装金崇甲观，竖儒抱器走烽烟。斯文未坠东方启，圣泽无疆浙水瀍。寄语西安鲁苗裔，好陪长吏肃明禋。”该诗一方面充分反映了万松书院与孔氏南宗的特殊关系，一方面也揭示出万松书院祭祀仪式之隆重。万松书院一方面凭借着得天独厚的自然条件，一方面由于孔氏南宗的特殊影响，不仅推动了自身的传承发展，而且极大地推动了江南文化的繁荣昌盛，正如徐映璞先生所说：“良以圣裔南渡，于浙有光，杭州为人文荟萃之区，万松揽左右湖山之胜，于以妥圣灵，资观感，关系于两浙儒林者甚巨，非徒为一时研经习礼已也。”[③]

---

① （明）王阳明撰，吴光等编校：《王阳明全集》卷四《文录一·寄闻人邦英邦正》，浙江古籍出版社2010年版，第181—182页。

② 周立新、易琳、蔡卫：《清代书院的道德教育及其对当代思想道德教育的启示》，《中国矿业大学学报》2007年第3期。

③ 徐映璞：《两浙史事丛稿》，浙江古籍出版社1988年版，第22页。

三、促进族学教育与社会教育融合发展

孔氏南宗族学虽在南宋初年迁居衢州时就已创办，但当时的教育对象与影响主要局限于南宗宗族内部。孔洙让爵后，孔氏南宗一度出现“衣冠祭仪混同流俗”[①]的现象，包括族学教育在内的宗族活动一度陷入举步维艰的地步。明中后期之后，孔氏南宗族学才逐渐得以兴盛。明弘治（1488—1505）初，孔氏南宗城南家庙修葺一新，并于殿前西厢重建族学。明正德十五年（1520），在衢州府推官刘起宗等人支持下，南宗族塾于“城南东岳庙废址改创，教诲孔氏子姓，为门者三，为正堂者三，为东序者三，以迪成材；为西序者三，以训幼穉（同“稚”）。东西为号者十，为照厅者六，外为店者六，取资以为修葺”[②]。从中可见，改建后的南宗族学规模可观、规制完备。此后，南宗族学的教育对象不再局限于孔氏子弟，逐渐面向社会开放。晚清之后，其开放程度越来越高，使“无力者咸得尽力于学，庶几弦诵不辍，诗礼常闻，恍游洙泗而跻杏坛，其有以仰副我国家崇奉先师之意”[③]，极大地促进了地方教育的发展，南宗族学与社会教育紧紧地融合在一起。一方面，孔氏族学注重言传身教，五经博士和族人恪守孔子训导，对民众起到了良好的示范作用；一方面，孔氏族学的教学模式也为社会教育和民间教育树立了榜样。

清末，孔氏南宗族学在推动教育走向近代化方面扮演了重要角色。20世纪初，在近代教育思潮的影响下，孔氏南宗有多人出国留学。清光绪末年，孔昭仁和孔宪葵先后东渡日本，求学于早稻田大学，“剪发易服，开风气之先”。与此同时，孔氏南宗族学也由传统家塾向近代学校转变。清光绪二十八年（1902）春，孔子七十三世嫡长孙孔庆仪“慨旧学之不足以图存

---

① 《［嘉靖］衢州府志》卷十二《人物纪三·侨寓列传》，民国抄本。

② 《［嘉靖］衢州府志》卷十二《人物纪三·孔氏家塾》，民国抄本。

③ 《［民国］衢县志》卷十六《碑碣志一·清同治重修孔氏家庙并赎濠田续置家塾义田记（何汝枚撰）》，民国二十五年（1936）铅印本。

也，力与维新，倡立孔氏中学校，培植族内寒畯”①。清宣统二年（1910），孔氏中学堂改为两等小学堂。民国元年（1912），又改称“孔氏完全小学”。民国二十六年（1937），南宗奉祀官、孔子七十四世嫡长孙孔繁豪又将其改名为“衢县私立尼山小学”。尼山小学办学特色明显，被编入《中华学府志》（浙江卷）。该校遵循“学而不厌，诲人不倦”古训，倡导“讲礼仪、严治学、高质量”宗旨，以“弘扬传统文化，培养学生美德，推进书画教育”为办学特色，成为衢州乃至浙江近代学校教育的典范。

综观孔氏南宗的教育活动，其社会影响突出地表现在以下三方面：第一，推动了地方社会尊师重教风气的形成以及教育事业的发展。在其影响下，明清时期衢州地区诸多大族纷纷参与教育活动，致力于地方教育事业、文化建设和人才培养。江山大陈汪氏即颇具典型。清同治十一年（1872），汪訚组织成立萃文会，并举办萃文义塾（又称环山试馆），培养文化人才。萃文义塾在儿子汪乃恕、孙子汪志恭推动下得到进一步发展，办学成效十分显著，“自同治至民国，80年间，大陈汪氏文化较为普及，并且有很多人才，实在是当地群众尊师重教及其祖孙三代倡导奖励教育的结果”②。正是这种浓厚的重教兴学风气，衢州地区人才辈出，较著名的学者有徐应秋、叶秉敬、徐日久等。徐应秋“有书癖，受充栋之藏，涉猎殆尽……著书甚富，读其文如入蛟宫琼室，但见光彩陆离，而不能悉名其宝。其已行世者有《两闱合刻》《谈荟》《雪艇麈余》《古文藻海》《古文奇艳》《骈字凭霄》等集”③。叶秉敬“淹贯万卷，著述宏富。拥皋比讲学，四方请益盈户外。撰书凡四十余种，海内称为名儒”④。徐日久“邃心史学，上下千百年事，洞若指掌……有《学谱》《骘言》《五边典则》、论文别集行世”⑤。同时，衢州地区的科举也十分昌盛，“衢为大郡，在东南

---

① 《［民国］衢县志》卷二十三《人物志三·孔庆仪》，民国二十五年（1936）铅印本。

② 衢州市教育志编委会：《衢州市教育志》，杭州出版社2005年版，第403页。

③ 《［民国］衢县志》卷二十二《人物志二·徐应秋》，民国二十五年（1936）铅印本。

④ 《［民国］衢县志》卷二十二《人物志二·叶秉敬》，民国二十五年（1936）铅印本。

⑤ 《［民国］衢县志》卷二十二《人物志二·徐日久》，民国二十五年（1936）铅印本。

号称多士，每三岁来试于有司者无虑四千余人”[①]。第二，推动了当地社会文明的发展。明清两代，崇儒重道，优渥孔氏后裔，加之“清代浙江的学校教育又往往与宗族内部的社会教化结合在一起”[②]，孔氏南宗的作用也就更为明显。历代政府自然希望孔氏南宗在推动教化方面发挥更大作用，明朝廷颁布的《钦定孔氏家规》中的“端教源”条，首先阐明添授五经博士的目的是“统领流寓家庙子孙”，因此要求其“修明圣教，身先督率，躬行实践，庶不有负朝庭褒崇圣裔之盛典”，如此“教源可端而圣化行矣”。清康熙年间，李之芳为新修家庙所撰的碑记，充分反映出当时社会浓厚的崇儒氛围：“天子方崇儒重道，幽赞微言以昭示海内，期于移风易俗，媲隆往古。”可见，与族学教育相结合的孔氏南宗家庙对优化江南地区民风具有重要作用，“式表观瞻者，宜于兹始，且之芳生爽鸠氏之墟，去邹鲁之乡不远，登斯堂也，琴瑟管弦之声慨乎闻而僾乎见也。使浙之士民观感熏陶，将见风俗淳美为天下先，庸非肇允于兹日，则升堂睹奥者宁必陟龟蒙而臻阙里”[③]。第三，推动了儒学在江南地区的传播和发展。孔氏南宗的教育活动，是与对儒学的研究和传播紧密结合在一起的。孔克仁因学行突出、精通经史而奉召入朝，深得明太祖赏识，后被委以教授诸皇子及功臣子弟的重任。临川孔氏作为孔氏南宗的重要支派，始终“以祖为训，崇仁厉义，修德重教，诗礼相承，耕读为家。登科中举，代不乏人，庠生贡监，不胜枚举，循吏名儒，谱载亦有”[④]，从中折射出孔氏南宗士人传承弘扬儒家学说的优秀传统，一方面认真研习儒家学说，一方面通过教育活动积极传播儒学。在此影响下，明清时期衢州地区先后涌现出不少有影响的儒家学者。如徐霈，曾师从王阳明，晚年在江山县城东北郊建东溪书院从事讲学。陈雨时，早年专攻阳明之学，后来专注于程朱之说。王玑，作为

---

① 《［康熙］衢州府志》卷六《学宫图第六·贡院·李处权记》，清光绪八年（1882）重刻本。

② 金普森、陈剩勇：《浙江通史》（清代卷上），浙江人民出版社2005年版，第291页。

③ 《［民国］衢州志》卷十六《碑碣志一·清康熙衢州重修孔氏家庙碑（李之芳撰）》，民国二十五年（1936）铅印本。

④ 孔庆华：《临川孔氏考略》，《东华理工学院学报》2004年第6期。

王守仁入室弟子，“渡江受业阳明之门，阳明称其笃实”[1]，专注于讲学传道，对王阳明学说的广泛传播与发扬光大作出了重要贡献，时人王畿所作的《明在庵王公墓表》对其称道：“平生惟讲学一事，以忠信为本，致良知为的，圣贤可期。”

第三节　孔氏南宗的社会交往

孔氏南宗社会交往的意义是多方面的。就自北方而来的孔子后裔而言，社会交往不仅是其主动融入当地社会生活、展示自身价值的重要途径和形式，也是与江南士人民众之间互相增进了解与感情、实现其社会价值的重要途径和形式。鉴于此，孔氏南宗以各种形式主动而积极地融入江南社会，在此进程中，各地学者士人对孔氏南宗的敬仰、推崇表现出较强的一致性：不但尊崇孔氏南宗族人的人品与才学，盛赞其诗礼之风，而且充分认识并肯定孔氏南宗的大宗地位。在广泛的社会交往中，孔氏南宗充分体现出他们对儒家道德的坚守、对社会现实的关注以及与时俱进的时代精神，折射出其讲求实学、内涵丰富、底蕴深厚的宗族文化特征。这不仅扩大了孔氏南宗的影响、提升了社会地位，促进了孔氏南宗及各支派的发展，而且极大地推动了江南社会的文明进步和发展。

一、宋元时期的社会交往

南宋之初，尽管处于特殊的历史背景下，孔氏南宗仍以积极的姿态融入当地社会，开展不同形式的社会交往活动。宋端平二年（1235），李以申赴任徽州教授之后不久，就拜访了孔端朝后人。孔端朝富有才华，重视

① 《［民国］衢州志》卷二十二《人物志一·明·王玑》，民国二十五年（1936）铅印本。

著述，注重发展地方教育，李以申对其给予了高度评价，称其文才，“未冠能属文，宾兴贤阙，藉藉有声”，“自幼以文知名，至老益高古”；称其著述，“分教宣城，除正字，迁小著，慨然以杀青为己任……虽在省曹，犹兼著作”；称其重视教育，“一新校舍，拨黄冠私田益学粮。既去，诸生祠之。”[1]孔端朝与朱松都主张抗金，两人在衢州参加祭祀期间，孔端朝以诗求教于朱松，朱松以诗答之：“岁晚尊前一笑哗，怜君孤坟老天涯。诸豪虽识临邛客，陋族难当阙里家。会有孟广求共隐，不应牧犊但长嗟。青衫华发春风里，择婿犹堪驻宝车。”[2]基于与孔端隐后人的交往及相关史实的了解，赵孟頫对孔端隐的一生给予高度评价，称其对于家庭及宗族事务“知孝悌，齐理家宗，井井有伦。凡宗党中，无分贤不肖，皆知其为孔氏隽望也”；赞其学识，“博极坟典，包罗古今。成童郎，以明经授博士弟子员。论道解颐，他人莫及也”；论其志向，“负经济大略……慨然有澄清天下之志”；赞其忠义之心，深知“礼义由贤者出，况吾孔氏子孙”的重大使命与责任担当，因而“召募天下豪杰，扈从高宗南渡，以安王室”；称其为官、政绩与声望，“奉命为江宁府观察推官。莅任之日，誓以清白自持，务以爱民为急，概吴下士大夫仰公清明，敬公神惠，而莫敢干以私者，是公之素所蓄积者然也”，以至于其“卒之日，士民如丧考妣”。所有这一切，都是孔端隐施行仁政的结果，“使非身行仁政，何以得此民情也”[3]。

南渡时，大理寺评事孔端躬侍父南渡，“由台抵婺，至永之榉川。见其山高水长，泉香土沃，弃华衮之荣而优游自乐，屋于钟山之下而居焉”[4]，于是开创了永康支，“其后裔广布于今浙江永康、磐安、新昌、仙

① 《［嘉庆］黟县志》卷七《孔右司端木传（李以申撰）》。

② 朱松：《韦斋集》卷四《孔生示二首答一篇》，文渊阁《四库全书》本。

③ 《［光绪］句容孔巷孔氏家谱》卷十《艺文集·宋察推孔子宣公传（赵孟頫撰）》，清光绪九年（1883）刻本。

④ 《［民国］永康孔氏宗谱》卷七《谱系·四十八世·永康宗派·孔端躬》，民国八年（1919）木活字本。

居、缙云等县山区，为南宗一大支脉”[①]。

衢州与婺州之间地缘相近、人文相亲。孔子后裔在婺州地区的广泛分布，为南宗族人与婺州学者的交游奠定了良好的社会基础和文化基础。婺州地区的学术在宋元之季进入空前繁荣时期，以陈亮为代表的永康之学，以吕祖谦为代表的婺州学，以何基、王柏、金履祥、许谦为代表的北山学派，在中国思想文化史上都具有重要地位和影响。对婺州学者来说，孔氏南渡使之得以“近圣人之居”[②]，孔氏南宗家庙“与阙里之堂南北并峙”[③]，婺州学者对衢州、对南宗家庙、对圣裔充满憧憬与向往，于是纷纷赴衢拜谒孔氏家庙，与孔氏南宗族人结识交游。同时，孔氏南宗族人也因地利之便，与婺州学者交游切磋，加之宦场共事等多种途径，孔氏南宗族人和婺州学者之间的交游广泛而密切，对家族和社会都产生了重要影响。

元朝时期，孔氏南宗与婺州学者的交往尤其值得被关注。并称“金华四先生”的许谦与何基、王柏、金履祥均“受学于吕祖谦，婺学色彩较重，但其后期的思想重心渐渐地转到了朱学之上，因其推广朱学有功，受到后世统治者的褒扬，列为理学正宗”[④]，许谦则更是“把金华朱学推向了鼎盛时期”[⑤]。许谦与孔氏南宗交游笃深，在应孔涛之邀为孔道辅击蛇笏所题诗中写道：“君家爱甘棠，什袭传八世。岂惟子孙珍，观者咸起畏。勿徒宝此传，肖德惟尚志。”[⑥]孔洙之子孔楷幼年时就才华出众，许谦不禁作诗赞曰：“玉树生阶庭，英材挺天秀。九龄书大字，学业日已富。东床有妙选，嘉耦圣人胄。洙泗后渊源，力积乃能究，勉者南宫客，白日不可

① 谢昌智主编：《衢州孔氏南宗家庙志》，浙江人民出版社2001年版，第17页。

② （宋）朱熹：《四书章句集注·孟子集注》，岳麓书社2007年版，第519页。

③ 《［民国］衢县志》卷十六《碑碣志一·清道光重修衢州孔氏家庙记》，民国二十五年（1936）铅印本。

④ 沈冬梅、范立舟：《浙江通史》（宋代卷），浙江人民出版社2005年版，第440页。

⑤ 沈冬梅、范立舟：《浙江通史》（宋代卷），浙江人民出版社2005年版，第44页。

⑥ （元）许谦：《白云集》卷一《孔涛巨源携八世祖中丞击蛇槐笏求诗》，文渊阁《四库全书》本。

又。”[①]他对孔楷的品行和学识都十分肯定，甚至于“以女妻之”。吴师道与许谦“在师友之间”[②]，也曾应孔涛之请作《宋中丞孔公击蛇笏赞》：“有妖惟蛇，民乱厥志。谔谔孔公，奋击斯斃。公笏盈尺，义烈万钧。遂开群疑，以生我人。公在朝廷，崇议劲色。用虽弗究，举为世则。凡百君子，正直是将。式尔珍藏，惟德之光。”[③]

黄溍在元代任侍讲学士、知制诰等职，其文章为世人所推崇，以至于其去世时，“学人士大夫闻之俱流涕曰：‘黄公亡矣，一代文章尽矣’”[④]。黄溍与孔涛之间交往时间久、相互了解深，堪称知交。黄溍为孔涛所撰的“墓志铭”中称“予缔交于君最久，且亲自谓知君莫予若”，因而对其家世、学术、文章、仕途、行事、轶事等记载甚详，对其学识、品行、才干评价甚高。对孔涛的学识，黄溍不仅称其“幼有异质”而“警敏”，虚心好学，博采众长，“由是学益进，声誉益起”，而且赞其“所为诗尚俊迈，文浑厚不事纤巧”；对其孝行，黄溍以“其孝友，出于天性然也”称之；对其义举，黄溍以“其急于人之患难穷厄多此类”称之；对其为人之正直和俭朴之人生，黄溍称其“笃于师友之谊……与人交，欢然无间，然尚气不阿，有过必面折之。闻者若不能堪，久乃服其识量。平生无苟取……家居不事生业，有书五千卷而已”。总之，在黄溍心目中，孔涛在学识、才干与人品都堪称世范，“矫矫孔君，生今之世。无待而兴，六行兼修。直道以行，视险若夷”[⑤]。从中足见黄溍与孔涛之间交往之深、情谊之重，同时折射出黄溍对孔涛的赞赏与推崇。

---

① （元）许谦：《白云集》卷一《孔衍圣幼年能书大字以女妻之》，文渊阁《四库全书》本。

② （清）黄宗羲撰，沈善洪主编：《黄宗羲全集》第六册《宋元学案》卷八十一《西山真氏学案》，浙江古籍出版社2005年版，第254页。

③ （元）吴师道著，邱居里等点校：《吴师道集》第十一卷《宋中丞孔公击蛇笏赞（并序）》，浙江古籍出版社2012年版，第348页。

④ （明）宋濂著，黄灵庚点校：《宋濂全集》卷七十六《行状·故翰林侍讲学士中奉大夫知制诰同修国史同知经筵事金华先生黄公行状》，人民文学出版社2014年版，第1852页。

⑤ （元）黄溍著，王颋点校：《黄溍集》卷二十三《墓志铭·承直郎潮州路总管府知事孔君墓志铭》，浙江古籍出版社2013年版，第839—842页。

黄溍所撰的《溧阳孔君墓志铭》对溧阳南宗士人孔学诗（字文卿）一生作了全面评价，称其年少即拥有大志，“年甫十有六，赞其父率众诣军门，乡井赖之以完”。然而，孔学诗不愿为官，而心甘情愿地在家侍奉父母，“吾获为太平民，终养其父母，幸矣，奚何官为”？他坚持以身作则，严于持家，乐善好施，亲戚、邻里有难必济，而且不图任何名利，称其“持身以正，家法甚严，而济之以恩。伯兄早世，抚其遗孤如己子……族姻里党之穷乏，必加周恤，而不以为德，它可便于乡邻者，无不致其力”，甚至“倾廪粟以助官府之弗给”。其善举引起强烈的社会反响，“有司将上其名于铨曹”，但他却断然拒绝：“吾以有余补不足尔，岂藉是荣吾身哉？况以入粟而赏官，何荣之有？”可见其对名利之淡薄，从而深得时人敬重和佩服，“识者尤用敬服”。孔学诗秉性刚直、嫉恶如仇，不畏权贵，因而也得罪了一些小人而遭诬陷，“君素刚介，人有过辄面斥之，即贵势无所避，故与世多忤。有诬陷以不法者，平昔所怨忌又旁咻而力挤之”。面对这种情况，孔学诗坦然处之，但求问心无愧：“吾心无愧于人，人恶能胜天哉？”此事最终得以洗雪，“已而卒得直”。孔学诗十分注重家风建设，经常从为善、明礼、勤勉、知学等方面告诫子弟：“汝辈毋惩□所遭，而怠于为善，亦毋以家之丰而不由于礼。惟勤生可以继其先，惟知学可以淑其后。”综观孔学诗一生，黄溍赞其修身养性，不重名利，堪称人范，“平生大概，内有所养而不挠于物，外无所慕而不累于名，近乎古所谓乡之善者”[①]。

曾任衢州府教授的胡翰在经史、古文等领域均有很高造诣。元至正十九年（1359），“王恺董郡军民事……谒拜庙庭，以为水木本源所系，不可无以示衢人，命有司葺而新之”，此为城南家庙的第一次修葺。家庙修葺竣工之后，胡翰所撰的《孔氏家庙记》，对孔氏南宗及其家庙变迁等史实作了翔实而清晰的阐述，其与孔氏南宗之间的交往从中可以窥见。

① （元）黄溍著，王颋点校：《黄溍集》卷二十六《溧阳孔君墓志铭》，浙江古籍出版社2013年版，第946—947页。

孔克仁与胡翰之间交往密切、交情深厚。孔克仁于明朝初年任浙东按察使，此段经历虽未见诸于文献的详细记载，但有关研究认为可以“从李昱写给他的诗和胡翰写给他的书信（即《与孔元夫按察书》）中了解一二”，至于孔克仁之所以请胡翰出仕的原因，有研究认为“除了两人早就相识之外，恐怕还有胡翰曾担任过衢州府教授，为孔氏家庙的修葺做过贡献，并且亲笔为重修的家庙撰写过碑记”[①]等事件有关，从中也可见孔克仁与胡翰之间的交情，以及孔克仁对胡翰的尊重之意。胡翰在信中对孔克仁的谋略、涵养、风采都给予了高度赞赏。对孔克仁的才华和真知灼见，胡翰称其“在省为端人，按部为贤使者。其谋猷言旨经纬献替，所以简在帷幄措之中外”；孔克仁为人诚实，是非曲直分明，处事公道正直，胡翰称其“见人不修边幅，握黜陟之柄，下视诸生，犹故等夷。与人言不存形迹，曰是而是耳，曰非而非耳，开心见诚，辟之青天白日，虽庸人竖子，皆以为磊落明白……刚明正大，公平易直，有古君子之风”[②]。

宋濂被称为明代“开国文臣之首，士大夫造门乞文者，后先相踵”[③]。从宋濂有关文章和其它文献记载中可知，其与孔氏南宗士人的交往极为广泛而密切，主要对象有孔瀛、孔克英、孔克仁、孔希仁等，其中交往时间有全在元末的，如孔瀛、孔克英；也有兼跨元明之际的，如孔克仁等。宋濂与孔瀛交往极其频繁，“皆浙水东人，故数造访公，公喜，执濂臂曰：‘吾见子殆欲忘食也’”，可见两人之间的友谊之深。宋濂惊悉孔瀛去世之噩耗后极度悲伤，“闻公死，哭之恸”，后应“克仁请志其事，因收泪以书其略”，两人之间感情之深厚以及对孔瀛的同情、痛惜与怀念之情溢于言辞，其对孔瀛生平及为政事迹阐述详尽，对其“生平侠气，时时见眉宇间，识者怜之”的气质历历在目；对其“性颇严介”的品质由

---

① 崔铭先：《孔夫子的嫡长孙们》，浙江人民出版社2009版，第209、211页。

② （明）胡翰：《胡仲子集》卷三《与孔元夫按察书》，文渊阁《四库全书》本。

③ （清）张廷玉等：《明史》卷一百二十八《宋濂传》，中华书局1974年版，第3787—3788页。

衷钦佩；对其“末路颠连，孑孑作寒窭士”“古人所深悲，公不幸蹈之”的境遇深表痛惜，感慨“人孰无患难，未有甚如公者”①。

孔克仁与宋濂早在朱元璋为吴王时就共侍左右，因而接触和交往十分频繁，相互之间的了解也非常透彻。朱元璋不仅与两人共商政事，还涉及家事，从中可知其对两人的信任。元至正二十四年（1364），朱元璋在看到中书省所呈“宗庙祭飨及月朔荐新礼仪”后感到震惊，“悲怆流涕”地向两人诉说了自己的身世遭遇，“昔遭艰难，饥馑相仍”，所以二亲在时“欲养而力不给”，而今“赖天地之佑，化家为国”，可惜“二亲又不及养”。有感于此，朱元璋即刻“命并录皇考妣忌日，岁时飨祀以为常”②。两人曾共侍明太祖研读《汉书》，“宋濂、孔克仁等在侧”③。鉴于对子弟教育的重视，明太祖将教育诸皇子与功臣子弟的重任交付给孔克仁等大臣，并提出明确目标与要求。两人之间的密切交往和至深情谊，在孔克仁请宋濂所作的《孔氏谱系后题》以及《故检校孔君权厝志》之中得以充分反映。

宋濂年少时，曾在丹阳书院聆听永康支南宗族人孔克英的讲学，对孔克英“扬确古今，陈义甚高”的学识深感佩服，并对其英年早逝深表痛心，“浮沉下游，竟不能少展所学而殁？天命乎？诚有不可窥测者矣”④。

二、明朝时期的社会交往

孔洙让爵对孔氏南宗产生了重大影响，如明洪武十九年（1386）五顷祭田被抄没，导致其钟鼓玉帛式等最重要的礼仪活动都难以延续，时人谢

① （明）宋濂著，黄灵庚点校：《宋濂全集·杂志·故检校孔君权厝志》，人民文学出版社2014年版，第1745页。

② （清）毕沅：《续资治通鉴》卷二百十八《至正二十四年夏四月甲午朔》，中华书局1957年版，第5926页。

③ （明）黄光昇：《昭代典则》卷三《甲辰五月条》，《续修四库全书》本。

④ （明）宋濂著，黄灵庚点校：《宋濂全集》卷六十七《墓铭四·丹阳书院山长克英墓铭》，人民文学出版社2014年版，第1598页。

迁曾对此作了如下描述："址存派紊，租税之入，无以计其虚盈；时祭之行，无以考其官称，祠墓圮毁而莫之理，赐田淹没而莫之究，子孙繁衍，旁正混淆，同衣冠于流俗，而与阙里相霄壤。"[①]尽管如此，孔氏南宗族人依然诗礼传承，明道弘道。南宗族人或担任地方官员，或担任学官，或亦耕亦读，不管身处何境，注重修身，谨守礼义。明代翰林学士江澜以"孝义"称孔洙让爵之德，并赞其子孙淡泊守志。孔氏南宗族人则以"君子固穷"自勉，不忘明道弘道之志，亦可谓诗礼不坠。直到明正德元年（1506）明朝廷授孔彦绳为翰林院五经博士，孔氏南宗爵位才得以恢复，从此走上了复兴之路。

孔氏南宗的复兴，造就了一批学养深醇、才干突出的人才。此后，无论是宗族文化，还是族人的社会作为，均使孔氏南宗声名大振，令人称道。为政方面，孔氏南宗不乏身居要职、政绩突出且为同僚与士民交口称赞者。明代，孔克仁、孔克准、孔贞时、孔贞运等纷纷活跃于政治舞台；孔思模等人致力于教育事业；孔克安、孔克谦等人熟读经史，涵养深厚，言行莫不合乎仁义，致力于言传身教，培育人才，移风易俗。因"圣裔"身份所赋予的文化符号意义，更由于自身的不懈努力和积极有为，孔氏南宗为江南广大学者士人所谙知。明代刑部主事、礼部侍郎、南京刑部侍郎吾绅所说的"士之谈孔氏之盛者，北则曰鲁，南则曰衢"[②]，充分说明孔氏南宗地位之重要、影响之广大。这一时期，孔氏南宗与江南学者士人的交往活动广泛而密切，其交往对象既有朝廷官员，又有地方士人；既有学问淹通的学者，又有才情纵横的文人，其间不乏饱负盛名者。

孔克仁与宋濂之间的交往上文已作论述。孔克英之子孔希仁（字士安）以学问广博、品行高尚、恪尽职守而闻名于时，正所谓"气和而性醇，行端而学粹"。孔希仁在任奉祀生期间，对祭祀"恪勤不懈"，后被"例选

① （明）沈杰辑：《三衢孔氏家庙志·博士记（谢迁撰）》，明嘉靖刻本。

② （明）沈杰辑：《三衢孔氏家庙志·鲁林怀思诗卷后序（吾绅撰）》，明嘉靖刻本。

校官，邑长以广文孝友于家、行著于乡，而学粹于古，允宜垂范乡学，荐试礼部，文艺卓然，遂实授本邑教谕，里中士子翕然归焉”。“文艺卓然”说明孔希仁具备担任永康儒学教谕的资格，学识渊博、品行高尚的孔希仁不负众望，因而子弟“翕然归焉”。时人不但称其“平生不随流俗，皆归于仁厚，如此可不谓有道之士”，同时称其“诸门生多擢上第，风纪重任，不绝其人”[①]。

孔希仁曾于明洪武十一年（1378）赴曲阜拜谒祖庙，宋濂为其作序送行。宋濂坦言，孔希仁作为孔子后裔的特殊身份，与常人相比肩负着不一般的特殊使命和责任，因而勉励其要衍圣弘道、不辱圣裔之形象。正如序中所说：“古所谓世家者，非必世积宝贵之谓也，能世其德焉耳……为人子孙者至难也。为常人之子孙者难矣，未若为贤者之子孙之难也；为贤者之子孙难矣，未若为圣人之子孙尤难也。何者？其先愈大，人望之愈深，故为其后者愈不易也。韦布之家，稍能自树，人必称之曰：‘其先未尝有若斯者也，是可谓贤矣。’贤者之家，其子孙虽远过于人，人必曰：‘是夫虽良，未若其祖也。’又曰：‘是夫虽良，于道有所未知也，于礼有所未习也。’一有遗失，则人群指而议之，以为不肖人矣，是不亦难矣乎？贤者尚然，而况为圣人之后乎……欲其进于道而无忝于圣人也。”[②]宋濂十分清楚，上至帝王、文武百官以及学者士人，下至普通百姓，全社会对圣人后裔所寄予的期望值远远高于普通人及其子弟，因而由衷地表达了对孔氏南宗族人的崇敬与理解，同时对他们寄予团结自强、不辱“圣祖”、无愧“圣裔”身份的殷切厚望。

方孝孺为宋濂弟子，学识卓异，深受世人尊崇。方孝孺及其弟子章朴与宁海孔氏的关系甚为密切。宁海孔氏为孔氏南宗分支，孔子五十三世孙孔淋避乱迁居会稽，后又迁于宁海，为隅南孔氏始祖。章朴受方孝孺之嘱

---

① 《［民国］永康孔氏宗谱》卷二十八《永康孔士安先生墓铭》（吴基德撰）。

② （明）宋濂著，黄灵庚点校：《宋濂全集》卷三十五《序十四·送永康孔教谕士安往曲阜谒庙序》，人民文学出版社2014年版，第784—785页。

而撰的《隅南孔氏谱序》称，隅南孔氏“子姓繁衍，昭穆森森，一如鲁庭家训……道德酝酿，文章毓秀”。从该“序”可知，章朴与孔子五十五世孙孔克聪之间的交情非同一般，“与予联姻，世契同博弟子员”，且“克聪公之祖母为方氏，而逊志先生以内侄居督诲，率予同受业者久之”。在两人深入交往的过程中，章朴感到颇有收获，“克聪公期以学业发祥，而志气卓越，泥涂轩冕。先生与予每劝之仕，曰：‘今天子在上，治化大行，得草茅臣妾，幸也。’予沐熏陶，实渥德契”[①]。孔克聪与章朴、方孝孺三人之间的关系于此可见一斑。

杨士奇、杨荣、杨溥在明代政坛德高望重，并称“三杨”。杨士奇、杨荣与孔氏南宗族人的往来也非常频繁。杨士奇甚至说：“衢孔之仕于朝而与余好者三人：国子学正某先生父子及克准，皆贤者也。”其中的国子学正某先生父子是指孔思模、孔克惠。孔克准因思念曲阜林庙而请人作的《鲁林怀思图》，众多著名文人为之题写诗文和序，其中包括杨士奇的《鲁林怀思图诗后序》。杨士奇在“后序”中对孔克准“北望尼山，水木本源之念未尝忘”的情怀大加赞赏，认为这是其“孝”的重要体现，“孝哉，克准之用心也……孝者善继人之志，善述人之事者也。推克准之心，诚由先圣之道，可谓孔氏贤子孙”[②]。历任侍讲、户部右侍郎兼文渊阁大学士、两朝实录总裁官等职的金幼孜作《鲁林怀思诗为太常孔克准赋》；历任翰林检讨、修撰、侍讲、《永乐大典》副总裁官等职的王洪作《鲁林怀思并序》；翰林院庶吉士吾绅作《鲁林怀思诗卷后序》。由此可见孔克准的人品甚高及其影响之大。在朝为官的衢州孔氏族人，除孔克准与杨士奇交往密切之外，还有曾任宗人府经历的孔克进等。杨士奇所作的《孔经历挽诗》两首，不仅对孔克进谦和文雅的人品大为赞赏，并且表达了无限哀思。

---

① （清）陈梦雷：《钦定古今图书集成·明伦汇编·氏族典》卷三百七十八《孔圣部艺文·隅南孔氏谱序》，中华书局影印本。

② （明）杨士奇：《东里集》文集卷三《鲁林怀思图诗后序》，文渊阁《四库全书》本。

王直系明永乐二年（1404）进士，曾任礼部侍郎、吏部尚书、少傅等职，与金溪王英并称“二王”。曾任太常博士、太常丞的孔克准与王直之间的往来十分密切，两人在二十年的相交中，结下了深厚的感情。王直在为孔克准所作的墓志铭中，追忆了两人从初识、相知到分别、复见的经历，笔端饱含深情。孔克准之子孔希经（字士纶）幼年时所表现出的俊逸才华令王直称奇：“予昔在南京，与太常比屋居，希经年尚幼，已岐嶷不凡，予心盖奇之。”[①]明宣德七年（1432），孔希经入太学，王直作序赠之，一方面希望孔希经力求“诚”与“敬”，努力成就学业，“始以诚敬之心求之，终而至于至诚无息不动而敬，然后为学之成”；一方面告诫孔希经要时刻以世人对孔氏子孙寄予的厚望勉励自己，“希经之言行，必无毫发爽焉，斯可矣”。孔希经怀着“毕先志”的抱负，勤奋治学，才学出众，后来任刑部主事。

黎淳，明天顺元年（1457）状元，曾任南京礼部尚书，《明史》有传。孔子五十五世孙、嘉鱼支族人孔克儒（又名孔儒），《［民国］孔子世家谱》称其“字士夫，号宗学”，其学问、道德、才干深得黎淳赏识。孔克儒即将赴任南京浙江道监察御史时，黎淳为之作《庆孔宗学授南京监察御史序》，称其有“英妙之质”，“历十余载，术业大备，卓有声威”。黎淳认为“圣人以天下为一家，中国为一人”，并以“耳目之任”喻示御史职位责任之重要，可谓“御史见重于天下”。同时，黎淳勉励孔克儒竭忠尽力，建立功勋，不负御史之重责。

王阳明学说对明朝中期之后的社会思潮产生了重大影响。孔氏南宗族人与阳明学派人物也多有交游，王守仁弟子王玑、邹守益等均为孔氏南宗赋诗作文。李遂与阳明学说人物多有往来，但“并未完全融入阳明学的学术信仰之中，始终与阳明学者保持着一定距离”[②]。李遂于明嘉靖十七年

① （明）沈杰辑：《三衢孔氏家庙志·赠五十六世孙孔希经游太学序（王直撰）》，明嘉靖刻本。

② 刘勇：《明儒李遂的讲学活动及其与阳明学之关系》，《明史研究论丛》（第九辑）2011年版，第213页。

（1538）出任衢州知府，拜谒南宗孔庙后得知孔氏之艰难，感慨万分，于是下令拨官田三十多亩，以缓解孔氏南宗之困难，体现了一任地方官员对圣裔的“尊重之意”。王玑对此事评价极高，认为“宣天子化而明德，恤祀忠且敬也。所恤者孔祀，重本也”，因此在其心目之中，李遂为孔氏南宗增加祭田可谓“一事而众美形”[①]。明嘉靖二十年（1541），邹守益应孔说、孔彦继、孔彦才、孔彦统等孔氏南宗族人之邀而作的孔氏家塾记，勉励南宗族人循良知之旨，承孔门遗教。

衢州士人方豪的才干与诗情深得王阳明赞赏，王阳明曾作《方思道送西峰》诗：“西峰隐真境，微境临通衢。行役空屡屡，过眼被尘迷。青林外延望，中闷何由窥？方子岩廊器，兼已云霞姿。每逢泉石处，必刻棠陵诗。兹山秀常玉，之子囊中锥。群峰灏秋气，乔木含凉吹。此行非佳饯，谁为发幽奇？奈何眷清赏，局促牵至期。悠悠伤绝学，之子亦如斯。为君指周道，直往勿复疑。”方豪与孔氏南宗族人多有往来，与孔子六十世孙孔承美相交相知。孔承美入朝袭封爵位时，方豪为其赋诗送行：“圣道原无极，贤孙尚有官。晓日摇朱芾，春风样锦鞍。光辉增阙里，安稳上严滩。烦与尊翁约，柯山扫石坛。”[②]从送别到相约，可见两人交情之笃深。明正德十四年（1519），方豪为新建的新桥街家庙作《明正德衢州孔氏家庙碑》。

江西金溪著名士人王英，明永乐二年（1404）进士，曾任翰林院编修、侍读学士、少詹事、礼部侍郎、南京礼部尚书等职，为人“端凝持重，历仕四朝。在翰林四十余年，屡为会试考官，朝廷制作多出其手，四方求铭志碑记者不绝。性直谅，好规人过，三杨皆不喜，故不得柄用”[③]。王英之子王裕，曾任正议大夫、四川按察使等职。王英、王裕父子与临川孔溪孔氏族人均有密切交往。明天顺六年（1462），王裕应孔公智之邀为续

---

① 《［民国］衢县志》卷十六《碑碣志一·明嘉靖增孔庙祭田记》，民国二十五年（1936）铅印本。

② （明）方豪：《赠孔大博菱湖先生袭爵南还》，载《衢州历史文献集成》（文集专辑）第十册，中华书局2013年版，第111页。

③ （清）张廷玉等：《明史》卷一百五十二《王英传》，中华书局1974年版，第4196—4197页。

修孔氏宗谱所作之序，阐述了临川、金溪、新城三地孔氏之由来及临川孔氏修谱之盛况，足见其对孔氏家族事务之谙熟以及与孔氏族人之间的友好关系。临川人陈民望，曾任中宪大夫、直隶松江府知府等职，明正德二年（1507）应邀为临川孔氏家谱作序。陈言，曾任抚州知府、兵部郎中等职，明正德八年（1513）应邀为临川孔氏家谱作序。

三、清朝时期的社会交往

清初著名学者朱彝尊，擅诗词、考据，著有《曝书亭集》《经义考》等著述。桐乡孔氏族人孔兴俊与朱彝尊曾共游晋祠，“修禊祠下，酌难老之泉，采长生之苹……既旦，感后会之难期，重念此乐之不可泯也，乃绁马于林，纪同游姓氏于壁”[①]。

出生于文学世家的杜堮对当时文坛影响很大。南宗族人孔传曾请杜堮为家藏的先人耕读遗照题诗，所谓“孔生三衢秀，家世金丝堂……隆冬践岩壑，从我于括苍。袖出耕读图，切切语彷徨”。杜堮看到耕读图，感慨深沉：“对图忽叹息，抚案翻迴徨。北风震户牖，飒飒吹大荒。”[②]清道光三年（1823），杜堮为重修竣工的孔氏南宗家庙作《清道光重修衢州孔氏家庙记》。

在接待前来拜谒家庙的士绅民众时，孔氏南宗士人还请士绅民众观瞻祖传珍宝，孔子及亓官夫人楷木像便是孔氏南宗家庙的重要珍宝。清代学者朱珪在拜谒家庙、瞻仰楷木像后作诗云：“我来拜遗像，抠衣屏驺役。俨然五岳真，亓官对几席”，并自注说：“楷木二真像犹留，传周时所雕也。”[③]清代诗人张际亮在拜谒衢州孔庙后也作诗记之，既盛叹楷木像之传

① （清）朱彝尊：《曝书亭集》卷六十八《题名·重游晋祠禊饮题名》，文渊阁《四库全书》本。

② （清）杜堮：《遂初草庐诗集》卷九《越吟集·孔生传曾携其先人耕读遗照乞题因书其事》，《续修四库全书》本。

③ （清）朱珪：《知足斋诗集》卷七《谒夫子家庙示孔氏诸生用前移居二首韵》，《续修四库全书》本。

神，“追摹出端木，气象谁能言”，又感慨孔氏南渡之艰辛，“自从南渡来，更历兵戈繁”；既感到近圣人之居的荣幸，“恭维圣人意，应悯生民宽，教由帝王立，化为臣邻宣”，又表达了道济苍生的志愿，“何以报君师，旦夕康黎元”[①]。

在与江南士人的交游活动中，江西境内南宗族人格外引人瞩目。孔氏家族作为历史上谱系严明、文化底蕴深厚的世家大族，支派遍布江南各地，其中迁至江西境内的孔子后裔不计其数，主要形成了临川、黎川、金溪、宁都、新建、鹰潭等南宗支派，孔氏南宗文化在江西得到大力传承弘扬。孔氏南宗江西各支派与当地名士之间广泛而密切的交游，反映出孔氏南宗讲求实学、内涵丰富、底蕴深厚的文化特征及其与江南社会互动融合的文化自觉。

孔氏南宗支派谱系虽“支自为支，派自为派，缺乏完书”[②]，但也不乏数支孔氏合修宗谱之举，如镇江、常州等地孔氏合修的《江南孔氏族谱》、江西各地孔氏合修的《江西圣裔孔氏宗谱》。《江西圣裔孔氏宗谱》修于清乾隆四年（1739），是“衢州孔琯、孔琬和临江孔彦邦三公在金溪、临川、贵溪、泸溪、铅山五县十二分支后裔合修之谱”，所录的序跋“记录了三支之部分后裔在临川等五县的生息及其融合的历史，诚为孔子家族史研究中令人瞩目的现象”[③]。孔庆华先生曾对临川孔氏作过详尽考证，较为系统地梳理了孔彦邦、孔琬后裔的分徙情况及其演变历程，“临川孔氏系孔子后裔，其始迁祖有二：孔彦邦、孔琬，均为孔子四十九代孙，在南宋孝宗朝落居临川，至今八百余年，传三十余代，子孙以万数”，且现今抚州市十县一区“均有孔子后裔，除乐安、宜黄、广昌三县外，皆居而成村，其

---

① （清）张际亮著，王飚校点：《思伯子堂诗文集》卷三十《九月十六日衢州谒先圣家庙拜瞻遗像恭纪十八韵》，上海古籍出版社2007年，第1190页。

② 徐寿昌：《孔氏南宗史实辨正》，载孔祥楷主编《儒学研究》（上），杭州出版社2006年版，第121页。

③ 徐寿昌：《孔氏南宗史料》卷十六，孔氏南宗家庙管委会2009年版。

源则尽在临川”[①]。可见，由衢州迁至临川、又由临川衍生的孔氏南宗族人分布于江西大部分地区，且以聚居者为多。

早在南宋以前，江南地区就有会稽孔氏、临江孔氏等圣裔的分布。但无论是在官方还是在民间，普遍认为孔氏南宗是从南渡之后才开始的，即“自中散公传扈宋高宗南渡，赐家于衢始也”[②]。江西境内也不例外，南渡的孔琬、孔瑄迁居江西之后，繁衍了众多支派。以浙江衢州为中心的孔氏南宗，主要统辖了包含南宗派（孔端友一系）、衢州派（孔传一系）及其他派系三部分。这三派系在江西境内均有分布。

临川孔氏是孔氏南宗在江西影响最大的支派之一，其始迁祖孔彦邦、孔琬均系孔子四十九世孙。孔彦邦为江西临江派始祖、孔子四十世孙孔绩之后，于宋隆兴二年（1164）迁居临川，在南宋之后即受孔氏南宗统辖；孔琬所属一支则为衢州派长支，从《［民国］孔子世家谱》所录世系可见其演变脉络。孔琬为衢州派始祖孔传之孙、孔端问之子，“以白身最长授迪功郎，（宋）乾道二年（1166）任江西抚州府临川县丞，遂家于此”[③]。此后，孔琬后裔分别迁居江西新城贤溪，石城铺背，金溪永和乡、余干，也有部分迁居福建上杭、广东大浦等地。

新城贤溪孔氏始迁祖孔温宠（亦名均宠），为孔琬第四世孙。关于该支孔氏迁居新城贤溪的时间，魏禧认为是在元末[④]，孔庆华则认为是在南宋宝祐年间[⑤]。

石城孔氏属孔温宁世系。孔温宁为孔子五十三世孙、孔琬第五世孙，于南宋末年因避战乱而迁居福建建宁岭腰。直至明代，孔温宁第九世孙孔闻安携母由建宁迁居江西石城石中里铺背，成为石城南宗孔氏始迁祖，以

① 孔庆华：《临川孔氏考略》，《东华理工学院学报》2004年第2期。

② 《（江西石城）孔氏族谱·竹溪孔氏家谱原序》。

③ 孔德成：《［民国］孔子世家谱》二集卷十七之四《衢州派长支·上杭龙泉丽水大浦》，山东友谊书社1990年版。

④ （清）魏禧：《魏叔子文集外篇》卷四《议·贤溪孔氏庙祀议》，《续修四库全书》本。

⑤ 孔庆华：《临川孔氏考略》，《东华理工学院学报》2004年第2期。

辛勤劳动开辟和奠定了基业。孔闻安"性勤俭，行正直，刀耕火种，有恢拓之功"[①]。孔闻安传三世至孔衍赐（字显生）、孔衍财（字聚生）、孔衍赔（字胜生）、孔衍梓（字乔生）兄弟之时，石城南宗孔氏呈现一派振兴气象，所谓竹溪产业"创于吾祖聚生、伯祖显生、叔祖胜生、乔生诸兄弟"[②]。清雍正十二年（1734），石城南宗孔氏族人于当地兴建宗祠。

金溪孔氏始祖为孔之缙、孔之绅兄弟，孔琬第三世孙；宁都孔氏也为孔琬后人，孔彦昭、孔宏汉由建宁迁居宁都。清道光十六年（1836），宁都孔氏族人在城西建孔氏宗祠以祭祀孔琬。

除孔彦邦、孔琬之外，孔琯被认为是抚州孔氏的另一始迁祖。孔琯曾任通城主簿，南渡后居于抚州，《［民国］孔子世家谱》二集卷二十四之江苏武进支对其世系予以载录。

江西新建孔氏，《［民国］孔子世家谱》二集卷二对其世系予以载录。新建孔氏始迁祖为孔子四十九世孙孔瑄，"擢进士第，知曲阜县，任江西饶州太守，见饶城北门外山水秀丽，田园可乐，因卜居焉"[③]。

鹰潭石塘七孔属于南宗派，为孔濂后裔。孔濂为孔子五十一世嫡长孙、衍圣公孔文远孙子，孔万龄次子，迁居鹰潭后，子孙繁衍，修谱睦族，传承孔氏文化，著有《五经图说》。

与浙江、江苏等地南宗后裔一样，孔氏南宗江西诸支派迁居江西各地之后，一方面勤读诗书、修身习礼，积极传承孔氏家族文化；一方面主动融入当地社会文化，与当地学者与名士广泛交游，不断扩大社会影响。

知名学者、宁都人魏禧，与侯方域、汪琬并称明末清初三大散文家，擅古文，著有《魏叔子文集》《日录》《左传经世》等。魏禧之兄魏祥、弟魏礼也以文名于世，兄弟三人被时人并称为"宁都三魏"，声名远播，可谓"三魏之名遍海内"[④]，有《宁都三魏全集》传世。魏祥之子魏世杰，魏

---

① 《石城竹溪孔氏第九修族谱》卷三《温宁公房世系·闻安》。

② 《江西石城孔氏族谱·竹溪孔氏家谱原序》。

③ 孔德成:《［民国］孔子世家谱》二集卷二《江西新建支》，山东友谊书社1990年版。

④ 赵尔巽等:《清史稿》卷四百八十四《魏禧传》，中华书局1977年版，第13315页。

礼之子魏世傚、魏世俨，被时人称为宁都“小三魏”。魏禧与彭士望、李腾蛟、邱维屏等人相与论学，并在社会上产生了很大影响，因而被时人称为“易堂九子”[①]。宁都魏氏、易堂诸人与孔氏族人往来频繁，一时间风云际会、士人荟萃，共同谈文论道、议论时局。其中，魏禧与新城孔氏族人孔鼎、孔仲隆皆有往来，并为孔尚典、孔之逵之师。孔鼎（字正叔），明亡后隐居山中，潜心于典籍研究。魏禧在新城讲学之时，67岁高龄的孔鼎不辞路途遥远，出见年仅31岁的魏禧，两人此后交往密切[②]。清康熙十七年（1678），孔鼎寿终，其子孔兴鹏手捧讣文至魏禧处，魏禧“捧书痛哭”。此外，“易堂先后辈咸相悼叹”[③]。

孔仲隆为孔之逵之父，为人正直，魏禧“因之逵交仲隆君，其言讷然不出口，性朴直，不知世有机诈事”[④]。孔仲隆在魏禧心目中不但拥有勤劳质朴的品质，而且具有侠义气概。清康熙八年（1669），魏禧因孔之逵、孔尚典等人之邀为孔仲隆六十寿辰作寿叙。

孔尚典（字天徵）的文章与才干皆深得时人称道，《[同治]新城县志》有传。孔尚典曾师从魏禧学习古文，魏禧对其赏识有加，以“英气”与“高论伟识”称之：“余于天下士，最爱有英气者，于文亦然。新城孔生尚典，其人与其为文则皆称是。”[⑤]正因如此，魏禧亲自为孔尚典的文集作序。

孔之逵（字用仪）好读经史，才气过人。孔之逵也曾师从魏禧，深得器重，被誉为“诸生十余辈，子最长有名”，其见解深刻而独到，魏禧称“汝能恣讨论，起予发妙评”[⑥]。此外，魏禧曾有诗写道：“先生披衣起，遥闻

---

① “易堂九子”是指明末清初以魏禧为首的九名文学家。魏禧父魏兆凤，于明亡后削发隐居于翠微峰，将居室命名为“易堂”。魏禧与兄际瑞、弟礼以及彭士望、林时益、李腾蛟、邱维屏、彭任、曾灿讲学于此，提倡古文实学，被时人称为“易堂九子”。道光年间，彭玉文编《易堂九子文钞》。

② 张小平：《魏禧思想交游考论》，江西师范大学2007年硕士学位论文。

③ （清）魏禧：《魏叔子文集外篇》卷十四《文·祭孔正叔先生文》，《续修四库全书》本。

④ （清）魏禧：《魏叔子文集》卷十一《叙·孔仲隆六十寿叙》，中华书局2003年版，第554页。

⑤ （清）魏禧：《魏叔子文集》卷八《叙·孔玄征文序》，中华书局2003年版，第446页。

⑥ （清）魏禧：《魏叔子文集外篇》诗集卷四《五言古·赠门人孔用仪五十》，《续修四库全书》本。

咳唾声”“窗外立孔生，谈《易》何分明”，从中反映出魏禧对孔鼎和孔之逵勤学的赞赏与勉励，并深深感慨：“人生无师友，有如盲者行。飞鸟锻其羽，兽鹿断其胫。何幸我之生，犹得亲典刑。努力爱余日，推枕出前庭”[①]。

魏礼为人谦让诚信，喜欢结交豪杰，为孔毓琼、孔毓功兄弟之师，《清史稿》有传。孔毓琼（字钟英，一作英尚）注重探求实学，著有《孔伯子文集》《酬知录》《晓窗诗集》等，魏礼曾为其文集作序，盛赞其学古之志，欣赏其健朗之文风。孔毓功（字惟叙，一作维叙）著有《是堂集》。兄弟两人之事迹载于《［同治］新城县志》，孔毓琼的《孔钟英集》、孔毓功的《孔惟叙集》及其叔祖孔尚典的《孔天徵文集》的基本情况，均载于文渊阁《四库全书》集部别集类（存目）提要。

新城孔氏不但与魏禧、魏礼交往甚密，多人曾师从魏禧、魏礼，而且与其后辈“小三魏”之间的交往也十分密切。魏世杰和孔尚典、孔之逵、孔鼎皆有交往，对三人十分推崇。魏世杰在《答新城孔玄徵书》中，与孔尚典充分交流了研读《六朝通鉴》的感悟，对其识论与才干赞赏有加，称其“大义伟论，将使瞽者欲视，跛者欲走”，又称其“识议英伟，人想望风采”，“胸中自有本末，非若世之高言雄辨、外有虚声而不适用者也”[②]。他在给孔之逵的书信中写道：“读评议《左传》，勺庭之道其在南矣，又非特弟多愧心也。”[③]魏世杰在给孔鼎的《与孔正叔先生》《寄寿孔正叔先生七十》《寄赠孔正叔先生》等诗文中，对孔鼎的好学与品行也极为推崇。

魏礼之子魏世傚、魏世俨对孔毓琼、孔毓功的家世十分了解，对孔氏族学极为推崇。魏世傚应孔毓琼之请为其父孔之僮（字昭文）所作的《孔昭文五十序》，对孔之僮的一生作了高度评价，称其“好读书，入太学，挟箧以游燕楚吴越。出粟贷乡之贫人，为林某偿所负，勿令知。抚杨邓二孤，皆有成立。讲求古朋友师生之谊，广积书以训子，欲其亲师取友，以

---

① （清）魏禧：《魏叔子文集外篇》卷四《同门人孔之逵宿桂山晓闻竹外鸟声枕上呈正叔先生》，《续修四库全书》本。

② （清）魏世杰：《魏兴士文集》卷二《书·答新城孔元徵书》，清道光二十五年（1845）刻本。

③ （清）魏世杰：《魏兴士文集》卷三《尺牍·与孔用仪》，清道光二十五年（1845）刻本。

诗文章取令名……不计利而好行其德，不汲汲于肬仕而以诗书忠厚贻其子孙。故令子皆自检押，能文章，乐交天下士，非根源之发而能如是乎”。序文从好学上进、慷慨好义、积德行善、尊师重教以及悉心培育后代、重视家风建设等方面，全面反映了孔之偉的优秀品德。所有这些，也正是造就孔毓琼兄弟文行俱优品质的重要源泉，正可谓“观其子孙可以知其祖父，观其祖父可以预知其子孙也……君行其德以安其身，以及于子孙”[①]。魏世傚在后来所作的《孔公昭文墓志铭》中，称孔之偉“性孝友宽和，乐施予，见义必为。故生平任亲族寄托、扶植孤寡，不一而足。至于茶亭、桥路、棺木之施，未能悉数。事继母三十余年，无异所生”，又称其胸襟开阔，“戚属后进有以非礼相加、狎侮无状者，公弗与较。其人久而自悔，公遂待之如初”，对其临终时“做好人，行好事，读好书”的九字示儿予以高度肯定和推崇。正因为如此，孔之偉赢得了人们的爱戴和怀念，以至于后人设祠祀之，“既殁之次年，郡邑绅士胪列其生平善行，申请而祀于学宫之乡贤祠”[②]。魏世俨少年时就接触到孔尚典的《天徵集》，不仅对其才学深表钦佩，而且产生了与其交往的强烈愿望，“予十二三岁时，稍识文字，则读孔君《天徵集》，服其才之雄伟，千人辟易，愿与之交”[③]。魏世俨与孔毓琼、孔毓功兄弟相交甚笃，彼此称许。孔毓琼为开阔视野，决定“自江南北以游燕都”，并将“谒其先祖至圣于曲阜，睹礼乐之盛，申追本之思”，魏世俨认为孔毓琼为“有志之士”，于是欣然为其作序壮行，首先对见世面长见识、广交友增自信的志向表示充分肯定，“予与孔君英尚生长僻乡，不游通都大邑，何以廓其见闻？不出其学以质诸四方贤豪，何以自信其是非，益造就其所未至”。同时，对其为人与学识，特别是在学术上的探究精神和独到见解表示由衷敬佩，称其“为人质朴，无世俗态，与人语常讷讷不出口。而观其所谓古文章，论古人疑义往往多所发

① （清）魏世傚：《魏昭士文集》卷三之三《序·孔昭文五十序》，《清代诗文集汇编》本。
② （清）魏世傚：《魏昭士文集》卷八《墓表·孔公昭文墓志铭》，《清代诗文集汇编》本。
③ （清）魏世俨：《魏敬士文集》卷三《序·赠孔维叙序》，清道光二十五年（1845）刻本。

明"[①]。魏世俨对孔毓功的学识也十分欣赏，大有相见恨晚之遗憾。因孔毓功、孔毓琼兄弟"嗜古好学，不同于流俗"，魏世俨"深恨交二君之不早也"，对其"不徒在诗歌古文辞"而"更欲探其本者"的求真求实精神及其境界，更是敬佩之至，因而对其学业寄予美好期待，"维叙其将不期诗文之工，而工于诗文无疑矣"[②]，正如韩愈《答李翊书》中所说："养其根而俟其实，加其膏而希其光。根之厚者其实遂，膏之沃者其光晔。"魏世俨在《答孔钟英钟叙书》中，追忆了与孔毓琼、孔毓功的交往经历，或煮茶品茗，或漫步闲谈，相互之间的深情厚谊尽见于笔端。

"易堂九子"中的林时益、彭士望都与孔鼎交往深厚。林时益和孔鼎志趣相投。彭士望和孔鼎之间多有书信交往。彭士望称孔鼎"明于古今之故，闵世嫉俗，著书繁伤"[③]。孔鼎曾因农业歉收、百姓饥寒而感到忧虑，并为此向彭士望求教。彭士望在复信中不仅回答了孔鼎的问题，而且谈到了孔鼎对易堂诸人的赏识与期望。清康熙元年（1662），新城孔氏修葺贤溪孔庙，孔鼎本想请林时益为其作庙记，彭士望则代林时益作《贤溪重修圣庙序》，林时益、彭士望与孔鼎及新城孔氏之间的关系由此可见一斑。

孔仲隆"少时好击剑，轻财慕义"，清初抗清领袖之一江藩对其才干十分赏识。明崇祯十七年（1644），李自成攻陷北京，孔仲隆召集诸子习武，"日课诸子运石削土，习技击以为常"[④]。清兵南下入关后，各地抗清斗争不绝，江藩亦举师抗清，邀请孔仲隆入幕，孔仲隆至江幕，但后来失望而归。

上述人士之外，孔氏南宗江西诸支派族人中多有学识过人、好行义举者，他们与当地士人交游密切，为当地士人所敬重。新城孔氏族人孔尚孚（字信之）多行善举，"修德乐施，助壮鳏者婚，赈贫乏者粟，年七十举乡

---

① （清）魏世俨：《魏敬士文集》卷三《序·送孔英尚北游序》，清道光二十五年（1845）刻本。

② （清）魏世俨：《魏敬士文集》卷三《序·赠孔维叙序》，清道光二十五年（1845）刻本。

③ （清）彭士望：《耻躬堂文钞》卷二《书·复孔正叔书》，清咸丰二年（1852）重刻本。

④ （清）魏禧：《魏叔子文集》卷十一《叙·孔仲隆六十寿叙》，中华书局2003年版，第554—555页。

宾，仪部黄端伯为之传”[①]。孔尚举（字心恕）以孝友著称于时，“明邑宰谭公称曰‘孝友先生’，扁其堂曰‘真君子’，于是人称‘孝友先生’”[②]，魏禧应其子孔鼎之请而作《孔孝友先生及配刘孺人合葬墓志铭》。石城孔氏族人孔尚登、孔尚密之品行为时人称道，孔尚登“为里党矜式，盖隐时君子也”，孔尚密“为人宽厚诚朴，无忮求，邑庠国珍黄先生甚重之”[③]。

孔氏南宗社会交往的意义广泛而深远，不仅体现在孔氏南宗本身，而且体现在江南社会文化的方方面面。对于孔氏南宗而言，社会交往既是融入江南社会的需要，也是实现其社会价值的重要途径。对于江南社会而言，社会交往既是江南士绅民众认识了解孔氏南宗的重要途径，也是传承创新儒家文化的需要。比如，孔氏南宗士人与婺州学者之间广泛又密切的交游，让婺州学者对其的认识、评价和推崇表现出极强的一致性。

首先，在对孔氏南宗地位的认识问题上，婺州学者熟知孔氏南宗史事，并坚持以孔氏南宗为大宗。继孔端友之后，南宋朝廷先后赐封孔玠、孔搢、孔文远、孔万春、孔洙五代衍圣公。元灭南宋不久，“疑所立，或言孔氏子孙寓衢者乃其宗子”[④]，孔洙赴阙，让爵于居曲阜者。对此，毕沅《续资治通鉴》、傅恒《御批历代通鉴辑览》等文献都有明确记载，表明孔氏南宗在元初的影响之大。孔洙让爵使孔氏南宗丧失了至高无上的政治地位、经济地位和社会地位。然而，孔氏南宗族人依然谨记“圣裔”身份，不负衍圣弘道之使命与责任。与孔氏南宗交往密切的婺州学者，以南宗为大宗，其中“率先强调南渡和让爵史事，并为之惋惜者，当推侍讲学士、知制诰、同知经筵事黄溍”[⑤]，其为孔涛作“墓志铭”的时间系元至正二年（1342），距孔氏南宗复爵的明正德元年（1506）仅一百六十多年，因而比

---

① 《［同治］新城县志》卷十《人物志八·善士·明·孔允麟条》，清同治九年（1870）刻本。

② （清）魏禧：《魏叔子文集》卷十八《墓表·孔孝友先生及配刘孺人合葬墓志铭》，中华书局2003年版，第902页。

③ 《石城竹溪孔氏第九修族谱》卷三《温宁公房世系·六十四代·宏谷公房》。

④ （清）徐乾学：《资治通鉴后编》卷一百五十四《至元十九年十一月丁卯》，文渊阁《四库全书》本。

⑤ 徐寿昌：《孔彦绳复爵的前前后后》，《浙西文学》（内部刊物）2002（冬）。

较具有说服力。陈旅对南宗失爵也深表遗憾："会曲阜有争立之讼，廷论洙实宗绪之正，宜绍爵如故。而洙乃力辞南归，爵遂勿及其后，君子盖深惜之。"[①]在胡翰等学者心目中，孔氏南宗家庙拥有至高无上的地位，所谓"庙于鲁者，礼也；舍鲁而南者，宗子去国，以庙从焉，亦礼也"[②]。胡翰、宋濂等众多江南学者对孔氏南宗史事的陈述与厘清，使人们充分认识到寓衢者为孔氏嫡派子孙的重要事实，并使其成为朝廷上下的重要共识。孔氏南宗在与江南学者的广泛交游中，赢得了广泛的社会认同，提升了社会地位、扩大了社会影响。江南学者对孔氏南宗大宗地位的肯定，不仅有利于人们准确地认识孔氏南宗，而且为孔氏南宗爵位的恢复奠定了历史与社会基础。

其次，在对孔氏南宗文化内涵的认识问题上，江南学者由于熟知孔氏南宗士人事迹，因而对其深厚的学养与崇高的品行深表赞赏。比如，宋濂称孔克仁为"以文章家自显"[③]的孔子后裔；对孔克英品德之高尚、学问之深厚、见解之深刻极为推崇；称孔希仁"以文行贡士，铨曹选为其邑教谕，有名于时。自常人言之，可谓贤矣"[④]。更为重要的是，广大学者对孔氏南宗以忠义精神和诗礼文化为内核的文化精神推崇至极。针对南宗后裔对诗礼文化传承的优良传统，胡翰指出，"作庙于南，会通之礼"，且"诗书仁义之泽，罔有穷极"[⑤]；宋濂也对婺州南宗士人对家学的传承发扬予以盛赞："来居婺之永康，已数世矣，而业其家学不坠"[⑥]。所有这些，既反映了孔氏南宗族学的悠久兴盛，又寄托了广大民众对孔氏南宗的殷殷期许。

---

① （元）陈旅：《安雅堂集》卷六《送孔彦明教授建昌序》，文渊阁《四库全书》本。

② 《［弘治］衢州府志》卷十四《孔氏家庙记（胡翰撰）》，明弘治十六年（1503）刻本。

③ （明）宋濂著，黄灵庚点校：《宋濂全集》卷四十《题识五·孔氏谱系后跋》，人民文学出版社2014年版，第895页。

④ （明）宋濂著，黄灵庚点校：《宋濂全集》卷三十五《序十四·送永康孔教谕士安往曲阜谒庙序》，人民文学出版社2014年版，第785页。

⑤ 《［弘治］衢州府志》卷十四《孔氏家庙记》，明弘治十六年（1503）刻本。

⑥ （明）宋濂著，黄灵庚点校：《宋濂全集》卷三十五《序十四·送永康孔教谕士安往曲阜谒庙序》，人民文学出版社2014年版，第785页。

社会交往对象的扩大及交往活动的深入，使人们对孔氏南宗及其文化精神的了解和认识更加全面而深刻。程敏政、刘宗周、魏禧、李元度等学者，都强调和肯定了孔氏南宗的大宗地位，极大地提高了孔氏南宗的地位与影响。失爵期间，士绅民众对南宗的艰难境遇“皆恻之”。复爵之后，孔氏南宗的地位和影响都得以提升。明代翰林学士江澜关于“宣圣之后，在曲阜者以公爵相传远矣，而三衢孔氏乃其大宗也”[①]的观点，真可谓道出了明清时期广大学者与百姓的共同心声。被诗界奉为“开国宗臣”，人称“姿禀既高，学问极博，独以神韵为宗……主持风雅数十年”[②]的王士祯，明确表达了同样的立场和观点，旗帜鲜明地大声疾呼：“孔氏大宗在衢州，别派居句容、仪封。”[③]清代学者魏禧一方面高度赞扬孔氏南宗优良的家学传承传统，一方面对其“子孙仅一官博士”的待遇深表遗憾，明确提出“圣君贤宰相复起，其必有以厘定”[④]的主张，得到李咸斋、李元度等学者的积极响应。

孔氏南宗在明清时期呈现出人才鼎盛、宗族繁昌的景象，复爵固然是重要原因，但广泛而深入的社会交往则是不容忽视的另一重要因素。一方面，江南学者的盛赞、支持与推崇扩大了孔氏南宗的影响；另一方面，江南学者的规诫、劝勉对孔氏南宗族人的立身行事具有重要的鞭策和激励作用。社会交往活动为孔氏南宗与江南历代名儒士绅的文化互动和思想碰撞提供了重要契机和平台，为孔氏南宗文化的与时俱进创造了良好社会文化环境。孔氏南宗的社会交往活动，不仅扩大了孔氏南宗的社会交往面，提高了社会地位与文化影响，而且丰富了江南地区士绅民众的文化生活，推动了江南社会进步和文化繁荣发展。

---

① （明）沈杰辑：《三衢孔氏家庙志·送孔君承美授翰林世袭荣归序（江澜撰）》，明嘉靖刻本。

② （清）赵尔巽等：《清史稿》卷二百六十八《列传五十三·王士祯》，中华书局1977年版，第9954页。

③ （清）王士祯：《居易录》卷三十四，文渊阁《四库全书》本。

④ （清）魏禧：《魏叔子文集外篇》卷十二《跋·贤溪重修孔圣庙碑记跋》，《续修四库全书》本。

第四章　孔氏南宗文化内涵与传承机制

匡亚明先生在《孔子评传》中指出："孔子在春秋战国的诸子百家中，无论在当时或后世，在国内和国外，都是影响最深最广的人物，是个言行一致、学识渊博、品德高尚的伟大思想家、政治家、教育家，他集以往文化思想之大，开后世儒家学说之先声。他的思想学说，经过两千多年的潜移默化，有的已成为中华民族的道德意识、精神生活和传统风俗习惯的准则，构成了有别于西方国家的中国式的社会习俗和家庭生活的风范，而且在一定程度上也影响了东方国家，远及欧美，在世界文明史上占有重要地位，成为我们民族的骄傲。"①正因如此，自汉代以来，上至最高统治者、下至普通民众对孔子及其思想尊重至极，所谓"孔子垂教万世，天下共尊其教，故天下得通祀孔子"②；"孔子道高如天，德厚如地，教化无穷如四时，为盛世帝王之师"③。也正基于此，孔氏文化具有特殊内涵和象征意义，融宗族性、政治性、社会性及思想性等重要特征于一体。孔氏南宗文化作为孔氏文化的重要组成部分，同样具有这些显著特征。

① 匡亚明：《孔子评传》，南京大学出版社1990年版，第2页。

② （清）张廷玉等：《明史》卷一百三十九《钱唐程徐列传》，中华书局1974年版，第3982页。

③ 《［康熙］衢州府志》卷七《圣庙图第七·修建·罗璟记》，清光绪八年（1882）重刻本。

第一节　孔氏南宗的文化内涵

孔氏南宗文化不仅体现在其大宗风范方面，而且体现在族人的为人、为学、为官、处世等各方面。孔氏南宗族人与江南士绅民众的广泛交游，是传统孔氏文化与江南文化互动融合和不断演进的重要途径。也正是在这种融合、创新与发展进程中，孔氏南宗文化逐渐成为以儒家文化为核心、富有传统孔氏文化内涵、又富有江南社会文化特色的区域文明教化体系。具体地说，孔氏南宗在继承创新传统孔氏文化形态的同时，积极主动地融入江南社会文化环境，两者之间互相融合、互相促进，赋予孔氏文化以地方性和时代性，最终成为江南文化的重要组成部分。就其内涵而言，孔氏南宗文化是融宗族性、政治性、思想性及区域（江南）性于一体的孔氏文化。

一、基于宗族意义的孔氏南宗文化

毋庸置疑，孔氏南宗文化首先表现为宗族性。作为一种宗族文化，其所透视的是孔氏文化发展的一种形态。但由于孔氏宗族在中国历史上的独特地位，孔氏南宗文化因而也超越了一般意义上的传统宗族文化，具有特殊地位、历史意义和现实价值。有学者认为："中国传统的乡村社会是建立在血缘基础上的村落社会，宗族权威在乡村社会统治中发挥了极其重要的作用，它不仅缓和、调节了国家与村民之间的矛盾，而且因为其对乡村社会的有效管理，而保持村庄内部的长期平稳，保存了中国乡村文化的文脉。"①从这个意义上说，孔氏南宗文化不仅与其他宗族文化具有共性意义，还具有示范意义和引领作用。孔氏南宗既保持了传统的宗族形态，又因时因地制宜，创新宗族活动形式，从而不断丰富文化内涵。

第一，以族学教育为载体，重视家风建设，为宗族发展提供强大的精

① 叶祝弟、秦维宪：《寻求区域史研究的新起点》，《历史教学问题》2011年第3期。

神动力。孔氏家族具有深厚的诗礼传家传统，要求子弟读书以明理、修身以养性。这一传统在南渡之后不仅未因坎坷经历而中断，反而得以更加发扬光大。南渡不久，德高望重的孔传致仕回衢后，著书立说，家居授徒，在政治活动、宗族事务、教育活动诸方面为孔氏南宗树立了良好榜样，产生了深远影响。其子孔端己“侍父渡江，习见祖庭旧事，常举以训族子弟”[①]，由此奠定了孔氏南宗的礼义文化基础。以南宗家塾为基础、代相传承的族学教育，对中国传统礼义文化的继承发展具有重要推动作用。

纵观孔氏南宗族学教育的演进历程，鲜明地呈现出因时而变的时代性和不断走向平民化、大众化的重要特征：第一阶段是州学为庙时期，以孔传等家居时的“私学”为开端，由当时的形势与环境使然，族学与庙学实现了初步结合。第二阶段始于南宋后期菱湖家庙的兴建，其标志是“思鲁堂”的建立，族学教育得到纵深发展。第三阶段是明清时期，以明代城南家庙重建塾学为标志，族学规模得到扩大，教育对象由孔氏子弟扩大到百姓子弟，初步走向社会化。第四阶段是民国时期的重大转型，以孔庆仪等人为代表，顺应近代历史发展与西学东渐潮流，将私塾发展为近代化学校，为中国近代化教育树立了典范。在底蕴深厚的族学熏陶下，孔氏南宗历史上涌现了一大批饱学之士，可谓代有传承、贤才辈出，无愧于“出士类增美士林，可作千秋冠冕”的美誉。族学教育成为孔氏南宗历经磨难而长盛不衰的重要原动力，从而使其在“南渡而后，蔚为大宗，历二十余世，均足为乡邦弁冕”[②]。

第二，孔氏南宗以《钦定孔氏家规》为纲领性族规，不断细化，规范族人行为，推动宗族发展。《钦定孔氏家规》共计七条，在内容和性质上主要涉及孔氏南北宗关系处理、孔氏南宗宗族教化、异姓冒姓与隐差等三个方面内容。孔氏家族因其特殊身份，一方面得到朝廷的重视和优待，一方面在弘扬儒学、推行教化等活动中受到格外关注。《钦定孔氏家规》的

---

① （明）孔胤植重修：《阙里志》卷九《人物志·闻达子孙》，《孔子文化大全》本。

② 徐映璞：《两浙史事丛稿》，浙江古籍出版社1988年版，第26页。

颁布昭示着：历代政府希望孔氏南宗成为厉行忠孝、诗礼传家的宗族典范，不仅要求其对其他宗族起到示范作用，而且期待其在推动地方教化中有所作为。此外，孔氏南宗族人制定了众多具体的宗族规制，如见于《永康山西孔村孔氏族志》《温岭孔氏家谱》《四明慈水孔氏宗谱》等谱牒中的孔氏族规家训，系统地折射出了孔氏南宗的宗族风范。如四明慈水孔氏家训所强调的“立身莫先于立品”“处世莫善于和敬”，待人“孚以真情实意，不容一毫虚假”[①]等内容，体现了南宗族人的修身观和为人处世的基本准则。孔氏南宗强调的“教子莫善于读书”“其他莫如教之稼穑”体现了中国传统社会耕读相传的优良传统。而“耕读之外，当视子弟之高下智愚，各授一业”的主张，其所要求的是每人至少需掌握一门生活技能或生存技能，富有重要的现实意义。如孔子六十九世孙孔继宇（字秀荣）对父母孝顺，对兄弟尊重体贴，然而生性不爱读书、不爱农业生产，但善于经商，正直诚信，大家都喜欢与他打交道，时人孔昭煜在《秀荣公传》中称其“事亲勤力不懈，恭兄爱弟……性不近读书，数年未有得……性又不近农事”，其父为了不让其游手好闲，就命其跟随经商多年的叔叔从商，于是其特长得到充分施展，“上下江金衢嘉湖，数数往来，惟命是从，踊跃欢欣，如驾轻车而就熟路。不数年，而业以精……而公亢直……故一时善贾，多乐与之交，握手出肺腑，相识结耐久”。孔氏南宗族规家训所要求的“识艰难，劳筋骨，知物理，通世务，达人情”，将文化知识的学习、意志品质的磨练和为人处世方式的陶冶等内容融为一体，集中体现了儒家的人格风范、孔氏家族诗礼相传的一贯传统及其精神内涵。综合分析孔氏南宗的族规家训，具有以下重要特点：一是彰显了浓厚的“圣裔”意识，体现了孔氏南宗族人的责任意识与担当精神；二是彰显了社会教化的特殊作用，钦定家规的颁布主要就是基于这一目的；三是彰显了鲜明的时代特色，具有关注现实、随时代变迁而不断发展的特征。

---

① 孔广霈：《［民国］四明慈水孔氏宗谱》卷一《家训》，民国二十四年（1935）木活字本。

第三，孔氏南宗重视修谱工作，以期达到“溯本穷源”“敬宗睦族”[①]的目的。关于孔氏南宗的谱牒传承，前文已作详尽分析，这里重点分析其作为一种文化现象所体现的典型社会意义。孔传以孔宗翰所编古谱为基础，广泛搜集“历代褒崇之典，累朝班赍之恩”“祖壁之遗书”等“故老世世传之”的轶事旧闻，编纂成为《孔氏祖庭杂记》，从而“使闻见之所未尝及者，如接于耳目之近”[②]。南渡之后，由于特殊的历史背景，南北两宗之间“彼此世系多不相知”[③]的局面长达一百多年。直到元大德四年（1300），孔津与北宗孔淑等人参订南北宗图，合为一本；其后，孔涛和孔淑、孔思晦一起编纂而成的《阙里谱系》，开启了南北宗通谱的传统，后来孔思朴又重修该谱。明清时期，南北两宗继续共同编订谱牒的传统得以传承。南宗各支派的修谱活动也十分活跃，《上海图书馆馆藏家谱提要》中孔姓部分介绍了馆藏的二十七种孔氏家谱；《浙江家谱总目提要》的孔姓部分介绍了十四种孔氏家谱，存目介绍了九种孔氏家谱。

孔氏南宗的家谱修订具有广泛的社会影响和文化意义。一是就家族而言，具有劝勉和规诫功效，能够发挥凝聚人心、惩恶扬善、建设优良家风的重要作用，五经博士孔承美在《送永康宗侄宏美续修宗谱序》中认为，编订宗谱的目的在于“以明正派、以正行名为重，孰知训饬子孙、讲习孝悌，兴起诗礼之风，尤所当重也……自祖宗传下道脉流通、神灵感应，虽千百世犹一世，异域犹同室，又何南北古今之有异哉？况今子孙，当思推广忠孝，克慎勤俭，修身齐家，显扬德令，同登名于图谱，诚为传世家宝之盛举”。二是就社会而言，孔氏南宗以严谨态度考订谱牒以清源流、明谱系的传统，对江南地区其他宗族发挥了良好的示范作用，从而引领了社会风尚建设。正如吾绅所说：“自唐宋以来，谱牒废绝，士大夫能明其世系者鲜矣。故有弃厥祖而弗录，视兄弟如途人者，良可慨也。由是观之，

① 孔繁廉：《温岭孔子后裔》，天马图书有限公司2005年版，第91页。

② （宋）孔元措：《孔氏祖庭广记·祖庭杂记》，《丛书集成初编》本。

③ （明）沈杰辑：《三衢孔氏家庙志·跋〈孔氏宗谱〉后（周伯琦撰）》，明嘉靖刻本。

则夫之贤于人远矣。尚异励所思，用光昭前人之令德。非吾孔氏之荣，抑亦缙绅士大夫之所荣也。”①此序对孔克准始终铭记曲阜祖庭及族人的表现给予充分肯定和高度赞赏。

二、基于政治意义的孔氏南宗文化

从政治意义上分析，孔氏南宗文化在很大程度上反映出历代统治政策、政权文化以及地方政治的特点。儒家文化作为中国古代政治文化的代表，“为社会的融合提供了一种极具感召力与号召力的思想理论”②。因此，历代政府通过崇儒重道以强化主流政治意识和文化价值，对孔子后裔及孔氏宗族的尊崇则是重要表现之一，集中体现为强化孔子后裔的身份意识，提高其政治、经济和社会地位。

第一，由于“六经之道”皆为“夫子之赐”，后世“读其书，享其学”就须“禄其苗裔”③，如“天下州县皆用流官，独曲阜用孔氏世职，以宰此邑者，盖以大圣之子孙，不使他人统摄之也”④。在这种意识主导下，“宗子封爵”也就成为历代统治者推行尊孔崇儒的重要途径。孔子后裔在南渡之后依旧享受这一待遇，从始祖孔端友开始直至“孔洙让爵”，前后历经六代。让爵之后，南宗后裔“子孙益多，相违曲阜阙里远，承祀掌管，漫无统纪，衣冠祭仪混同流俗”⑤。明代，在沈杰等人努力下，明武宗于正德元年（1506）封孔彦绳为五经博士，以主祭祀，并“令世世承袭，并减祭田税，以称朕崇儒重道之意”⑥。清代仍封孔氏南宗嫡长孙为世袭翰林院五经

---

① （明）沈杰辑：《三衢孔氏家庙志·鲁林怀思诗卷后序（吾绅撰）》，明嘉靖刻本。

② 胡发贵：《儒家文化与中国古代社会的认同与凝聚》，《学海》1999年第3期。

③ （明）孔胤植重修：《阙里志》卷十四《诏诰》，《孔子文化大全》本。

④ （清）陈梦雷：《钦定古今图书集成·明伦汇编·官常典》卷一百十六《圣裔部汇考二》，中华书局影印本。

⑤ 《［嘉靖］衢州府志》卷十二《人物纪三·孔氏家庙》，民国抄本。

⑥ 中国台北“中央研究院历史语言研究所”编：《明实录》六十二《武宗实录》卷十四，1964年版。

博士，北洋政府将衢州世袭翰林院五经博士改为世职“南宗奉祀官”。

第二，历代统治者对南宗后裔加封各种官爵，即“恩例授官”。孔氏南宗后裔除参加进士考试和入太学两条正途出仕之外，还有“特赐”“释奠礼”等形式而备受优崇：一是承袭始于宋徽宗时期的“特赐”，如孔子四十八世孙孔端隐于宋绍兴年间“登进士第，授江陵府观察推官”；孔应得于“（宋）嘉熙二年（1238）补入太学，（宋）淳祐元年（1241）驾幸太学，赐同进士”[①]。二是增加入仕机会，每年皇帝入太学举行“释奠礼”时，都要求孔子及先贤后裔陪同，其子孙则可破例进入国子监读书；三是乡试优待，即通常所说的“无孔不开榜”，据《学政全书》载，“（清）康熙五十九年（1720）题准，浙江衢州府西安县孔氏后裔，读书人众，每学政按试于正额外入学二名”[②]，于是孔氏南宗就在正额外获得了两名秀才名额，从中体现了历代统治者对孔子的尊崇及其后裔的关怀，“江南诸裔加历省注，升教于郡，恩数优异，著在令甲，吁亦盛矣”[③]。

第三，孔氏南宗后裔在经济生活方面享有赐田、免差徭等待遇，“计口量赐田亩，除烝尝外，均赡族人，并免租税”[④]，被免除的还有其他“杂泛苛差”。明朝之后享受了更为优厚的特权，如明英宗正统元年（1436）诏令：“凡先圣子孙寓流他处，所在俱免差徭。”[⑤]明万历十年（1582）五月诏令“免先儒后裔丁粮”[⑥]，即同意福建巡抚劳堪之请，“免先师孔子及宋儒朱熹”等“后裔各丁粮有差”[⑦]。所有这些优厚政策，充分显示了历代政府对圣裔的重视，从而彰显了孔氏南宗文化的政治特性。

历代王朝对孔氏南宗高度推崇的原因主要在于以下方面：其一是由于

---

① （明）吕元善：《圣门志》卷三下《历朝科目》，明天启丁卯本。

② （清）郑永禧辑：《西安怀旧录》卷七《孔毓垣》，清抄本。

③ （明）林弼：《林登州集》卷八《送孔善夫序》，文渊阁《四库全书》本。

④ 《［天启］衢州府志》卷九《人物志一》，明崇祯五年（1632）增修刻本。

⑤ （清）陈梦雷：《钦定古今图书集成·明伦汇编·官常典》卷一百十六《圣裔部汇考二》，中华书局影印本。

⑥ （清）张廷玉：《御定资治通鉴纲目三编》卷二十七，文渊阁《四库全书》本。

⑦ （清）张廷玉：《御定资治通鉴纲目三编》卷二十七，文渊阁《四库全书》本。

先圣孔子的特殊地位，从宋徽宗所说的话中不难看出统治者的根本目的，“以为尊敬圣人，不若使圣人之后绵长，与天地相为悠久”[①]，意思是说对圣人的尊重须体现在其后裔身上，从而使其得到长久发展。封官加爵、减免差徭等措施则是保证孔氏后裔“家庙不至于隳废，田亩不至于变卖，子孙不至于流移，圣裔不至于淹没，千秋万岁足以见圣朝文明之化普及华夷”[②]的重要手段。其二是出于政治因素考虑，这也是最为根本和重要的原因，正如胡翰在《孔氏家庙记》中所说：“孔子之道，如天之高，地之厚，日月之明，四时之运，有不得而替者，取其故实书之，以见诗书仁义之泽，罔有穷极，所以立生民之命，开太平之治者，帝王赖之，咸致尊礼。”[③]历代统治者将对先圣孔子的尊崇延伸到其子孙后代身上，让士人和民众产生“见圣孙如见圣祖”的神圣感，进而营造“公卿大夫以及韦布之士，遇孔子之后，亦莫不厚敬爱以相接”[④]的社会氛围。一言以蔽之，其根本目的在于通过圣人后裔的特殊身份，将国家主流意识和价值理念予以发扬光大，希望孔氏子孙为士人和民众在各方面树立典范，“在乡党而恂恂似不能言，言必忠信，行必笃敬，以守家法。其聪明秀颖者，诵先圣之六经，考诸儒之正论，为臣必忠，为子必孝。庶几乎无忝神明之胄，不然则人将有指而议之者”[⑤]。对于入官者，林弼的勉励与希望集中地反映了全社会对圣裔的期望，即希望他们将孔子思想学说不断发扬光大，由于“群圣之道莫盛于夫子；历世之崇其道莫盛于我朝”，所以“圣裔入官，固当学圣人之学，心圣朝之心，以自振厉，将俾圣人之道复明于天下，非特在一郡而已。庶乎世泽可绵，国恩可报其万一也”[⑥]，从而使“先师孔子之道倡也行于家族，

---

① （明）商辂：《续资治通鉴纲目》卷九《崇宁三年冬十二月复封孔子后为衍圣公》，文渊阁《四库全书》。

② （明）沈杰辑：《三衢孔氏家庙志·乞添授衢州孔氏官职及处置祀田疏》，明嘉靖刻本。

③ 《[弘治]衢州府志》卷十四《孔氏家庙记（胡翰撰）》，明弘治十六年（1503）刻本。

④ （明）杨士奇：《东里集》文集卷三《鲁林怀思图诗后序》，文渊阁《四库全书》本。

⑤ 《[嘉靖]衢州府志》卷十二《人物纪三·孔氏家庙》，民国抄本。

⑥ （明）林弼：《林登州集》卷八《送孔善夫序》，文渊阁《四库全书》本。

统布于四海，垂及万世”[1]。

孔彦绳受爵南还之时，翰林编修孙清在为其所作的序中，对南宗人士寄予莫大的希望：“集宗族子弟在衢者，而告以吾君重道崇报之意。确守圣训，伦理纲常尽其道，言行举措合其宜。凡有所动，一循五经之教而坚守之。处者为孝子，出者为忠臣。齐其家标准于乡郡。必俾吾浙之风，因益以厚。则朝武其为孝子慈孙，而圣恩衣被于万世，于尔又一新也。且尔独不见大家子乎？少一有疵，人皆指而议之，况其为圣人者后，其难矣哉。”[2]此序在恪守圣训、行为世范诸方面对南宗人士提出了严格要求，不仅反映了国家对孔氏南宗所寄予的期盼，而且体现了全社会的共同心声，即希望南宗孔子后裔不辱使命，时刻谨记圣裔的特殊身份，自觉垂范。江澜也对孔彦绳寄予了同样期望：“君子得是职也，虽禄薄官卑，若不足以报君家之大德，而君之处此犹以为过……圣人之没数千年，德泽犹存，而子孙法之，诚足以化于天下，而况于习闻其道者乎？”[3]

孔氏南宗族人面对国家和社会的期盼，给予了积极回应，如孔克良赴京前向林弼的告别之词，一语道出了孔子后裔的普遍心态，“某藉先圣余泽，得列学官。今当典教一郡，恒恐弗称，以负圣祖之教”[4]，言辞之中体现了战战兢兢、身体力行的心声。孔子五十五世孙孔克敏也表达了同样的心声：“我，孔氏之子孙也。孔氏之道，大如天地，明如日月，信如四时，坚如金石。夫人之所当学也，况吾为其后者乎？”[5]言语和意识之中充分体现了孔氏南宗的担当意识和坚守精神。孔氏南宗史上涌现了众多经世济民之才，影响较大的有孔应得、孔洙、孔克仁、孔贞时、孔贞运、孔庆仪等。社会稳定之时，他们注重教养，体贴民情，致力于改善士风、民风；

---

① 《南宗孔府档案》，第1635号文献。

② （明）沈杰辑：《三衢孔氏家庙志·送孔朝武五经博士还衢序（孙清撰）》，明嘉靖刻本。

③ （明）沈杰辑：《三衢孔氏家庙志·送孔君承美授翰林世袭荣归序（江澜撰）》，明嘉靖刻本。

④ （明）林弼：《林登州集》卷八《送孔善夫序》，文渊阁《四库全书》本。

⑤ （明）宋濂著，黄灵庚点校：《宋濂全集》卷三十二《序十一·赠孔君序》，人民文学出版社2014年版，第697页。

社稷危亡之际，他们殚精竭虑，希图通过努力有补于时。孔端友、孔端朝、孔端隐等南宗族人，积极实践儒家政治思想，恪尽职守，深得人心，孔端隐病逝后，当地民众“如丧考妣”。孔氏南宗认真践行先圣倡导的仁、义、礼等思想，以崇高的人格风范感化当地民众，素有“难治”之称的衢州民风得到了较大改观，“两浙固人文薮也，三衢据浙上游，其俗尤敦朴而重节概”①。

三、基于社会意义的孔氏南宗文化

从社会意义上分析，孔氏南宗文化从一个侧面反映了江南地方文化的特色，体现出江南地区的人文传统和地域精神风貌。江南文化“本质上是一种以‘审美—艺术’为精神本质的诗性文化形态”②，是地理环境、风土人情、文化传统、外来力量推动等因素合力作用的结果。“政治—伦理”原则作为孔氏文化的重要内核之一，与江南诗性文化之间具有极强的互补性和互融性。孔氏南宗将儒家文化精神作为不断前行的内驱力，其多方面的实践与作为，尤其是经世致用、务求实效的治学与治世宗旨，对江南社会发展产生了积极影响。由于孔子的特殊地位和深远影响，孔子后裔赐居衢州，极大地优化了以衢州为中心的区域人文环境，为当地平添了丰富而深厚的人文意蕴。在江南士绅和民众心目中，这无疑是十分庆幸的大事，原来“衢去曲阜者数千里”，圣裔的到来使人们得以“近圣人之居，此孟夫子所私自喜者，而衢之幸顾不大与”，在众人看来，周时“太王之迁岐，乃天特眷顾而与之宅也”，而今“圣裔之迁衢，岂非天心之眷顾耶”③，也正如衢州知府唐瑜所感叹：“圣泽洋洋五教敷，太平人极赖匡扶。九生眷

---

① 《［民国］衢县志》卷二十六《碑碣志一·清嘉庆重修正谊书院碑记》，民国二十五年（1936）铅印本。

② 刘士林：《江南与江南文化的界定与阐释》，《中国社会科学报》2010年2月25日。

③ 《［天启］衢州府志》卷一《舆地志·圣宅》，明崇祯五年（1632）增修刻本。

顾祊田复，报此乾坤定世符。”[1]近圣人之居使衢州成为广大民众心目中的“东南阙里”，“一则能亲近圣裔，亲见圣孙，一睹圣孙身上所能体现的乃祖遗风；二则能就近亲谒家庙并瞻仰所供奉的先圣楷木像与石碑像，表达崇敬之情；三则在社会生活中，能亲身感知孔氏南宗族人深厚的文化内蕴，激发并坚定自己的文化追求。这超越既往地理空间的文化情结，实质是对孔子的追慕以及对其思想的奉行和发展”[2]。正因如此，“衢虽列为一郡，实与阙里南北相望，天下言故家旧族者，莫能先之，其地增重，非特所谓善而已”[3]。

当然，“天之意即圣人之意，圣人者必有所取于衢，而故以其裔寄之也”[4]，换言之，圣裔莅衢是肩负着重要使命的。因此，如何面对江南士人和民众的神圣感与崇敬感，则是南迁后的孔子后裔必须以行动及作为给出积极回答的重大问题。在此背景下，孔氏南宗族人主动融入江南社会，同当地望族一道，身体力行，努力促进地方和谐稳定、推动好学尚理之风、改善民风民俗、丰富精神世界。南宗族人中，出仕者往往恪尽职守、尽忠效国。孔子五十一世孙孔应得任吉州泰和县主簿秩满还衢时，时人王国用以“携取鹤归清献里，载将书入仲尼家”赞誉其人品高洁、腹有诗书。孔子五十三世孙中，尤以衍圣公孔洙学行突出、德高望重。孔洙在衢期间，与知州孙子秀“治水患，使‘民国复苏’，又‘奏立家庙如阙里’，以‘有补世教之大’”[5]。未出仕的南宗族人往往体现出乐善好施、慷慨好义的传统美德，在维护地方社会的稳定和谐中发挥着应有作用。清代黄飞英所作的《孔侍所公行状》，载有孔子六十四世孙孔尚敬（号侍所）的言论：“居乡与莅政不同，莅政则纠民以法治而已。吾侪居里巷间，既无罗

---

① （明）沈杰辑：《三衢孔氏家庙志·谒家庙（唐瑜撰）》，明嘉靖刻本。

② 周纪焕、童献纲：《孔氏南宗与近圣文化心理发展》，《中南大学学报（社会科学版）》2015年第6期。

③ 《［弘治］衢州府志·序（吴宽撰）》，明弘治十六年（1503）刻本。

④ 《［天启］衢州府志》卷一《舆地志·圣宅》，明崇祯五年（1632）增修刻本。

⑤ 徐寿昌：《江南名贤孔洙及其子孙》，载《衢州名人》，天马图书有限公司2003年版，第147页。

钳吉网之柄，钩致深文；又无权豪奸黠之势，武断乡曲。亦惟谕之以理，孚之以情，不惮谆复俟其自化尔矣。”第六十四世孙孔尚蕙乐善好施，拾金不昧，为人谦让，功绩卓著，《孔子世家谱》称其“好行隐德，宿旅邸，拾遗金，兀坐以待人，至完璧归之。持己谦而能让，御武刚以相济。辛苦至老不倦，创垂之绩伟矣”。孔氏南宗族人“遵循孔夫子的教导，在忠君爱国的同时，更加珍视作为国之本的民众”，涌现了一大批忠臣义士，孔传、孔端友、孔端朝、孔端隐、孔应得、孔淮、孔洙、孔涛、孔克仁、孔贞时、孔贞运、孔庆仪等，都是忠义精神的忠实践行者。

著名国学大师钱穆先生曾说：“孔子论政，常以政治为人道中一端，故处家亦可谓有家政。孔门虽重政治，然更重人道。”[①]南宗族人继承发扬了这一传统思想，在家能够体现“孝”“友”，在社会交往中表现出行仁好义、敦行礼仪的道德风范，对当地士民产生了潜移默化的影响，推动了江南社会民风民俗的改善。永康支孔氏族人传承耕读之风，孔子六十七世孙孔毓良所说的“田犹心然，以沃土为虚灵，以町畦为径寸，植嘉禾犹存仁抱义，去私欲如薙草芟荑。人如仁义不蓄，若嘉禾之怠植；苗或稂莠不刈，譬私欲之日萌”，体现了处理耕与学、农事与修身关系的丰富哲理，“以治耕而治其心”[②]的理念，将物质支撑和精神追求寄托于耕读之间，诗礼相传，注重人生修养，从中体现了品行兼重的修身观、持家观。在这种奋发向上的正能量引领下，孔氏南宗培育了一批又一批学养深厚、躬行仁义的仁人志士，他们乐善好施，名声素著。江西金溪、新城等地的孔氏南宗族人“皆以耕读为业”[③]。蒋芳所撰的《万周公传》载，孔子后裔孔尚宏（字万周）品行高尚，深得时人敬重，“慷慨有奇节，言行不屑寄人篱下，具古长者风。乡之中以严见惮者，必称公……里之内以和接物，必推公”。清张廷超在其《正甫孔翁赞》中载，明末清初之际的南宗后裔孔兴

① 钱穆：《论语新解》，三联书店2005年版，第46页。

② 《[民国]永康孔氏宗谱》卷二十九，民国八年（1919）木活字本。

③ 《江西石城孔氏族谱·临江孔氏族谱序》。

国（字正甫）“以孝悌为政于家，以仁让辑和于里，而勤以事生产，俭以阜财源，能读能耕，以善贻谋，不刚不柔，以全制行，是以一乡信之，一国称之……劝喻之辞津津娓娓，里中人赖以悔过迁善者指不胜屈……洵不为愧圣人裔哉”。

随着孔子后裔的到来，大批学者也接踵而至，由此形成一股合力，极大地促进了南北文化的融合。就衢州而言，“三衢人士德日崇，业日广，以伦理为镃基，以廉节为砥柱，以诗书为户牖，以政教礼乐为丹雘，穷则追箪瓢沂浴之风，达则树伊周吕召之业”[①]，因而在“宋南渡后，士风益竞，名钜迭出。至今敦行古道，雅尚礼文。君子重廉耻，惜名节；小民畏刑宪，寡词讼”[②]。孔氏南宗崇尚伦理、诗书传家等优秀传统对江南地区士风民风的影响由此可见一斑。

四、基于思想意义的孔氏南宗文化

从思想意义上分析，孔氏南宗文化既是江南地区思想文化的重要内涵之一，又是传统儒家思想在南方地区发展演变的一种折射。北宋灭亡后，除孔子后裔外，颜回、陆贽、范仲淹等后裔纷至沓来，这对儒学在江南地区的传播起到了推波助澜的作用。因孔子后裔赐家而被称为“南州之洙泗”的衢州，使东南之士免于长期以来“不克重趼，裹粮以登洙泗之堂”[③]的坎坷与劳顿，吸引了众多文人墨客竞相顶礼膜拜，既体现了江南士人对孔子后裔的尊崇，更提升了孔氏南宗家庙和衢州在江南士民心目中的地位和影响。

有学者指出：“南宋时，因浙东有‘重江之阻’，中原学者和世族为安全起见，往往由芜湖或九江附近渡江，经江山、常山、衢州入浙，以金华

---

① 《［康熙］衢州府志》卷六《学宫图第六·府学宫图·车德辅记》，清光绪八年（1882）重刻本。

② 《［民国］衢县志》卷八《风俗志·习尚·引〈［雍正］浙江通志〉》，民国二十五年（1936）铅印本。

③ 《［康熙］衢州府志》卷七《圣庙图第七·修建·李之芳记》，清光绪八年（1882）重刻本。

为重镇（故有小‘邹鲁’之称），再经永康、丽水，或经宁波、台州，至永嘉汇合入闽，沿途择地而居。因此，这条路线成为当时重要的学术交往走廊。”[①]这就充分揭示了衢州在古代学术活动中的重要地位，这种区位优势为衢州境内士人与周边各学派及学者之间的广泛交流提供了方便。在以衢州为中心的区域内拥有一大批名儒，享有“仲尼家”和“东南阙里”地位的衢州，吸引了周边学者前来拜谒圣庙、开展讲学活动，从而密切了南宗族人与当时名儒的互动联系，丰富了孔氏南宗的文化内涵，使之呈现出随时代发展和儒学演进而发展的特征。南宋前期，孔氏南宗诸贤“始终倾向于调和朱陆之吕学”，尤其是受孔传的影响，衢州出现了“东莱热”，“以吕学为本，奉朱子之教”成为当地书院的办学宗旨，竟有“上非此不教，下非此不学”[②]的现象。

朱学在南宋后期的地位不断提高，孔氏南宗对朱学在浙西南的传播也发挥了重要作用。朱熹曾多次拜访江山名贤徐存，在柯山书院、明正书院、开化听雨轩（包山书院前身）讲学，蔡久轩、柳贯、胡翰等朱学代表人物或在衢讲学，或在衢担任教谕、教授，衢州于是出现了诸如“邑之文风大振，称多士”[③]的景象。这样，孔氏南宗士人与影响重大的朱学人物之间的交游甚为密切。如“尚志笃学”的孔元龙，曾师从真德秀。真德秀深得全祖望推崇，称“乾、淳诸老之后，百口交推以为正学大宗者，莫如西山”[④]。真德秀对孔元龙、孔从龙兄弟所辑的《洙泗言学》极为推崇，其所作序认为该书与张栻的《洙泗言仁》具有同等重要的地位和价值。

孔氏南宗族人在与深得朱学精华的许谦、宋濂等金华学者的广泛交游

---

① 杨太辛：《浙东学术精神的传递途径和传承机制》，载《浙东学派与浙江精神》，浙江古籍出版社2006年版，第45页。

② 徐寿昌：《孔氏南宗的教育思想与教育实践》，载《南孔研究》，中国戏剧出版社2001年版，第106页。

③ 《[康熙]衢州府志》卷六《学宫图第六·江山县学宫图·何梦桂记》，清光绪八年（1882）重刻本。

④ （明）黄宗羲著，沈善洪主编：《黄宗羲全集》第六册《宋元学案》卷八十一《西山真氏学案》，浙江古籍出版社2005年版，第192页。

中，在学术思想上产生了强烈共鸣。孔元龙与真德秀的师承关系、孔思俊创建大同书院等史实有力说明，尊崇朱学、传播朱学已成为宋元明时期孔氏南宗传承儒学的重要内容之一。在孔氏南宗与众多名儒的合力作用下，浙西南儒学朝着更广更深的方向发展，涌现出一大批较有影响的儒家学者，在衢州地区，徐存、邹补之、徐霖、柴中行等，均以儒学闻名于时，成就卓然；在处州地区，则有刘炎、吴梅、王光祖等理学名士。

此外，孔氏南宗族人和阳明学说代表人物也有广泛交往。王阳明亲自为孔氏南宗经营的万松书院作记，其弟子邹守益为孔氏南宗家塾作记。孔氏南宗桐乡支族人孔自洙深受刘宗周学术思想影响而以重经世闻名，著有《竹湄居士集》《枢余十艺》《闽学规条》《兵曹秋秩条议》等，刘宗周“见其趣识卓越，早以伟器目之”[①]。孔氏南宗族人在担任学官、山长和经营书院等实践中，充分体现了浙东学术经世致用的优良传统。当地教育、儒学和士风都深受这种学风影响，先后涌现了鲁贞、周积、叶秉敬、方应祥、徐应秋、徐日久等一批敦本力行之士，“士风一变，翕然崇实而黜浮，号称邹鲁，迄今三百年于兹矣”[②]，真可谓儒风浩荡。

当然，孔氏南宗的影响绝不限于浙西南地区，而是辐射到了更为广阔的区域，曾任台州学正的舒頔曾作诗叹曰：“闻说君家好山水，至今犹是鲁儒风。春时练带鱼初上，霜后花屏叶更红。不是新安来孔氏，如何阙里有文公？圣贤道统相传妙，自北而南意已通”[③]，由此可见江南地区儒风之盛。孔氏南宗“以儒家修身齐家的伦理学为主，兼及治国平天下的政治学的教育思想和实践，推动了儒学的南渐”[④]。

综上所述，孔氏南宗文化是孔氏文化在不同历史条件和环境下与江南

---

① （清）孔宪文等：《［光绪］桐乡孔氏宗谱·皜庵公传》，清光绪三十三年（1907）刻本。

② 《［民国］衢县志》卷十六《碑碣志一·清光绪重修衢州府学碑记》，民国二十五年（1936）铅印本。

③ （明）舒頔：《贞素斋集》卷七《赠孔学教克焕》，文渊阁《四库全书》本。

④ 徐寿昌：《孔氏南宗的教育思想与教育实践》，载《南孔研究》，中国戏剧出版社2001年版，第104页。

文化不断融合、创新与发展的产物。对诗礼文化的传承，推动了孔氏南宗的宗族管理与宗族发展，培育了一批循礼蹈义、道德峻伟的士人；与江南文化的融合，使孔氏南宗文化成为当地文化的重要组成部分。从特点与地位来看，首先，孔氏南宗文化是一种宗族文化，具有典型的代表性，因而超越了宗族文化，蕴含丰富的社会内涵，体现于社会思想、日常生活和意识形态等诸多领域。其次，孔氏南宗文化是一种区域文化，具有广泛的社会性，又超越了区域文化。孔氏南宗不仅是衢州的，也不仅是浙江的、江南的，而是全国的，在不同文化层面都具有相应的作用和价值。最后，孔氏南宗文化是一种传统文化，又超越了传统文化。总之，孔氏南宗文化是在历史过程中积累起来的，在当代文化和精神文明建设中仍然具有独特的文化价值、积极的社会意义和广阔的发展空间。

第二节　孔氏南宗文化传承机制

孔氏南宗文化作为融宗族文化、政治文化、区域文化和思想文化于一体、以传统儒学为重要内核的区域文明教化体系，从其形成与传承机制上分析，乃是历代政府的高度推崇、孔氏南宗自身的积极作为、社会文化环境的广泛影响以及士绅民众的仰慕崇敬等力量综合作用的结果。关于社会文化环境的广泛影响和士绅民众的仰慕崇敬，在前文有关孔氏南宗的社会交往等章节中作了充分论述，因此，本节主要以孔氏南宗的自强不息、历代地方官员对孔氏南宗的重视与支持两方面为重点，专题分析揭示孔氏南宗文化的形成与传承机制。

一、孔氏南宗的自强不息

无论是个人、家族还是一个民族和国家，在逆境中的所作所为更显担当、更见精神。因此，以平民化时期的自强不息为重点，分析孔氏南宗的积极有为，显得更具代表意义和说服力。“孔洙让爵”是孔氏南宗发展史上的重大转折，尽管孔洙因此获得元世祖“宁违荣而不违亲，真圣人后也”[1]的盛赞，以及后代诸多学者的大力推崇，但这一事件给孔氏南宗却造成了无可挽回的严重后果。“孔洙让爵”揭开了孔氏南宗平民化进程的序幕，随之而来的则是长达二百多年之久的家道中落，无论是政治地位、经济地位与社会地位，既不能与前代相比，更不能与北宗相比。孙清将孔氏南宗的平民化情形概括得淋漓尽致：“洙没之后，封官至于中绝，赐田亦渐淹没。宗族漫无纪统，衣冠混于流俗。迄今子孙无一命之荣，而与曲阜大不相类。”[2]

与此前曾经拥有的宗子封爵、恩例授官以及赐田、免差徭等政治、经济特权及崇高的社会地位相比较，孔氏南宗在让爵后已风光不再。首先，政治上失去了至高无上的“衍圣公”爵位，同时伴随着其他各种特权的丧失。比如“恩例授官”特权的丧失，使南宗后裔的入仕之途变得艰难坎坷。南宋时期，南宗族人因恩例授官而出仕的现象比较普遍，然而在让爵之后则必须通过科举、入太学等途径才能得以出仕。其次，孔氏南宗在经济上的各种优待也逐渐丧失，最艰难时期甚至于难以维持正常的祭祀活动，家庙无力维修，宋代“赐田五顷，中间多有硗瘠，每岁该纳官粮一百三十余石，子孙输纳艰难，以致岁时祭祀不敷”[3]。最后，社会地位一落千丈，政府所赐祭田一度被世人冒领和百姓所夺，正如文献所载：“孔氏祭田夺于民。”[4]。“漫无统纪，衣冠祭仪混同流俗”则是孔氏南宗族人在此时期经济地位和社会地位的艰难写照。

明正德元年（1506），孔彦绳受封为翰林院五经博士，孔氏南宗得到了象征性的爵位。事实上，将袭封五经博士称为“复爵”是不确切的，因

---

① （清）嵇璜等：《续通志》卷五百三十六《孔氏后裔传·孔洙》，文渊阁《四库全书》本。
② （明）沈杰辑：《三衢孔氏家庙志·送孔朝武五经博士还衢序（孙清撰）》，明嘉靖刻本。
③ （明）沈杰辑：《三衢孔氏家庙志·乞添授衢州孔氏官职及处置祀田疏》，明嘉靖刻本。
④ （明）王鏊：《震泽集》卷二十五《都察院右副都御史唐公墓表》，文渊阁《四库全书》本。

为五经博士无论在政治地位上还是在经济待遇和社会地位上，都根本无法与衍圣公相提并论。孔氏南宗在家庙修葺、祭祀、族人教育诸方面所需费用非寻常家族可比，如何在维持世家门风与族人生活之间取得平衡，成为让爵之后南宗族人面临的经常性难题。“复爵”之后，这一难题依然突出。有人曾一针见血地指出，孔裔“在鲁则世受衍圣公之封，世摄曲阜县之篆。在衢则仅挂五经博士之空名，不得坐木天一片席，而饩廪萧然，无以糊其数百指也。所赐祀产，族中百辈迎收奉祀，以其修饰家庙，经博公无半菽资焉”[①]。

让爵之后的孔氏南宗族人面对如此逆境，依然时刻牢记圣裔身份，以更加忠实的态度，以平民化的心态，更加主动地融入社会、融入民间，积极践行孔子的政治思想、教育思想，为官者努力造福一方，从教者以化民成俗为己任，在乡者则行为世范、乐善好施。

1.以拯济天下为己任

孔洙以其渊博的学问、高尚的品行以及较为卓著的政治作为，为南宗后人树立了榜样。其子孔楷在平定地方割据势力、维护国家统一斗争中献出了宝贵生命，成为孔子南宗后人心系家国的杰出代表。明朝初期，南宗族人入仕人数在总体上虽然明显减少，但仍有相当一部分因品行高尚、学识渊博和才华出众，成为栋梁之才，深得朝廷信任和时人好评，如孔克仁、孔克进、孔克准、孔克表等。孔克仁在朱元璋取得政权前后，以“博士”身份与宋濂“常侍左右”[②]，基于对历史和现实的独到见解，在时政、军事方面均表现出杰出的智慧和谋略，因而深得明太祖赏识和信任，以至于被委以教育太祖诸皇子及功臣子弟的重任。孔克进因在任上的突出表现深得明成祖赏识，“以圣人之子孙，掌皇家之玉牒”[③]。孔克准在明成祖和明仁宗时期，先后担任工部都水司主事、太常博士和太常丞，

---

① 《[天启]衢州府志》卷十六《政事志·礼类·尊圣》，明天启二年（1622）钞本。

② 徐映璞：《两浙史事丛稿》，浙江古籍出版社1988年版，第38页。

③ 徐映璞：《孔氏南宗考略》卷十四《明代名贤事迹考·孔克进》，民国三十七年（1948）铅印本。

因“乐易谦慎，才识通敏”[①]的为人与才识，以及“秉礼而蹈义，其奉职尤尽诚”[②]的忠诚之心与踏实作风深得时人赞许。孔子六十八世孙孔传德（字克玉）每到一处皆有建树，《孔子世家谱》载其“历任四川、云南各省地方军务，为国家宣劳，著绩不少。所至各地，民多爱戴”。总之，孔氏南宗族人不论自身职位高低，都能做到心系天下、勤政为民，因而赢得了朝廷和百姓的好评。

2. 传承儒家德化思想

第一，孔氏南宗士人以实际行动对儒家“修己以安人”等主张作了新的诠释，发扬光大儒家德化思想，将儒家一贯主张的教养践行于政治活动。孔克仁注重实学的主张在明初发挥了重要作用。明太祖曾经常与孔克仁讨论天下形势和历史兴亡成败问题，孔克仁基于对汉代治道的深刻认识而赞成王道，认为汉高祖成功的重要原因就在于知人善任，从中反映出他对儒家重视贤才主张的态度。第二，孔氏南宗族人继承发扬儒家的“仁政”和“化民成俗”思想。孔公俊实行的“轻徭薄赋，爱重民力”与“大修学宫，俾摄学事”相得益彰，实现了仁政与教化的有机统一。孔子五十五世孙孔克忠在任江苏金坛县主簿期间，以清廉勤政、体恤百姓而著称。第三，孔氏南宗族人继承发展并积极践行儒家的礼让思想。“孔洙让爵”堪称中国古代社会“以礼齐家”的典范，充分彰显了南宗的礼让风范，因而被古代学者称为“善守圣人家法”之举，正如魏禧所说：“譬于养亲，曲阜孔氏功在陵庙，所谓养口体者也，衢孔氏养志者也。”[③]明代孔贞时坚持治国与治家相统一，县志称其“虽以文字为职，遇国家大事，必与执政台省互相谋议。交朋友，惟以名节相砥砺。士有才能者，推引不遗余力。朝野称其有宰辅才。殁后，知与不知无不交恸，门人多有服心丧者。

① （明）金实：《觉非斋文集》卷二十《大明故承德郎行在太常寺丞孔君行状》，明成化元年（1465）刻本。

② （明）王直：《抑庵文集》卷二十九《孔君墓志铭》，文渊阁《四库全书》本。

③ （清）魏禧：《魏叔子文集外篇》卷四《孔庙袭爵议》，《续修四库全书》本。

历官八载，不殖家业。归装，惟图书数簏而已”[①]。综观孔氏南宗的发展历程，南宗士人不仅注重传承儒家经典，而且以经世之志关注现实、融入时代，赋予以“德化”为核心的儒家政治思想以新的内涵和时代精神。

3.践行有教无类传统

失爵后的孔氏南宗，自觉地走出较为封闭的状态，由庙堂走向民间，以积极的姿态融入社会，以各种形式从事平民教育，从而推动平民教育发展。第一，身同庶民的南宗士人积极参与官方教育，同时逐渐将族学教育转向社会教育。孔洙在让爵之后，被授以国子祭酒兼提举浙东学校，成绩斐然，在程钜夫（初名文海，后以字行）为元世祖举荐的人选中，孔洙“以其提举浙东学校的政绩和两度建庙、奉祀的德业名列第七”[②]。孔子五十二世孙孔昭孙任庆元路学正、蕲阳教授。第五十三世孙中，孔涛曾任宁国路儒学录、溧阳州儒学教授；孔演任嘉兴路教授；孔津任常州路教授；孔涓（字世积）任建德路学正；孔瀛任昌国州学正、岳州路教授、浙江等处儒学副提举；孔源（字鲁泉）任常山县儒学；孔灏任宁国路学正、海宁州教授；孔润任湖广儒学提举；孔汭（字世川）任江西儒学副提举；孔潍（字世东）任婺源州学正；孔洧任徽州路学正、常州路教授；孔漾任无锡县教谕；孔济（字秉恒）任河州，等等。明清时期，孔氏南宗士人纷纷出任各地学官，主持各级官学教育。其中，明代成就较为突出的有：孔子五十四孙孔思模、孔思柏，第五十五世孙孔克忠、第五十六世孙孔希风，第五十八世孙孔公望等。清代有孔子六十四孙孔尚遂，第六十五世孙孔衍球、第六十六世孙孔兴怀，第七十世孙孔广升，第七十一世孙孔昭瑞、第七十二世孙孔宪采等。第二，孔氏南宗以担任山长或创办书院等途径，推动江南各地书院的建设与发展。继孔元龙之后，孔演于元大德年

① 《［宣统］建德县志》卷十五《人物志五·宦绩·明·孔贞时》。

② 徐寿昌：《江南名贤孔洙及其子孙》，载《衢州名人》，天马图书有限公司2003年版，第150页。

间（1297—1307）“以恩例任柯山书院山长”[①]。孔洙次子孔思俊于元至正十一年（1351）创办了大同书院，当地士人引之为荣。婺州孔氏族人孔克英任丹阳书院山长期间的作为和影响，被宋濂盛赞为“惠泽流于时”“声光赫著于无穷”，虽“仅及期年”，然“司教丹阳施度桀，衿佩执经从如雨。嘉苗方秀谁区取，视天梦梦心噢咻。有宁一丘草蘩芜，太史勒铭示千古”[②]。明清时期，孔氏南宗士人或以担任山长而从事书院教育，孔克安、孔克原、孔克谦等分别出任白水书院、屏山书院和祁庵书院山长等；或出资创建和经营书院，贤溪书院和万松书院即为典型代表。第三，在族学教育中发扬光大孔子“有教无类”的思想。孔洙让爵曾使南宗孔氏及族学活动陷入困顿境遇，直到明朝中期，南宗族学才得以逐渐复兴。此后，南宗族学的最大特点以及贡献是向社会开放，从而使广大平民弟子获得了受教育机会。在发展平民教育方面，孔子七十三世孙孔庆仪的作为和贡献最为突出。面对风云变幻、西学东渐的近代社会，孔庆仪感到原来的族学教育已远远不能满足社会发展尤其是图存救亡的需要，“慨旧学之不足以图存”，于是大刀阔斧地对旧式教育进行改革，于1902年倡导建立孔氏中学校，后于1910年、1912年先后改为两等小学堂、孔氏完全小学，南宗塾学从此完全走向社会化，成为近代学校，这在衢州乃至整个近代教育史上都写下了浓墨重彩的一笔。

4.发扬里仁为美传统

“孔洙让爵”尽管使孔氏南宗失去了至尊地位，但“圣孙”的特殊身份对于江南士人和广大民众而言，却始终是拂之不去的文化符号和精神依托，孔氏南宗崇尚伦理、诗书传家的优良传统使区域人文环境不断得以优化。孔氏南宗族人自觉融入江南社会文化环境之中，未出仕者多有乐善好施、慷慨好义之举。《［成化］孔氏宗谱》称孔子五十五世孙孔克通“性

① 徐寿昌：《江南名贤孔洙及其子孙》，载《衢州名人》，天马图书有限公司2003年版，第159页。

② （明）宋濂著，黄灵庚点校：《宋濂全集》卷六十七《墓铭四·丹阳书院山长克英墓铭》，人民文学出版社2014年版，第1598—1599页。

慈祥，居家孝友，重义轻财”。《孔子世家谱》称孔克义（字东夫）性格开朗，富有文才，善与人交，其“生性异颖，文思悠扬。遇兴赋诗，授笔立就。平生不欲仕进……士大夫乐与为友人”。第五十六世孙孔希光（字士荣）心胸开阔，为人规矩，受人尊敬，人们称其“豁达高简，不为繁文饰貌，一举一动准于礼，无尺寸违者，故一乡之人皆爱而敬之”[①]。第五十八世孙孔公相“勤俭治家，谦和处世，恭以持己，宽以御下。其生平之懿行，堪为乡党表率”[②]。据《［同治］新城县志》载，第五十九世孙孔彦明急人所急，乐善好施，“明允仁慈，乐善好施……遇荒年出粟千斛赈饥岁，施布三百疋，以为常。死无殡者，给以棺；殡无葬所者，施以地。有司上闻，敕旌尚义坊”。[③]孔子六十四世孙、新城孔氏族人孔尚表（字光枢）“性谨厚，未尝身入公庭。乡族争讼，每出赀解纷。收债听人自偿，贫者蠲之。尤笃于父兄，教子弟以谨饬。乡人咸推为长者云”[④]。第六十四世孙孔尚大（字德载），明末池州府学附生，专研《易经》，“隐居力学，博通经史，著《道之园集》，工诗书，士林珍之”[⑤]。第六十五世孙孔衍鸾“忠义之念甚笃”，在动乱之际，“率乡勇捍卫左右，乡曲恃以无恐”[⑥]；孔衍运积极传播儒学，热心宗族事务，《孔子世家谱》载其“每于朔望，宣讲圣谕，邻里多被化导……重修族谱，诣阙里拜林庙”；孔衍佳（字德余）以孝闻名，急人之所急，拯厄除难，深受当地士人民众敬重，“天性笃孝，父患痈，以口吮之，亲侍汤药，衣不解带……少苦贫，力耕以养，后稍丰裕。值岁凶，出粟以食饿者，所全活不下千余人。邑令董某闻其贤，躬造

---

① 孔德墉主编：《孔子世家谱》二集卷二十五之五《浙江衢州派四支·江苏镇江莱村支·五十六代·孔希光》，文化艺术出版社2009年版，第21600页。

② 孔德墉主编：《孔子世家谱》二集卷二十五之五《浙江衢州派四支·江苏镇江莱村支·五十八代·孔公相》，文化艺术出版社2009年版，第21600页。

③ 《［同治］新城县志》卷十《人物志八·善士·明·孔彦明》。

④ 《［同治］新城县志》卷十《人物志八·善士·清·孔尚表》。

⑤ 《［道光］建德县志》卷十六《人物六·孔尚大》。

⑥ 《［民国］永康孔氏宗谱》卷二十九，民国八年（1919）木活字本。

其庐，尽宾主之礼而去。后为乡饮宾”[①]。第六十六世孙孔兴道（字正寰）为人正直、好学，文才出众，见人有过诚心规劝，因守孝而闭门著书，严于家教，县志称：“刚正嗜学，见人过每动容相规，人亦无怨之者。为文词必自出新意……父殁，以未遂显扬为恨。不复志科弟，闭门著书。常戒子弟曰：‘吾家世业经畬，勿坠先绪。’”[②]孔兴宋（字循声）学识渊博，“经史百家，靡不淹贯，缮阅抄录，至老不倦”；为人儒雅敦厚，“操履笃实，雍然有儒者之风”[③]，其品行与才学深得池州士人仰慕，前往求教者甚众。第六十七世孙孔毓周因“御寇患立功所在多有”及“文韬武略，可以捍患，可以安民”的才干，被衢州翰林院五经博士孔毓垣赞为“南宗之伟望”[④]。第六十七世孙孔毓云“重然诺，恶背约，见人有难力为排之，见人有善乐为道之”[⑤]。第六十七世孙孔毓芝，清嘉庆年间贡生，虽未出仕，但终身坚持教书育人事业。其子孔传曾（字鲁人，号省斋），道光优贡，“著《省斋诗抄》，采入《两浙輶轩续录》”[⑥]，终身以赡养母亲、教育乡人，以化民成俗为乐，《浙江忠义录》称其“笃学有文，家湖南村，教授闾里，奉母不出”[⑦]。孔毓芝、孔传曾、孔传孟（字浩然）父子三人一方面传授儒家经典，一方面以实际行动践行孝道，为当地民众树立了良好榜样，祝显桂称道：“秀三先生一门皆善吟咏。予所见鲁人、浩然两仲昆，壎篪唱和，响答诗筒，盖亦极天天伦之乐事。”第六十九世孙孔继冲（字大鹤）“博览群书，才思敏捷……安居家园，教授子侄。著《乡党考》及《家规十八则》二集，至今族人仍遵守勿替”[⑧]。孔子七十世孙孔广俊（字杰士）“厚积好施，气质聪颖……清嘉庆十九年（1814）岁歉，捐谷六百担助赈”；孔

---

① （清）孔继汾：《阙里文献考》卷九十二《子孙著闻者考第十五之二十》，《续修四库全书》本。

② 《［嘉庆］西安县志》卷三十四《文苑·国朝·孔兴道》，清嘉庆十六年（1811）刻本。

③ 《［道光］建德县志》卷十七《人物五·儒林·清·孔兴宋》。

④ 《［民国］永康孔氏宗谱》卷二十九，民国八年（1919）木活字本。

⑤ 《［民国］永康孔氏宗谱》卷二十九，民国八年（1919）木活字本。

⑥ （清）郑永禧：《西安怀旧录》卷七《孔传曾》，清抄本。

⑦ 《［民国］衢县志》卷二十三《人物志三·孔传曾》，民国二十五年（1936）铅印本。

⑧ 崔铭先：《孔氏南宗志》（下），中国文史出版社2018年版，第545页。

广才（字殿）“忠信厚重，守正不阿。捐资财，建家庙，心力俱殚”[①]。从张琴锡《孔又新亲翁传》所载可知，句容支南宗人士孔兴汤（字又新）以孝友闻名，才华横溢，为人耿直，是非分明，办事公道，善于调解乡里矛盾，深受信任，所谓“生而孝友，昏定晨省，备极孺慕，终身如一日焉。幼聪颖，嗜读书。及长，能文章，知名士咸以大器目之……析理最精，而又慷慨刚直，是非疑似，不少假借，人皆敬而畏之。族党中有曲直不分者，得汤片言，无不涣然冰释。”所有这些均堪称士民之榜样。南宗族人的作为如沐春风般地促进当地社会的和谐稳定与发展进步，推动形成“士修礼义，俗尚敦朴”[②]的民风民俗和社会氛围。

作为中国古代社会的核心价值理念，“孔子独以天下后世之儒者为云礽子孙，自生民以来未有孔子也”[③]，无论朝代更迭，即便是蒙古族、满族等少数民族占统治地位的时期，孔氏家族及其家庙都被朝廷视作崇儒重道的物化载体，孔氏家族也因之得以兴盛不衰。正如学者所说：“中国历代王朝都尊崇孔子，以体现其政治的合法性，元朝对孔子后裔的优待当然也是出于这一目的……元朝对孔子后裔的优待政策，使江南孔子后裔成为江南社会中一支维护儒家传统文化和价值观念的重要力量，具有特殊意义。”[④]清代纪晓岚所撰对联“与国咸休安富尊荣公府第，同天并老文章道德圣人家”[⑤]，既揭示了孔氏家族与国家兴衰之间的休戚关系，又揭示了孔子思想内涵之深邃、影响之深远。南渡以来，孔氏南宗设圣像、建家庙、祭祖先、办教育，作为“历代封建王朝崇儒重道之物化象征”[⑥]的南宗孔氏

---

① 崔铭先：《孔氏南宗志》（下），中国文史出版社2018年版，第549页。

② 《［民国］衢县志》卷八《风俗志·习俗·引〈［雍正］浙江通志〉》，民国二十五年（1936）铅印本。

③ 《［民国］衢县志》卷十六《碑碣志一·清道光重修衢州孔氏家庙记》，民国二十五年（1936）铅印本。

④ 申万里，博客：《元代江南孔子后裔考述》，http://blog.sina.com.cn/s/blog_5740lfflc0102e924.html。

⑤ 此联镌刻于曲阜和衢州孔氏家庙内。

⑥ 谢昌智主编：《衢州孔氏南宗家庙志》，浙江人民出版社2001年版，第4页。

在以衢州为中心的江南地区生根发芽，真可谓“龟峰严严，彭水悠悠，拱护新庙，与国同休”[①]，其所代表的儒家文化在江南地区得以广泛传播。孔氏南宗的自强不息，在强化区域国家认同、改变社会风貌、增强社会凝聚、形成以儒家文化为核心的宗族管理模式等方面发挥了应有作用，使国家主流思想和社会治理通过文化渗透、互融、认同得以实现，从一个侧面折射出儒家思想在南方地区的演进历程与特点。

二、历代地方官员对孔氏南宗的贡献

历代政府对孔氏南宗的推崇与支持具有强烈的政治意识和国家意识，这种推崇与支持主要通过地方官员的具体措施和积极努力得以实现。由于历代地方官员所处社会背景和各自能力的差异，对孔氏南宗的支持力度和推动程度也不尽相同。但无论如何，历代地方官员的重视与支持在孔氏南宗发展进程中是不可忽视的重要因素。衢州孔氏家庙东轴线上孔塾西侧的报功祠（恩官祠），专门用于纪念历代有恩于孔氏南宗的官绅，如宋代孙子秀，明代徐郁、彭贯、沈杰，清代左宗棠、李之芳等。

（一）孙子秀与孔氏南宗第一座家庙

南渡之初，因处于特殊的历史背景，衍圣公孔端友及其族属赐家定居衢州后，不可能立即兴建家庙。一方面，南宋朝廷面临抗金的现实情势，不可能将新建孔氏家庙之事提到重要日程，正如孔子五十世孙孔拟所说：“自南渡后，蒙朝廷念孔氏子孙之无几，计口给田以赡之，乃于衢州拨赐田十顷，且俾春秋两时飨先圣于家庙，州郡差官行礼，较之乡邑十才其一。”[②]一方面，衍圣公孔端友等人面临的首要任务是解决族人的生计问题，因而也来不及考虑新建家庙之事。但随着局势的日渐稳定，宗族事务显得

① 《［嘉靖］衢州府志》卷十二《人物纪三・孔氏家庙》，民国抄本。

② （宋）孔传：《东家杂记・五十代孙孔拟序》，宋刻递修本。

越来越重要，家庙问题也逐渐提上日程。经过不断努力，南宋朝廷于绍兴六年（1136）“朝命权以家庙寓学宫”。从“权”字可以看出，这在南宋朝廷看来无非是权宜之计，然而这一临时性安排竟然长达一百二十年之久。直到南宋末年孙子秀任衢州知州期间，孔氏南宗“无专飨之庙”的局面才得以结束。

孙子秀，越州余姚人，《宋史》有传，宋绍定五年（1232）进士，历任吴县主簿、滁州教授，金坛知县、庆元府通判、太常丞、大宗正丞、金部郎官、宁国知府、衢州知州、浙西提举常平、太常少卿兼右司、婺州知府等职。孙子秀出任衢州知州后，当得知孔子裔孙“以衢学奉祀，因循逾年”，仍“无专飨之庙”之时，感到责无旁贷，于是上奏朝廷，请求“撤废佛寺，奏立家庙如阙里”[①]。宋宝祐元年（1253），宋理宗下诏同意孙子秀建家庙的奏请，并拨款三十六万缗，在衢州城北菱湖芙蓉堤上兴建家庙，并于次年春天竣工落成。这是孔氏南宗历史上真正意义的首座家庙。龙图阁大学士、礼部尚书赵汝腾为其作记，详细记载了孙子秀请求建庙的经过：“料院孙侯子秀至，曰：‘其子孙之责，与郡刺史之任。’毅然请于朝。玉音赐俞，奉常定制。得地于城之东北陬浮屠氏废庐，撤而宫之。”同时，对家庙的布局、功能与规模作了详尽描述：“枕平湖以象洙泗，面龟峰以想东山。对庙门而中为玄圣殿，西则齐、鲁，后则郓国。祠沂、泗二侯于庑之东、西，又别为室，以祠袭封之得祀者。后为堂，曰‘思鲁’，俾之合族讲学，且以志不忘阙里之旧也。堂之东，亭曰‘咏春’，以憩四方之士。仰止高山，低回而不能去者。为屋二百二十有五楹。”[②]

此外，孙子秀极力举荐衍圣公孔洙，并与孔洙通力合作，推进地方治理，取得了较好的政绩，“经里、乡两级举荐，孙子秀奏请，宋廷复以年仅二十六岁的衍圣公孔洙添差通判衢州。子秀与洙同衙守衢，可谓相得益

---

① （元）脱脱等：《宋史》卷四百二十四《列传》第一百八十三《孙子秀》，中华书局1985年版，第12664页。

② （明）沈杰辑：《三衢孔氏家庙志·南渡家庙碑记（赵汝腾撰）》，明嘉靖刻本。

彰：他们治水患，使‘民国复苏’……以‘有补世教之大’”[①]。

（二）沈杰对孔氏南宗的杰出贡献

“孔洙让爵”开启了孔氏南宗长达二百多年之久的平民化时代，期间经历了孔子五十四世至五十八世共五代嫡孙。这一局面直到衢州知府沈杰任上才得以改变。

沈杰，南直隶长洲县进士，在衢州任上注重发展农业，大力兴修水利，体贴民情，治绩突出，“累迁衢州府知府。衢多水田，杰修陂池，修堰闸，民田得灌溉，而城中无溢漂之患。又仿常平仓例，丰则增价以籴，凶则减价以粜……其为政知所重”[②]。在孔氏南宗发展史上，沈杰是一位值得大书特书的人物。沈杰对孔氏南宗的最大贡献在于使南宗得以复爵，从而推动孔氏南宗走向复兴。

1.推动孔氏南宗“复爵”

孔氏南宗因失爵而造成的不幸遭遇，得到历任地方官员和士绅民众的深切同情，特别是对于让爵之后出现的与“崇正道，植元气”、使孔氏“南北子孙均沾恩典”这一宗旨相违背的现实表示极大不满。明代中期，孔氏南宗的艰难处境更是引起了朝廷上下的高度关注。

明孝宗弘治十八年（1505），沈杰上奏明朝廷。沈杰在奏请中基于南北孔子后裔地位悬殊之事实，痛陈让爵之后孔氏南宗的各种惨遇，并比照朱熹嫡裔的待遇，郑重提出：“曲阜之与衢州均是宣圣子孙。其在曲阜者，承袭公爵已有定制，万世遵行。而在衢一枝，独无一命之绝，尚为缺典。查得宋臣朱熹祖系徽州，生于建宁，见今两处祭奠，世袭五经博士各一员，况孔子为万代之师乎？伏乞圣恩，敕命吏、礼二部，详定礼制，合无将衢州孔端友嫡派子孙一人添授以五经博士一员，以主祭祀，责令洒扫

---

① 徐寿昌：《江南名贤孔洙及其子孙》，载《衢州名人》，天马图书有限公司2003年版，第147页。

② 《［康熙］衢州府志》卷三十一《遗爱传一·沈杰》，清光绪八年（1882）重刻本。

家庙，看守各代圣公坟茔，统领见存子孙。”[①]沈杰同时提出，因“其先世所赐祭田在西安者，宜减其税，以供祭祀修葺之费。礼部以闻，帝可之。至是有是授并减祭田税”[②]。明正德元年（1506），孔子五十九世嫡孙孔彦绳（字朝武）被授五经博士，“先圣苗裔在衢，齿于齐民，其悯之……以博士授彦绳。”[③]五经博士秩正八品，享受衍圣公次子待遇。虽然从地位上说，翰林院五经博士与衍圣公不可同日而语，但复爵的历史意义却不可低估，它使孔氏南宗的政治、经济和社会地位都得到较为显著的提高，为孔氏南宗走向振兴奠定了良好社会基础。

2. 制定和推动《钦定孔氏家规》的颁布

孔氏家族由于身份特殊而得到历代政府的重视和优待，因而也受到广大民众的格外注目。政府、士人和民众都孔氏南宗都寄予厚望，希望其在厉行忠孝、诗礼传家诸方面树立典范，为促进社会文明教化作出贡献。正因为如此，也有人觊觎孔氏南宗的特殊地位，有损于孔氏南宗、孔氏家族声誉以及国家形象的事件在历史上时有发生。鉴于此，沈杰在推动孔氏南宗后裔复爵的同时，制定了孔氏家规，并得到明朝廷钦准，这就是在孔氏家族众多家规中地位最高、影响最大的《钦定孔氏家规》。清代继续沿用，并颁发给各地支派遵照执行。

沈杰在奏书中对制定《钦定孔氏家规》[④]的目的阐释得十分清楚：“恐后在衢子孙繁衍，愚哲不同，诗书少习，礼义或乖；又恐冒收异姓，紊乱圣派，诡寄田地，冒免差徭，未免贻玷斯文，无以倡率文教，必须严立防范，庶可杜绝其弊。……修家规七款，伏乞圣恩敕命礼部，斟酌定制，行令布政司颁降榜文，张挂于孔氏家庙，常训晓谕，使其子孙绳绳遵守，毋得妄

① （明）沈杰辑：《三衢孔氏家庙志·乞添授衢州孔氏官职及处置祀田疏》，明嘉靖刻本。

② （清）稽璜：《钦定续文献通考》卷四十八《武宗正德元年六月条》，文渊阁《四库全书》本。

③ 中国台北“中央研究院历史语言研究所”编：《明实录》六十二《武宗实录》卷十四，1964年版。

④ 本节所涉《钦定孔氏家规》条款，均引自张维华主编：《曲阜孔府档案史料选编》第二编《明代档案史料》，齐鲁书社1980年版，第13—18页。

行，永为规戒，则先师孔子之道，倡行于家族，统布于四海，垂及万世。”

《钦定孔氏家规》共计七条，主要内容可以归纳为三个方面：

一是关于南北宗之间关系的处理问题。金皇统二年（1142），金政权册封曲阜孔拯为衍圣公，孔氏家族正式分立为南、北两宗。元初，孔洙让爵于曲阜族弟孔治。南、北宗分立的现实以及孔洙让爵可能带来的不可预计的影响，迫使沈杰作出深入思考和周密安排，以防后患发生。鉴于此，《钦定孔氏家规》将如何处理南北两宗之间的关系作为头等重要的问题，作出了制度性设计和安排。

“遵制典”条在于有效避免“后世两派子孙互相嫌隙，妄起争端”，因而严格要求南宗子孙“永遵制典，恪守祖风”，即永远不得觊觎衍圣公之职位，否则“以不忠不孝论，置之重典，永不叙录”。该条款将劝勉与诫令相结合，既是为了维护制度的严肃性，又是为了弘扬孔子的德让精神。无论是“有违圣朝制度盛典”，还是“背忘伊祖德让之风”，都是政府、士人和民众所不愿看到的。这一规定的根本目的既是为了更好地维护孔氏家族的团结、稳定和发展，也是为了更好地发挥孔氏南宗后裔的示范作用。“责报本”条基于增进南北宗族和睦、确保孔子裔孙纹脉清晰的目的，对南宗后裔提出了一系列要求：一是南宗后裔须定期北上，“每十年一赴阙里，谒拜圣祖家庙，祭扫山林，以展木本水源时思之敬”；二是南北两宗共同修谱，确保孔子“流裔清白，不致泮涣分离，且以见我国家一统，文明之化普及南北，而褒崇之恩无遐迩矣”。

二是关于孔氏南宗的宗族教化问题。在中国传统宗族社会，宗子和族长具有极高地位和权威，同时也对他们的品行和修养提出了更高要求。要让族人和广大民众信服和尊重，宗子和族长就必须身体力行、率先垂范。为此，“端教源”条首先明确阐明了授五经博士的主要目的是“统领流寓家庙子孙”；第二，明确规定翰林博士的重要职责，主要包括主管祭祀、看守坟茔、教育和领导后人等；第三，对五经博士提出了严格要求，“修明圣教，身先督率，躬行实践，庶不有负朝廷褒崇圣裔之盛典”；第四，明确了五经博士与族人之间的关系，不仅要求五经博士敬重长者，体恤爱护族人，“不得倚官威欺凌尊长”，而且要求族人尊敬博士，族人不得“倚众恃长欺凌博士”，否则就是“悖旨灭祖”。“示劝惩”条针对孔氏南宗子孙日益众多的现实，为使其达到“礼义兴而风俗厚，教化明而贤才出”的目的，就孔氏南宗族人的教化问题提出了具体要求：一方面要重视教育，在家庙左右设立家塾，为孔氏子弟创造“旦暮训诲，习读经书，讲明义理”的良好环境；一方面要明确奖惩原则，即“其有善者，以礼待之；恶者，以法治之”。“守祀田”条基于祭祀是孔氏南宗重要宗族事务的现实需要，对孔氏南宗祀田的管理和经营作了详尽规定。第一，明确以“簿籍”为“执照”；第二，明令禁止盗卖祀田行为，并制定了明确的处罚办法。第三，明确祀田田租管理的具体办法，要求设立“义仓”，在保证祭祀、修庙事务之外，主要用于“周济本族贫难无倚子孙”，同时告诫族人必须反对任何形式的侵吞、隐瞒和浪费行为。

三是关于异姓冒姓与隐差等社会问题。明代学者陆容曾说过：“今世富家有起自微贱者，往往依附名族诬人以及其子孙，而不知逆理忘亲，其犯不韪者甚矣。”书中提到，孔子五十三世孙孔渊（字世隆）之孙孔士学因家境贫困，常州某县一富家曾要求通谱，孔士学断然拒绝，最终因其“殁后无子，家人不能自存，富家乃以米一船易谱去”。的确，由于孔氏南宗享有一系列特权，因而异姓冒姓与隐差等现象在历史上常有发生，所谓“圣贤之后被小人盗名欺世者多矣”[①]，这不仅有损孔氏南宗乃至整个孔氏家族的声誉，而且有损国家与社会的尊严。因此，如何有效防止此类恶劣现象的发生，不仅是孔氏南宗本身，而且也是地方政府所面临的重要问题。“防冒姓”条为了有效防止因南宗“子孙繁衍”而发生“傍正混杂”“异姓冒归孔氏，紊乱先圣宗派”的现象，对孔氏南宗新添子孙的户籍申报、查勘以及登记作了明确规定，“不许收留外姓之人”，否则就将“妄收冒籍之人，治以重罪”；“知而不举者，一体连坐”。“严诡寄”条主要就“他人田产，冒作孔氏已业”而“隐避差徭”的行为，制定了严厉的惩治措施。

---

① （明）陆容：《菽园杂记》卷七，文渊阁《四库全书》本。

一旦有此行为，则“追究作弊之人，依律治罪。其田入庙祭祀，不许复还民家”。

《钦定孔氏家规》作为纲领性家规，是孔氏南宗族人的共同行为准则。在其引领下，南北两宗和睦相处，共同发展，“孔洙让爵”所体现的“德让”风范在孔氏南宗族人身上得到不断传承发扬。

3. 重刊孔传《东家杂记》和编纂《三衢孔氏家庙志》

孔氏大宗南渡之时，孔传与孔端友“怀宗谱南迁”。该谱成为南宗后裔辨别谱系的重要源流及其依据，此所谓“衢鲁源流之分合，实权舆诸此”[①]。孔传于百废待兴的南渡之初所编的《东家杂记》则被称为“孔氏家乘”著作、最早一部“孔氏志书”[②]。孔洙于宋度宗咸淳元年（1265）对其予以重刊。明代中期，《东家杂记》一书损毁已十分严重，沈杰对其予以重新刊刻，这是一次极其重要的抢救和保护：“刻本旧在府治东斋，今遗存者仅半，因索其原本，命工补缀，复以家庙旧藏小影摹刻于前，使读者知所起敬，且以见孔氏文献之足征云。”[③]

在沈杰看来，孔子道德事功及阙里圣裔已为天下所共知，鉴于三衢孔氏鲜为人知的现状，于是编纂了《三衢孔氏家庙志》。该书开篇就阐明了编纂动机与宗旨：“惟衢之有庙，实自四十八代孙宋袭封衍圣公端友扈跸南渡始，世容有未知者，故历采诸书与我朝大典所载，并诸臣记疏，凡系于衢之孔氏者，谨录为《三衢孔氏家庙志》。”该志前有沈杰弘治十八年（1505）序、“宋敕建家庙图”和“国朝移建家庙图”；正文详载历代所记孔氏南宗家庙史实，并录“制诰奏疏”诸文。所载史事按引书分为“孔氏家典”“国朝制书”“郡志”三类。“孔氏家典”采自《孔氏宗谱》《历代实录》《孔庭纂要》《东家杂记》《孔颜孟三氏志》，分有“《阙里世系图》题辞”“袭封衍圣公”“南渡仕宦”“历代褒奖”“历代袭

① 孔昭桢等：《［民国］萧山孔氏宗谱·续修南渡阙里世谱记》，民国七年（1918）刻本。

② 孙聚友、杨晓伟：《孔子家族全书·典籍备览》，辽海出版社1999年版，第77页。

③ （明）沈杰辑：《三衢孔氏家庙志·序跋附·跋〈东家杂记〉后》，明嘉靖刻本。

封”“先圣世系”“宅庙”“历代典章”“历代崇奉”“南渡家庙”“四十八代”“天历石刻宗图”等十二目。“国朝制书”采《大明一统志》，主要分“衢州流寓”“衢州祠庙”两条。“郡志”为《［弘治］衢州府志》，分“流寓”“祠庙”两条①。《三衢孔氏家庙志》的编纂，一方面保存了大量珍贵的孔氏南宗史料，对后人认识和研究孔氏南宗都具有重要意义；另一方面扩大了孔氏南宗的影响。

（三）左宗棠与孔氏南宗

清同治年间，时任闽浙总督的左宗棠为孔氏南宗做了几件重要事情：一是解决了最后一任翰林院五经博士的承袭难题，使孔庆仪得以顺利袭爵；二是倡议捐修家庙；三是赎回博士濠田；四是续置承启家塾，“首谒圣庙，定博士……以六十金济博士，米五十石赡孔氏族人，并捐俸银七百为之创以赎博士濠田，各大宪无不诚敬乐输，得以庙貌重新……复置承启家塾义田，券盖府篆，俾恒产恒心，久而勿替”②。在其倡议下，刘汝璆等官员以及地方士绅纷纷向南宗家塾捐献，加上官方拨款，南宗族学从此获得了较为稳定的物质保障，因而得到了进一步发展。此处着重就孔氏南宗承袭难题的解决稍作阐述。

孔子七十二世孙孔宪坤于清道光十九年（1839）正式承袭五经博士，却不幸于当月去世。孔宪坤无子，由其胞弟孔宪堂代袭，等孔宪堂有子后将儿子过继给孔宪坤。清咸丰五年（1855），孔宪堂去世，亦无子。两年后，根据曲阜衍圣公孔繁灏指示，由孔宪型之子孔庆镛袭爵，然孔庆镛亦不幸于两年后夭折。此后确定的承袭人选孔庆寿也于清同治三年（1864）夭折。于是，孔氏家族内部出现了两种意见：一是应由孔庆元承袭；二是应由当年出生的孔宪型之子孔庆仪承袭。此时，左宗棠恰好途经衢州，闻知孔氏南宗选嫡之事，于是亲自介入，于清同治三年（1864）十一月初十，

---

① （明）沈杰辑：《三衢孔氏家庙志》，明嘉靖刻本。

② 《［民国］衢县志》卷十六《碑碣志一·清同治重修孔氏家庙并赎濠田续置家塾义田记（何汝枚撰）》，民国二十五年（1936）铅印本。

作了两个签，分别写上“庆元”“庆仪”，率领同僚来到孔氏南宗家庙，召集孔氏族人，向孔子祷告之后，以抽签形式确定袭爵人选。由左宗棠抽签，结果是孔庆仪成为翰林院五经博士继承人。衢州知府陈鲁在向曲阜衍圣公孔祥珂呈送的报告中作了详细陈述[①]。

关注和支持孔氏南宗发展的地方官员不胜枚举。元末社会动荡，孔氏南宗城南家庙“会兵革，益圮坏不治”[②]。元至正十九年（1359），朱元璋部属攻占衢州，王恺董理衢州军民事务，见家庙破败，命令有司修葺家庙。明初，礼部尚书胡濙路经衢州，倡领修葺家庙；家庙残破失修已足见孔氏南宗处境维艰，更不幸的是，孔氏南宗祭田在明初被当作民田，抄没入官，导致孔氏南宗的祭祀、节庆等家族活动无法正常维持。明正统十年（1445），彭贯出任浙江等处按察司佥事，为孔氏南宗伸张正义，上奏《乞复衢州孔氏旧赐祭田疏》。经彭贯和衢州知府唐瑜的共同努力，祭田最终得以归还孔氏南宗，“以俸赎还之，俾孔氏世供祀”[③]。明弘治（1488—1505）初，经过吏部郎中周木和其他官员的共同努力，城南家庙完成第三次修葺。李遂在衢州任职期间，十分重视孔氏南宗事务，“正学范俗，澄清蠹弊，百废俱兴，于学校尤致意，矧圣人之后乎。一日，谒孔庙，慨然谓贰守程公达，别驾何公伟，节推方公舟、刘公起宗，西安令王公洪曰：‘孔祀弗赡，吾侪之责。’遂令西安在官田地三十余亩，附郭膏腴，足周其费宜给之，以永吾守土者尊崇之意”，从而为孔氏南宗的宗族活动提供了充足的物质保障，“自是而后，庙费庶不乏矣”。李遂的这些作为，既出于一名地方官的应尽职责，又以实际行动表达了对孔子及其后裔的崇敬与关怀，所谓“天子化而明德，恤祀忠且敬也。所恤者孔氏祀，重本也”[④]。清咸丰年间，刘成万捐资在家庙东厅建承启家塾。孔氏北宗后裔孔贞锐于清

---

① 参见崔铭先：《孔夫子的嫡长孙们》，浙江人民出版社2009年，第446页。

② 《［弘治］衢州府志》卷十四《文·孔氏家庙记（胡翰撰）》，明弘治十六年（1503）刻本。

③ （明）王鏊：《震泽集》卷二十五《都察院右副都御史唐公墓表》，文渊阁《四库全书》本。

④ 《［民国］衢县志》卷十六《碑碣志一·家庙·明嘉靖增孔庙祭田记（王玑撰）》，民国二十五年（1936）铅印本。

朝时出任西安知县，期间将孔氏南宗家庙修葺一新，并恢复会族等惯例；对南宗祭祀十分重视，“置田一区，补庙中夏冬二祭，俾与阙里无异”[①]。历代地方官员的重视和支持，是孔氏南宗持续不断走向前进的不竭动力。许多地方官员也往往以此为幸、以此为荣。清代大臣帅承瀛莅官浙江，得知家庙在衢而深感荣幸：“窃幸生平宦辙所遭，去圣人之居若此其近焉。今者衅落之礼既成，飨献之仪备举，琴管鸣豫，俎豆揭虔，虽未获躬拜墀下，而中心向往之诚，固与南邦诸人士同，此低徊而不能释也。”[②]

第三节　孔氏南宗文化的历史影响

孔氏南宗文化是以儒家思想为核心的中华文化在南方地区的重要符号，孔氏南宗家庙成为历代政府崇儒重道的物化象征。孔氏南宗文化的历史影响表现在政治、社会、文化等诸多领域，既具有广泛性，又具有深远性。孔氏大宗南渡以来，大力宣扬和践行大一统思想和儒家政治文化，强化了国家主流意识和价值认同；积极倡导礼制，注重协调官民关系，增强了社会凝聚力；忠实践行家国一致理念，增强了家族内部和睦，为其他宗族管理树立了榜样，从而推进了江南社会治理。

一、强化国家主流意识和价值认同

以衢州为中心的浙西南地区，历史上深受吴越文化和荆楚文化影响，“其风悍以果，君子耿耿好义而敏于事”[③]，同时因“居浙右之上游，控鄱阳

① （清）孔贞锐：《清顺治恭修祖庙并设祭田碑记》，孔氏南宗家庙藏碑。

② 《［民国］衢县志》卷十六《碑碣志一·家庙·清道光重修衢州孔氏家庙记（帅承瀛撰）》，民国二十五年（1936）铅印本。

③ （宋）程俱：《北山小集》卷十八《衢州常山县重建保安院记》，《四部丛刊续编》本。

之肘腋，掣闽越之喉吭，通宣歙之声势”[①]的区位，从而导致人口成分复杂、文化价值观多元等诸多社会问题。宋代以来，封建政府一方面加强对浙西南地区的政治统治，一方面不断强化政治（国家）认同，使“个人从心理、情感和价值”上归属到“一个政治群体或国家”[②]。这实际上是一个“文化”过程，没有文化认同就不可能出现政治认同，文化认同到了一定程度就会进一步产生出政治认同[③]。孔子后裔南迁及其此后的作为与影响，对江南社会的国家认同具有重要的推动作用。

第一，宣扬大一统思想。大一统不仅仅是一种思想或学说，更是一种社会制度，其“建构的原则、理念以儒家学说为主体，辅以法家学说，而与之相配合的，是以家庭为核心的一整套不断完善和精细化的社会制度”[④]。无论是作为一种思想，还是作为一种制度，大一统都以儒家学说为主体，以家庭或家族与国家的同一为实现手段。孔氏家族作为儒家文化象征的特殊家族，长期以来与国家主流意识保持一致。在南渡时，孔子后裔怀着“礼义由贤者出，况吾孔氏子孙”[⑤]的社会责任感，携亲眷族属及家族圣物扈跸南渡，体现出国存与存、国亡与亡的社会责任和历史担当。

金皇统二年（1142），金政权为统一思想、巩固统治，册封曲阜孔拯为衍圣公。孔氏家族从此南、北分立，分别隶属于宋、金政权。南渡之初，南宗人士寄希望于南宋朝廷收复失地、统一国家。孔子四十八世孙孔端朝强烈建议南宋朝廷诏诰天下，“具言陛下食不重味，居不求安，思雪大耻，图复故疆之意”[⑥]，以激励斗志、凝聚人心，实现国家统一，但这一愿望最

---

① （清）顾祖禹：《读史方舆纪要》卷九十三《浙江五·衢州府》，中华书局2005年版，第4308页。

② 马敏：《政治象征——符号的文化功能浅析》，《华南师范大学学报（社会科学版）》2007年第4期。

③ 林伟健：《国家凝聚力：从文化认同到政治认同》，《广东省社会主义学院学报》2009年第7期。

④ 陈理：《“大一统”理念中的政治与文化逻辑》，《中央民族大学学报（哲学社会科学版）》2008年第2期。

⑤ 孔德成：《［民国］孔子世家谱》卷十七之九《衢州派·五支》，山东友谊书社1990年版。

⑥ （宋）李心传：《建炎以来系年要录》卷七十六《绍兴四年五月丁巳条》。

终却遭到彻底破灭，孔氏南宗也仅徒留对故国祖庭的怀念之意。孔氏南宗第六代衍圣公孔洙之名即取自曲阜之洙水，同时取字为“思鲁”，从中体现出对曲阜故土的思念。在衢州建造第一座家庙时，专门修建了思鲁堂（后改为思鲁阁），其用意不言自明，即“以志不忘阙里之旧”[①]，南宗家庙虽屡建屡修，但思鲁之堂却一直得以保存，成为孔氏南宗家庙的代表性建筑之一。

“孔洙让爵”不仅仅彰显了以“和”为核心的治家理念，更折射出以治家推之以治国的理念，这就是家国一致的精神。在此理念和精神的引领下，“让爵”实践所体现的礼让思想成全了家国统一。这一事件虽然对孔氏南宗造成了不可估量和挽回的重大损失，但孔洙之后的南宗子孙却一如既往地忠实践行孔子忠君爱国、“君君、臣臣、父父、子子”的大一统观念。孔洙儿子孔楷在崇安任上，“以陈友定寇乱拒，战而死”[②]，为平定地方割据势力、维护国家统一献出了生命。南宗后裔深明大义，恪守“君子笃于亲，则民兴于仁”（《论语·泰伯》）祖训，致力于“国家一统，文明之化，普及南北，而褒崇之恩无遐迩矣”[③]。所有这些，对孔氏家族本身和地方社会都具有重要影响。

第二，践行家国一致理念。家庭、家族作为社会的基本单位，其治乱兴衰与国家统治密切相关。宋代学者张载认为“家且不保，又安能保国家”，于是大力提倡“明谱系世族与立宗子之法”，以“管摄天下人心，收宗族，厚风俗，使人不忘本”，“宗法若立，则人人各知来处，朝廷大有所益”[④]。孔氏南宗家庙所在的衢州，“自古无土著类，皆系他乡转徙而来”，宋之前衢州已有徐、郑、陈、毛、江等世家大族，“南渡以还，搢绅

① （明）沈杰辑：《三衢孔氏家庙志·南渡家庙碑记（赵汝腾撰）》，明嘉靖刻本。

② （清）和珅等：《大清一统志》卷三百三十一《建宁府·名宦·孔楷》，文渊阁《四库全书》本。

③ 《南宗孔府档案》，第1635号文献。

④ （宋）张载：《张载集·经学理窟》，中华书局1978年版，第258—259页。

显宦往往遁迹于衢，由是徐、王、孔、叶为著姓”[①]。孔子后裔莅衢，因其圣裔的特殊身份及家族管理模式，为衢州日益扩大的家族管理赋予了崭新的内涵。

1.孔氏南宗在处理宗族关系方面坚持统一和睦原则

孔氏宗族“是由同一始祖孔子繁衍下来的庞大家族，居住在孔府的衍圣公凭借在宗主的特殊地位的历代皇帝授予的权力，逐步在其家族中建立了严密的管理组织体系，并通过修宗谱、立行辈、订族规等方式，使散居在全国各地的族人能够支派不紊、行辈有序，遵族训、守礼法，长期维护着完整统一的宗族体系”[②]。对此，孔氏南宗也不例外，孔传曾感叹道：“先圣没，逮今一千五百余年，传世五十。或问其族，则内求而不得；或审其家，则舌举而不下。”[③]编修家谱成为南宗家族管理的重要事务，南宗历史上先后编纂了《孙氏祖庭广记》《东家杂记》《阙里世系续》《家谱正误》《孔圣图谱》等重要家族史志，特别是其中所包含的族规、族（家）训等内容，无论对于孔氏家族的管理与发展，还是对于“王化”的实现都具有重要作用。孔氏南宗族人始终不忘南北一家的事实，将“泗浙同源”匾额一直悬挂于家庙以晓谕子孙。孔涛于元天历二年（1329）赴曲阜“惇叙宗次”、首开南北孔氏后裔“通谱”之先例，此行意义正如卢庸所说：“子孙通谱牒，南北一家。”孔思朴“叙次以续之，传之不朽”，可谓“地理南北虽有间，而圣人之泽固不以此而有间”[④]。明洪武十二年（1379），孔思模“因慨念先墓在鲁，宜一扫拜。得以徵谱牒，叙族属。庶几尽尊祖敬宗之心……县上知府得允其请……衍圣公士行于修道为族子，与其考宗图，订谱牒，且述为文辞，更相规戒。足以见圣泽之传，愈久愈著”[⑤]。赴阙里会

① 《［民国］衢县志》卷十一《族望志》，民国二十五年（1936）铅印本。

② 袁兆春：《孔氏家族宗族法及其法定特权研究》，华东政法大学2005年博士学位论文。

③ （宋）孔元措：《孔氏祖庭广记》卷首《祖庭杂记旧引》，《丛书集成初编》本。

④ （明）沈杰辑：《三衢孔氏家庙志·跋〈孔氏宗谱〉后（周伯琦撰）》，明嘉靖刻本。

⑤ （明）沈杰辑：《三衢孔氏家庙志·序跋附·送西安教谕孔修道南还序（卢庸撰）》，明嘉靖刻本。

族南还时，曲阜令孔克伸为其赋诗送行，“靖康兵起祖分违，从此南北作两枝。宋室尚存前日传，孔庭犹说旧时碑”，阐述了因北宋灭亡导致族分南北的历史；“忍将别意题诗句，且把宗盟付酒卮。去去频当寄家信，秋风勿使雁来迟”，既表达了依恋之情，又表达了加强南北联系、增进南北感情的美好愿望。《钦定孔氏家规》明确规定：“南渡孔氏子孙，每十年一赴阙里，谒拜圣祖家庙，祭扫山林，以展木本水源时思之敬”，并“会同南北宗谱，开保历代子孙名讳，居曲阜县者书引于前，居衢州府者书引于后，庶俾流裔清白，不致泮涣分离。”[①]据此，南宗族人需定期赴曲阜，开展拜谒曲阜孔氏家庙、共同续修族谱等宗族活动，从而加强南北联系，维护家族统一，促进南北两宗和睦。同时，衢州孔氏在南宗各支派关系处理方面发挥了统领作用。南宗支派遍及浙江、江苏、江西、湖南、湖北、广东、云南、贵州以及台湾等省。面对多且分布广的支系，孔氏南宗通过严密的组织管理，加强各支派联系，推动南宗大家族的共同发展。衢州翰林博士通过巡游各地、帮助各支派解决实际问题，体现一本之义，强化家族互助、增进家族感情，堪称世范。

2.孔氏南宗在处理家国关系方面始终践行家国一致理念

有学者曾指出：“家庭法规虽然以维护族权为目的”，但“由于它具有比国家法更为浓厚的伦理色彩，自然成为维护政治统治的有力工具，这又促使统治者对其地位的支持”[②]。孔氏南宗历来重视治家之道与治国之道的有机统一，将家族命运与国家兴衰荣辱紧紧相连，国家危难时的扈跸、完成统一时的让爵、失爵后的自强不息等等，以及将《钦定孔氏家规》“张挂于孔氏家庙。常川晓谕，使其子孙绳绳遵守”[③]，都是家国一致理念的具体表现。

孔氏南宗因正确处理家与国、家族内部关系的理念和实践，从而确立

① 《南宗孔府档案》，第1635号文献。

② 袁兆春：《孔氏家族宗族法及其法定特权研究》，华东政法大学2005年博士学位论文。

③ 《南宗孔府档案》，第1635号文献。

了自己的社会地位。孔氏南宗与其他世家大族一道，共同推进江南社会治理。金华浦江郑氏，衢州龙游徐氏、江山毛氏和陈氏等望族，注重家族管理，制定家族规范，如郑氏《义门规范》、徐氏《龙邱徐氏家规》、袁采《袁氏世范》等等。其中，宋代衢州人袁采在乐清县令任上所作的《袁氏世范》，为历代不少家族奉为治家至宝，因而被称作《颜氏家训》之亚，"是书也，岂唯可以施之乐清，达诸四海可也，岂唯可以行之一时，垂诸后世可也"[①]。在这些族规家训引领下，众多江南世家凝聚一道，有效促进了江南社会和谐稳定，推动了好学尚理之风，改善了民风民俗，丰富了士民精神世界。

二、推动区域社会和谐发展

国家主流意识和核心文化价值观念，不但需要大力宣传，更需要加以内化，即通过具体操作使思想转变为行动，以达到化民成俗、改善文化环境、促进社会和谐的目的。历史上，浙西南尤其是衢州地区，民众骁勇彪悍、尚武好气，以至于"武进士、武举人，连绵科第，他郡县望尘莫及"[②]。这种社会文化环境，一方面具有积极意义，即催生了一大批具有舍命精神、壮烈气度、救人于危难的将军、文臣和节义之士；一方面又具有消极作用，即衍生了一些诸如"一人有事则举族为之激烈"[③]的不良习俗。加之相对落后的经济水平，百姓生活艰难困顿，官民矛盾较为突出，社会治理"艰辛十倍于他郡"[④]。在此背景下，孔氏南宗宗族活动以及其他方面的努力，为地方官员和士绅治理社会提供了有益思路。

第一，孔氏南宗的政治作为在缓解官民关系方面发挥了示范作用。孔氏南宗士人坚持"以民为本"，继承发扬"修己安人""修己以安百姓"的

---

① （宋）袁采：《袁氏世范·序》，国家图书馆出版社2015年影印本。

② 徐映璞：《两浙史事丛稿》，浙江古籍出版社1988年版，第372页。

③ 余绍宋：《[民国]龙游县志》第一册，语丝出版社1999年版，第89页。

④ 《[民国]衢县志》卷二十七《诗文内编上》，民国二十五年（1936）铅印本。

思想，以实现官民之间的良性互动，为百姓生活和社会发展创造稳定环境。南宗族人在政治活动中或宽仁迪德，乐易近民；或明允仁德，乐善好施，尤能体察百姓之苦。孔传任职临川期间，“建昌军卒变，累招降不受，必欲见传为信。传挺然往谕，叛兵以平”[①]。孔端隐因爱民而为民爱，“历官十载，著清白声。以爱民为务，士大夫莫敢干以私者。卒于官，百姓爱慕，立碑以颂其德”[②]。孔涛任吴江判官期间，注重体恤民情，适逢“岁饥，民多事剽掠，君设计捕致数十人，谓此皆迫于冻馁而然，不可以强盗论，杖而遣之”[③]。孔氏南宗各支派多是儒风和畅、诗礼相继，在江南各地都有较大影响。浙江桐乡、浙江萧山、江西新城、江苏句容、湖北嘉鱼等孔氏南宗支派，都因淳厚的家族文化得到时人称赞。明代散曲名家冯惟敏游句容孔东山园后，作《游句曲孔东山园》八首，不但称赞句容孔氏的文化习尚，而且流连于孔东山园的山水溪径，称赏令人向往、和乐怡然的环境。嘉鱼孔氏属衢州派四支，涌现了孔福元、孔克儒、孔克仪等名贤，黎淳所称的“嘉鱼为县雄武昌，其钜姓则孔氏实甲乙也”[④]，充分反映了嘉鱼南宗孔氏在当地的作为与地位。

第二，孔氏南宗的礼义活动为社会提供了普遍行为规范。在以儒家礼制思想为基础的传统社会，孔氏南宗在区域社会治理方面提供了普遍行为规范。《荀子·大略》所说的“礼之于正国家也，如权衡之于轻重也，如绳墨之于曲直也”，充分揭示了礼的实质在于追求人际关系及社会秩序的和谐有序。孔氏南宗一向以“明人伦，美教化，移风俗，治隆平”[⑤]为宗旨，致力发扬光大儒家之“礼”。以孔氏南宗家庙为物化载体的祭祀活动成为普及礼制思想的重要途径，“吾夫子宫墙岿峙，当城之中，且家庙

① 《［民国］衢县志》卷二十一《人物志一·孔传》，民国二十五年（1936）铅印本。

② （清）孔继汾：《阙里文献考》卷八十八《子孙著闻者考》，《孔子文化大全》本。

③ （元）黄溍著，王颋点校：《黄溍集》卷二十三《墓志铭·承直郎潮州路总管府知事孔君墓志铭》，浙江古籍出版社2013年版，第840页。

④ （明）黎淳：《黎文僖公集》卷十一《序·庆孔宗学授南京监察御史序》，《续修四库全书》本。

⑤ （清）夏力恕等：《湖广通志》卷一百七十《监利县学重建大成殿记》，文渊阁《四库全书》本。

式凭，自阙里而外，远接洙泗之泽，以辉映于邻封者，惟衢为最。以故川岳效灵，神光炳朗”[①]。兴起于南宋绍兴年间的孔氏南宗祭孔，具有严格的礼仪条例，虽不如曲阜孔庙“国家有大典礼，则专官祭告”[②]，但从主祭官的任命到执事礼生的选拔，从礼器、祭品的准备到乐舞的规格，从祭文的撰写到祭式的缜密，都严格遵循祭祀仪式。祭孔不仅仅是仪式，其宗旨在于通过祭祀的仪式感以崇先圣、明人伦，追求“君君、臣臣、父父、子子”的理想化礼制秩序，引导广大民众“观圣门之训弟子，俱成法矣”[③]，以此为社会行为提供范式和模本。更为重要的是，南宗士人将“礼”“义”积极付诸实践，据王燮臣《文宾公传》载，萧山支南宗族人孔广炤（普庭）为人正直，潜心钻研医术，传道授业，特别关心贫苦百姓，不辞辛苦，“宅厚仁心，植品端方，幼承庭学，习岐黄术，兼课弟子……于历代诸名家医集罔不悉心钻研、融会贯通……声望日隆，求诊者应接不暇。公一视同仁，不以富贵而重之，不以贫贱而轻之。遇有贫而不能备舟舆者，往往不辞劳瘁，徒步往诊，并不计酬，仁所谓仁慈隐恻，造次弗离者”。其弟孔广宾（字志轩）孝友皆闻，医术高超，悬壶济世，生活节俭，为人慷慨，造福一方，“孝于父母，友于寡兄，里党咸器重之。先代行医济世，公承先人之志，精求医理……医学之大名，喧传远矣”，清咸丰十一年（1861）到同治三年（1864），萧山处于战乱时期，社会得以安定之后，孔广宾“悬壶于邑……就诊之多，应接不暇。得公医治，沉疴立起……登门救治者日益众……生平最喜善举，凡有兴作，无不慷慨乐助。又崇俭约”。

第三，孔氏南宗家庙的神圣性展示了强大的向心力和凝聚力。孔氏南宗家庙及祭孔仪式的神圣性，充分展现了对礼制秩序的向往与实践，从

① 《［康熙］衢州府志》卷六《学宫图第六 · 府学宫图 · 车德辅记》，清光绪八年（1882）重刻本。

② 《［民国］衢县志》卷十六《碑碣志一 · 家庙 · 清道光重修衢州孔氏家庙记》，民国二十五年（1936）铅印本。

③ 《［嘉靖］衢州府志》卷十二《人物纪三 · 孔氏家塾》，民国抄本。

而增强了广大民众对儒家文化的认同。孔氏南宗家庙“尤为南邦人士心中所向往”[①]；“宋室宗亲，达官显宦，先后‘赐第西安’或‘卜居三衢’。社会名流、理学诸儒也纷至沓来”[②]；吾绅对于作为衢州人而未能亲自拜谒南宗家庙感到十分遗憾：“亟欲往一谒而拜焉，思识其子孙，观其揖让进退……然而，愿莫之遂，为可恨也。”[③]历代文人墨客、世家望族都将衢州孔氏家庙作为曲阜孔庙的别宫来瞻仰礼拜。明代吕曾见在此见到吴道子手绘夫子像后感慨道：“至三衢学宫，祇谒先师，随偕圣裔弟子员瞻拜家庙像……余于千百载后及见夫子，岂不厚幸矣乎。”[④]清代帅承瀛莅任浙江，因前后为官轨迹与南北孔氏家庙都有缘分而感到十分庆幸：“前视学山左，得亲谒夫子陵庙，兹来抚浙中，而家庙又在斯境，窃幸生平宦辙所遭，去圣人之居若此其近焉。”[⑤]与此有相同心情的还有杜堮和郁达夫等。杜堮曾因提督浙江全省学政而感到是一种缘分和幸运，“校士三衢，展谒庭庑……堮与文襄皆家渤海，去圣人之居若是其近，系官于南，先后睹兹庙之葺，夫岂偶然也欤？”[⑥]。郁达夫先生在《烂柯纪梦》中由孔氏南宗家庙油然联想到曲阜家庙：“一座家庙，形式格局，完全是圣庙的大成先师之殿。我虽则还不曾到过曲阜，但在这衢州的孔庙内巡视了一下，闭上眼睛，那座圣地的殿堂，仿佛也可以想象得出来了。”[⑦]对孔氏南宗家庙如此之崇敬，深深包含着广大士人对儒家文化的认同。这种认同感与孔氏南宗家庙的物质遗存及祭孔仪式的庄严相结合所产生的凝聚力，缩短了古人与

---

① 《[民国]衢县志》卷十六《碑碣志一·家庙·清道光重修衢州孔氏家庙记（帅承瀛撰）》，民国二十五年（1936）铅印本。

② 衢州市志编委会：《衢州市志》，浙江人民出版社1994年版，第962页。

③ （明）沈杰辑：《三衢孔氏家庙志·鲁林怀思诗卷后序（吾绅撰）》，明嘉靖刻本。

④ （明）吕曾见：《题先师像碑》，转引自《衢州孔氏南宗家庙志》，浙江人民出版社2001年版，第203页。

⑤ 《[民国]衢县志》卷十六《碑碣志一·清道光重修衢州孔氏家庙记（帅承瀛撰）》，民国二十五年（1936）铅印本。

⑥ 《[民国]衢县志》卷十六《碑碣志一·清道光重修衢州孔氏家庙记（杜堮撰）》，民国二十五年（1936）铅印本。

⑦ 郁达夫著，吴秀明主编：《郁达夫全集》（第四卷），浙江大学出版社2007年版，第60页。

今人、传统与现代以及人与人之间的距离，使中华民族因相同文化凝聚在一起，由此形成的民族自豪感和自信心正是社会文明进步的不竭源泉，此可谓“圣明相继，文恬武熙，久于其道，而天下化成”[①]。

明清时期，人们普遍希望通过加强宗族组织，敬宗收族以改善社会风俗，但效果却并不理想。由于孔氏南宗在修谱、祭祀、家学、会族等方面的典范意义，以及圣裔的特殊身份，作为孔氏南宗的核心地，衢州吸引了无数士人前来登堂观礼，罗璟、方豪、李之芳、朱珪、杜堮、张际亮等知名士人都曾拜谒家庙。士人观礼之余，受其感染，知所向往，对当地改善民俗民风和发展社会文化起到了良好推动作用。

三、推动儒学在江南的不断演进

儒家文化作为大一统思想的主体，“不仅提供了先民彼此认同的最广泛的思想基础，而且也成为中国古代社会的普遍精神依托”[②]。由于“圣裔”身份所赋予的特殊内涵和意义，孔子后裔南迁寓衢的政治意义和社会功效，是历史上其他任何宗族的迁徙所无法比拟的。孔氏南渡成为衢州乃至江南地区儒学发展的重要转折和新起点，人们对衢州的印象从唐代的“偃王祠”“殷浩墙”转变为“清献里”“仲尼家”。这一转变使衢州成为广大江南士人民众心向往之的圣地，大批名儒学者纷至沓来，为儒学传播注入了强大的原动力；广大民众“见圣孙如见圣祖”的朴素情怀，为儒学普及厚植了坚实的社会基础，增强了衢州在儒学传播、演进与发展进程中的凝聚力和辐射力，提升了衢州在江南思想文化史上的地位。

1.优化了区域人文环境

孔子后裔寓衢以来，人们往往将衢州与曲阜相提并论，将浙水比作洙泗，此所谓：“种杏之坛崛起，衢山遂作鲁东山。过庭之鲤遥临，瀫水翻

---

① 《［民国］衢县志》卷十六《碑碣志一·明正德衢州重修孔氏家庙碑》，民国二十五年（1936）铅印本。

② 胡发贵：《儒家文化与中国古代社会的认同与凝聚》，《学海》1999年第3期。

成洙泗。水翔千仞而忽下，未数谢超宗之凤毛；挺一角而来游，可比周文王之麟趾。见圣孙如见圣祖，屡叨历代优崇；出士类增美士林，可作千秋冠冕。”[①]孔氏南宗第一座家庙建成后，就在思鲁堂课授子弟。明弘治年间重建的南宗家塾颇具规模，“为东序者三，以迪成材，为西序者三，以训幼稚”[②]，以孔子“好仁不好学，其蔽也愚；好知不好学，其蔽也荡；好信不好学，其蔽也贼；好直不好学，其蔽也绞；好勇不好学，其蔽也乱；好刚不好学，其蔽也狂”（《论语·阳货》）为训。源远流长、内涵深厚的南宗族学培育了无数贤达，其人格风范为世人所敬仰。杨椿在《衢州府志》序中表达了深受南宗家庙及其族人风范沐浴的感受：“比来衢州，州于宋时为辅郡，孔氏家庙今在焉，祇谒之馀，如登阙里。其子姓在州者，咸断断有邹鲁之风。”[③]帅承瀛盛赞衢州：“士皆秀彦，俗亦淳朴，断断焉有邹鲁之风。”[④]甘士瑞也盛赞衢州儒学之盛：“自唐至宋，科名日盛，史志烂然可稽，德行勋绩并高，有赵公为一世标表，而传伊洛之学，如刘质夫出安定之门，如周正介、祝履中与紫阳后先讲习，如柴氏兄弟、徐逸平、邹公衮、江邦直诸贤余风遗韵。元及明初，学者犹未可枚举。”[⑤]由此可见孔氏南宗对江南地区人文环境的影响是何其之广、何其之深、何其之远！孔氏南宗又以其特殊宗族身份，秉承家学传统，以担任学官、山长等途径从事教育活动，积极传播儒学，其恩惠润泽广大江南士人和民众，“衢虽非圣人生长之乡，而楷像南来，大宗主鬯，莘莘学子犹得沾尼山之教泽”，南宗士人所体现的“道范具存”，“足以引起后人之观感者，永百世而无忘”[⑥]。使衢州学子受益的不只是“尼山之教泽”，更有一大批知名儒学名

① 《［天启］衢州府志》卷九《人物志·圣裔》，明崇祯五年（1632）增修刻本。

② 《［民国］衢县志》卷三《建置志上·学校·孔氏家塾》，民国二十五年（1936）铅印本。

③ （清）杨椿：《孟邻堂文抄》卷十四《衢州府志小序》，《续修四库全书》本。

④ 《［民国］衢县志》卷十六《碑碣志一·家庙·清道光重修衢州孔氏家庙记（帅承瀛撰）》，民国二十五年（1936）铅印本。

⑤ 《［民国］衢县志》卷十六《碑碣志一·书院·清乾隆重修正谊书院碑记（甘士瑞撰）》，民国二十五年（1936）铅印本。

⑥ 《［民国］衢县志》卷三《建置志上·学校》，民国二十五年（1936）铅印本。

家的教诲。因拥有孔氏南宗这个得天独厚的人文条件，衢州地区吸引了一代又一代、一批又一批达官显宦、知名学者前来讲学论道，传播儒学，包括县学、书院和学塾在内的衢州教育因此得到蓬勃发展。学者卢襄、冯熙载、赵令衿曾与柯山书院（梅岩精舍）创始者“相与过从”，郡守游钧曾聘请徐霖来书院讲学，一时间“士友群集”。后“郡守谢奕中复请衍圣公孙孔元龙为山长”[①]。鹅湖之会后，朱熹、吕祖谦、陆九渊、张栻等名儒转道开化听雨轩（包山书院）论道赋诗，盛况空前，听雨轩一时成为传道之薮，风雅之归[②]。衢麓讲舍建成之后，“东廓邹公守益、明水陈公九川、绪山钱公德洪、龙溪王公畿尝偕六学师生讲学于斯”[③]。名儒、显宦慕孔氏南宗而来，一是瞻仰家庙、谒拜先师；二是授徒讲学、结交孔氏南宗子弟，共同传播儒学。邹守益所作南宗家塾记载：“刘子（指刘起宗）偕郡守王子，聚诸师诸生，切磋于衢麓讲舍。”[④]孔氏南宗虽与当时各大学派保持“象征性的思想联系，而非具体的学派渊源关系”[⑤]，但由于其特殊地位和象征意义，在传播儒学方面发挥了不可替代的作用，推动了朱学与阳明学说在江南的广泛传播。

2. 推动了江南儒学的不断演进

从最高统治者到普通民众，对孔子后裔始终怀有“见圣孙如见圣祖”的崇敬感，以至于“厚敬爱以相接”[⑥]，使“圣孙”的特殊身份成为广大民众追念孔子的特殊情感和精神依托，成为道德规范和行为准则，孔氏南宗成为弘扬儒家文化的特殊象征符号。这一特殊文化符号使孔氏南宗“诗

① 《［康熙］衢州府志》卷六《学宫图第六·书院·柯山书院》，清光绪八年（1882）重刻本。

② 衢州市政协文史委：《衢州文史资料》第七辑，浙江人民出版社1989年版，第66页。

③ 《［康熙］衢州府志》卷六《学宫图第六·书院·衢麓讲舍》，清光绪八年（1882）重刻本。

④ 《［康熙］衢州府志》卷七《圣庙图第七·家塾·邹守益记》，清光绪八年（1882）重刻本。

⑤ 吴光：《南孔：一个值得寻味的文化符号》，《光明日报》2006年11月12日。

⑥ （明）杨士奇：《东里集》文集卷三《鲁林怀思图诗后序》，文渊阁《四库全书》本。

礼相承，贤才辈出”[①]；“迄今二十八世，类能明经说礼，世守儒风”[②]。让爵之后，孔氏南宗更加致力于社会下层教育及社会风俗建设，不仅以其圣裔身份使“先师孔子之道倡行于家族，统布于四海”[③]，而且吸引了大批学者名儒参与其中，推动了儒家文化在以衢州为中心的浙西南地区的广泛传播。

伴随宋室南渡、北方士人大规模南迁的是北方文化的南渐，从而加速了南北文化相互融合的历史进程。这种融合并不只有简单的接受和容纳，更多的则是碰撞、矛盾和斗争。圣裔的特殊身份以及自身的积极有为，与国家的推崇和士民的敬重等因素形成强大合力，使孔子后裔在南北文化融合中扮演了重要角色。清代统治者对孔子及其思想尊崇至极，在这种社会文化大背景下，孔氏南宗崇尚伦理、诗书传家的优良传统对江南社会起到了润物无声般的作用，促使江南地区士风民风乃至整个社会风气的改观，“士风益竞，名钜迭出”，形成了“民淳事简，风俗敦厚”[④]的良好风尚，“庶几菁莪棫朴于今复见，尚无负贤太守隆圣崇儒之至意”[⑤]。

同时，北方文化积极吸收南方文化中重事功等特点，形成对后世影响深远的事功学派，从而在推动儒学演进中形成了别具特色的江南文化。宋室南迁导致大批儒士南迁，促使传统儒学与江南文化的结合，形成了以吕祖谦为代表的金华学派、陈亮为代表的永康学派、叶适为代表的永嘉学派等等，以朴素、平易的姿态走向民间、走向社会生活，将着眼点落实于现实生活，强调思想对社会生活的作用。这种特点体现在教育上则是学校教育得到蓬勃发展，族学、村学、官学等教育体系日趋完备，从而使儒学的传播和下移成为可能。孔氏南宗的教育活动见证了儒学在南方的转变进

---

① 徐映璞：《两浙史事丛稿》，浙江古籍出版社1988年版，第26页。

② 徐映璞：《孔氏南宗考略》卷二《近代名贤事迹考第十五·繁豪》，民国三十七年（1948）铅印本。

③ 《南宗孔府档案》，第1635号文献。

④ 《［民国］衢县志》卷八《风俗志·习尚·引〈大明一统志〉》，民国二十五年（1936）铅印本。

⑤ 《［民国］衢县志》卷六《学宫》，民国二十五年（1936）铅印本。

程。孔氏南宗在积极参与官办教育、书院教育，以及族学教育转向社会教育的进程中，不断由封闭走向开放，最终将社会教育作为关注重点。这一转变意味着孔氏南宗实现了对自身角色的重新定位，以更加积极的姿态和平民化的心态走向民间、融入社会体系。孔氏南宗独尊意识的淡化乃至消融，尤其是以平民化的心态融入社会的这一重大转变，正是南方儒学意识转变的真实体现。

第五章　孔氏南宗文献叙论

孔氏是中国历史上延续时间最长的文化世家，在二千多年的历史演进过程中，经师络绎，人才辈出，孔子、子思之外，如汉之太常博士孔臧、临淮太守孔安国、北海相孔融，晋五经博士孔晁、广陵太守孔衍，唐国子祭酒孔颖达，皆缵述圣道，有功儒学。这种浓郁的家学遗风影响于后世者，广泛而深远。宋"靖康之变"后，宗分南北，派衍各地，其所到无不恪守祖训，弘扬传统，而大宗南迁，则不仅使衢州成为天下所宗仰的文化圣地，更是直接带动了江南的儒学传播发展与学术繁荣。

第一节　宋、元、明初时期的文献

孔氏之变迁与国运盛衰、政权更迭密不可分，孔氏南宗的形成便是一个很好的例证。需要说明的是，文献整理与研究部分所指的"孔氏南宗"实指所有南迁族人，是广义的，而非限于袭封派孔端友一脉。孔传一脉，孔德成等《［民国］孔子世家谱》列为衢州派，其余则各据所迁分为某某支。孔端友等扈跸南渡寓衢后，及以下数代宗人，家国情怀，始终萦绕不去，这种情绪一直持续到明初，他们除在庙舍建筑方面表达思念不忘之情，尤以编纂家志、修订族谱为联系纽带与精神寄托。

早期的孔氏家志与谱牒参互交错，咸以世系家族为主体，附以典章文物等事项，衢州派祖四十七世孙孔传所纂《阙里祖庭记》《东家杂记》即是这方面的奠基之作。《阙里祖庭记》一书成稿于宋宣和六年（1124），值建炎不暇镂行，四十九世孙祥符县簿承事惧其土逸，证以旧闻，重加编次，遂就完本布之天下。金衍圣公孔元措《孔氏祖庭广记》及后出之《孔氏实录》《阙里志》《阙里文献考》等无不祖之。惟惜其书罕传，仅知孔传著有《孔子故里志》宋乾道二年（1166）泉南郡庠刻本。随迁南渡后，孔传又于宋绍兴四年（1134）编成《东家杂记》一书，续经后人增益，成为地道的南宗专志，从此南北志书以四十八世孙孔端友为分界，之前者一体保留，之后者各自记载。若将《东家杂记》与《孔氏祖庭广记》及《孔氏大宗支谱》所记比照，便不难发现此一时期竟出现南北两圣公，大宗三世系的奇特局面。《东家杂记》传本较多，并收入《四库全书》《中华再造善本》等大型丛书。其书典而核，详而则，信为研究孔氏儒学尤其南宗早期历史必参之籍。此外，衢州府学训导、西安县教谕孔思模踵武先祖，所纂《东家举要》亦重要文献之一，书虽不传，但观其明洪武二十一年（1388）八月自序，不难窥其大概。序称明洪武十二年（1379）秋南还，以《孔氏实录》《阙里纂要》等书，采摭统绪，始自先圣祖，下逮五十七世，从源至流，继承世系、名字、言行之当纪，及附典故、年爵之梗概，芟繁就简，编写成帙。

孔氏家谱则推原于宋孔宗翰《阙里世系》，此书宗翰于宋元丰末年知洪州时尝镂板，然止叙世袭者一人。宋绍兴二年（1132），随迁四十八世孙宋国子博士孔端朝续之，止于四十九代。宋景定三年（1262），五十一代孔应得以四十七世后续刊者讹误颇多，遂考阅数月，正误补缺，复加刊订，盖亦仅就前谱稍事订补。又越数十年，至元大德四年（1300），五十四世孙崇安宰孔津（一名楷）与五十三世孙朝城宰孔淑于山东曲阜订定南北宗支图本，完成了大宗分后首次会谱，开创了南北合修之先例。孔淑作于元大德四年（1300）之序云："盖自汉以来，唯我先圣世有袭封奉祀，历代相承，家谱最备。逮五季丧乱，宗支垂尽，亦惟天幸，四十三世孙袭封尚书讳仁玉，独免其祸，护守林庙，已下族属，皆其所出。宋建炎二年（1128），金陷袭庆（宋政和八年（1118）升兖州为袭庆府），四十八世孙袭封讳端友，避兵南渡，遂与阙里宗族分而为二。当圣朝混一之初，宋故五十三世孙袭封洙首膺召命，还谒林庙，与今袭封公治暨诸族会，百年之分，一旦复合，实吾族之盛事。淑尝欲取南北谱牒校同异，以为定本，久未之遂。近叨职著庭，而房从侄遂昌县尹楷适以赴调寓京师，因相与参订，合为一图，将锓木以传不朽，复序本末大概，以识其端。噫！阙里正传，皆于是乎。”继之更有泰定进士潮州路总管府知事五十三世孙孔涛以旧本《祖庭广记》及朝城、崇安二宰所订图本，各随世次增入，钦录国朝褒崇之典，续于前纪，手写成帙，锓梓以传等。至此，孔谱虽屡经续刊，盖仍不脱《阙里世系》之窠臼，即止载嫡裔而非合支庶。这种局面直到明洪武年间五十四世孙孔思模再次续修，才得到根本性改变，明洪武十二年（1379），思模持谱归拜林庙，修祀会族，与五十六世孙衍圣公孔希学、祖庭家长五十三世孙孔泾等参究碑刻，编序宗次，子孙有未载及事迹阙略者悉补之，讹舛者正之，使莠薤苗辨，灿然在目。向以孔氏宗谱止载世袭而遗支庶为缺典者，合而修之，完成了真正意义上《族谱》编纂。孔思模的这次会族修谱十分成功，袭封府与曲阜县各移文至衢，特表尊祖敬宗之意。

相关的著述尚有孔传《孔子编年》三卷、孔津《孔圣图谱》三卷。《孔子编年》盖取《左传》《国语》《春秋公羊传》《史记》及他书所载孔子事迹系之以年，亦属创编，而非增益旧制。其书明代尚见著录，清代绝不可寻，《中国简明古籍辞典》称有清嘉庆二十三年（1818）孙培翠校注本，是误将胡仔《孔子编年》为此书也。《孔圣图谱》编刻于元成宗大德年间，明代著录多异同，有的将刊刻者误孔津为孔泽。另外，孔传《文枢要记》亦可视为载纪性著述，书曾进呈，诏送秘书省。孔拱《读史》三卷乃史学专著，书虽不传，但志书记载凿然不谬。惟《洙南野史》《江南野史》，载纪一题孔传撰，一题孔洙撰，俱仅见《两浙著述考》《［民国］衢县志·艺文志》，真伪莫辨。

由于各方面的原因，儒学类著作仅知朱彝尊《经义考》《续文献通考·经籍考》等著有宋五十世孙柯山精舍山长孔元龙《论语集说》《柯山讲义》，孔元龙与弟从龙辑《洙泗言学》四十余章，及《［宣统］山东通志·艺文志》《阙里文献考》等所著录元五十世孙孔拱撰《习经》三卷。而且，书皆不传，《论语集说》《柯山讲义》是一书，还是二书，亦无从确考。《阙里文献考·孔元龙传》谓“元龙尝从真西山游，笃学尚志，闭户著述，作《诲忠策》，又辑《洙泗言学》四十余章。西山称其以先圣之裔，而研精先圣之书，其所发明，有补学者。后上其书于朝，帝嘉之。授迪功郎，孔庭族长。年逾九十，犹手不释卷，有《柯山论语讲义》《鲁樵集》”，即不云另有《论语集说》。

其他类编则有宋孔传《孔氏六帖》、孔㙾《吏事总龟》，别集则有宋孔传《杉溪集》、孔端问《沂州集》、孔璞《景丛集》、孔元龙《鲁樵集》，元孔洙《承斋集》，孔拱《锡山草堂集》《村居杂兴诗》，孔津《鲁林集》，孔涛《存存斋稿》等。其中，除《孔氏六帖》三十卷，余皆不传。《孔氏六帖》乃取唐宋间诗颂铭赞、奇编奥录，撮其枢要，区分汇聚有益于世者，以续白居易之《六帖》。书成于宋绍兴之初，分门一千三百七十一，韩仲通于乾道二年（1166）守泉南，刊于郡庠，南宋末，好事者与《白氏六帖》合并刻行，取名《唐宋白孔六帖》，书稍见流行，并收入《四库全书》中。韩驹序其书，以为“孔侯之书，如富家之储材，栋椽枅栱，云委山积，匠者得之，应手不穷，功用岂小哉！”《吏事总龟》载见《［民国］孔子世家谱》第二集，《孔子世家艺文志》列此书子部职官类。孔㙾，端问长子，孔子四十九世孙，官从政郎，潭州录事参军。另考诸家佚集，或以字号名，如四十七世孙衢州派祖孔传晚号“杉溪”，四十九世孙孔庭族长赠少傅孔璞自号“景丛子”，五十三世孙袭封衍圣公孔洙号“存斋”，五十三世孙遂昌、崇安县尹孔津字“鲁林”，五十三世孙泰定进士孔涛以孔洙所居室曰“存斋”，惜其以“存”自号，而不能钦承德意，存其封爵，因自号“存存斋”。其他如孔元龙《鲁樵集》，亦当以号名集者。此仅就知者，岁月悠悠，或以稿成未及诠次，书成无力付梓，又或寸缣尺楮不曾结集，遂被淹没。据《孔子世家艺文志》著录统计，南宋至元末可考孔氏别集凡二十七种，南迁孔氏即有十种，谱籍所占比例更高。

第二节　明至民国时期的文献

明初以后，南迁孔氏盖完全融入当地，不复时刻以祖庭为念，并伴随着子姓繁衍、迁徙范围扩大，著述门类亦日见广泛，呈现出前所未有之多样性，除史籍杂著、诗文集，诸如医书、画作、笔算、谜语、字典、尺牍、传奇剧、金石录，无所不备。其存于今者，如明孔贞运著《敬事草》五卷，及所编《皇明诏制》十卷，参纂《明光宗实录》八卷、《明熹宗实录》八十七卷，孔贞时著《在鲁斋文集》五卷，孔鼎著《楷园文集》八卷，清孔煌猷参修《［康熙］永定县志》十卷，孔毓琼著《孔英尚文集》五卷、孔毓功著《孔惟叙文集》六卷、孔传薪著《梦松居诗略》一卷、孔传曾著《省斋诗钞》不分卷、孔广福著《记忆方诗》十二卷、孔宪采辑《双溪诗汇》二十二卷、孔继尧著《莲乡题画偶存》一卷、孔宪教著《救荒弭变转被诬陷本末》一卷，孔庆镕著《心向往斋谜话》二卷，孔宪昌与人合撰《笔算数学详草》不分卷，以及孔衍洙等纂修《［顺治］延平府志》二十二卷首一卷，孔兴浙等纂修《［乾隆］兴国县志》二十六卷首一卷，孔传薪等纂修《［嘉庆］太平县志》十二卷首一卷，孔传庆等纂修《［道光］定远县志》十二卷，孔广聪等纂修《陕州直隶州志》十五卷首一卷，孔尚萃等纂修《句容孔巷孔氏宗谱》十二卷首一卷末一卷，孔广沧等纂修《句容孔巷孔氏家谱》十三卷首一卷，孔继圣等纂修《阙里衍派湘乡孔氏支谱》八卷，孔宪教等纂修《孔子世家谱长善益宁支谱》十六卷首一卷附录二卷，孔祥纲纂修《新城贤溪孔氏宗谱》二十一卷等，皆为重要著述。其他如清孔毓礼之医书三种，孔继尧绘图各籍，孔庆云、孔庆諴、孔宪教、孔昭晙、孔昭冕等人硃贡卷，与孔继中之增刻《［道光］修武县志》，孔广杓等参订《［嘉庆］西安县志》，及孔宪彭编纂各书与抄校《好古斋诗钞》，孔繁英之参订《孔氏南宗考略》等，亦各具其价值。而见于记载今不传者，盖江西新城支有明孔鼎《周易达传》《四书达注》《楷园增删大学衍义补》，清孔尚典《孔天征文集》《风雅伦音补韵》，孔毓琼

《东归诗稿》《犹人稿》《诗钞》《睦族书》《唐宋八家文选》，孔毓功《懒余稿》《是堂诗稿》《是堂小草》等。江苏句容支有明孔贞时《诒书堂类稿》《六曹章奏》，孔承聘《金台集》《桧亭集》《医论》《可知因病二论》，清孔兴祖《迂立堂诗集》、孔传薪《行唐纪政》、孔昭秉《孝逆烱鉴》、孔广谟《潜山堂制艺》等。浙江桐乡支有清孔继瑛《瑶圃集》《鸳鸯佩传奇》，孔昭勋《爨余文稿》《百尺楼诗稿》，孔宪采《西征日记》《金石录》《双桂轩古文》，及孔广威《秋浦诗草》、孔广芬《丛桂轩诗稿》、孔昭粲《春岩草》、孔昭蕙《桐华书屋词》《桐华书屋诗》、孔昭蟾《月亭诗草》、孔昭美《昭美文稿》等。其他如福建永定支孔煌猷则著有《唾余集》，江苏吴县支孔继琳著有《导性集》，兴化支孔宪荣辑有《潇鸣诗社唱和集》，浙江衢州支孔昭晙撰有《五经详注》《小山课子文》等书。

其中，明句容支孔贞运，历任礼、户二部尚书，东阁大学士，官至内阁首辅，其实录、疏草等纂述，足与国史相印证。其兄孔贞时，官翰林院检讨起居注，知制诰。会光宗、熹宗相继即位，一时诏令、表册、谥议之文，多出其手，故所著《在鲁斋文集》入清列为禁书，信为治明史者所必参。又如清初孔尚典、孔毓琼、孔毓功皆以古文名世，号称“新城三孔”，文集皆入选《四库全书总目》。《尚典文集》为乃师魏禧所手订，盖尚典之学得之魏禧，毓琼、功兄弟之学又得之尚典，复亲炙魏礼。禧为古文大家，“易堂九子”领袖，清康熙十七年（1678）荐举博学弘词。礼乃禧之弟，学古于兄，“易堂九子”重要成员。宜乎孔氏之文，卓尔不群，渊源有自。吴云曾感慨道：“千秋万世之后，谁人能不读勺庭之文哉，谁人又能不读汶林（尚典）、晓窗（毓琼）之文哉！谁谓勺庭无子耶，存魏者又在二孔已。”其中，尤以孔毓琼《孔英尚文集》中所记与孔尚任、孔樵岚交往，在《赠阙里曾叔祖东塘先生序》言：“壬申夏过扬州，樵岚伯父为毓琼言，东塘曾叔祖宦京师，修订《志》书。樵岚与毓琼同出自南迁传公，东塘又同为南迁祖大父道辅公后，毓琼于是持《宗谱》抵京师，拜谒东塘公，览既竟，瞿然曰：是支也，余尝闻之，未敢信，今见斯《谱》，信矣。遂补入《阙里志》”，及《樵岚伯父诗集序》言：“忆壬申之夏，毓琼束装归阙里，取道扬州谒伯父，是时伯父病……比至阙里读《海陵唱和诗》，盖东塘公与一时知名之士倡和于扬州者，而伯父之诗与焉。其诗温柔敦厚，得风人之旨，当不让三百篇……孰意自夏及秋，日月几何，而病反加剧也。伯父且属楚白取所著《迂立堂诗集》命毓琼曰：子善文，其为予序之”等文最为难得，足补志乘之未备，研究之空缺。而孔尚任所评《赠阙里曾叔祖东塘先生序》曰：“波澜起伏，极尽文之能事，而一段依宗恋祖之诚，惓惓三覆，真不愧阙里之文孙，尼山之肖裔，读竟，未免有吾道南矣之叹”一段，于众评之中别开生面，零珠碎玉，亦复倍感珍贵。如此重要的文集，以长期秘藏于国家图书馆，不为学者所用，以致出现《清人诗文集总目提要》称作者为“山东曲阜人，官左都御史，雍正十三年（1735）革”这样的错误。又如句容支孔传薪，清乾隆五十四年（1789）拔贡，诗书画兼擅其长，《［光绪］续纂句容县志》称其“学问淹博，精楷法，善绘事，尤工兰竹，名重都门”，所著《梦松居士诗略》书虽一卷，但史料极其丰富，如记乾隆盛称其才的法式善向其求画，云：“戊午秋杪，时帆先生出素册属画，时将南旋，未遑应命。辛酉夏，先生自都门寄二绝句云：烟云满袖老明经，去向天都作画屏。记得三年前画纸，至今犹未着丹青……薪得诗后又二年，始得寄归画册。”（《绿壤双禽·题画八章寄赠法学士》注）又如《赠曹凤堂》序云：“凤堂善画，写米家山，尤得奇趣，兼究心风鉴青乌之术，朱文正公赠有‘星辰归掌握，山水罗胸中’之句。己巳秋，凤堂来作黄山之游，殷然以手迹持赠，为言休咎，复多所慰藉，濒别出素箑索诗，感其意为题二截”云云，似此皆为逸事趣闻。而《追忆积水潭观荷寄呈法学士兼怀潭上诸子》，涉及法式善、洪亮吉、笪立枢、赵怀玉等诸多人物，堪称风云际会，不可多得。孔继尧人物绘画为时所称，传世版画作品甚多，其《莲乡题画偶存》隽永清新。民国初年，孔庆镕以射虎名于世，与谜坛耆宿名流相过从，每一谜出，妙趣环生，倾倒四座，所撰《心向往斋谜话》征引宏富，体格详赡，为谜学要籍之一。汤公亮评其书：“剥蕉抽茧意，凿险缒幽心。漫说雕虫技，冥搜类苦吟。”孔宪彭于普及新知、促进社会进步方面成绩卓著，字典、尺牍、论说各籍深受欢迎，传播甚广。

以上乃就见于著录者约略言之，至于像孔贞运撰《明资政大夫正治上卿兵部尚书节寰袁公偕配诰封夫人宋氏合葬墓志铭》及宗支题赠酬答等作，又不知凡几矣。

第三节 家谱文献

尽管十分重视谱牒修订工作，但由于种种原因，孔氏南宗家谱散佚现象仍十分突出，很少得以完善保存。明陈镐曾对孔氏家谱散佚现象感慨道："孔氏旧多谱乘，今止存《祖庭广记》。"的确，斗转星移，世事沧桑。孔氏南宗谱牒传而今已寥落星辰 。这无论对于孔氏家族还是文史研究者来说都极为遗憾。本节就孔氏南宗民国之前的重要家谱作简要介绍。

萧山前孔孔氏宗谱八卷

清孔毓孝等纂修。孔毓孝（字一顺），钱塘支兴溥次子，孔子六十七世孙。

是书《东北地区古籍线装书联合目录》著录吉林大学图书馆藏清道光二十六年（1846）诗礼堂活字印本，六册。谱籍浙江萧山。《中国家谱总目》亦著此本。书名据版心题。书签题"萧山苧萝孔氏宗谱"。始迁祖万善，孔德墉主编《孔子世家谱》作"万山"，宋代人。

萧山前孔孔氏宗谱八卷

清孔昭赓等纂修。孔昭赓（字虞廷），钱塘支孔广德嗣子，孔广桧长子，孔子七十一世孙。

是书《中国家谱总目》著录美国哥伦比亚大学东亚图书馆等藏清光绪二十九年（1903）诗礼堂木活字本，八册。书名据版心题。书衣题"萧山苧萝孔氏宗谱”。先祖同上。

孔氏宗谱南宗世谱二十六卷

清孔昭桢、孔宪德等纂修。孔昭桢（字干臣），钱塘支太学生孔广洄长子，孔子七十一世孙。孔宪德（字小坑），孔昭庆第四子，孔子七十二世孙。

是书《衢州孔氏南宗家庙志》载有民国七年（1918）孔氏诗礼堂刻本，谱籍浙江萧山。书共二十八册，书凡半叶十二行，行二十二字，四周双边，单鱼尾；版心上镌“孔氏宗谱”，下有“诗礼堂”三字；内封刻“南宗世谱/民国戊午季夏重镌/诗礼堂珍藏”。凡卷一碑文、序文、家规，卷二诰命、传赞，卷三至十三世系，卷十四至二十六行传。前有七十一世孙孔昭桢民国七年（1918）六月《孔氏续修宗谱序》，略云：“吾萧孔氏源分泗水，派衍三衢，历七十余世之多，计八百余家之众……”又书后跋谓：“自四十八代祖端友公昆季扈跸南迁，由是支分衢、鲁。五十二世祖万山公由衢而之钱塘，由钱塘而之萧山，至六十二世祖五经博士闻音持谱来会合宗派云云。”此本序下钤有“丙字第10号闻道房收藏”朱文长方印，每册封面钤有“至圣南宗奉祀官审查之章”，亦朱文长方印。此《孔子续修宗谱》自清乾隆五十七年（1792）重修，历经清道光十八年（1838）、清光绪二年（1876）、清光绪二十二年（1896）以至本次，多次续修。

按：《中国家谱总目》著录杭州市萧山区图书馆等藏本册数同。书名据版心、书签题为“孔氏宗谱”。云：始祖端思，南宋时宦居钱塘县定南乡。始迁祖孔沁（字心一），明代自定南乡迁居萧山县砾山南郑家塘村。

是书今有衢州市博物馆等藏民国七年（1918）孔氏诗礼堂刻本。

南宗孔氏萧山砾山支谱二十九卷

孔昭衡纂修。孔昭衡（字水樵），钱塘支郡庠生孔广心次子，孔子七十一世孙。

是书《中国家谱总目》著录中央民族大学图书馆等藏1949年诗礼堂木活字本，二十九册。谱籍浙江萧山。书名据目录题。版心、书签题“孔氏支谱”。书名页题“南宗世谱”。六修本。先祖同上。

南宗孔氏萧山砾山分支宗谱二十六卷

孔昭铭修。孔昭铭（字涤盦），钱塘支武庠生孔广荣次子，孔子七十一世孙，浙江法政专门学校政治经济本科毕业，教育部选派国外留学，日本庆应大学经济学士，曾任商务印书馆《商业大典型》编辑主任，外交部科长，亚洲司研究室主任等职。

是书《东北地区古籍线装书联合目录》据吉林大学图书馆藏1949年诗礼堂活字本著录，题［浙江萧山］《南宗孔氏萧山砾山分支宗谱》二十六卷，（民国）孔昭铭修。

按：此书未寓目，疑即前谱。《［民国］孔子世家谱·孔昭铭传》不云有此书，而谓著有《保险法》《保险学》《交易所法》《信托业》《公司财》《日本现代人物传》《日本之战时财政》《日本之战时资源》等书。今考其《保险法》有民国二十五年（1936）上海商务印书馆《实用法律丛书》本，《保险学》（与王效文合编著）有民国二十一年（1932）上海商务印书馆“职业学校教科书”本，《交易所法》有民国二十二年（1933）上海商务印书馆《新时代法学丛书》本，《信托业》有民国二十三年（1934）上海商务印书馆《商业小丛书》本，《公司财政》有民国二十二年（1933）上海商务印书馆《商业小丛书》本。另译有《交通地理学概论》（松尾俊郎著），民国二十六年（1937）上海商务印书馆印行。诸书皆自署“孔涤庵”。兹一并附此不另著。

党山孔氏宗谱二十四卷附一卷

清孔庆璋筹主修。孔庆璋，萧山支，孔子七十三世孙。

是书《中国家谱总目》著录吉林大学图书馆等藏民国八年（1919）诗礼堂木活字本，二十九册。谱籍浙江萧山。书名据书签、目录、卷端题。版心题“孔氏家谱”。四十八世孔端友（字子交），宋建炎二年（1128）自曲阜阙里南渡至浙江衢州。越五世至孔汭（字世川），葬于萧山，子孙遂居萧山。卷一家规、谱序、源流、祭期，卷二世次，卷三补遗、杂文、传文、女传、谱跋，卷四至二十四世次、系图，附卷编序、启、简章、说帖、议决。

按:《东北地区古籍线装书联合目录》著录吉林大学图书馆藏本，未著附一卷。

又按：此支与前著各谱显非一支。考孔汭为张曲户祖，尝任职江浙多年，惟孔德成等《［民国］孔子世家谱》记载欠详明，不云葬于何地，孔庆璋亦不见于张曲户，录此俟考。

萧山富春孔氏宗谱四卷

孔宪云主修，张锡增编纂，1949年诗礼堂木活字本。

富春支始祖为孔万善，元代自衢州迁居萧山苧萝乡，后孔聪四于清康熙年间（1662—1722）自萧山迁居富阳县虎爪坞。此谱由衢州市博物馆收藏，谱载谱序、凡例、阙里世谱、敕命、传、行略、系图、行传等内容。

句容孔巷孔氏宗谱十二卷首一卷末一卷

清孔尚萃等纂修。孔尚萃（字人初，号念劬），句容支东阁大学士太子太傅孔贞运次子，孔子六十四世孙，增生，官中书科中书舍人。

是书《中国家谱总目》著录美国哥伦比亚大学东亚图书馆等藏清光绪九年（1883）刻本，二十一册。始祖孔传，世居曲阜阙里，宋建炎年间南渡，迁居衢州；孔传子孔端隐，官句容，卒，子孔瑄守墓居句容福祚乡之青城。孔瑄子孔撰，晚年复徙青城南三里处之许巷，后支派蕃衍，许巷亦随之更名孔巷。孔瑄为句容始迁祖，孔撰则为孔巷始迁祖。

按：孔尚萃为清初人，系孔广沧先祖，《家谱总目》列此《孔子世家谱》于孔广沧后，显为不妥，而题是《孔子世家谱》为“光绪九年（1883）刻本”，或亦有误，窃疑所谓“光绪九年（1883）”，似为康熙九年（1670）之误。

句容孔巷孔氏家谱十三卷首一卷

清孔广沧等纂修。孔广沧（字汇川，号清泉），句容支传举祠首奉祀生员孔继镫次子，孔子七十世孙，公举祠长。

是书《上海图书馆馆藏家谱提要》著录清嘉庆元年（1796）刻本，八册，书名据书签、版心题。先祖同上。卷首序例、宗支世系图志，卷一至七世系传，卷八诰敕、恩荣，卷九至十一艺文，卷十二诗，卷十三墓图、续编传赞等。内有赵孟頫等诗文。

按：考孔德成等《[民国]孔子世家谱·孔广沧传》，称其“二次续修家谱”，此盖其一也。

兴化孔氏支谱十二卷

孔宪荣纂修。孔宪荣（字文孙），句容支孔昭森长子，孔子七十二世孙，清光绪二十三年（1897）拔贡，清宣统二年（1910）会考一等，初用礼部京官，后改学部。

是书《上海图书馆馆藏家谱提要》著录清宣统元年（1909）木活字本，四册，书名据书签题。始迁祖孔宏贤，世居苏州，父孔承凤出外贸易，殁，卜葬于兴化东郊外，遂占籍焉。卷一孔氏本源考，卷二孔门纪要，卷三像赞、图考，卷四大宗世袭图，卷五流寓支派、服制图，卷六阙里世系传，卷七散寓世系传，卷八南渡世系传，卷九迁句世系传，卷十迁兴世系传，卷十一家传等，卷十二家箴、祭产。

阙里衍派湘乡孔氏支谱八卷

清孔继圣等主修。孔继圣，衢州派孔传教长子，孔子六十九世孙。

是书《中国家谱总目》著录湖南省图书馆藏清乾隆六十年（1795）木活字本，八册。谱籍湖南湘乡。书名据书签题。版心题“圣裔谱牒”。书名页题“阙里分支圣裔谱牒”。湖广始祖孔克成（字定夫，又字集夫，号美田），元至正八年（1348）宦居湖北荆门。始迁祖孔彦易（字朝震，号魁赞，又号顺臣），行三，明天顺年间徙居湘乡。

湘乡孔氏续修族谱九卷

清孔昭衡修。孔昭衡（字显崇，号寿峰），衢州派国子监学录孔广璠次子，孔子七十一世孙，太学生。

是书北京大学图书馆馆藏目录著录清光绪二十一年（1895）湘乡诗礼堂木活字本，九册，二函，有图及肖像，书名据书衣题。内封面背后牌记题“光绪乙未冬日广文户衍派湘乡续修”，版心下有“诗礼堂”三字。

按:《中国家谱总目》著录此本题“孔昭衡等主修”，谓“先祖同上”。考《[民国]孔子世家谱·孔昭衡传》略称“字显崇，号寿峰，太学生”，不云修谱事。又考其父孔广璠（字京理，号奂若），从九品职，清道光十年（1830）选补尼山书院，国子监学录。兄孔昭南（字显阳，号正元），贡生。

孔子世家谱长善益宁支谱十六卷首一卷附录二卷

清孔宪教等纂修。孔宪教（字法圣，号静皆），衢州派长支太学生昭邦嗣子，太学生候选县丞昭麒次子，孔子七十二世孙，清光绪乙酉科（十一年，1885）举人，丙戌成进士，朝考一等，钦点翰林院庶吉士，晚年任孝廉书院山长。

是书有清宣统三年（1911）木活字本，二十一册。谱籍湖南。封面题“孔子世家谱/长善益宁续修”。版心亦题“孔子世家谱”。卷首为新旧谱序、续修职名、旧职名、凡例、条规告示、目录、姓源、五王释奠诸仪、尼山防山图考。卷一有圣祖年表、图像考、林庙图考、历代褒崇之典、诣学之典、幸鲁之典、遣告之典、御制碑文、赋、序、赞、颂、诗、论、诏封等内容。卷二至卷九为世系，包括大宗世系，南宗世系，及本支世系。卷十祠志，卷十一优免、详札、门牌，卷十二墓图，卷十三至十六为传记；末附流寓世系。

按：四十七世孙若古，宋建炎初偕衍圣公端友随高宗南渡，寓衢州，是为南迁始祖。五十五世孙孔克成（原名诚，字集夫），元至正八年（1348）由衢州任湖广荆门刺史，卒于任，子孙遂家于此。孔克成有四子，分四房，裔孙散居于湖南长沙、善化、益阳、宁乡等处，此即四房后裔所修。此前，该支尝于清乾隆、咸丰、同治年间分别纂修。又考谱内世系，见记有本谱纂修人宪教“卒于癸丑年七月十三日辰时”之事，“癸丑”为民国二年（1913），疑为后补。

又按：今考《上海图书馆馆藏家谱提要》著录长郡纂局纂修清宣统三年（1911）木活字本《孔子世家谱》残卷，存卷一、二、六、八，云：“书名据书签、版心题。始祖传（若古）。始迁祖谟，元末明初自监利县太码河孔家潭迁湖南阳，旋迁长沙明道都新塘坪水口山。其后裔散居长沙、益阳、浏阳一带。存卷为世系传。”似即本支残谱，附此不另著。

新城贤溪孔氏宗谱二十一卷

清孔祥纲纂修。孔祥纲，衢州派新城支，孔子七十五世孙。

是书《中国家谱总目》著录福建博物院藏清宣统元年（1909）吴英秀堂刻本，二十一册。谱籍江西黎川。缺卷十五、十八。书名据书衣题。增补记事至清宣统三年（1911）。始迁祖孔均龙，宋代人。

按：考孔德成等《[民国]孔子世家谱》衢州派，孔均龙作孔均宠（字行善），迁居新城宏村。

闽杭孔氏家谱五卷首一卷

清孔昭音等纂修。孔昭音，衢州派上杭支，孔子七十一世孙。

是书《上海图书馆馆藏家谱提要》著录清光绪三十二年（1906）闽汀上杭县诗礼堂木活字本，书凡六册，书名据书签题。始迁祖新，世居江西临川县孔家渡九龙桥，元至治年间新仕汀州，世乱路阻，因寓家上杭西门宣德方，占籍二图七甲。卷首序例、林庙事迹、典礼、祠记，卷一至五世系传。

孔氏绿城湾重修宗谱一卷

清孔祥珂纂修。孔祥珂，衢州派四支，孔子七十五世孙。

是书《中国家谱总目》著录美国国会图书馆等藏清同治十三年（1874）刻本，一册。谱籍江苏武进。书衣题“孔氏家乘”。始迁祖孔万有，宋代人。

第四节　存目考录

自孔氏族人南徙，历代南宗族人皆有著述。南宋有著述者仅六人十五种著述，现仅两种见存。元代有著述者仅三人五种著述，然皆不传。明代有著述者为三人十一种著述，现仅五种传世。清代有著述达三十四人六十一种著述，传世者也仅二十五种。民国时有著述七种，皆见存。由此可见孔氏南宗著述散佚情况之严重。本节就孔氏南宗著述存目作简要考录。

杉溪集十卷

宋孔传撰。孔传（原名若古，字世文，晚号杉溪），嘉祐进士、左中散大夫、上柱国会稽县开国伯孔舜亮季子，衢州派始祖，孔子四十七世孙，官至右朝议大夫、知抚州军州事、兼管内劝使，封仙源县开国男。

是书《［宣统］山东通志》《［乾隆］曲阜县志》《阙里文献考》等皆著录，《［万历］兖州府志》、明陈镐《阙里志·孔传传》等亦载之。惟《［康熙］衢州府志》《孔氏南宗考略》此书不著卷数，《宋史·艺文志》阙焉无载，盖佚久矣。宋杜绾《云林石谱》卷首有孔传于宋绍兴三年（1133）五月所作序，见《知不足斋丛书》第二十八集等。《［乾隆］曲阜县志·列传》云："孔传原名若古，字世文，道辅之孙，世尹舜亮之子也。博该群书，尤精《易》学，操行介洁，不为利诱。建炎中随宗子端友南渡，居于衢。绍兴二年（1132）知郴州，锄强扶贫，民咸畏服……晚号'杉溪'，有《杉溪集》及《孔子编年》《东家杂记》等书。官至中散大夫，赠中大夫。"又《孔氏南宗考略》称其：宋元祐四年（1089），任仙源县主簿；八年，升县尉；政和五年（1115），以朝奉郎任京东路转运司管勾文字。宋建炎二年（1128），与衍圣公端友陪祀扬州，已而，金犯维扬，扈跸南渡。三年二月，帝驻跸杭州，因率族属拜疏，叙家门旧典，敕赐庙宅于衢。传博极群书，尤精《易》理，家居授徒千人。以功进秩右谏议大夫，改知抚州军州事，兼管内劝农使。时建昌军卒叛变，屡招降，不受，必欲见传为信，传单骑往谕，叛兵以平。历中散大夫，借紫，封仙源县开国男，食邑三百户。卒，年七十五。著有《杉溪集》《续白氏六帖》《续尹植文枢纪要》，撰《东家杂记》《洙南野史》等书。世称家藏有祖道辅击蛇笏。子孙繁衍，今皖、赣、鄂等支，皆其后也。

洙南野史

题宋孔传撰。

是书见《孔氏南宗考略·孔传传》，略谓：传博极群书，尤精《易》理，家居授徒千人。以功进秩右谏议大夫，改知抚州军州事，兼管内劝农使。历中散大夫，借紫，封仙源县开国男，食邑三百户。卒年七十五。著有《杉溪集》《续白氏六帖》《续尹植文枢纪要》，撰《东家杂记》《洙南野史》等书。兹据著录。

按：此书别不见录，或即孔洙《江南野史》之误载。

孔子编年三卷

宋孔传撰。

是书《[宣统]山东通志》《[万历]兖州府志》《[乾隆]曲阜县志》《[康熙]衢州府志》等皆著录。《郡斋读书志》云："《孔子编年》三卷，右皇朝孔传取《左氏》《国语》《公羊》《史记》及他书所载孔子事，以年次之，自生至卒。"明陈第《世善堂藏书目录·史类·编年》于《孔子编年》五卷后又著《孔子编年》三卷，不著撰人，似即此书。《阙里文献考·孔氏著述·子部·儒家》：四十七世孙传有《孔子编年》三卷。又《孔传传》云："传博极群书，尤精《易》学，操行介洁，不为利诱势怵，宋建炎中随宗子端友南渡，居于衢。进《续白氏六帖》《文枢要记》，书送秘书省。晚号杉溪，有《杉溪集》及《孔子编年》《东家杂记》等书。"《[民国]孔子世家谱》载之略同。

按：此书未见传本。《中国简明古籍辞典》称有清嘉庆二十三年（1818）孙培翠校注本，盖误将胡仔《孔子编年》为此书也。

文枢要记

宋孔传撰。

是书据《[宣统]山东通志》《[乾隆]曲阜县志》著录。《[康熙]衢州府志》此书作《续严氏文枢类要》，入子部道家类，《孔氏南宗考略》又作《续尹植文枢纪要》，然皆无卷数。《宋史·艺文志》不载此书。《[万历]兖州府志》云："孔传，字世文，道辅孙也。精于易学，操行介洁，建炎初与孔端友南渡，寓居衢州，率族人拜疏阙下，叙家门故事。尝知邠州，锄强扶弱，吏民畏服。知陕州，平鼎澧寇，以功知抚州、建昌。进《续白氏六帖》《文枢要记》，诏送秘书省。所著有《东家杂记》《杉溪集》。官至中散大夫。"明凌迪知《万姓统谱》也称其书"诏送秘书省"，然遍考各家书目均不见载，或宋时已亡。

沂川集

宋孔端问撰。孔端问（字子诚），衢州派传长子，孔子四十八世孙，历官迪功郎、仙源县、奉新县丞等。

是书孔德成等《[民国]孔子世家谱》、徐映璞《孔氏南宗考略·孔端问传》记载同，惟其任职年代稍异。《[民国]孔子世家谱》云："四十八代端问字子诚，宋靖康元年（1126）授迪功郎、仙源县丞。建炎中，侍父南渡，授从政郎，洪州奉新县丞。绍兴间，卒于官，葬奉新县五里之官山。著有《沂川集》。"《孔氏南宗考略》云：端问，笃学工诗，宣和七年（1125），恩例授迪功郎。靖康元年（1126），任仙源县丞。绍兴间，授从政郎、洪州奉新县丞，卒于官。著有《沂川集》。朝廷以圣人之后，给省钱。葬于五里官山。

景丛集十卷

宋孔璞撰。孔璞（字希祖，一字行可，又字伯玉，自号景丛子），孔子四十九世孙，理宗朝授迪功郎，孔庭族长，奉嗣南岳。

是书《［宣统］山东通志》《［乾隆］曲阜县志》《阙里文献考》皆著录。《［民国］孔子世家谱》称："四十九代璞，字希祖，一字行可，又字伯玉，宋理宗时，授迪功郎，奉南岳祠。喜读书，至老不辍，尝谓人之诵经史，犹饥渴之得饮食也。自号'景丛子'，著有《景丛子》书十卷。卒赠少傅。"

吏事总龟

宋孔撰。孔（字伯坚），衢州派迪功郎、仙源县丞端问长子，孔子四十九世孙，官从政郎、潭州录事参军。

《［民国］孔子世家谱》二集衢州派长支曰："四十九代，字伯坚，笃学能文，授从政郎、潭州录事参军。著《吏事总龟》。"兹据著录。

论语集说

宋孔元龙撰。孔元龙（初名抃，字季凯，一作伯凯），衢州派迪功郎孔璞长子，孔子五十世孙，官余干县主簿，后为柯山精舍山长。

是书据朱彝尊《经义考》著录。《续文献通考·经籍考》论语类此书著录同，而另于儒家类著其《柯山讲义》《鲁樵裒稿》。《［康熙］衢州府志·艺文考》此书作《论语鲁樵集说》，俱无卷数。《［宣统］山东通志》《两浙著述考》分别作《柯山论语讲义》《论语鲁樵集说》。《［乾隆］曲阜县志》云："宋余干主簿孔元龙为柯山精舍山长，有《柯山论语讲义》，卷佚。"孔德成等《［民国］孔子世家谱》谓其"著有《柯山讲义》《论语集说》”。《阙里文献考》云：“元龙尝从真西山游，笃学尚志，闭户著述，作《诲忠策》。又辑《洙泗言学》四十余章。西山称其以先圣之裔，而研精先圣之书，其所发明，有补学者。后上其书于朝，帝嘉之。授迪功郎，孔庭族长。年逾九十，犹手不释卷，有《柯山论语讲义》《鲁樵集》。”

柯山讲义

宋孔元龙撰。

是书《续文献通考·经籍考》等著录，孔德成等《［民国］孔子世家谱》亦载之。《阙里文献考》等作《柯山论语讲义》。

洙泗言学

宋孔元龙　孔从龙同辑。孔从龙（初名抡），迪功郎孔璞三子，孔元龙弟，孔子五十世孙，终迪功郎。

是书据徐映璞《孔氏南宗考略·孔元龙传》《孔氏南宗考略·孔从龙传》著录。《孔氏南宗考略》谓孔元龙“作《诲忠策》，又辑《洙泗言学》四十余章”，另于其弟从龙传云：“从龙旧名抡，少好学，尝与兄元龙同辑《鲁论言学》一书，真西山为之跋，略云：‘昔张南轩先生尝辑《洙泗言仁》，发挥其义，使仁者知所以为仁。今衢州孔君又辑其《言学》者四十余章，章为之释，使学者知所以为学。君以先圣之裔而精研先圣之书，其所发明，有补学者不浅。虽《鲁论》二十篇言仁与学盖无几，既而绎之，实无一语之非仁，亦无一语之非学也。’仕终迪功郎。”其所谓《鲁论言学》，即《洙泗言学》也。其书《阙里文献考》《［民国］孔子世家谱》载之，但归孔元龙名下。

奏议丛璧

宋孔元龙撰。

《［民国］孔子世家谱》云："五十代拚，一名元龙，字季凯，尚志笃学，从真西山先生游，闭户著述，作《诲忠策》，又辑《洙泗言学》四十余卷。西山先生谓其以先圣之裔而研精先圣之书，其所发明，有补学者。后上其书，帝嘉之。特授迪功郎。初任饶州余干县主簿，寻归衢教授，部使者延请为柯山精舍山长，以宣教郎致仕。年至九十犹手不释卷。著有《柯山讲义》《论语集说》《鲁樵斐稿》《奏议丛壁（璧）》诸书。"兹据著录。

按：《续文献通考·经籍考》章表类及清杨庆《大成通志》亦云孔元龙有《奏议丛璧》，未见传本，不知体例如何？录此以俟后考。

鲁樵集

宋孔元龙撰。

是书《［宣统］山东通志》《［乾隆］曲阜县志》《阙里文献考》等云卷佚。《［万历］兖州府志》《阙里志》集类有《鲁樵斐稿》，《续文献通考·经籍考》儒家类有《鲁樵裒稿》，卷佚，当即此书。《阙里文献考·孔元龙传》谓："元龙尝从真西山游，笃学尚志，闭户著述，作《诲忠策》，又辑《洙泗言学》四十余章。西山称其以先圣之裔而研精先圣之书，其所发明，有补学者。后上其书于朝，帝嘉之。年逾九十，犹手不释卷。有《柯山论语讲义》《鲁樵集》。"清杨庆《大成通志》称："元龙，志尚笃学，从真西山游，晚年授迪功郎。制曰：尔著书立言，诸老所推，贤可知矣。以宣教郎致仕。年九十，手不失卷。有《柯山讲义》《论语集说》《鲁樵斐稿》《奏议丛璧》。卒之日，门弟子三百哭之，私谥曰：'文介'。后赠'太子少师'。"

读史三卷

元孔拱撰。孔拱（字执谦），衢州派从政郎、福州府闽清县令孔琭三子，孔子五十世孙。

是书《［宣统］山东通志·艺文志》史评类著录，云："拱，至圣五十代孙，盖金元间人。是编见《阙里文献考》。"

按:《［乾隆］曲阜县志·著述》此书作者孔拱误为"北齐人"，列唐初颜师古之前。《湖北艺文志》据《通城志》作宋人，而无此书。又《阙里志》云："五十代拱，字执谦，琭子，少孤好学，笃意义方，乡党贤之，年五十三卒。有《习经》《读史》各三卷，《锡山草堂集》五卷，《村居杂兴》三卷。"此书盖未刊行，故各家补《元志》及后世藏书目均无著录。

习经三卷

元孔拱撰。

是书《［宣统］山东通志》《阙里文献考》子部儒家著录，孔德成等《［民国］孔子世家谱》《阙里志》等亦载之。《［乾隆］曲阜县志》子类无此书，而于礼类末云："又北齐孔拱有《习经》一卷"，盖即此书之误著。又此书，明代藏书目及《中国古籍善本书目》等皆不见录，知已无存矣。

锡山草堂集五卷　村居杂兴诗三卷

元孔拱撰。

两书见《湖北艺文志》，据《通城志》著录，作者题"宋孔拱"。孔德成等《［民国］孔子世家谱·孔拱传》录"《锡山草堂集》三卷"。《［宣统］山东通志》《［乾隆］曲阜县志》《阙里文献考》两书分别作《锡山草堂》《村居杂兴》。《阙里志》称："五十代拱，字执谦，琭子，少孤好学，笃意义方，乡党贤之，年五十三卒。有《习经》《读史》各三卷，《锡山草堂集》五卷，《村居杂兴》三卷。”诸书均未见传本。

渔唱集

元孔万龄撰。

孔万龄（字松年），西安（今浙江衢州）人。从鲁斋许衡学，有声浙江。恩授将士郎、袁州分宜县尹。元至元三十年（1293），辞官不赴。著有《渔唱集》。事迹见徐映璞《孔氏南宗考略·元代名贤事迹考》。

孔圣图谱三卷

元孔津刻。孔津（字世鲁，改名楷，字鲁林），衢州派承事郎兖州同知言子，孔子五十三世孙，官承德郎，遂昌、崇安二县尹。

明《内阁藏书目录》谓：《孔氏图谱》三卷，孔津刻。倪灿、卢文弨《补元志》云：“孔津《孔圣图谱》三卷，孔子五十三代孙。”兹据著录。

按：明钱溥《秘阁书目》此书不题撰人，《菉竹堂书目》有《孔子图谱》三册，亦不著作者姓氏。钱大昕《补元志》云：“《孔圣图谱》三卷，大德间，孔子五十三代孙泽刊。”《［宣统］山东通志》从钱说。《［乾隆］曲阜县志》《阙里文献考》不载其书。《中国历代人物年谱考录》题《孔子图谱、年谱、编年》三卷，孔津编。盖“津”“泽”形近致误。今考孔德成等《［民国］孔子世家谱》，津、泽皆有其人，而皆不言有此书。孔泽（字世恩），有隐德，无传。孔津（字世鲁），先为南宗衍圣公洙嗣，改名楷，后以弟继兄，宗法不顺，乃改立长子思许为洙后。任常州通判。时，丞相答剌罕以孔氏子孙特升承德郎，遂昌县尹，再授崇安县尹，致仕。根据两人情况，证诸《孔氏南宗考略·孔津传》之“得与曲阜五十三代秘书省著作郎淑参订南北宗图，合为一本”等记载，知其为孔津所刻无疑，钱大昕《补元史艺文志》及《［宣统］山东通志》题“孔泽刊”，误。

鲁林集一卷

元孔津撰。

是书见徐映璞《孔氏南宗考略·孔津传》，未见传本与其它书目著录。考津为元末人，年四十五卒。赠奉训大夫，兖州知州。

江南野史一卷

元孔洙撰。孔洙（字景清，一说字恩鲁，号存斋），袭封衍圣公万春子，孔子五十三世孙，居衢州，宋理宗绍定四年（1231）袭封衍圣公，宋亡封罢。南宋末年，先后通判衢州、吉州、平江、信州。元世祖时，改封国子监祭酒，承务郎，兼提举浙东学校事，与护持林庙。事迹见《［天启］衢州府志·人物志·圣裔》。

宋慈抱（字墨庵，号彀斋）《两浙著述考·杂史类》称："《江南野史》一卷，（元）衢县孔洙撰。洙，字思鲁，号存斋，淳祐元年（1241）袭封衍圣公。宋亡，居西安，遂占籍焉。《衢县志·人物》有传。此书据《［嘉靖］衢志·山川纪》，惜其书不传。"

按：此书，《［乾隆］曲阜县志》《阙里文献考》俱不见载。《阙里文献考》卷八《孔洙传》云："五十三代洙，字景清，宋理宗绍定四年（1231）袭封衍圣公，通判吉州，宋亡归元。元世祖议孔氏子孙当立者，或言孔氏子孙寓衢者，乃其宗子。至元十九年（1282）冬十一月，召至阙，劳问，洙逊于居曲阜者，帝嘉之曰：'宁违荣，而不违亲，真圣人后也。'遂命为国子祭酒、承务郎，兼提举浙东学校事，与护持林庙玺书，敕给俸禄，秩满再授奉训大夫、儒学提举。年六十一卒，无嗣。自端友至洙，袭封于衢者，盖六世云。"《两浙著述考》称洙"淳祐元年（1241）袭封衍圣公"，误。《［民国］衢县志·艺文志》载："《江南野史》，元孔洙撰。原书未有著录，见《［嘉靖］府志·山川纪》中。原引作《南野史》，脱‘江’字。据《［康熙］府志》及《龙游志》补。按：赵《志·山川纪》：柘溪又名溪。引孔世文洙（旧谓世文，孔传字。以洙弟涛字世平、瀛字世表推之，世文当为洙字不误。）《江南野史》载，谶云‘溪通，出相公’，后余端礼果拜相。至上航入信安溪。又龙游团石潭下引孔世文洙《江南野史》载，谶云‘团石圆，出状元’，绍兴十四年（1144）大水，石因转面视正圆，明年文靖刘公章果魁天下。此语必有所本，惜其书不传。《文献通考》有《孔氏野史》一卷，引《容斋随笔》曰：‘世传孔毅甫《野史》一卷，凡四十事。予得其书清江刘靖之，所载赵清献为青城宰等事，皆不免讥议。予谓决非毅甫所作。’不知即此书否？又《通考》载有《江南野史》，龙衮撰。《四库提要》谓衮爵未详，其书则记南唐事也。陶宗仪《说郛》谓之野录，亦与此不同。”《［民国］衢县志》言《容斋随笔》所述孔氏《野史》“不知即此书否”。然《容斋随笔》作者洪迈为南宋初人，孔洙为南宋末元初人。故洪迈所言《孔氏野史》，绝非《［嘉靖］衢州府志》所引〈野史〉。《［弘治］衢州府志·山川志》已引“孔世文《洙南野史》”，《［嘉靖］衢州府志·山川纪》《［天启］衢州府志·舆地志》所载与《［弘治］衢州府志》同，《［康熙］衢州府志·山川图》载为“孔洙《江南野史》”。或有孔世文《洙南野史》之作，《［康熙］衢州府志》后出，抑或径改为孔洙《江南野史》。然《［民国］衢县志·艺文志》著录有孔洙《江南野史》，其考辨已见上文，此姑存之。此《江南野史》今佚。

承斋集二卷

元孔洙撰。

《孔氏南宗考略·元代名贤事迹考》曰：洙字思鲁，一字景清，号存斋，万春子。宋淳佑元年（1241），授承奉郎，袭封衍圣公。宋宝祐元年（1253），添差通判衢州军州事，转承事郎，添差通判吉州军州，兼管内劝农营田事。宋景定二年（1261），通判平江军州。咸淳元年，通判信州，权军州事。历通直、奉议、承议郎。宋亡不仕。元至元十九年

（1282），议立孔子后，以寓衢者为大宗，召赴阙，载封归鲁奉祀。洙以先世庙墓在衢，不忍舍，让爵于曲阜宗弟治，且以母老，乞南还。世祖嘉之曰："宁违荣而不违亲，真圣人后也。"拜承务郎、国子祭酒，兼提举浙东学校。给俸养廉，并与护持江南林庙玺书。正宗之罢封自此始。二十四年（1287），再授奉圣大夫、福建道儒学提举。到任，病卒。年六十。洙敏而好学，精研经史，著有《承斋集》二卷。兹据文献著录。未见传本与书目著录。而其号"存斋"，疑为"承斋"之误。

阙里谱系一卷

元孔涛撰。孔涛（字世平），衢州派西安县教谕纯长子，孔子五十三世孙，泰定进士，历官承直郎、潮州路总管府知事。

是书钱大昕《补元史艺文志》《［雍正］浙江通志》《［嘉庆］西安县志》等著录，《阙里文献考・孔氏著述》载之，作《孔子世家谱》。

按：此书原本未见。明版《孔氏族谱》载有孔涛旧序残文，云："吾家有谱旧矣……圣元混一，车书会同，五十三代秘书朝［城］［宰］［淑］□［五］［十］四代崇安宰楷既订定宗支图本，分藏于家。□□□仲子太常院判思逮，皇庆间亦尝进御□□□□一览，藏之秘府，独谱系未有全书为可憾。涛暇日不揆，祖练塘、退学所谱，摭以旧本《祖庭广记》，及朝城、崇安二宰所订图本，各随世次增入，钦录国朝褒崇之典，续于前纪，手写成帙，锓梓以传永□。呜呼！《广记》虽存，改刻多谬，《阙里通载》独□□□□赖氏外纪所载，略而不备，中亦不免有差互□□，所赖者，朝城、崇安所定《宗图》尔。若其他近日刊行诸书，各以私意而成者，俱无取焉。涛学浅分卑，僭越罪大，然继述之责有不容缓者，知我罪我，惟祖圣之灵在天，惟公论在万世。天历二年（1329）岁次己巳五月□日［五］十三代孙承事郎江路吴江州判官涛拜手谨书。"又孔思模序云："至元间，五十三代袭封祭酒洙公，天历初，潮州知事涛公，皆由衢往谒祖庭，遂与袭封治及五十四代明道公考订宗枝，向之间隔者，依次类入，并录当时典章以还。涛公乃祖述练塘旧谱，手编成书，缦（锓）梓以传，仍题曰《阙里谱系》。”又元黄溍《黄文献公集·承直郎潮州路总管府知事孔君墓志铭》略谓：“君讳涛，字世平，姓孔氏……初，太尉世父既袭文宣之封，五世至端友，与中奉公同南旋，由端友至洙，袭衍圣之封者又五世。至元十九年（1282）秋七月，有诏令洙赴阙，架阁公以族长被命与俱，中道而返，洙独入对。廷议俾仍嗣袭，洙力辞，乃以为国子祭酒，提举浙东学校。洙所居室，扁曰‘存斋’。君惜其以存自号，而不能钦承德意，存其封爵，因自称‘存存斋’云。君所为诗尚俊迈，文浑厚不事纤巧，有《存存斋稿》，未及诠次。惟《阙里谱系》一卷为成书。”又明版《孔氏族谱》载元至正十六年（1356）兵部尚书周伯琦序云：“右《阙里世谱》一帙，宣圣五十三代孙涛参考先生世□□所编者也。”据此，是书似又名《阙里世谱》。

存存斋稿

元孔涛撰。

是书见黄溍《黄文献公集·承直郎潮州路总管府知事孔君墓志铭》，略云：“君讳涛，字世平，姓孔氏。初太尉世父既袭文宣之封，五世至端友，与中奉公同南旋，由端友至洙，袭衍圣之封者又五世。至元十九年（1282）秋七月，有诏令洙赴阙，架阁公以族长被命与俱，中道而返，洙独入对。廷议俾仍嗣袭，洙力辞，乃以为国子祭酒，提举浙东学校。洙所居室扁曰‘存斋’，君惜其以存自号，而不能钦承德意，存其封爵，因自称‘存存斋’云。君所为诗尚俊迈，文浑厚不事纤巧，有《存存斋稿》，未及诠次。惟《阙里谱系》一卷为成书。”《［嘉庆］西安县志·经籍志》据以著录。

按：此书未见传本。《［民国］孔子世家谱》谓：“五十三代涛，字世平，宁国路学录，延祐甲寅年，东平路乡试，三举魁选，泰定元年（1324）会试，第十九名进士，授承事郎，吴江州判官，终承直郎，潮州知事。赠奉训大夫。”又颜崇椝《种李园诗话》谓孔涛《题东坡村醪帖》

云：张宣公谓东坡结字稳密，姿态横生。一字落纸，固可宝玩。而况其平生大节，如此昭著，忠义之气，未尝不蔚然见于笔墨之间。此诗虽出一时率然之作，以南轩之言求之，信可宝也。

东家举要

明孔思敬撰。孔思敬（原名思模，字修道，一说名显，字文谟），衢州派五支孔世基长子，孔子五十四世孙。明洪武三年（1370），官衢州府学训导。四年，升西安县教谕。二十五年，改河南襄城县教谕。三十二年（建文元年，1399），调福州罗源县主簿。明永乐元年（1403），奏对称旨，擢礼科给事中，辞疾不受，改国子学正。

明版《孔氏族谱》载思模明洪武二十一年（1388）八月序，略云："洪武己未，思模持谱，归拜林庙，修祀会族，得与五十六代衍圣公士行、祖庭家长五十三代世清翁、曲阜五十五代刚夫等辈，参究碑刻，□□宗次，子孙有未载及事迹阙略者悉补之，讹舛者正之，莠薙苗辨，灿然在目。继而袭封府与曲阜县各移文至衢，特表尊祖敬宗之意，复书南渡□额及同宗图卷为别。其时，兖州府卢公熊，三氏教授胡公复性……暨宗人自家长以下，皆为诗文以志之。是年之秋南还，即以宗子士行公所染庙颜刊以褐之，又欲取涛公旧《谱》，续以祖庭闻见，诚恐僭越，则所不敢，兹以《孔氏实录》《纂要》等书，采摭统绪，始自先圣祖，下逮五十七世，从源至流，继承□系、名字、言行之当纪，及附典故、年爵之梗概，芟繁就简，编写成帙，题曰《东家举要》。俾后之人易于考求□嗣而辑□，不亦□乎。"兹据著录。

按：其书未见书目著录与传本。

周易达传十二卷

明孔鼎撰。孔鼎（一名胤雅，字正叔，号桂山，又号楷园），新城支孔尚举子，孔子六十五世孙，诸生。

是书见《［光绪］江西通志·艺文志》，据《建昌府志》著录。孔鼎《楷园文集自序》谓："甲申乙酉，值国大故，文献凋谢，乃入山作野人，庭萝覆门，草在窗下，静而对之，千千然也。于是，搜《周易》之遗编，得数十种，删谬订讹，上证宣圣十翼，曰《楷园周易达传》，分十二卷。"所记与《志》书著录正合。

按：鼎，《［民国］孔子世家谱》失载，《［同治］新城县志·先正传》略云：孔鼎，字正叔，明季为郡学弟子员，国亡，弃诸生，筑室须眉峰下，隐居力学，研探《易传》，及天官、地理之学。宁都魏禧授徒新城，鼎从山中出，相见时，鼎年六十有七，长禧已倍，而心奉为严师。又彭士望《孔正叔传》曰，孔鼎"字正叔，一名胤雅，新城人，本至圣裔，宋建炎间，中散大夫传与从子衍圣公端友扈高宗南渡，居衢州，再传迪功郎莘夫宦临川，遂家焉。又三传温宠，教授于新城之贤溪里，乃居宏村，是为宏村孔氏。中散其始迁之祖也。又十二传为鼎父尚举，盛德为乡里所推崇。崇祯间，邑令谭梦开称为孝友先生，颜其堂曰'真君子'。甲申五月，尚举闻闯贼陷京师，呼语鼎曰：汝读《论语》，大节不可夺，须体验令志气安定，他日始不为违背君父之事。鼎于是即弃诸生，筑室须眉峰桂山之阳。研探易传史鉴天官地理岐黄吐纳之学，为书八十余卷，名《楷园集》。中间指切世事，哀时闵俗，不轻以示人，日与故旧放迹山水间，吟咏自适，无故不一至城市"。

四书达注十二卷

明孔鼎撰。

是书据《［光绪］江西通志·艺文志》著录，未见传本。

按：孔鼎《楷园文集》载其自序云：甲申乙酉，值国大故，文献凋谢，乃入山作野人，庭萝覆门，草在窗下，静而对之，于于然也。于是，搜《周易》之遗编，得数十种，删谬订讹，上证宣圣十翼，曰《楷园周易达传》，分十二卷。博采《性理四书大全》及诸先贤名集，以□考亭绝业曰《楷园四书达注》，亦分十二卷。

楷园增删大学衍义补七卷

明孔鼎撰。

是书据《楷园文集自序》著录，序云："甲申乙酉，值国大故，文献凋谢，乃入山作野人，庭萝覆门，草在窗下，静而对之，于于然也。于是，搜《周易》之遗编，得数十种，删谬订讹，上证宣圣十翼，曰《楷园周易达传》，分十二卷。博采《性理四书大全》及诸先贤名集，以□考亭绝业曰《楷园四书达注》，亦分十二卷。凡史鉴、天官地理、轩岐吐纳、河洛禽奇诸家之学，亦杂著三十余卷，录治天下国家硕画教授学者，曰《楷园增删大学衍义补》，漱粹分七卷。"

医论

明孔承聘撰。孔承聘（又名聘贤，字汝弼，号泾阳），衢州派句容支彦时三子，居云南通海，孔子六十世孙，明万历十三年（1585）乙酉科举人，历官户部郎、司农、贵州副宪、广西布政使参政。

是书据孔德成等《[民国]孔子世家谱·孔承聘传》著录。《[民国]孔子世家谱》称其精医。任户部郎时，出视边储。会瘟疫流行，因边鄙乏技，乃著《医论》，布告通衢，全活甚众。每升堂，则有病者登堂求治。

按：此书，《明史·艺文志》《千顷堂书目》《四库采进书目》《中国医籍通考》《[民国]新纂云南通志·艺文考》等俱不著录，或已无传。

可知因病二论

明孔承聘撰。

是书见《中国医籍大辞典》，据明天启五年（1625）《滇志》著录，题明孔聘贤（号泾阳）撰，谓“成书年代及内容未详”。疑即前著孔德成等《［民国］孔子世家谱》所载之《医论》。

金台集、桧亭集

明孔承聘撰。

《［民国］孔子世家谱·孔承聘传》谓：“六十代承聘，又名聘贤，字汝弼，号泾阳，明万历乙酉举人，性仁厚，博学多才，精医，工诗文。任户部郎时，出视边储。会瘟疫流行，因边鄙乏技，乃著《医论》，布告通衢，全活甚众。每升堂，则有病者登堂求治。后历任司农贵州副宪、广西布政使参政。后告老以诗文自娱，著有《金台》《桧亭》等集。”兹据著录。

按：两书见《［民国］新纂云南通志·艺文考》，据《［道光］云南通志》著录，亦无卷数，题明孔聘贤撰，略云：“聘贤字泾阳，通海人，万历壬子举人，官至广西布政司参政。”今考其书，《明史·艺文志》《千顷堂书目》《四库采进书目》等均无载，疑已不传。

诒书堂类稿

明孔贞时撰。

是书据《［乾隆］江南通志·艺文志》、《［乾隆］句容县志》卷末《杂志·遗书》著录。《［乾隆］句容县志》卷九《贞时传》则称：“子尚豫能文章，熟当世之务，著《贻书堂类稿》。”与卷末《遗书》所著书名、作者皆不符，《明史·艺文志》《千顷堂书目》《中国古籍善本书目》无此书，《江苏艺文志》复据《［乾隆］句容县志》及《［嘉庆］江宁府志》作《诒安堂类稿》。《江苏艺文志》列别集，姑从之，以俟后考。

行余草十卷

明孔贞运撰。

是书据《［宣统］山东通志》著录。《国史经籍志》著录同。

按：孔继汾《阙里文献考》、《［乾隆］江南通志·艺文志》、《［乾隆］句容县志》卷末《杂志·遗书》此书俱不著卷数。光绪重刻《［乾隆］句容县志》卷十《艺文志》载其《过成山江左书院记》文，并《小游仙八首笪江上邀宿乾元观同作》《寓辞》诗，《寓辞》为贞运绝笔，末有“太史輶轩从此去，为余凭吊首阳归”，重刻本按云：“此诗，文忠公于弘光时不食而死，作此绝命，前《志》未载，今采入以见忠贞之不可泯也。”另，骆承烈《石头上的儒家文献》载有崇祯十一年（1638）贞运谒祖庙诗碣，收诗三首并序。

词林典类

明孔贞运撰。

是书据《［宣统］山东通志》《阙里文献考》著录。《江苏艺文志》据《金陵通传》卷八作《词林会典》，云“佚”。《阙里文献考·孔氏著述》：“《汉书·百官表》列众职之事，记在位之次第，书其总而未及细也。是以王隆、应劭等作《汉官仪》《汉官解诂》等书。其后，或述职掌、或记沿革，书始繁矣。六十三代孙贞运有《词林典类》，卷佚。”

六曹章奏

明孔贞时、孔贞运编。孔贞时（字仲甫），衢州派句容支四川邻水县主簿闻敕长子，孔子六十三世孙，明万历四十一年（1613）进士，官翰林院检讨。

《［乾隆］句容县志》卷九《贞时传》载：“孔贞时，字中甫，万历癸丑进士，戊午授翰林院检讨，起居注，庚申知制诰，与弟贞运编纂《六曹章奏》，无愧良史。有足兵足饷诸议，人皆服其精当。”兹据著录。

按：《［光绪］续纂句容县志·艺文志》书目史类著录其书作《六朝章奏》，孔尚豫编。

晓窗文集

清孔毓琼撰。孔毓琼（字英尚，一字钟英，号晓窗），新城支，孔子六十七世孙，师事魏礼。

是书《贩书偶记续编》著有清康熙三十六年（1697）刻本，《［康熙］西江志》亦著此书。《清人诗文集总目提要》著录《孔英尚文集》（一名《晓窗文集》）五卷，称其“山东曲阜人，官左都御史，雍正十三年（1735）革”，误。

孔伯子文集

清孔毓琼撰。

是书《清代禁毁书目》及《［同治］新城县志·艺文志》均著录，《清代禁毁书目补遗》谓“内有黄端伯传文违碍；又《与仲弟书》有最爱吕晚村评文等语”，似即前书。宁都魏礼序之，略云：孔生毓琼，与其仲学古于世所不学之日，为志甚锐，为业甚勤，其思取裁于海内君子者甚笃，今将涉江淮，北至于燕，稍稍剞劂所作文，以为出疆之耒耜。于戏！其志盖可尚也矣。夫文之有资于游者非一也……生之文取于酌古今事理，归诸有用，而俊爽磅礴，得于其师汶林子气议为多，然而较然之志，足见于行墨。夫君子之所以贵论古者，盖藉古事以审量得失，使吾当是事焉。免于颇戾云尔。

孔钟英集十卷

清孔毓琼撰。

是书《清代禁书知见录》著录，无刻书年月，约康熙间刊。《四库采进书目》著录江西巡抚采进本，书凡四本，卷数同。《四库全书总目·存目》是书提要著云："毓琼字钟英，江西新城人，尝学于魏礼。礼为是集序，称其学古于世所不学之日，其文颇有健气，而意言并尽，殆由蕴酿未深欤？"

酬知录、晓窗诗集

清孔毓琼撰。

是书据《［同治］新城县志·艺文志》著录。

唐宋八家文选

清孔毓琼编。

是书据《［同治］新城县志·艺文志》《［光绪］江西通志·艺文略》著录。

孔惟叙文集六卷

清孔毓功撰。

孔毓功（字惟叙），新城支，孔子六十七世孙，师事魏礼。

是书《清代禁书知见录》著有清康熙壬申（三十一年，1692）刻本，称"内有逆犯吕留良之言，不应存，应请抽毁"。《四库采进书目》著录江西巡抚采进本作《孔惟叙集》，《［光绪］江西通志》《［康熙］西江志》同

《四库采进书目》。《四库全书总目·存目》是书提要著云：“是集皆所作杂文，以年为次，不分体类，目录前有自记，歉歉然自以为未信，欲待他年之删改，亦可谓笃志斯事者，虽骨格未坚，其规橅固有自矣。”

是堂诗集

清孔毓功撰。

是书《清代禁毁书目》及《［光绪］江西通志》等皆著录。《禁毁书目补遗》著录此《集》，称“内有‘天地茫茫剩一吾’，又‘今朝典则古冠裳’等句谬妄”。

云石斋诗

清孔尚萃撰。

是书《［乾隆］江南通志·艺文志》著录，称“建德孔尚萃”。

行唐纪政

清孔传薪撰。孔传薪（字楚翘，一字伯蔓，号雪樵），衢州派庠生毓璋长子，孔子六十八世孙，清乾隆五十四年（1789）己酉拔贡，考取正白旗教习，授安徽太平县教谕，历官武昌、直隶行唐、任邱等县知县。

是书见《［光绪］续纂句容县志·艺文志》书目史类，据《孔氏家乘》著录。《江苏艺文志》著录此书称“佚”。《［光绪］续纂句容县志·人物传》亦著此书，略云：“传薪学问淹博，精楷法，善绘事，尤工兰竹，名重都门。性嗜金石，遇佳者，虽典衣必购，所居斑驳陆离，皆古物也。后卒于其子江陵任所。著有《行唐纪政》《梦松居士诗稿》。”

梦松居士诗稿

清孔传薪撰。

是书见《［光绪］续纂句容县志·艺文志》书目史类，据《孔氏家乘》著录。《江苏艺文志》著录此书称“佚”。

按：考孔传薪一家，满门廉吏。弟孔传荃（字振谷），精汉隶，年十六补诸生。嘉庆壬申（十七年，1812），随兄入都，考取内阁供事，选授湖北崇阳县丞，改授山东清平县丞，居官廉洁自持，尽革陋规，年五十二卒于任。子孔继廉（字简卿），性宽厚寡言，精六壬算数，由国学生逢临雍大典，以圣裔恩赏州吏目，援例为县丞，分发湖北，历署公安、监利等县县丞。清咸丰三年（1853），保升知县，加知州衔，通山县知县。卒年七十有二。子孔继赓（字香谷），以圣裔逢道光元年（1821）临雍大典，恩赏州吏目，分发江西，历任凤冈、姑堂等处巡检，升补弋阳县丞，代理县篆，所至勤于吏事，以廉能称。从子孔继志（字心莽），以未入流分发贵州，历任独山、广顺、镇宁各州吏目，松桃厅经历，四十八溪主簿，迁大塘州判，均廉洁有政声；清咸丰四年，权大塘州篆。孙孔广业（字勋丞），由诸生投效湖北军营，援例捐通判，分发四川，代理绥定府知府，重庆府江北厅同知，署石砫直隶同知，赏戴花翎。清光绪六年（1880），补授夔州府通判。寻代理夔州府知府。孙孔广楷（字绥丞），官至湖北江陵县典史。

导性集

清孔继琳撰。孔继琳（字仲球，号咏笙），吴县支候选知县孔传洛次子，孔子六十九世孙，国学生，甲辰恩科本省乡试荐卷。

是书见广彪《乡试硃卷履历》，称其著有《导性集》诗稿未刊。未见《［民国］孔子世家谱》等书载录与传本。

礼佛余吟

清孔传莲撰。孔传莲，桐乡县支，清康熙三十九年（1700）岁贡、奉化县训导孔子六十七世孙毓瓒女，宜川县丞冯锦妻，御史冯浩母。

是书见《历代妇女著作考》，据《撷芳集》著录。《晚晴簃诗汇》录其《梦幻杂记》二首，不云有此集。并云：桐乡孔氏，系出曲阜。传莲归冯数月，其夫北上谒选，旋赴宜川。传莲居母家之东园，有寄外诗云："家居七品佐，身落万山中。"后随舅江南署中。晚年以子贵，迎养入都。所作诗多不存稿。

瑶圃集

清孔继瑛撰。孔继瑛（字瑶圃），桐乡县支邑庠生孔子六十八世孙孔传志女，沈廷光妻。

是书见《历代妇女著作考》，据《柳絮集》著录。《［光绪］桐乡县志·贤母传》云："诸生沈廷光妻孔氏，名继瑛，字瑶圃，赠襄阳知县传志女。廷光远馆吴门，氏课诸子，严而有法。家贫不能购书，令长子启震借书抄读，时复代为手缮，尝有句云：'手写儿书供夜读，身兼婢织佐晨餐。'又云：'夜枕先愁明日米，朝寒更典过冬衣。'皆纪实也。及启震之官淮上，贻书戒之曰：'毋虑不足而多取一钱，毋恃有余而多用一钱。'大学士无锡嵇璜韪其言，手书'慎一斋'额以寄。"其子沈启震为撰《行略》。

诗余一卷

清孔继瑛撰。

是书《［光绪］桐乡县志·艺文志》《［民国］乌青镇志·著述》均著录。《历代妇女著作考》此书无收。

鸳鸯佩传奇

清孔继瑛撰。

是书见《历代妇女著作考》，据《［光绪］桐乡县志》著录，《［民国］乌青镇志·著述》亦著其书。《古典戏曲存目汇考》著录本书，谓孔继瑛"著有《南楼吟草》及《诗余》一卷，《鸳鸯佩》传奇一本。佚"，并误"继瑛"为孔传忠女。

南楼吟草

清孔继瑛撰。

是书见《［嘉庆］桐乡县志·经籍志》，据《沈氏家乘》著录，《［民国］乌青镇志》《历代妇女著作考》等亦加著录。《古典戏曲存目汇考》引《石濑山房诗话》云："瑶圃善书法，兼工绘事。早年矢志柏舟，荼苦备尝。晚境娱情莱彩，蔗甘独享。天之报施善人，果不爽欤。"《晚晴簃诗汇》录其《震儿设教永平移家就养途中即事有作》《游大明湖》诗，不云有集。而谓"瑶圃工诗书画，诸姊妹皆能诗，而瑶圃诗尤富。寄外诗有云：'窗下看儿谈鲁论，灯前教婢拣吴锦。'又云：'夜枕先愁明日米，朝寒又典过冬衣。'盖纪实也。后启震应召试赐文绮，瑶圃有诗云：'赐锦初披新，样紫旧时寒。'"

听竹楼诗稿（一作听竹楼偶吟）

清孔继坤撰。孔继坤（字芳洲），桐乡县支邑庠生孔子六十八世孙孔传志次女，孔继瑛妹，嘉兴高士敦继室。

是书据《［光绪］桐乡县志·艺文志》著录。《［嘉庆］桐乡县志》作《听竹楼诗》，《历代妇女著作考》复据《撷芳集》作《听竹楼偶吟》，

《晚晴簃诗汇·继坤传》亦作《听竹楼偶吟》。《［民国］乌青镇志》著录本书，注称继坤号芳洲。《［光绪］桐乡县志·才媛传》云：“知县高士敦继妻孔氏，名继坤，字芳洲，为青镇孔传志次女，姊继瑛见贤母传。氏工诗词，善画，多姊妹唱和之什，有《钱武肃王铁券歌》为时传诵。暮年诗笔尤得苍凉之气。”《晚晴簃诗汇》录其《送复哉北上》及《海棠》诗，称“芳洲工诗画，其《送复哉北上》诗可见性情。”诗云：“珍重复珍重，别绪何茫茫？临风理素箧，游子整行装。八茧乏吴锦，五紽愧羔羊。春风吹客衣，雨雪霏道旁。出门几回首，一顾一彷徨。男儿多意气，安用恋故乡。黾勉事行役，弗萦儿女肠。何以解我忧，诗酒恣徜徉。何以慰我心，德音频寄将。白头有老母，黄口多儿郎。君职我当代，我言君莫忘。穷冬气萧索，万象寒无光。岂无三春时，灿灿桃李芳。愿君知此意，奋志期飞扬。不见黄鹄举，千里任翱翔。”

桂窗小草

清孔继孟撰。

孔继孟（字德隐），桐乡县支清康熙四十八年已丑（1709）进士、解州知州孔子六十八世孙孔传忠次女，乌程夏祖勤妻。

是书据《［光绪］桐乡县志·艺文志》《［民国］乌青镇志·著述》著录，《历代妇女著作考》据《［同治］湖州府志》《［光绪］桐乡县志》《正始集》著录同。《晚晴簃诗汇》亦著此书，并录其《伤逝》《送春》二诗，诗话云：“德隐读书明大义，侍夫疾遍阅医家言，因通其术。夫亡，矢志孝事舅姑，教子耀曾成立。”其《伤逝》云：“肠断思君子，悲哉逝水流。温文娴礼乐、慷慨熟春秋。长啸刘琨壮，深心贾谊忧。玉楼天帝召，寡鹄恨难休。”

爱日轩遗墨（一作爱日轩草）

清孔兰英撰。孔兰英（一作兰瑛），桐乡县支监生孔世球女，汪圣清聘妻。

是书据《［光绪］桐乡县志·艺文志》著录，《历代妇女著作考》据《撷芳集》作《爱日轩草》。《［光绪］桐乡县志·才媛传》云："汪圣清聘妻孔氏，名兰英，为监生孔世球女，少孤贫，以针黹供母膳。工诗画，许字圣清，未婚而卒。圣清往唁，其母出所绘《燕姬出猎图》遗扇以赠，并题一绝云：'霜气冷征衣，秋原雉兔肥。燕姬年十五，挟弹势如飞。'兵曹汪启淑采其诗入《撷芳集》。"

按：《晚晴簃诗汇》除录此诗之外，另录其《秋怀》一首，云："纷纷木叶舞回廊，自酌香醪破闷尝。远道短书劳怅望，此邻长笛助悲凉。闲愁易乱如衰草，女伴难留似夕阳。独有寒蟾非世态，照人薄醉坐兰房。"

又：孔世球与谱辈不合，世系俟考。

秋浦诗草

清孔广威撰。孔广威（字秋浦，一说字端容），桐乡县支孔继徽子，孔子七十世孙，监生。

是书《［光绪］桐乡县志·艺文志》《［民国］乌青镇志·著述》皆著录，称其"少孤奉母教，弃儒习贾，善诗工书"。《［民国］孔子世家谱·孔广威传》不载此书。

丛桂轩诗稿

清孔广芬撰。孔广芬（字暎左），桐乡县支，孔子七十代女孙，西宁观察景如柏妻。

是书见《历代妇女著作考》，据《撷芳集》著录。

潜山堂制艺

清孔广谟撰。孔广谟（字笛生，一说字希文），衢州派句容支孔继香四子，孔子七十世孙，清咸丰九年（1859）己未科举人，清同治二年（1863）成进士，签分安徽知县。

是书《［民国］续修兴化县志·艺文志》著录，《人物志·孔广谟传》亦载其书，云："孔广谟，字笛生，同治二年（1863）进士，签分安徽知县。豪于文，锋发歆流，有干将出匣势。性伉爽，与人交无城府，未赴任卒于家。著有《潜山堂制艺》。"

按：考《［民国］孔子世家谱·孔广谟传》略云广谟字希文，子四：昭森、昭昌、昭回、昭崙。

五经详注

清孔昭晙撰。孔昭晙（字寅谷，号子明，一号子朴，又号少山），衢州派国学生孔广烈长子，孔子七十一世孙，清同治九年（1870）庚午科优贡。

是书见《孔氏南宗考略·近代名贤事迹考》，略云：昭晙，字寅谷，号少山，少贫嗜学，博通经史。学政瞿鸿禨尝访谒之，有"品学两优，不愧为圣人后裔"之誉。著有《小山课子文》《五经详注》《史鉴详批》等书。

小山课子文

清孔昭晙撰。

《孔氏南宗考略·近代名贤事迹考》称："昭晙少贫嗜学，博通经史。

同治庚午优贡，以祖母、母俱年老，不忍远游，就教职以娱亲，课子为乐。学政瞿鸿禨尝访谒之，有‘品学两优，不愧为圣人后裔’之誉。清厘祠产，筹款设学，均与有力焉。著有《小山课子文》《五经详注》《史鉴详批》等书。”兹据著录。未见传本与史志著录。

春岩草

清孔昭粲撰。孔昭粲（字春岩，一说字侑簧），桐乡县支，清乾隆三十六年（1771）举人、护郁林州直隶州知州孔广平长子，孔子七十世孙，邑庠生。

是书《［光绪］桐乡县志·艺文志》《［民国］乌青镇志·著述》皆著录。《［民国］孔子世家谱·孔昭粲传》不著其书。

爨余文稿、百尺楼诗稿

清孔昭勋撰。孔昭勋（字图阁，一说字策夫，号图阁），桐乡县支邑庠生孔广春长子，孔子七十一世孙，邑增生，例赠修职郎。

是书《［光绪］桐乡县志·艺文志》著录，称其“精申韩术，游幕两粤，为当道所引重”。《［民国］乌青镇志·著述》著录同，昭勋传称其“字策夫，号图阁，年十九入桐邑庠，秋试屡荐不售，游幕于粤，时无锡秦小岘、陈臬粤东聘理刑席，适海寇蜂起”。《［民国］孔子世家谱·孔昭勋传》载其事迹不云有此书。

道之园集不分卷

清孔尚大撰。孔尚大（字德载，号五若，又号茶坞老人），衢州派句容支，孔子六十四世孙。

是书《［乾隆］江南通志·艺文志》集部国朝人著述不著卷数。稿本

《续修四库全书总目提要》据抄本著录，题明孔尚大撰，云："尚大字德载，号五若，又号茶坞老人，监军道青城李子县学生，入清隐居。事迹具《县志》隐逸传。《［乾隆］江南通志》《［道光］江南通志》皆列清代，今据《［乾隆］句容县志》及《［光绪］江南通志》著录入明世。尚大博通经史，工诗画，王尔纲录入《名家诗永》，与抄本字句多异。"兹参据著录。

月亭诗草

清孔昭蟾撰。孔昭蟾（字月亭），桐乡县支，清乾隆五十五年（1790）恩贡、候选儒学训导孔子七十世孙广南次女，孔昭蕙妹，上舍钱璜室。

是书据《［光绪］桐乡县志・艺文志》《［民国］乌青镇志・著述》著录。《历代妇女著作考》著录此书作《月亭诗钞》。

昭美文稿

清孔昭美撰。孔昭美（原名国美），衢州派长支广财子，孔子七十一世孙，邑庠生。

是书载见《［民国］孔子世家谱》二集，云："昭美，原名国美，邑庠生，著有《文稿》行世。"兹据著录。

孝逆炯鉴

清孔昭秉撰。孔昭秉（字君彝），衢州派句容支，孔子七十一世孙，诸生。

是书见《江苏艺文志》，《［光绪］续纂句容县志・艺文志》著录此书入史类，云"《续府志》作《孝鉴》"。

按：《［光绪］续纂句容县志》卷十《孔继凝传》称："族孙昭秉，字君彝，诸生，嗜古工词，慷慨尚义，每岁暮必邀同志，施衣粥，救贫乏。

著《孝逆炯鉴》两册，仿笠翁十种曲体，以风雅之笔写天性之诚，观者谓于世道人心有补。”

又：孔昭秉，清光绪三年（1877）卒，生年待考。

祖述志闻

清孔宪达撰。孔宪达（字尊三），南宗派杭州支昭焯子，孔子七十二世孙，邑庠生，主敷文书院祀事。

《孔氏南宗考略》谓：宪达，字尊三，兴燧裔，邑庠生，光绪二十三年（1897），派主杭州敷文书院祀事。好学不倦，年四十，毕业于浙江法政学堂。民初，历任吴兴、绍兴等处地方法院典簿，处事廉明，朋侪钦敬。卒年四十七。著有《发蒙初阶》《祖述志闻》若干卷。兹据著录，未见传本。

西征日记二卷

清孔宪采撰。孔宪采（原名宪庄，字敬持，号雅六，一说号果庵），桐乡县支邑增生孔昭勋次子，孔子七十二世孙，廪贡生，候选训导，历署景宁、庆元、分水县教谕，景宁、丽水县训导，敕授修职郎。

是书据《［民国］乌青镇志·著述》著录，并载其自跋云：“《西征日记》，风樯轮铁间纪程之作，间及胜境古迹、风土人情，而不能详。纪游之诗，亦附及一二，兴之所至，矢口成吟，率易不足存稿，又不忍抛弃，故附存于此，供旅游者之嗢噱耳。分上下两卷，暇时展阅，雪泥鸿爪，宛然在目也。”末署“同治上元甲子秋七月下浣八日遇安主人跋”。

按：宋慈抱《两浙著述考》此书作《两征日记》，云：“陆以湉曰：雅六尝游秦中，历主古莘、文昌、岷阳书院讲席，因撰此书，备载游迹。”

双桂轩古文四卷

清孔宪采撰。

是书据《[民国]乌青镇志·著述》著录，并录当涂马寿龄序曰：咸丰丙辰，余馆苏州节署，表弟丁少莱自吴江书来，称同事有孔雅六先生，古道君子也……继抵其寓斋，见其次郎庆长，年十四，诗文已斐然，余甚爱之，知余馆仅一徒，因请从游，余诺之。嗣乃得读其《双桂轩古文》。夫古文一道，为者难，读者亦难。先生古文，不规规摹仿，而文成法立，无不神与古会。大略以韩、苏之气，运《史》《汉》之法，其迂徊唱叹，则六一丰神也；其俊杰廉悍，则柳州峭厉也。即小小结构，无不有精气大力贯之。一篇自有一篇境界，直抒胸臆，意尽而止，看似长枪大戟，其实细针密缕，无少渗漏。呜呼！非数十年沈酣古籍，岂能办哉！尤非浅学所能窥其涯涘矣。余友陈小舟、杨朴庵，皆白门之善为古文者，恐尚未几此境，因跋数语，以志余前此神交非谬，且勗庆长世其家学焉。

按：此书未见传本与他书著录，孔德成等《[民国]孔子世家谱·孔宪采传》亦不云有著述。《[光绪]桐乡县志·文苑传》谓：宪采字雅六，号果庵，青镇人，庠贡生，候选训导，性格豪迈，有经济才。中年游历秦汴甘凉，挟策长征，不得志，归就冷官。清咸丰八年（1858），署景宁教谕兼训导，时因邻疆有警，奉檄亲诣五都，督办乡团，民情以固，诱掖后进，多所造就。讲求诗古文词，留心掌故，于故乡文献，尤复雅意，搜罗历权丽水庆元分水学篆。卒后，士林交颂不置。

金石录四卷

清孔宪采撰。

是书《[民国]乌青镇志·著述》著录有稿本。

按：此书未见他书著录。

桐华书屋诗四卷

清孔昭蕙撰。孔昭蕙（字树香），桐乡县支，清乾隆十五年（1750）恩贡、候选儒学训导孔子七十世孙孔广南长女，嘉兴诸生朱万均妻。

是书据《[光绪]桐乡县志·艺文志》《[民国]乌青镇志·著述》著录，《历代妇女著作考》著录同。《[光绪]桐乡县志·才媛传》云："嘉兴诸生朱万均妻孔恭人，名昭蕙，字树香，为青镇贡生孔广南长女，乃己丑翰林、甘肃巩秦阶道朱其镇之母也。幼读《闺范》《列女传》诸书，能书，工诗词，得外大母芳洲老人之传。秉性娴雅贞静，事父母，孝友，爱诸姊妹及从兄弟。自以无兄弟迎养父母于家，奉侍终身，生养死葬，不贻忧于嗣弟。命子为外大父母请封如例。诗才敏妙，远近索者麇至，信笔酬之，洒如也。槜李诗人吴澹川、顾樊桐，皆推重之，称为闺秀之冠。妹昭蟾，字月亭；昭燕，字玳梁；从妹昭莹，字明珠，皆从恭人学诗，故赠公有《和大女》诗云：'合教三妹为高弟，可得名师带笑看。'盖记实也。"《晚晴簃诗汇·昭惠小传》云有《桐华书屋诗钞》，或即本书之异本。传谓："树香天性孝友，秉资娴雅，诗才敏妙，楷法精绝。九山秉母教，负书名，授馆职。后自京迎养。树香作三绝示之，有'瞻云且缓思亲念，好把文章答圣朝'，及'暇日凤池须记取，旧汀鸥鹭莫相忘'之句。自以无兄弟，奉侍父母于家。"其《中秋玩月》云："今夜团圞月，清光万里同。恐添慈母思，不敢说山东。"

桐华书屋词一卷

清孔昭蕙撰。

是书据《[光绪]桐乡县志·艺文志》《[民国]乌青镇志·著述》著录。《历代妇女著作考》亦著其书。《晚晴簃诗汇·昭惠小传》谓："树香天性孝友，秉资娴雅，诗才敏妙，楷法精绝。九山秉母教，负书名，授馆职后，自京迎养。树香作三绝示之，有‘瞻云且缓思亲念，好把文章答圣朝。’及‘暇日凤池须记取，旧汀鸥鹭莫相忘’之句云云。”

潇鸣诗社唱和集

孔宪荣编。

是书《［民国］续修兴化县志·艺文志》著录题孔宪荣著，入别集类。《人物志·孔宪荣传》云：孔宪荣，字文孙，光绪丁酉拔贡，宣统庚戌会考一等，初用礼部京官，后改学部。先是，宪荣与地方教育颇有规划，逮官京师，时与樊樊山、易实甫等相唱和，诗文益进。工书法，晚年犹耽篆隶。著有《潇鸣诗社唱和集》。同时有李达仁、符树勋、吉衡选，文行俱优。李竹苞、刘蕙生、徐贤书、吴应甲，皆精举业。其后有杨曾纶、陈世超，俱工制艺，兼擅诗赋。

竹湄居士集

清孔衍洙撰。

是书见《［嘉庆］桐乡县志·经籍志》，据《［乾隆］乌青镇志》著录，题“孔自洙”。自洙，谱名“衍洙”。《乌青镇志》卷二十八人物传略谓：“孔自洙字文在，号皜庵，别号竹湄居士，青镇人，顺治己丑进士，初任刑部主政，擢兵部武库司。”“癸巳，升福建督学。乙未，王师入闽，督抚以君才委理军需，运砲泉州……寻迁荆西兵备。”

枢余十艺

清孔衍洙撰。

是书见《［民国］乌青镇志》卷三十八《著述上》，据《双溪诗汇》著录，题“孔自洙”。

兵曹秋议

清孔衍洙撰。

是书见《［民国］乌青镇志》卷二十八《人物传》，据《双溪诗汇》著录，题“孔自洙”。考《［民国］乌青镇志》卷二十八《人物传》，此书似为兵家类著述，入此俟考。

国际公法全部

孔庆云撰。

是书据孔德成等《［民国］孔子世家谱》二集《庆云传》著录。传云：庆云，字维钦，号性安，江西赣州廪生，壬寅科副榜，癸卯恩科举人，法政学校毕业，出使日本，签颁刑部主事，代理江西民政长，国会议员，著《国际公法全部》。子二：繁宽、繁薰。此书未见《民国时期总书目》著录，疑未刊行。

埋鹡集

孔庆镕辑。

是书见《百年谜品》等，未见传本。

按：孔庆镕为扬州“竹溪后社”社长，与张起南有“一时瑜亮”之称。精制谜，善射谜，尝一次中鹄百余条，得谜赠堆积盈尺，因被聘为《文虎》半月刊特约撰稿人。晚年，搜集亡友孙笃山、汤公亮、祁甘荼、方六皆、方问清五人遗稿，辑为是书。

隐语萃菁

吴钰辑，孔庆镕等校定。

是书《中国灯谜辞典》等著有清光绪三十四（1908）年刻本，内录同人谜作三百余条，依四书、易经、书经、诗经、左传、礼记、尔雅、老子、史记、汉书、古文、古诗、诗品、蒙经、字、六才、书目、牙牌数、韵目、时宪书、古人等分类排纂。

按：吴钰著有《悔不读书斋谜稿》。

梦梦录、游戏文章联存

孔庆镕辑。

两书见徐映璞《孔氏南宗考略·近代名贤事迹考》，未见传本。

北平射虎社谜集

陈屯辑，孔庆镕等编。

是书1931年曾于上海《文虎》半月刊连载，后因《文虎》停刊而未能刊完。此《集》登有孔庆镕等谜人作品。

按：陈屯，北平射虎社主要成员。

第六章 《孔氏南宗文献丛书》提要

《孔氏南宗文献丛书》以孔氏南宗著述及其他有关孔氏南宗著述为收录对象，是迄今为止第一部孔氏支派文献汇编。《丛书》共收南宋至民国时期各类著述四十三种，内容丰富，门类齐全，涉及政治、历史、文学、艺术、医学、算术、金石、谜语，特别是孔子儒学、孔氏家学等诸多领域。《丛书》不仅收录孔氏南宗族人的著述，还收录了南宗族人参加科举考试的硃卷。记载孔氏南宗的著述，如《三衢孔氏家庙志》之类文献也一并收录。现存孔氏南宗族谱、家族资料甚多，但各谱牒内容大部分为人物世系，且内容互有重复，故本丛书未作收录，现存重要谱牒类文献，前文已作提要介绍。由于历史原因，孔氏南宗档案十不存一。且这些文献不是以书籍形式得以保存，故此类文献本丛书也未予以收录。《丛书》具有收录全面、考证精审、版本价值高等重要特点，收录全面。据全面排查考证的现存42种孔氏南宗族人著述、2种记载孔氏南宗的著述，除台湾藏《孔氏六帖》（二十九卷）和《建国勋臣谱》（十八卷）因种种原因，未能收录，实为憾事。

为突出学术性与导读功能，《丛书》所收各书均撰有《提要》，以述作者之字号、世次、支派、科第、封赠、仕历，以及著述之内容梗概、价值所在、版本特征、历代著录与馆藏信息。《提要》按照孔氏南宗著述撰者生存时代的先后编排，同时也兼顾南宗世系的先后次序，对于同一人的不同著述按照经、史、子、集编排，同一部类的再按《孔子世家艺文志》原先后次序编排，将记载孔氏南宗的著述按照时间先后置于南宗族人著述之后。

东家杂记二卷

宋孔传撰。孔传（原名若古，字世文，晚号杉溪），宋嘉祐进士、左中散大夫、上柱国会稽县开国伯舜亮季子，衢州派始祖，孔子四十七世孙，官至右朝议大夫、知抚州军州事、兼管内劝使，封仙源县开国男。

東家雜記上
右朝議大夫知撫州軍州事兼管內勸農使仙源
縣開國男食邑三佰戶借紫金魚袋孔傳編
姓譜　先聖誕辰諱日
母顏氏　娶亓官氏
追封謚号　歷代崇奉
嗣襲封爵沿改　改衍聖公告
鄉官
姓譜
昔契以佐禹治水有功封於商而賜姓子氏至

东家杂记二卷

是书《宋史·艺文志》《郡斋读书志》《直斋书录解题》《文渊阁书目》《四库全书总目》《郑堂读书记》及《［宣统］山东通志》《［乾隆］曲阜志》《阙里文献考》《［康熙］衢州府志》等皆著录。

《四库全书总目》是书提要称："是编成于绍兴甲辰（"甲辰"应为甲寅）。上卷分九类：曰姓谱，曰先圣诞辰讳日，曰母颜氏，曰娶亓官氏，曰追封谥号，曰历代崇封，曰嗣袭封爵沿改，曰改衍圣公，曰乡官。下卷分十二类：曰先圣庙，曰手植桧，曰杏坛，曰后殿，曰先圣小影，曰庙柏，曰庙中古碑，曰本朝御制碑，曰庙外古迹，曰齐国公墓，曰祖林古迹，曰林中古碑。其时去古未远，旧迹多存，传又生长仙源，事皆目睹，故所记特为简核。前有《孔子生年月日考异》一篇，末题'淳祐十一年辛亥秋九月戊午朔去疾谨书'。末有《南渡庙记》一篇，题'宝祐二年二月甲子汝腾谨记'，二人宋宗室子，故皆不署姓。去疾称旧有尹梅津跋，此本无之，而后有淳熙元年叶梦得跋。盖三篇皆重刻所续入也。"

《十驾斋养新录》谓"传于宣和六年尝撰《祖庭杂记》，其书虽不传，犹略见于孔元措《祖庭广记》中。此则从思陵南渡以后，别为编辑，改《祖庭》为《东家》者，殆痛祖庭之沦陷，而不忍质言之乎。考四十九代孙玠袭封衍圣公，其时传已称本家尊长，而卷中所述《孔氏世系》，讫于五十三代孙洙。计其时代，当在南宋之季，盖后来别有增入矣。卷首《杏坛图说》，与钱遵王所记正同。又有《北山移文》《击蛇笏铭》《元祐党籍》三篇，恐皆后人妄增，非传意也。卷中'管勾'之勾皆作'勺'，避思陵嫌，名间有不缺笔者，元初修改之叶。辨宋板者，当以此决之。"《双行精舍书跋辑存续编》著录清嘉庆爱日精庐影宋刻本（许瀚校）曰："此书宋椠原本，旧藏黄氏百宋一廛，今归瞿氏铁琴铜剑楼。世文初于宣和六年撰《祖庭杂记》，及随高宗南渡后，依旧本增订，别为是书，故世文叙文与《祖庭广记》所引相同，而书名年号各异，原目由'姓谱'至'乡官'凡九类，其书亦只此数。今本《杏坛图说》（此本缺）及《北山移文》《击蛟笏铭》《元祐党籍》并《袭封世系》宗翰等叙，皆出后增，疑即淳熙间宣圣五十代孙拟所为。其宋椠原本，未窥全豹，仅见瞿氏所印书影。《杏坛图说》及拟《跋》二叶，与《杂记》原文一叶，字体完全不同，又疑拟就原版于淳熙五年增刻印行，然《杂记》一叶，笔画体制，似出松雪，又近元椠，未见原书，终未敢定。至《袭封世系》一篇，标题明署续添，其为后补甚显。"

又钱曾《读书敏求记》称"壬戌冬日，叶九来过芳草堂，云有宋椠本《东家杂记》，因假借缮写。此书为先圣四十七代孙孔传所编。首列《杏坛图说》，记夫子车从出国东门，因观杏坛，历级而上，顾弟子曰：'兹鲁将臧文仲誓将之坛也。'睹物思人，命琴而歌。其歌曰：'暑往寒来春复秋，夕阳西去水东流。将军战马今何在，野草闲花满地愁。'考诸家《琴史》俱失载，附录于此，详其语意，未知果为夫子之歌否也。"

按：考七言始于汉代民间歌谣，孔子之时无此体，孔子亦不当有此作，此歌显系伪托。又考钱曾所见本三卷，盖含赵去疾《孔子生年月日考异》一卷。此书版本甚多，主要有国家图书馆藏宋刻递修本，即此本。另有毛氏汲古阁影宋抄本，清影宋抄本，清影宋抄附赵去疾《孔子生年月日考异》本，清爱日精庐影宋本，明刻附赵去疾《孔子生年月日考异》本，明刻黑口本，清张蓉镜家抄本，国家图书馆等藏清抄本，及《四库全书》本、《琳琅秘室丛书》本、《丛书集成初编》本等。

孔氏六帖三十卷

宋孔传辑。

是书《中国古籍善本书目》著录国家图书馆藏宋乾道二年（1166）泉南郡庠刻本，仅存卷十一，一册。书凡半叶十二行，行十八至十九字，小字双行，行二十八字，白口，左右双边，双顺鱼尾。卷端目录页钤印有“五福五代堂宝”“八征耄念之宝”“太上皇帝之宝”“乾隆御览之宝”“天禄继鉴”等。

考《遂初堂书目》《直斋书录解题》《世善堂藏书目录》《国史经籍志》《［宣统］山东通志》《［乾隆］曲阜志》《［康熙］衢州府志》等著录此书皆作《后六帖》。

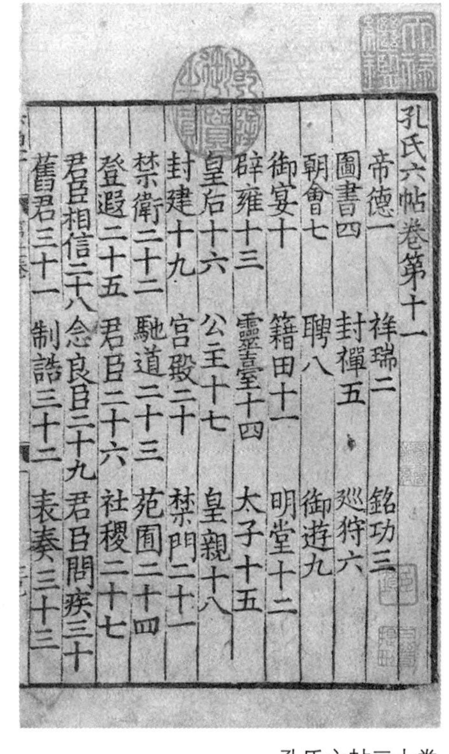
孔氏六帖卷第十一
帝德一 祥瑞二 銘功三
圖書四 封禪五 巡狩六
朝會七 聘八 御遊九
御宴十 籍田十一 明堂十二
辟雍十三 靈臺十四 太子十五
皇后十六 公主十七 皇親十八
封建十九 宮殿二十 禁門二十一
禁衛二十二 馳道二十三 苑囿二十四
登遐二十五 君臣二十六 社稷二十七
君臣相信二十八 念良臣二十九 君臣問疾三十
舊君三十一 制誥三十二 表奏三十三

孔氏六帖三十卷

《文渊阁书目》：“《白氏六帖》一部五册阙，《孔氏六帖》一部十册阙。”《阙里文献考》云：“类书起于刘宋何承天《并合皇览》，后作者浸众，唐书遂立一门。白居易有《六帖》，四十七代孙传续《后六帖》三十卷（今世所行《白孔六帖》，乃二书合刻者，凡一百卷）。”

《四库全书总目》“白孔六帖”条云：“考胡仔《苕溪渔隐丛话》称，《六帖新书》出于东鲁兵燹之余，南北隔绝，其本不传于江左，使学者弗获增益闻见。则南渡之初尚无传本。王应麟《玉海》始称孔传亦有《六帖》，今合为一书，则并于南宋之末矣。”又云：“《容斋随笔》又称俗传浅妄书，如《云仙散录》之类，皆绝可笑，孔传《续六帖》悉载其中事，自秽其书。然《复斋漫录》称东鲁孔传字圣传，先圣之裔，而中丞道辅之孙也。为人博学多闻。取唐以来至于吾宋，诗颂铭赞、奇编奥录，穷力讨论，纤芥不遗。撮其枢要，区分汇聚有益于世者，续唐白居易《六帖》，谓之《六帖新书》。韩子苍为《篇引》，以为孔侯之书，如富家之储材，榱栋枅栱，云委山积。匠者得之，应手不穷，其用岂小云云。则宋人亦颇重其书矣。”近人胡道静于类书深有研究，所撰《中国古代的类书》于此书言之甚明，云是书“乾道二年丙戌刻于泉南郡庠，题名为《孔氏六帖》。书前有此年韩仲通序说：‘绍兴之初，书始成。余守泉南，集此邦儒士相与校雠，刊于郡庠。’”

又据《天禄琳琅书目后编》卷五，《孔帖》分门凡一千三百七十一。南宋季年，白、孔二氏之书被合并刊刻，名为《唐宋白孔六帖》。刻于建阳的宋版合刻本，陆心源、杨守敬都曾经藏有残本一部，现上海图书馆亦藏有残存两卷本一部。

唐宋白孔六帖一百卷

唐白居易撰，宋孔传辑。

是书《中国古籍善本书目》等俱录明嘉靖刻本。《四库全书总目》《中国丛书综录》著录《四库全书》本题《白孔六帖》，《适园藏书志》著录宋刻残本作《唐宋白孔六帖》，云：宋《白孔六帖》合刻本，或作“白孔”，或作“孔白”。宋刻本，书凡半叶十行，行十七字，小字不等，高六寸六分，广四寸六分，黑线口，单边。存三至十四，十五至二十，三十九至四十三，六十五至七十七，八十九至九十四，字画精洁，宋本之冠，惜不全耳。又邻苏老人跋之曰：海内著录家有宋单刻白、孔《六帖》，而无宋《白孔六帖》合刻本，故皆以明本为祖刻。此为宋刻宋印，精妙绝伦，虽残缺，当以吉光片羽视之，不第为海内孤本也。

按：明嘉靖刻本，浙江图书馆藏，书凡半叶十行，行十八字，小字双行同，白口，左右双边，有刻工及目录。前有韩驹序，略云："东鲁孔侯，宣圣之裔、中丞公之孙也。数试艺于有司，辄不售，退为《新书》，以仿白公之意。方侯著书时，士皆挟一经，不治他技，而侯独奋不顾，自诗颂铭赞，奇编秘录，穷探历讨，纤芥不遗，斯亦勤矣。书成而当建炎、绍兴之际，主上复古救敝，士知博学，孔侯之书，如富家之储材，栋椽枅栱，云委山积。匠者得之，应手不穷，功用岂小哉。若夫贪多务得，晦而不出，幸人之不知以成己之名者，此侯之所耻也。余见侯临川，阅其书而善之，言曰：古之学者必世其家，吾惟宣圣之后，而子思《中庸》杂于大戴氏《礼》，及子高、子国，始立训传，阙然至今，吾甚惧焉。于是，缀辑使无坠厥绪，则侯之意，又非独仿白公而已也。"

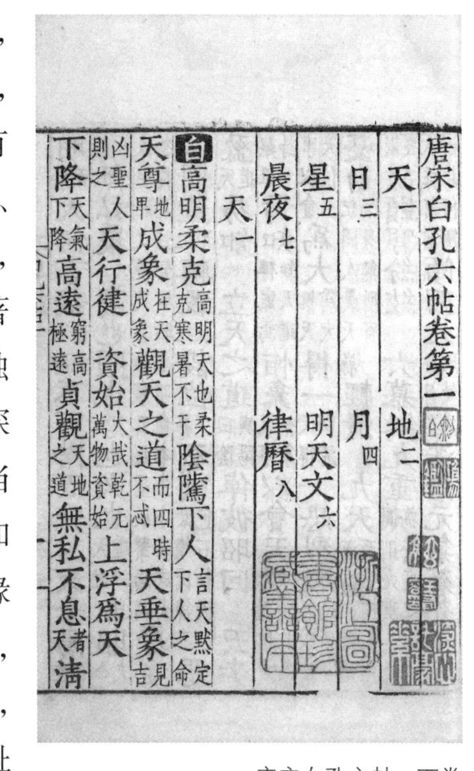
唐宋白孔六帖卷第一
天一 地二
日三 月四
星五 明天文六
晨夜七 律曆八
天一
白 高明柔克 高明天也柔克克寒暑不干 陰隲下人 言天默定下人之命
天尊 地卑 成象 在天成象 觀天之道 而四時不忒 天垂象 見吉凶聖人則之
天行健 資始 大哉乾元萬物資始 上浮爲天
下降 天氣下降 高遠 窮高極遠 貞觀 天地之道 無私不息 者天 清

唐宋白孔六帖一百卷

此书现存主要有日本天理图书馆藏宋刻本（原季振宜、徐乾学、傅增湘旧藏，共十八册），日本静嘉堂文库藏宋刻本（原徐乾学传是楼、陆心源等旧藏，共十九册），上海图书馆藏宋刻残本（存三十九至四十），明嘉靖刻本，明刻本，国家图书馆藏明抄本完帙二部，又残本（存三至十一、十六至二十、三十五至五十六、六十一至七十六、九十二至一百，共计六十一卷）一部，中国科学院文献情报中心藏明天启元年（1621）抄本一部，中央党校图书馆藏明抄残本（存一至三、九至十四、十九至三十九、四十六至七十四、八十四至九十四，共计七十卷）一部，以及《四库全书》本等。

在鲁斋文集五卷

明孔贞时撰，明孔尚豫等编。孔贞时（字仲甫），衢州派句容支四川邻水县主簿孔闻敕长子，孔子六十三世孙，明万历四十一年（1613）进士，官翰林院检讨。孔尚豫，孔贞时子，能文章，熟知当世事务。

是书今有明崇祯四年（1631）建德孔尚豫刻本，《四库禁毁书丛刊》据以影印，书凡半叶九行，行二十字，白口单边。前有辛未季秋叶灿序、辛未秋月曹可明序、弟孔贞运序，及目录。内题“明江左太史孔贞时泰华父著，弟太史贞运玉横父阅，男尚豫编次”。贞运序称“伯兄居身端重，绝不涉浑谐半语，为文实际，不徒侈藻绘盈篇，以故道义相砥，铅椠共事，未有不推毂者。尝读其试策及馆课，如表笺、条对、播告、论议诸体，六经、百氏、历代史记，与夫礼乐、耕战、钟律、星历、官名、地志、姓族、物类之烦，有一不折衷而寻讨者乎？若夫应酬诗歌、文序、书牍，清新警迈，落笔自超，则固胸中之妙充实洋溢，触而即涌，迫而后起，行乎其所不得不行，止乎其所不得不止者也。”

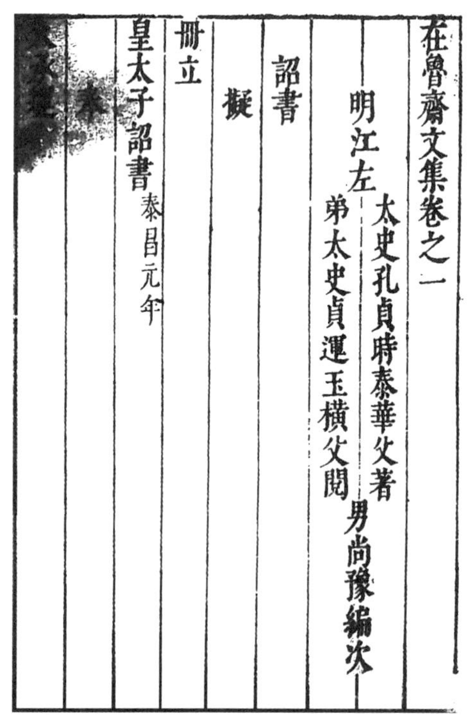
在魯齋文集卷之一
明江左　太史孔貞時泰華父著
弟太史貞運玉橫父閲　男尚豫編次
詔書
擬
冊立
皇太子詔書泰昌元年

在鲁斋文集五卷

按：《中国古籍善本书目》集部明别集类此书有载。王重民《中国善本书提要》著录此书，谓“《［乾隆］句容县志》卷九：‘贞时字仲甫，万历癸丑进士，戊午授翰林院检讨起居注，庚申知制诰。会光宗、熹宗相继即位，一时诏令、表册、谥议之文，政府皆以属贞时，积劳成疾，阅二月而卒。有《在鲁斋集》行世。’李孙宸序、叶灿序、曹可明序、孔贞运序。”较所见本多李孙宸一序。考是书在清代列禁毁,《禁毁书目》《违碍书目》均载列之。《清代禁毁书目·补遗》称其“内多悖触之语,应请销毁。”《阙里文献考》谓此书“卷佚”,《[乾隆]曲阜志》《[宣统]山东通志》俱不著卷数,盖其书彼时已难觅寻,故凡所著录,多不得其详。

又考贞时一支及生平若隐若显,《[民国]孔子世家谱》无明载。《[乾隆]句容县志》卷十《艺文志·碑文》孔希潮《重建宣圣祠记》云:“句容青城孔氏,盖自上世四十八代祖讳端隐者,年甫冠,在宋甲科登第,察推江宁府,德政有方,历十载而终于任,葬于所治。其子讳瑄伯禄甫城居,殆四十余年,乃徙邑之福祚乡,地名曰青城居焉。”又吴文梓《重修宣圣祠记》:“余世居池阳,何由知孔氏甚悉?以宣圣六十二代孙讳闻敕者,宣圣奉祀生员也。其先世应我高皇帝纳粟例佥民兵,而屯于吾郡之建德。其弟上舍闻敕辈,俱属交厚,每谈及祖氏,辄咨嗟太息,谓余曰:吾祖祠由来远矣。嘉靖间,几于议毁,而赖吾族贞固发愤挽回,藉以复留,今且告圮,虽有修举之志,而未逮焉。旋戊子六十三代孙贞臣、贞时,试补句容庠博士弟子员,目睹其敝,慨然欲为更新计。岁壬辰,遂具呈于邑侯李君,李君大嘉厥志,首可其议,因专责于户长,总成于二生,给以明示,程以终事。一时作兴之意,可谓美矣……越三腊,至乙未而竣事……是役也,闻敕主其议,贞臣、贞时总其成,相与庀材鸠工,不惮一劳而永逸者,则户长弘陶、闻暹之力居多耳……时庠生贞运谒余于公署,丐一言勒石,余故详述其事,以鸣相继之盛云。”又《阙里文献考·孔贞时传》谓:“神宗、光宗相继崩,熹宗即位,一时诏诰、表册、谥议之属,多出其手,详赡典要,为时所称。与弟贞运同在翰林时,人比之轼辙、郊祁。”贞时诗不多作,亦未结集,清初王尔纲编《名家诗永》,收其《初夏喜雨》《金台行》《禁林春望》《元日同家仲早朝》《寿王母姚孺人五十》(有引)、《宿濠梁》诸诗。注云“孔贞时,中甫,泰华,江南句容籍建德人”。

皇明诏制十卷

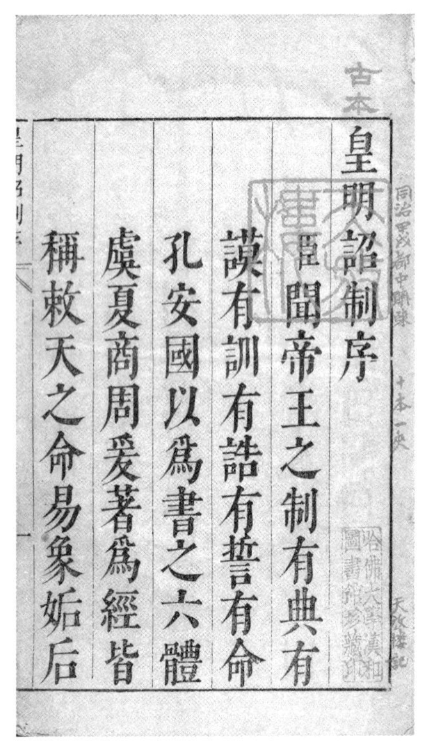
皇明詔制序
臣聞帝王之制有典有
謨有訓有誥有誓有命
孔安國以爲書之六體
虞夏商周爰著爲經皆
稱敕天之命易象姤后

皇明诏制十卷

明孔贞运（字开仲）编。贞运，衢州派句容支四川隣水县主簿闻敕次子，孔子六十三世孙，明万历四十七年（1619）进士，授编修，历官礼部、户部尚书，东阁大学士，太子太傅，谥“文忠”。

是书今有美国哈佛大学藏清赵烈文天放楼旧藏明崇祯七年（1634）刻崇祯八年增补本，一函十册，首末各册钤有“天放楼”“阳湖赵烈文字惠父号能静侨于海虞筑天放楼考庋文翰之记”等印及赵氏清同治十三年（1873）都中购书题记，并“哈佛大学汉和图书馆珍藏印”。书凡半叶九行、行二十字，白口单边，版心鱼尾下镌有年号日期。书前有孔贞运崇祯七年十月朔日序并目录。内题“通议大夫南京礼部右侍郎臣孔贞运编辑”，“司务厅司务臣薛邦献、仪制清吏司主事臣刘光震”等六人校阅，“儒士胡正言督刻”。记事自洪武元年至崇祯八年十月。孔序自谓“臣备员史局时簪笔纂述，得效编摩，兹者待罪南礼，伏睹故府历朝诏制在焉，是宪是章，惧有散轶，于是恭为编辑，录成方册。凡我祖宗列圣创守鸿规，美善备具。”

考《皇明诏制》一书，明嘉靖十八年（1539）辑有八卷本（记事自洪武元年至嘉靖十八年），不著编者名氏。贞运或爰就其书参稽增益，而成新编。其书清时遭禁，故原刻极罕传，国内仅知中国科学院文献情报中心与南京图书馆藏有明崇祯七年刻本（记事止于崇祯三年二月初十日），后经《四库禁毁书丛刊》等影印传播，学者幸得随时检阅，然此八年增补本则不见有藏于别处，是亦孤本遗籍也。而考诸旧目著录，于此多未详确，如《清代禁毁书目》此书作《明诏制》，《［乾隆］句容县志》卷末作《制诏全书》，俱不著卷数。孔继汾《阙里文献考·孔氏著述》称其卷佚，云：“《春秋传》曰：君举必书，书而不法，后嗣何观？《周官》内史掌王之命，遂书其副而藏之，是其职也。六十三代孙明东阁大学士贞运有《皇明诏制全书》（卷佚）”，《［宣统］山东通志》据以著录，盖俱未见其书也。又《明史·张至发传》云：“贞运，句容人，至圣六十三代孙也。万历四十七年以殿试第二人授编修。天启中，充经筵展书官，纂修两朝《实录》。庄烈帝嗣位，贞运进讲《皇明宝训》，称述祖宗勤政讲学事，帝嘉纳之。崇祯二年正月，帝临雍，贞运进讲《书经》。唐贞观时，祭酒孔颖达讲《孝经》，有《释奠颂》。孔氏子孙以国师进讲，至贞运乃再见。帝以圣裔故，从优赐一品服。”

新刊孔部元法题四六参语二卷

明孔贞运撰。

是书《中国古籍善本书目》著录华东师范大学图书馆藏明万历二十八年（1600）王尚乐刻本入子部法家类，另著四川大学图书馆藏明万历本入集部明别集类，一书分二类，殊乖体例。

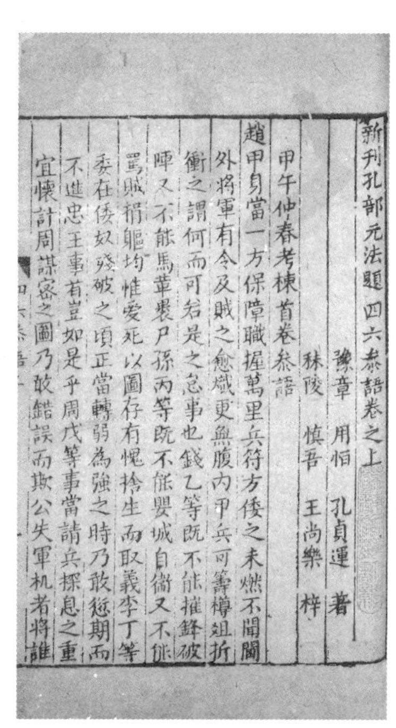

新刊孔部元法題四六叅語卷之上
豫章 用恒 孔貞運 著
秣陵 慎吾 王尚樂 梓
甲午仲春考棟首卷叅語
趙甲身當一方保障職握萬里兵符方倭之未燃不聞
外將軍有令及賊之愈熾更無腹内尹兵可籌樽俎折
衝之謂何而可諉是之怠事也錢乙等既不能摧鋒破
陣又不能馬革裹尸孫丙等既不能嬰城自衛又不能
罵賊捐軀均惟愛死以圖存有愧捨生而取義李丁等
委在倭奴殘破之頃正當轉弱為强之時乃敢逡期而
不進忠王事者豈如是乎周戊等事當請兵探息之重
宜懐討周謀密之圖乃敢錯誤而欺公失軍机者將誰

新刊孔部原法题四六参语二卷

此为华东师范大学藏本，一函二册，卷端题“豫章用恒孔贞运著，秣陵慎吾王尚乐梓”，前有明万历二十八年孟夏月陈三德伯乂序及孔氏自序，末有“万历庚子岁孟夏月吉日闽融邑友人知方甫陈大义”跋，略云：“余友孔氏子用恒者，曾读法家言，每就试，辄首录，人咸奇之，争欲得真秘旨，用恒出试稿及与诸从事日所考订参语相示，皆俪四骈六，彬彬然文质相半，脍炙耳目，令人不厌，遂为劂氏所得。余宗人子伯乂见而题其额。”

按：此书作者自序署“豫章古临川用恒甫孔贞运序”。《［民国］孔子世家谱》“浙江衢州派长支江西临川支”载，“贞运，字用恒，号金台，迪功郎浙江严州建德县丞”。显然，该书作者为江西临川支孔贞运，而非句容支孔贞运。

敬事草五卷

明孔贞运撰。

是书今有广东省立中山图书馆藏明崇祯二年（1629）十竹斋刻本，一函四册，有“孙氏万卷楼印”“北平黄氏万卷楼图书”藏书印，知为清初孙承泽、黄叔琳二人之旧藏。书凡半叶九行，行十九字，满格二十字，白口，四周单边，单鱼尾。前有总目及孔贞运崇祯二年孟冬月长安见于轩序。书分五卷，凡卷一表、册、文、诏、谕、记注、箴、诗，卷二纪、记、序、策、策问、论，卷三疏、揭、呈，卷四经筵、视学、日讲、宝训，卷五制草。以所撰皆事君、敬君之作，故本孔子“事君，敬其事而后其食”意，取名《敬事草》。又以所撰皆事君、敬君之作，清代将其与《皇明诏制》同列禁书。

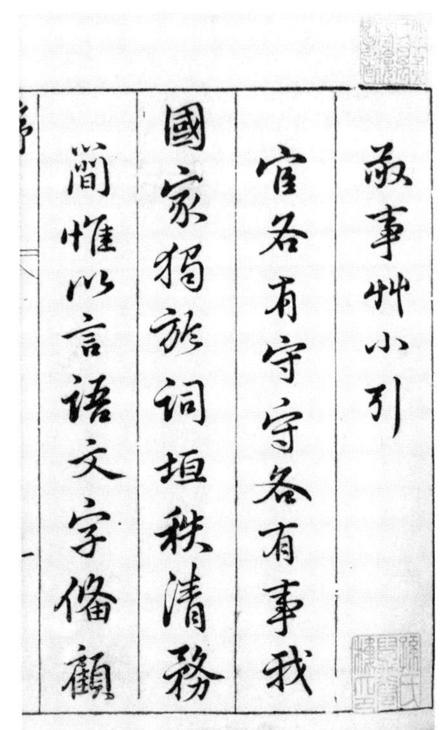
敬事艸小引
官各有守守各有事我
國家獨於詞垣秩清務
簡惟以言語文字備顧

敬事草五卷

今考书内记事下迄崇祯二年正月，其于晚明政治特多关涉，贺表、谢表、册文、诏谕、宝训各文固无论，即如诗之《圣庙释褐行分猷礼》《恭侍天启登极有述》《钦遣阅视新卜寿宫恭记》亦皆关系朝廷礼仪。而《制草》一卷尤多参考价值，宜格外关注。此书《中国古籍善本书目》于史部杂史类、集部明别集类两列其目，《［宣统］山东通志》据《传是楼书目》作《敬事草》三册，《［乾隆］江南通志·艺文志》、《［乾隆］句容县志》卷末《杂志·遗书》此书不著卷数。《阙里文献考·孔贞运传》云："贞运字开仲，先圣六十三代孙，居句容。十四世祖灵见其父端隐传。灵生撰。撰，元时署明道书院山长，生元祥。元祥生学孝。学孝生世基。世基生二子，思敬、思谦，元季同以义兵保障乡里，为义兵长。思谦生克昌。克昌生希安。希安生伯隆。伯隆生公智。公智生彦庸。彦庸生承林。承林生宏玠。宏玠生闻敕。闻敕为四川邻水县主簿，生二子，长贞时，有传，贞运，其次子也。明神宗万历四十七年以殿试第二人赐进士及第，授翰林院编修。所著有《敬事草》《行余草》《皇明诏制全书》《词林典类》等书。"贞运一支，此元末《族谱》失修，《［民国］孔子世家谱》但于衢州派五支五十四代思谦名下注云："后裔在安徽池州府建德县，明万历已未科榜眼贞运是其嫡派。"贞运父兄虽经孔继汾采入《阙里文献考》，但仍感缺略未详，今考《［乾隆］句容县志》卷九《人物志·忠节传》云：孔贞运，字开仲，万历己未进士，殿试第二人，授编修。天启中，充经筵展书官，纂修两朝《实录》。崇祯元年，擢国子监祭酒，寻进少詹，仍管监事。驾临雍，贞运进讲《大禹谟》，上为倾听。都人谓孔颖达讲《孝经》，著《释奠颂》，贞观盛事，于今再见。上《监规》诸疏、《国雍厘剔录》。是年，畿辅被兵，条上《御敌城守应援》数策。寻以艰归，服阕，起南京礼部侍郎，迁吏部左侍郎。与贺逢圣、黄士俊并入内阁。时温体仁当国，欲重治复社，值其在告，贞运从宽结之。体仁怒语人曰：句容亦听人提索矣。及张至发去位，贞运代之，乃揭救郑三俊、钱谦益，俱从宽拟。帝亲定考选诸臣，下辅臣再阅，贞运及薛国观有所更。迨命下，阁拟悉不从，而帝以所择十八卷下部议行。适新御史郭景昌等谒贞运于朝房，贞运言所下诸卷，说多难行。景昌与辨，退即上疏劾之。帝虽夺景昌俸，贞运卒，引归，居建德山中七年，食不兼味，居无亭榭。甲申，闻闯变，痛哭不能止。亲友慰问，惟称述主上圣明，诸臣误国，言与泪俱。后竟绝粒数日，哀诏至县，扶掖起迎，未及成礼卒，年六十九。谥“文忠”。崇祀乡贤祠。子尚蒙字圣初，天启甲子取冠本房，五策忤时被绌，后荫尚宝司丞，未竟厥施，郁郁而卒。其孺慕二人，悲痛国事，文忠之家教也。又，清初王尔纲编《名家诗永》，选录贞运《元旦早朝闻刘见初侍御释归志喜》《日讲自述》《輓王二之表弟》《七夕宫词》《登浮碧楼》诸诗。注谓“孔贞运，开仲，玉横，江南句容籍建德人。”又考《［乾隆］句容县志》，贞运曾祖承林、祖弘玠、父闻敕，皆以其贵，赠礼部尚书，文渊阁大学士。次子尚萃，任中书科中书舍人。贞运善书，陈介锡《桑梓之遗书画册目录》著有“句容孔相国贞运行书诗扇”（金纸）。兹考以附之，俾资世人参阅。

鼎锓二翰林校正句解评释孔子家语正印三卷

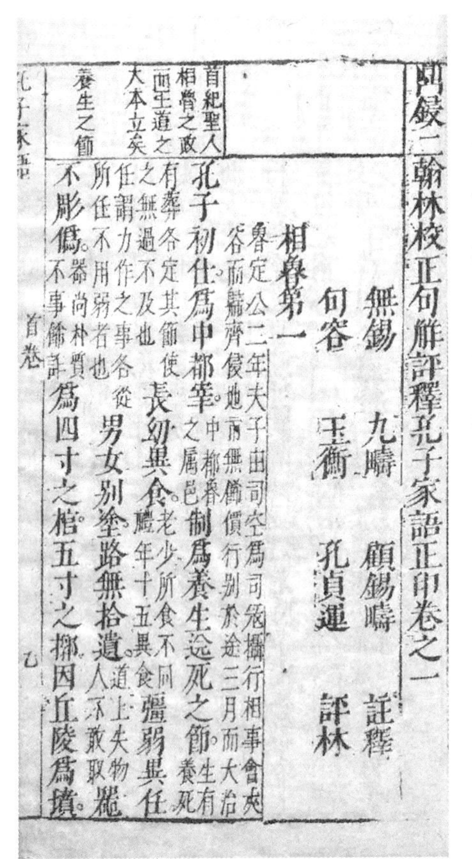
鼎鋟二翰林校正句解評釋孔子家語正印卷之一
無錫　九疇　顧錫疇　註釋
句容　玉衡　孔貞運　評林
相魯第一
魯定公二年夫子由司空為司寇攝行相事會夾谷而歸齊侵地而無僞價行別於途三月而大治
首紀聖人相魯之政而王道之大本立矣
養生之節
孔子初仕為中都宰。中都魯之屬邑制為養生送死之節。生有養死有葬各定其節使之無過不及也長幼異食。老少所食不同禮年十五異食彊弱異任任謂力作之事各從所任不用弱者也男女別塗路無拾遺。道上失物人不敢取器不彫僞。器尚朴質不事飾詐為四寸之棺。五寸之槨因丘陵為墳。
孔子家語　首卷　乙

鼎锓二翰林校正句解评释孔子家语正印三卷

题明顾锡畴注释，明孔贞运评林。

是书今有日本浅草文库藏明天启三年（1623）怡庆堂刻本，书名页镌“家语正印，孔顾二太史评释，怡庆堂余完初梓”，卷端题“无锡九畴顾锡畴注释，句容玉衡孔贞运评林”。版分上下二栏，下栏半叶九行，行二十一字，上栏十六行，行四字，白口单边，书前部分单鱼尾，正文部分无鱼尾；书凡三卷三册，卷首《相鲁》至《贤君》十三篇为一册，卷二《辩政》至《礼问》十八篇为一册，卷三《刑政》至《弟子解》十三篇为一册。各卷首卷尾分别钤有“日本政府图书”“浅草文库”朱印及“昌平坂学问所”“文化辛未”印戳。书前附版画先圣像及圣迹图二十余幅，并《先圣履历》

《至圣先师赞》多叶，其《先圣世系》列举后裔下至孔端友，云：“先圣之后世为曲阜令、袭封文宣公，至宋仁宗朝改袭封衍圣公，今我皇明仍宋封爵。”又明天启三年孟夏长洲文震孟序，称其书“解释出于顾先生，评林成自孔太史，是义合《左》《国》《史》《策》之神气，融《庄》《骚》《荀》《列》之名理而为一者也，颜之曰《家语正印》，即谓阙里真传可也。”

按:《孔子家语》系儒家要籍，“子部第一书”，内容丰富，史料价值高，学者疑其伪而不能废。其书传世版本甚多，常见者有三卷本、四卷本、八卷本、十卷本，早期书目著录一般题二十七卷。《［乾隆］曲阜县志》叙其书云：孔子弟子既编《论语》，又集录公卿大夫及弟子之所咨访、与其言语为四十四篇，名曰《孔子家语》。秦始皇焚书时，《家语》与诸子并列，故不见灭。多古文字。孔安国既为《尚书》《孝经》《论语》改今文，读而训传其义，又撰次《孔子家语》。会巫蛊事起，遂各废不行于时。戴圣常杂取其书，以足《礼记》。汉成帝时，刘向考校经籍，见其已在《礼记》者，则便除《家语》之本篇，止录二十七篇。后博士孔衍以为是灭其原，而存其末也。言之成帝。会帝崩，不行其说。后王肃得《家语》四十四篇古本于孔猛家，注之乃行于世。马国翰《玉函山房藏书簿录》谓：王肃注本虽非原书，要皆采自古籍，具存先训，非凿空补拟也。汉、隋、唐《志》皆附论语……按原书出孔氏子孙所记述，并非规仿《论语》。

［顺治］延平府志二十二卷首一卷

清孔衍洙、杜汝用等纂修。孔衍洙（原名自洙，字文在，号皜庵），桐乡县支诰授奉政大夫、福建提学道佥事孔尚迩子，孔子六十五世孙，清顺治六年（1649）进士，历官山东清吏司主事，福建督学道佥事，分守建南道参议，分巡胡广荆西兵备道按察司副使。

是书今有日本内阁文库藏清顺治十七年（1660）刻本，十六册，册前右上方多钤“秘阁图书之章”朱文大方印。书凡半叶九行，行十九字，满格二十字，白口，四周单边，单鱼尾。卷首有孔衍洙顺治十六年、宋杞顺治十七年、甘日进顺治十七年、杜汝用顺治十六年重修序，明嘉靖三十六年（1557）旧序，明万历十一年（1583）旧序及旧修郡志姓氏；重修郡志姓氏题：“总裁掌修：分守建南道福建布政使司右参议孔自洙，分守建南道福建布政使司左参议宋杞；同修：延平府知府郭允昌，同知甘日进，通判童烨，推官杜汝用，南平县知县姜修仁……总编：将乐县学生员吴殿龄；同纂：南平县学生员陈新之”，另有分纂十一人。继为修志檄文、凡例、延平府七县总图与府县分图、目录。内凡卷一、卷二为方舆志，卷三为经政志，卷四为食货志，卷五为学校志，卷六为祀典志，卷七、卷八为官师志，卷九、卷十为选举志，卷十一至卷二十为人物志，卷二十一为稽古志，卷二十二为艺文志，志下各有细目，志前各冠总引、总论。孔序末署“时顺治己亥孟冬吉日赐进士出身中顺大夫钦差分守建南道福建布政司右参议今升分巡荆西道胡广按察司副使至圣六十五代孙孔自洙撰”，并“孔自洙印”“文武督学”印二方。杜汝用序之，略云：“乃若宪副皜庵孔公举有不足难者，公以师表八闽，进阶藩屏，其以文章饰吏治久矣，兹守南剑，举延津数十年郡乘之缺略，肇起而修明之，礼征诸庠士辈，相与搜求纂辑，焕焉成书。”

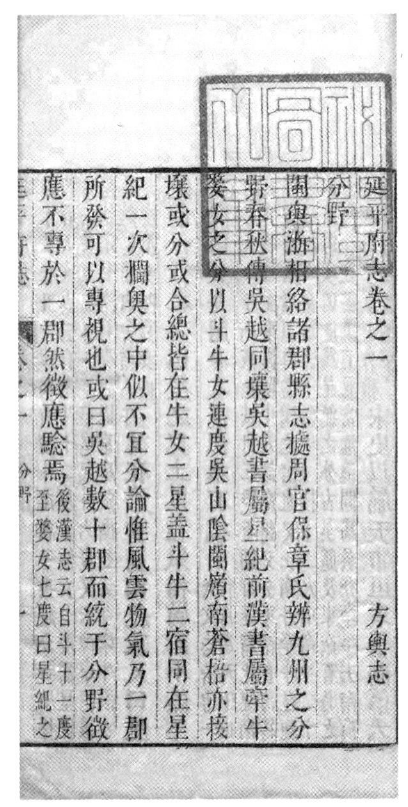
延平府志卷之一　方輿志

分野

閩輿淛相絡諸郡縣志據周官保章氏辨九州之分野春秋傳吳越同壤吳越書屬星紀前漢書屬牽牛婺女之分以斗牛女連度吳山陰閩嶺南蒼梧亦接壤或分或合總皆在牛女二星蓋斗牛二宿同在星紀一次閩輿之中似不宜分論惟風雲物氣乃一郡所發可以專視也或曰吳越數十郡而統于分野徵應不專於一郡然徵應驗焉後漢志云自斗十二度至婺女七度曰星紀之

［顺治］延平府志二十二卷首一卷

按：考此《志》创自明弘治间苏仲昭，明嘉靖四年（1525）续刊，渐臻完备，后又于嘉靖三十六年、万历十一年续修之，至此已是第五修第三刻。首刻嘉靖四年本列目凡《地理志》四卷、《食货志》一卷、《官师志》五卷、《选举志》一卷、《人物志》四卷、《艺文志》二卷、《方技志》一卷，《祥异志》一卷、《拾遗志》一卷，二者相较，其增益调整，至明显矣。又考《明清进士题名碑录索引》同本《志》题署作“孔自洙”，而《［民国］孔子世家谱》则作“孔衍洙”，称“衍洙字文在，号皜庵，顺治丙戌举人，己丑进士，山东清吏司主事，福建督学道佥事，分守建南道参议，分巡胡广荆西兵备道按察司副使，例授中宪大夫。清顺治九年（1652），临雍大典，以圣裔陪祀，崇祀福建名宦祠”，知为后世修谱为避清讳统一派辈而改也。

楷园文集八卷

清孔鼎撰。孔鼎（一名胤雅，字正叔，号桂山，又号楷园），新城支孔尚举子，孔子六十五世孙，诸生。

是书今有南京图书馆藏清康熙间孔氏楷园刻本，《四库禁毁书丛刊补编》据以影印。书凡半叶九行，行二十字，白口，四周单边。卷端题“江西新城孔鼎正叔著，宁都魏禧冰叔评选，受业侄之偉昭文编次”。凡卷一书，附手简；卷二序，卷三传，卷四志铭、行状，卷五记，卷六说、问答，卷七祭文，卷八杂著。前有宁都易堂魏禧、绥安李嗣玄二序，及彭士望著孔正叔传、目次、例言。之偉例言谓“《集》中未便梓行者甚多，吾师忠贞之志发为愤世嫉俗之论，不谐时目，非敢故蔽也。《文集》抄本原分十卷，今更以行状二篇附志表卷末为一卷，疏引启四篇入杂著卷内为一卷，共成八卷，余各如旧。”

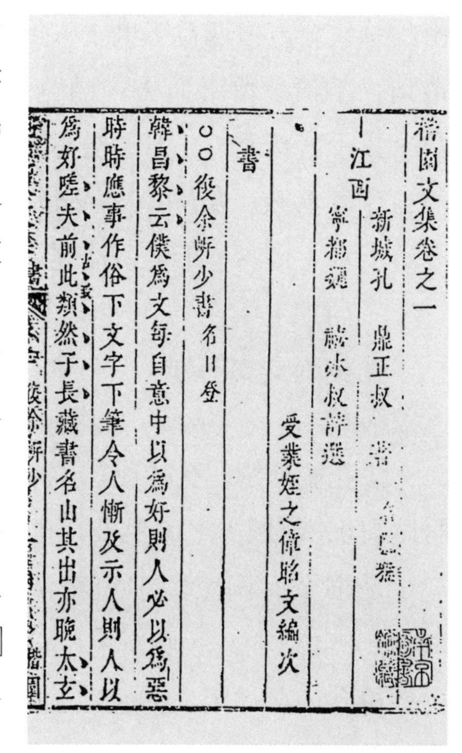
楷園文集卷之一
江西 新城孔 鼎正叔 著
寧都魏 禧冰叔評選
受業姪之偉昭文編次
書
○○復余泝少書名曰登
韓昌黎云僕爲文每自意中以爲好則人必以爲惡
時時應事作俗下文字下筆令人慚及示人則人以
爲好嗟夫前此類然予長藏書名山其出亦晩太玄

楷园文集八卷

按：《［光绪］江西通志》著录此书即作十卷，《［同治］新城县志》《西江志》作《楷园集》，不著卷数。《［同治］新城县志·艺文志》载宁都魏禧序，略云：“正叔先生，少负才气，岸巉峭异，有笼罩一时之概。为文韵折多奇气，与人交少当意者，既以建宁李又玄言，手录所撰诗文一册，作书数百言遗余，余受而甲乙归之，先生乃徒步五十里，自山中出相见。又二年，尽出其《楷园集》，授余评次，而命以叙。先生廉直方介，国变，弃诸生，隐居贤溪深山中，前后著书八十余卷，多伤国嫉俗之辞。或好玩山水，自陶写，吾谓先生就使其文不工，亦足以传于世。夫五经之文，五岳也；屈原、庄周、左丘明、司马迁、班固，五丘也。天下之山，必五岳五丘，非是不足名山。及读柳子厚《黄溪》《钴鉧潭西小丘》《袁家渴》诸记，则又爽然自失，其幽峭奇隽之气，未尝不与五岳、五丘并名天壤，然则先生之文之传无疑矣。"

又《［同治］新城县志·先正传》谓："孔鼎字正叔，宏村人，明季为郡学弟子员，国亡，弃诸生，筑室须眉峰下，隐居力学，研探《易传》，及天官、地理之学。宁都魏禧授徒新城，鼎从山中出，相见时，鼎年六十有七，长禧已倍（禧年仅三十一岁），而心奉为严师。尝谓禧之才可为天下用，愿缓须臾死，以观其成。鼎为人严毅沉默有深识。顺治戊子仲春，南昌总兵金声桓迎益王世子入城，将谋叛，闻鼎名，遣世子傅陈承恩身自造请，不值，留书而去。鼎览书叹曰：误矣。裁书数千言拒之。三月，更以重币来迎，辞益峻，斥其必败，后一一如鼎言。"考孔鼎约明万历十六（1588）年生，清顺治间卒。

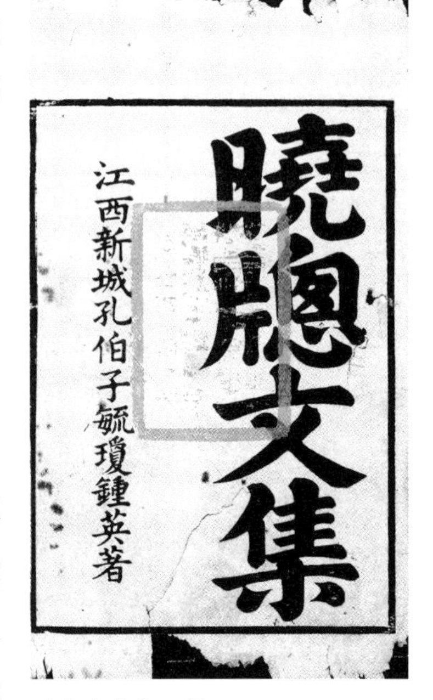

孔英尚文集五卷

孔英尚文集五卷

清孔毓琼撰。孔毓琼（字钟英，一字英尚，号晓窗），新城支之偉长子，孔子六十七世孙。

是书今有国家图书馆藏清康熙三十六年（1697）自刻本，版心下有"晓窗"字样。书由族祖孔尚典评定，弟毓功、毓珣校勘，书名页与卷端题署不同，作"晓窗文集"，《贩书偶记续编》据以著录。

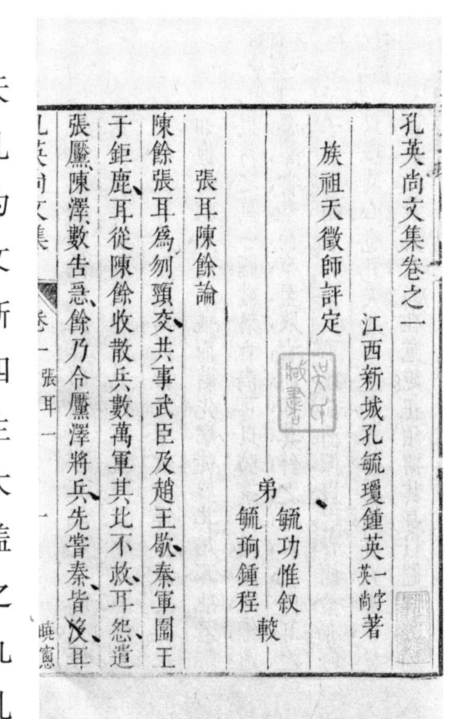
孔英尚文集卷之一
江西新城孔毓璦鍾英一字英尚著
族祖天徵師評定
弟 毓功惟叙 毓珦鍾程 較
張耳陳餘論
陳餘張耳爲刎頸交，共事武臣及趙王歇，秦軍圍王于鉅鹿，耳從陳餘收散兵數萬軍其北不救，耳怨遣張黶、陳澤數告急，餘乃令黶澤將兵先嘗秦，皆没，耳
孔英尚文集 卷一 張耳 一 曉窻

孔英尚文集五卷

是书前有清康熙三十一年魏礼序，天门吴云序，三十六年汤永诚序，三十年孔尚典序，及三十五年毓琼自识。汤序似为后加，此书实刻于三十五年。江西为古文八大家欧、曾、王故里，流风余韵，新城孔氏遂以此相尚。毓琼自谓年十三四有志学古而未逴，弱冠后从族祖天征先生游，日讲求《左传》《史记》、秦汉八大家之文。嗣又亲炙易堂魏礼（季子），盖琼之学得之汶林（尚典），汶林之学得之魏禧（勺庭）。禧为古文大家，“易堂九子”领袖，康熙十七年荐举博学弘词。礼乃禧之弟，学古于兄，“易堂九子”重要成员。礼序称“孔生毓琼与其仲学古于世所不学之日，为志甚锐，为业甚勤。”评者称赞其文有健气，意言并尽，章法遒紧，渊源有自。吴云感慨道：“千秋万世之后，谁人能不读勺庭之文哉，谁人又能不读汶林、晓窗之文哉！谁谓勺庭无子耶，存魏者又在二孔已。”

此编计收琼之所撰“戊辰己巳存稿”十三篇，“庚午辛未存稿”十八篇，“壬申癸酉存稿”十二篇，“甲戌乙亥存稿”十三篇，“丙子丁丑存稿”十三篇，共六十九篇。其中，如《未信堂自序》《东归诗稿自序》《犹人稿自序》《睦族书自序》《诗钞自序》《书楷园文集后》《左传经世钞跋》《敬书家天征师文集后》等，多为珍贵艺文资料。《朱维宣五十序》《魏和公先生六有一序》《送吉安吴舫翁先生序》《恭祝东塘曾叔祖寿序》《邓我生先生家传》《乞言启》等，记从学游历及族群家事，并多可采。尤其以下诸篇，如《再从伯父文玉翁墓志铭》记孔兴斑：翁讳兴斑，父讳胤昌，祖讳尚豫，皆邑庠生。曾祖正吾公生子七，长曰质庵公为琼曾大父，次即翁之祖。翁生明天启丁卯七月十九日。好诗，著有《东山诗集》，又著医书数十卷，皆装潢藏于家。《赠阙里曾叔祖东塘先生序》记与孔樵岚、孔尚任相见及宗支世系谓：壬申夏过扬州，樵岚伯父为毓琼言，东塘曾叔祖宦京师，修订志书。樵岚与毓琼同出自南迁传公，东塘又同为南迁祖大父道辅公后，毓琼于是持《宗谱》抵京师，拜谒东塘公，览既竟，瞿然曰：是支也，余尝闻之，未敢信，今见斯《孔子世家谱》，信矣。遂补入《阙里志》。乃知流寓之不载者，非旧志意也。又如载仲良公迁莆田而未详其祖父，载文仲公兄弟而未详其为临江，载溧阳则存赵孟頫所撰谱系序而未详其始迁何人。至于始迁临川莘夫公讳琬，即毓琼十九世祖也，则仅载宋乾道二年以布衣最长，恩授迪功郎，而未详其为端问公之子，传公之孙，道辅公之元孙，莅任临川，因家焉。凡此皆旧志之当补者也。又其《樵岚伯父诗集序》记樵岚、东塘与为樵岚作序事，谓“忆壬申之夏，毓琼束装归阙里，取道扬州谒伯父，是时伯父病……比至阙里读《海陵唱和诗》，盖东塘公与一时知名之士倡和于扬州者，而伯父之诗与焉。其诗温柔敦厚，得风人之旨，当不让三百篇。当东塘公之出使扬州也，四方才人文士无贵贱，踵相接于其门，伯父身厕其列，即席赓韵，岂不壮哉！毓琼方计南还之日，伯父病当愈，必请伯父之诗竟读而始快，孰意自夏及秋，日月几何，而病反加剧也。伯父且属楚白取所著《迂立堂诗集》命毓琼曰：子善文，其为予序之”，殊感价值重大，堪补志乘之未备，研究之空缺。复观评者如魏和公、吴舫翁、吴书大、杨御李、鲁留耕、伯父用仪、仲弟惟叙，及农阜居士，虽群赞其文之佳，然仍推《赠阙里曾叔祖东塘先生序》末孔东塘“波澜起伏，极尽文之能事，而一段依宗恋祖之诚，惓惓三覆，真不愧阙里之文孙，尼山之肖裔，读竟，未免有吾道南矣之叹”一段文字，与众评之中别开生面，零珠碎玉，倍感珍贵。另据书内《仲弟二十序》“己巳二月初五日仲弟惟叙年二十”“当仲弟十有五岁之冬为予年二十”等记载，琼当生于康熙三年。而《清人诗文集总目提要》著录此书，称作者“山东曲阜人，官左都御史，雍正十三年革”，实误甚。又考此编以《与仲弟书》有“吾读八股文最爱吕晚村所评诸先辈传稿”等语被禁，《清代禁毁书目·补遗三》此句之外称“内有《黄端伯传文》违碍”则未见。此书绝罕见，《四库全书存目丛书》《四库禁毁书丛刊》及《补编》俱失收。

孔惟叙文集六卷

清孔毓功撰。孔毓功（字惟叙），新城支之倬次子，毓琼仲弟，孔子六十七世孙，生员。

是书今有国家图书馆藏清康熙三十一年（1692）自刻本，版心下镌有“知堂”二字。毓功与兄毓琼皆师事族祖尚典（天征），三人悉以古文名世，俱以易堂魏氏为依归，人称“新城三孔”。

是书前有魏礼、孔尚典所作序，据孔序，吉安吴舫翁（云）少所许可，见毓功兄弟所出诗文大喜，曰“古音绝响，君门乃有二人”，遂与毓功兄弟为忘年交。嗣又通声气于吾庐魏礼，亦嘉许之。孔氏重家学，互为师友，故其书评定、校勘之役，悉由天征师及毓琼、毓珣兄弟，不借他人手。而评其文者，多为乃兄《孔英尚文集》评批之人。今检册内所收，如卷一之《楷园文集跋》《懒余稿自序》，卷二之《是堂诗稿自序》《是堂记》，卷三之《东山诗草跋》《送伯兄东归阙里序》《敬书家汶林夫子文集后》，卷四之《与伯兄论诗书》《翠微草序》，卷六之《是堂小草自序》等，多关乎作者生平阅历与家族著述，俱有重要研究参考价值。其中，《敬书家汶林夫子文集后》乃自述学习经历，知今是而昨非；《楷园文集跋》称家伯祖桂山先生《楷园文集》，宁都魏勺庭先生所手订；《是堂诗稿自序》自言好作诗，每于月夜花朝、雨暗云绵之际，诗兴勃勃欲发，辄狂跳大呼，搦管作草书，漫题诗一二首，或循至数十

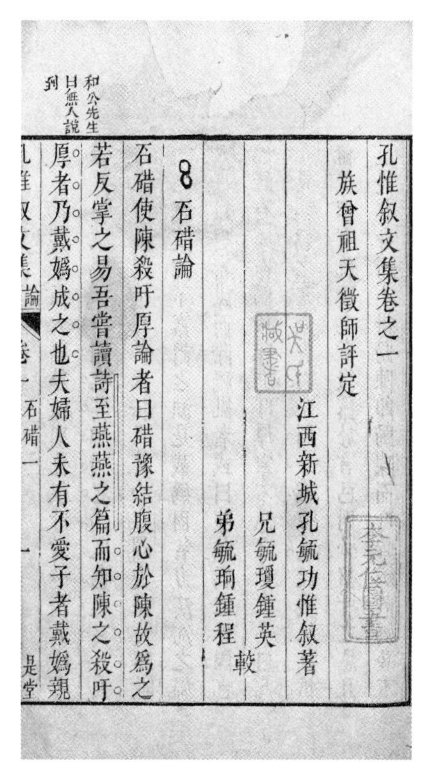
孔惟敘文集卷之一
族曾祖天徵師評定
江西新城孔毓功惟叙著
兄毓瓊鍾英
弟毓珣鍾程 較
石䃋論
石䃋使陳殺吁厚論者曰䃋豫結腹心於陳故爲之若反掌之易吾嘗讀詩至燕燕之篇而知陳之殺吁厚者乃戴嬀成之也夫婦人未有不愛子者戴嬀覩
和公先生曰無人說到
孔惟叙文集論 卷一 石䃋 一 是堂

孔惟叙文集六卷

首，兴尽则止。最好藏古人法帖，览古人名诗，而不肯细心效法，是故草书与诗皆不工。《东山诗草跋》云：此三从伯父文玉翁之诗草也，翁卒之先一日，招余前曰：吾不久人世矣，吾《墓志》烦汝兄，吾诗一帙虽不工，然亦吾精神所聚，子其为吾序之。而《与伯兄论诗书》，谓“数日来细阅《晓窗诗钞》，其中有清俊处，有名通处，有沉雄处”，以为“吾辈做诗最要消净学究气，登临怀古之作，胸中、眼中须别有一种领会处。古乐府体，或傲如侠士，或猛如武将，或柔如新柳，娟娟如芙蕖嬝嬝，婷婷如美人当风独立。咏物诗如蜻蜓点水，不即不离，别有风旨。古体长篇须有起伏、有提顿，方不病于拖沓，令观者不厌其难尽。短篇语约而旨长，曲终不见江上峰青，方有无穷趣味。所最忌者，曰质，曰俗，曰纤。质者，讲章先生，老实话头，不痒不痛，麻麻木木，昔人所谓程朱语录可以学道，而不可以作诗者是也。俗者，方言俚语，稚子耳熟，如作寿诗，铺陈东海、南山、蟠桃、斑衣等语者是也。纤者，卖弄舌端，而细按之，情趣索然，此小家伎俩也。词曲家，剩余巧话，谱入诗中，如良女子学妓者，妆纵风趣动人，殊无大家体态，故曰诗余者，诗之贼也。若论诗之源流，则必握本周末，有格律，有变化，方足自成一家。”《是堂小草自序》云：“窃谓时文一道，立品为上，造意次之，修词斯下矣。而修词工者偏易于售世。语云：‘早知不入时人眼，多买胭脂画牡丹’。且夫遇合有命，原不关文章也。明金正希公辛酉见黜，房考大人批其卷云：‘一字不通，应举奚为？’夫以正希之天才绝世，而房批尚如此，然则试闱之不足定文也，固至是乎”，凡此皆宏见卓识，洵非等闲文字可比。盖作者深于诗文，细于体验，故能道前人所不能，而惜不为世所知。

今考此书《四库全书存目丛书》《四库禁毁书丛刊》及《补编》皆失收。《四库全书总目·存目提要》著录云“是集皆所作杂文，以年为次，不分体类，目录前有自记，歉歉然自以为未信，欲待他年之删改，亦可谓笃志斯事者，虽骨格未坚，其规橅固有自矣。”《清代禁书知见录》称“内有逆犯吕留良之言，不应存，应请抽毁。”兹检所云，知在《寄赠阙里曾叔祖东塘公序》一文中。盖有清一代，文网过密，致多连累，而时至今日，凡为禁书皆倍增身价，或为统治者所始料未及也。

［乾隆］兴国县志二十六卷首一卷

清孔兴浙修，清孔衍倬纂。孔兴浙（字晴江），钱塘支，孔子六十六世孙，清乾隆六年（1741）辛酉副榜，历任兴国、靖安县知县。孔衍倬（字雪帆），钱塘布衣，孔子六十五世孙。

是书今有学海堂本，此《志》盖纂成于乾隆十五年兴浙任内，以其改任靖安未及付梓，而属其后任于次年六月刻竣完成，有乾隆十六年六月新令郭蔚序及诸人跋为证。此本写刻甚精，书尾有“广昌许德三梓”一行，知出名手。卷首郭序外另有卢志、蔡志、黄志、张志各旧序，并凡例、目录与纂修姓氏、监修姓氏。卷首题“纂定署知县钱唐孔兴浙晴江甫，知县建水郭蔚豹文甫；编辑武林布衣孔衍倬雪帆甫”。内题“署知县孔兴浙辑”。

《中国地方志联合目录》《中国古籍善本书目》等皆著此刻，题乾隆十五年学海堂刻本，《续修四库全书总目提要》著其书谓旧志皆名存籍亡，惟万历四十八年蔡邑令钟有所纂修，至清初犹存，逮及清康熙二十二年，知县黄惟桂续而修之。康熙五十年辛卯，张尚瑗改迁兴国，复纂新志。嗣经四十余年，孔公续成是书。内分志地、志人、志政、志事、志言，凡二十六卷，即卷一：分野、沿革、形胜、气候、风俗、疆界，卷二：绘图、城池县治图考、城内图考、四隅图考，卷三：六乡图考、里甲、村庄，卷四：学宫、书院，卷五：山水、桥渡、陂堰，卷

［乾隆］兴国县志二十六卷首一卷

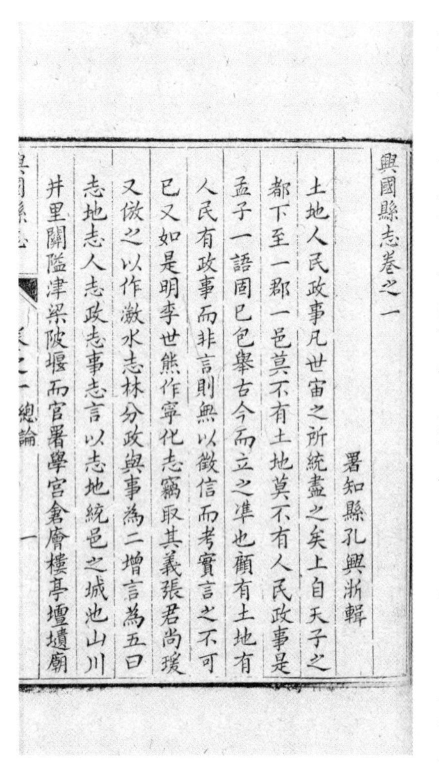
興國縣志卷之一

署知縣孔興浙輯

土地人民政事凡世宙之所統盡之矣上自天子之都下至一郡一邑莫不有土地莫不有人民政事是孟子一語固已包舉古今而立之準也顧有土地有人民有政事而非言則無以徵信而考實言之不可已又如是明李世熊作寧化志竊取其義張君尚瑗又倣之以作潋水志林分政與事為二增言為五曰志地志人志政志事志言以志地統邑之城池山川井里關隘津梁陂堰而官署學宫倉廥樓亭壇壝廟

興國縣志　卷之一　總論　一

［乾隆］兴国县志二十六卷首一卷

六：坛庙、名墓，卷七：铺舍、隘所、育婴堂、养济院、义塚、物产，卷八：官师，卷九：营汛，卷十：寓贤、名臣、文学、武功，卷十一：忠节、孝子、行义、荐辟、科目、贡生，卷十二：仕籍、赠荫、戚属、内侍、散职，卷十三：宾饮、隐逸、义民、仙释、方伎，卷十四：列女，卷十五：田粮、户役、仓谷、盐课、屯田，卷十六：军制、保甲、禁约、申文，卷十七：典礼、蠲赈、古迹，卷十八：祥异、兵寇、纪闻，卷十九：书目，卷二十：制诰，卷二十一：宋元明文，卷二十二：国朝文，卷二十三：唐宋元明诗，卷二十四、二十五：国朝诗，卷二十六：国朝诗、赋、跋。凡山川、人物、古事，爬罗搜剔，可谓至备。道里、水道各图考，亦极变化错综，瞭如指掌。又凡采诸史书、《通志》者，悉皆注明，亦合《志》法。

痢疾论四卷

清孔毓礼编。孔毓礼（字以立），新城支，孔子六十七世孙。

是书有清乾隆三十七年（1772）新城陈元校刻本，书前有清乾隆三十七年（1772）季冬同里杨大任序、乾隆十六年仲春孔毓礼自序（署“新城贤溪孔毓礼以立”）并目录。卷端题“黎水孔毓礼以立著辑”。盖毓礼自成童即嗜读医书，及补博士弟子员，不专攻举业，以药方试轻病而效，遂勤于医，因瘟疫而外惟痢疾最险，能死人于数日之间，而旧无定论可为章程，乃撰是书。欲以配吴又可之《瘟疫论》，首补注内经及仲景书，又折衷诸家，次统论五篇，辨证七条，治法十三则，次诸证十三门，次诸家治案，次一百零六方，又要方及诸药。案：毓礼之治痢，初以聂氏可久为法，继知其太简而偏，阅历既久，于河间、丹溪之说，亦不尽遵，故博究旧籍，以为折衷。其所取证者，有刘河间、朱丹溪、戴原礼、徐东皋、王海藏、赵养葵、王肯堂、张景岳、李士材、喻嘉言等凡十六家。论者以为其书考核精细，诠疏明析，乃治斯证者之宝筏。

《续修四库全书》影印其书谓，毓礼字以立，新城人。注云：“直隶、山东、江西皆有新城县，未详何省？”是不知其为江西之新城也。

痢疾论四卷

重订医门普度温疫论二卷

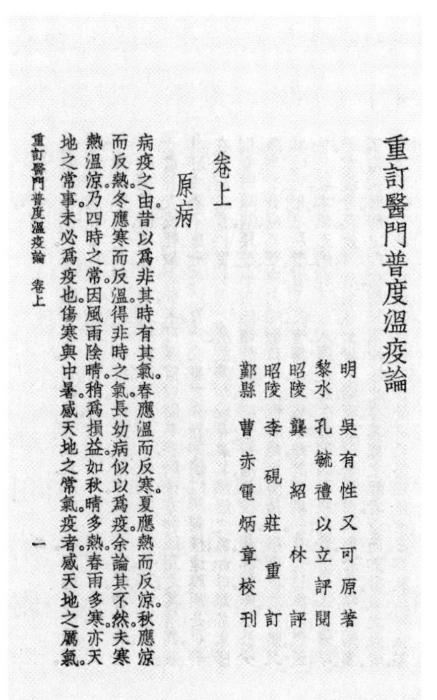
重訂醫門普度溫疫論

明　吳有性又可原著
黎水　孔毓禮以立評閱
昭陵　龔紹林評
昭陵　李硯莊重訂
鄞縣　曹赤電炳章校刊

卷上

原病

病疫之由昔以爲非其時有其氣。春應溫而反寒。夏應熱而反涼。秋應涼而反熱。冬應寒而反溫。得非時之氣。長幼病似以爲疫。余論其不然。夫寒熱溫涼。乃四時之常。因風雨陰晴。稍爲損益。如秋晴多熱。春雨多寒。亦天地之常事。未必爲疫也。傷寒與中暑。感天地之常氣。疫者。感天地之厲氣。

重訂醫門普度溫疫論　卷上　一

重订医门普度温疫论二卷

明吴有性撰，清孔毓礼、龚绍林评。

是书今有民国二十五年（1936）排印《中国医学大成》本，书名页题“医门普度瘟疫论；明吴有性撰，清孔以立、龚少林评”。前有提要及明崇祯十五年（1642）仲秋洞庭吴有性序，清道光十二年（1832）八月李砚庄凡例，并目录。凡例云：“是编议论精详，治法大备，实发前人所未逮，黎水孔公评语多执己见，易滋后学疑惑，敝友龚君育和力为矫之，遂使原文炳如日星，洵吴先生功臣也。”又云：“是编论温疫与治伤不同，上卷有原病及辨明伤寒时疫数条。下卷有杂气论，及正名伤寒正误、诸家温疫论正误，又刘宏璧集补方及各家治案，俱宜潜玩。今卷帙较繁，分刘宏璧以下为末卷，共三卷。”按：此书系孔、龚等人据吴氏原著加评，其原文与编排次序，稍异于《温疫论补注》。下卷并集喻嘉言、林起龙、刘宏璧等有关论疫言论。

又此书另有清道光十二年（1832）长沙曾郁文重订本，《中国医籍通考》等俱有著录。《［乾隆］江南通志·艺文略》据《［同治］新城县志》作《医门普度》，不著卷数；《清史稿·艺文志·拾遗》著录此书，著者题名孔毓礼作“孔以立”。

［嘉庆］太平县志十二卷首一卷

清曹梦鹤等修，清孔传薪、陆仁虎纂。孔传薪（字楚翘，号雪樵，又号句曲山人），句容支庠生毓璋长子，孔子六十八世孙，清乾隆五十四年（1789）己酉拔贡，考取正白旗教习，授安徽太平县教谕，历官武昌、直隶行唐、任邱等县知县。

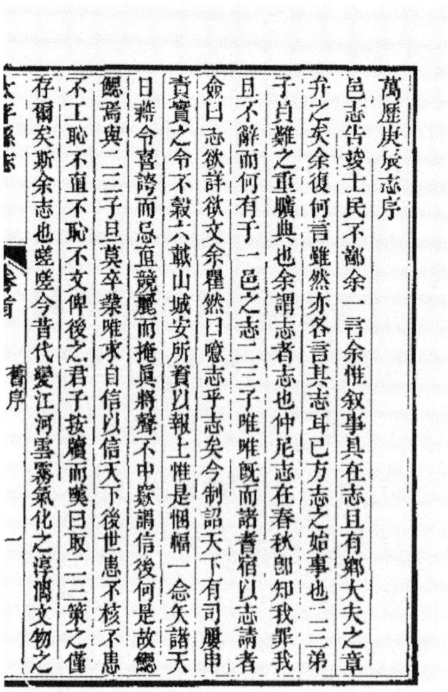

是书《中国地方志联合目录》著有清嘉庆十四年（1809）刻本，即此本。另有清光绪三十四年（1908）真笔版重印本。书前有清嘉庆十三年冬月湖口曹梦鹤序，嘉庆十四年五月句曲孔传薪序，及万历庚辰以下各旧序，并纂修姓氏、凡例、目录。盖卷一为宸翰、御制、圣谟、蠲赈（附赏赍）、典礼，卷二为建置、星野、疆域（乡图）、形胜、山川（附陂、井等），卷三为户口、田赋（附杂税、藉田、马田、囚田）、风俗（附物产、义塚）、城池、公署（附公馆、会馆、馆舍、坊楼、阁亭、养济院）、仓

［嘉庆］太平县志十二卷首一卷

库，卷四为学校（附书院、射圃、嘉会所、社学、太学馆、学田）、坛祠，卷五为秩官、选举（包括文甲、文科、荐辟、武甲、武科、明经、例贡等）、封荫（附五世同堂、寿官），卷六为遗爱、名臣、宦业、儒林、忠节、孝义、文苑、武烈、隐逸、乡饮，卷七为懿行，卷八为列女、艺术、流寓、仙释、祥异、杂录、著述、古迹（附茔墓）、寺观，都七十余目（含附），卷九至卷十二为艺文，收唐至清初诗文。末有光绪三十四年邑人方逢魁《续刷邑乘跋》叙其书成始末。孔氏序其书，略谓“嘉庆乙丑夏，太守鲁子山先生檄行六属，重修郡《志》，时太邑诸生即以并修邑《志》请……是年冬，余适以俸满有皖江之役，迨奉调归来，已见四乡云集，《懿节》各条合为一书，纷纷具报。”按：山西亦有太平县，此为安徽太平。安徽《太平县志》创修于明正德十五年，重修于万历八年。入清康熙四年、二十三年，乾隆二十年分别续修，此为入清以来第四修。

梦松居诗略一卷

清孔传薪撰。孔传薪（字伯曼，一字雪樵），句容支孔毓璋长子，孔子六十八世孙，清乾隆五十四年（1789）拔贡，考取正白旗教习，选安徽太平县教谕，升湖北武昌知县，历官直隶行唐、任邱等县知县。

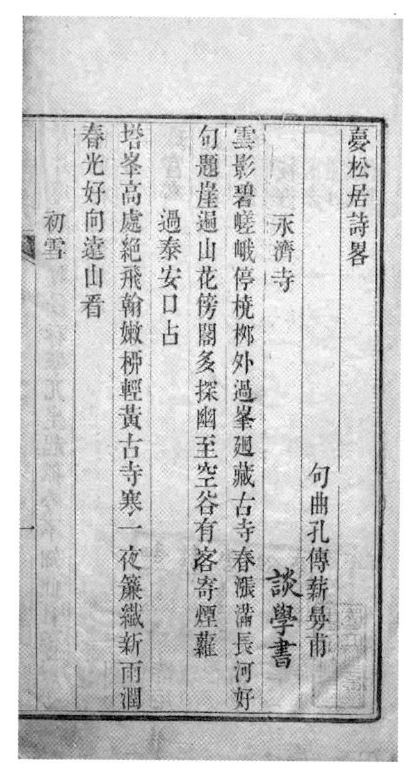
夢松居詩畧
句曲孔傳薪曼甫
談學書
永濟寺
雲影碧嵯峨停橈梛外過峯廻藏古寺春漲滿長河好
句題崖遍山花傍閣多探幽至空谷有客寄煙蘿
過泰安口占
塔峯高處絕飛翰嫩梛輕黃古寺寒一夜簾纖新雨潤
春光好向遠山看
初雪

梦松居诗略一卷

是书国家图书馆藏有清嘉庆十四年（1809）刻本，卷端题“句曲孔传薪曼甫”。书仅十九叶，无序目。末有传薪嘉庆十四年七月自记，略云：“余自庚戌春廷试留都，自后诗酒酬应往往有之。检阅书笥得稿数十首，付梓以代抄胥，非敢以此言诗也。”其中咏物之外，如《入正白旗官学》《官学报满留别盛小坨兼怀汪信村》《孙镜渠先生以舫居馆余诗以志意》《梁山歌》（序谓“余于癸丑冬重入都门，又六年，受陈质齐学使之聘，遂抵姑孰”）、《己未六月重别姑溪苔狄容湖潘春洲曹丹崖王春泉任公燧见赠句用王春泉韵》《绿壤双禽》（题画八章寄赠法学士）、《庚申试罢回任舟中作》《追忆积水潭观荷寄呈法学士兼怀潭上诸子》（涉及法式善、洪亮吉、笪立枢、赵怀玉等诸多人物）、《赠曹凤堂》（名明亮，号星四，歙人）等皆关作者生平交游。另外，传薪诗书之余，尤工绘事，《［光绪］续纂句容县志》本传谓其“学问淹博，精楷法，善绘事，尤工兰竹，名重都门。性嗜金石，遇佳者，虽典衣必购，所居斑驳陆离，皆古物也。”故卷内画史资料甚丰，如《绿壤双禽》（题画八章寄赠法学士）诗末注：“戊午秋杪，时帆先生出素册属画，时将南旋，未遑应命。辛酉夏，先生自都门寄二绝句云：烟云满袖老明经，去向天都作画屏。记得三年前画纸，至今犹未著丹青。骑驴骑鹤两忘之，我纵愁多不废诗。烟水满湖秋又到，有人说起看荷时。薪得诗后又二年，始得寄归画册，先生嗜诗画，尤喜奖借人物，而其惓惓接引之心，久而弥笃，每讽诵二诗，宛如侍从花堤，亲聆謦欬。”又《赠曹凤堂》（名明亮，号星四，歙人）序：“凤堂善画写米家山，尤得奇趣，兼究心风鉴青乌之术，朱文正公赠有‘星辰归掌握，山水罗胸中’之句。己巳秋，凤堂来作黄山之游，殷然以手迹持赠，为言休咎，复多所慰藉，濒别出素笺索诗，感其意为题二截”云云，似此皆为难得之历史掌故。

按：考《［民国］孔子世家谱》传薪一族属句容支，而自五十八代起住莒县，故载之或仅具其名，或干脆不叙，因考其家人事迹补赘于此，以资参考。其弟传荃，字振谷，精汉隶，年十六补诸生，嘉庆壬申随兄入都，考取内阁供事，选授湖北崇阳县丞，改授山东清平县丞，居官廉洁自持，尽革陋规，年五十二卒于任。子继廉，字简卿，精六壬算数，由国学生逢临雍大典，以圣裔恩赏州吏目，援例为县丞，分发湖北，历署公安、监利等县县丞，咸丰三年保升知县，加知州衔，署通山县知县，卒年七十二。子继赓，字香谷，以圣裔逢道光元年临雍大典，恩赏州吏目，分发江西，历任凤冈、姑堂等处巡检，升补弋阳县丞，代理县篆，所至勤于吏事，以廉能称。从子继志，字心莽，以未入流分发贵州，历任独山、广顺、镇宁各州吏目，松桃厅经历，四十八溪主簿，迁大塘州判，均廉洁有政声，咸丰四年权大塘州篆。孙广业，字勋丞，由诸生投效湖北军营，援例捐通判，分发四川，代理绥定府知府，重庆府江北厅同知，署石硅直隶同知，赏戴花翎，光绪六年补授夔州府通判，寻代理夔州府知府。孙广楷，字绥丞，官至湖北江陵县典史。

[道光]定远县志十二卷

清杨慧修，清孔传庆、朱昆玉纂。孔传庆，句容支，孔子六十八世孙，清嘉庆十二年（1819）丁卯科举人，钦赐六品顶戴，任定远县教谕，升淮安府教授。

是书《中国地方志联合目录》著有中国科学院文献情报中心等藏清道光六年（1826）修、光绪十三年（1887）补抄本，及南京大学图书馆藏民国抄本。补抄本前有清康熙二十九年知县曲震原序并目录，凡卷一为凡例，修志姓氏，图考（图缺）；卷二、卷三为舆地志，包括建置沿革、星野、疆域、形势、山川、风俗，城池、公署、公所、仓储、驿舖、津梁、坛庙、寺观、古迹、邱垄；卷四为食货志，包括户口、田赋、六卫赋税、盐法、蠲赈、物产；卷五为学校志，包括学校、乡饮及武备志，兵制；卷六为职官志，包括勋封、职官表、名宦传；卷七为选举志，包括荐辟、进士、举人、宾贡、仕宦、武进士、武举人；卷八至卷十为人物志，包括

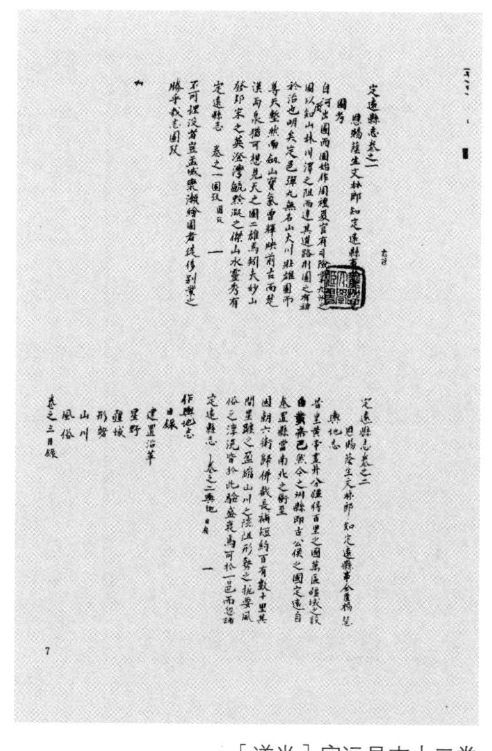
定遠縣志卷之一
恩賜廕生文林郎知定遠縣事
圖考
自河出圖而圖始作周禮夏官有司險掌九州之
圖以知山林川澤之阻而達其道路則圖之有裨
於治也明矣定邑彈丸無名山大川壯雄圖幣
等天壑然而叙山實氣曾輝映前古而楚
漢而來猶可想見天之圖二雄爲蜀夫妙山
發邱宋之英淡灣毓然凝之傑山水靈秀有
定遠縣志　卷之一圖考　圖考　一
不可埋沒者豈盂城粟瀨繪圖者使修劉棠之
勝乎我志圖缺

定遠縣志卷之二
恩賜廕生文林郎知定遠縣事會稽楊慧
輿地志
昔黃帝畫井分疆得百里之國萬區疆域之設
自黃帝已然今之州縣即古公侯之國定遠自
秦置縣當南北之衝至
國朝六衛歸併截長補短約百有數十里其
間星躔之盈縮山川之險阻形勢之扼要風
俗之淳漓皆於此驗盛衰焉可於一邑而忽諸
定遠縣志　卷之二輿地　目錄　一
作輿地志
目錄
建置沿革
星野
疆域
形勢
山川
風俗
卷之三目錄
7

[道光]定远县志十二卷

名贤、仕迹、封荫、忠孝，文学、士行、义行、耆寿、隐逸、方技、流寓、列女等，卷十一为艺文志，包括书目、记、序、文议、说、传，引、跋、诗；卷十二为杂志，包括摭史、杂记、辨讹、后序（缺）等。考云南、四川、安徽皆有定远县，此为安徽之定远也。此邑旧志创修于康熙五年知县徐杅，共四卷，康熙二十九年重修亦仅五卷，此修扩充为十二卷，凡前志冗者截之，缺者补之，期于“无滥无遗”，惟中间相隔一百三十余年，难免缺略无考者。又光绪补抄本见于《中国地方志集成》。

圣庙祀典图考五卷附孔孟圣迹图二卷

清顾沅辑，清孔继尧绘。孔继尧（字砚香，号莲乡），衢州派昆山支，孔子六十九世孙，善绘事。

是书有清道光六年（1826）顾沅赐砚堂刻本，一函六册，第六册为孔孟《圣迹图》。书以“六艺”礼、乐、射、御、书、数编次。本编以日本内阁文库藏本影印，封面及前后页有“内阁文库”书签等编目信息，及“浅草文库”“昌平坂学问所”钤印、“嘉永庚戌”戳记。此书前有御制序赞，及善化贺长龄、长洲彭希郑、吴县尤兴诗三人序，并参阅姓氏与目录。凡卷一为圣像、四配、十二哲；卷二为东庑先贤像，一位至三十六位；卷三为东庑先贤儒像，三十七位至六十四位；卷四为西庑先贤像，一位至三十六位；卷五为西庑先贤儒像，三十七位至六十四位（附《崇圣祠考》），均先图后考。历代诸帝赞词，则依次附载，故以图考命名。文顾氏自撰，图则请孔继尧绘之，然后裒集而成是书。

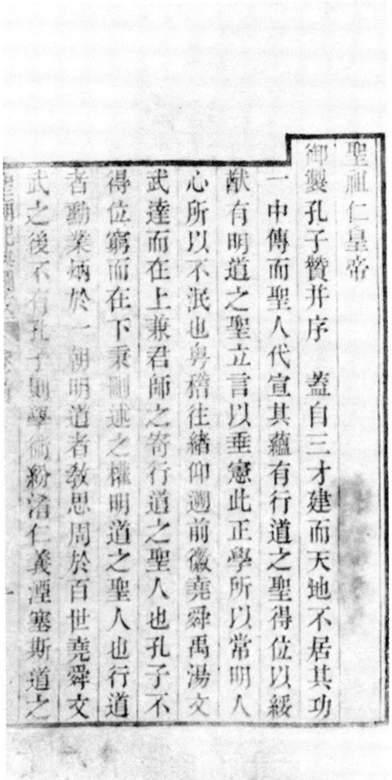

圣庙祀典图考五卷附孔孟圣迹图二卷

按：考《东北地区古籍线装书联合目录》史部政书类著录此书书名略同，而列其子目云：“《依园诗略》一卷，（清）方登峄撰；《星砚斋存稿》一卷，（清）方登峄撰；《垢砚吟》一卷，（清）方登峄撰；《陆塘初稿》一卷，（清）方式济撰；《出关诗》二卷，（清）方式济撰；《龙泌纪略》一卷，（清）方式济撰。”此著甚谬，考其所列诸目，实系《述本堂诗集》之子目，且真如其所列，又何能入“史部政书类”？兹附辨于此。又考此书另有清道光间《顾刻三种》本，1996年线装书局据以影印。

吴郡名贤图传赞二十卷

清顾沅辑，清孔继尧绘。

是书国家图书馆藏有清道光九年（1829）长洲顾氏刻本，八册，为郑振铎旧藏。前有汤金钊道光七年序，朱珔道光八年序，陶澍道光九年序，梁章钜道光七年序，石韫玉序，韩崶道光九年序。吴郡名贤画像创于《会稽先贤像赞》，名宦始于《瞻仪堂图像》，二者均久佚。王世贞《吴中往哲像赞》仅画明代诸贤，止于中叶，至钱谷所绘，增益无多，清张蟾补明隆庆、万历、天启、崇祯诸贤，兼及寓公，是册合而绘之，远溯周汉，近益清以来先贤，共得周末吴季札至清嘉庆朝唐仲冕凡五百七十人，圣裔吴县支工部侍郎谥“文忠”孔镛与焉。既择图赞刻石以垂久，复系传锓木以行远，而所绘名贤或临自古册，或得之各家后裔，冠服面目悉仍其旧，均有征而无虚造。论者以为此书网罗浩博，阐扬前徽，于斯为笃。书历时四年，至道光八年秋而告完成，躬于其事者三十余人，即分纂者

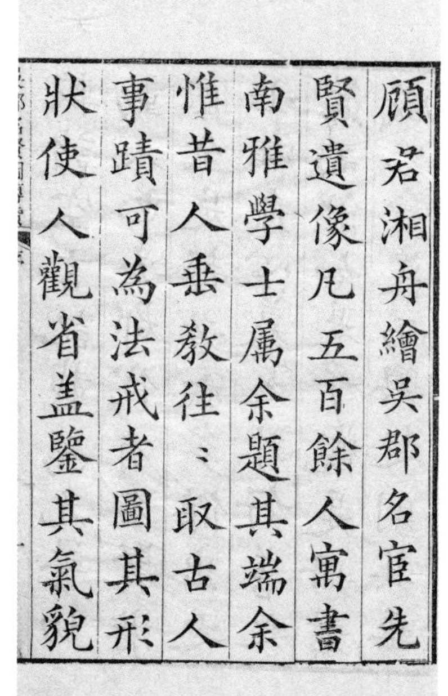
顧君湘舟繪吳郡名宦先賢遺像凡五百餘人寓書南雅學士屬余題其端余惟昔人垂敎往往取古人事蹟可為法戒者圖其形狀使人觀省盖鑒其氣貌

吴郡名贤图传赞二十卷

十二人，采访十七人，参阅四人。

稿本《续修四库全书总目提要》著录题长洲顾沅湘舟编纂，玉峰孔继尧画像，娄东张应麟汇传。并谓其书统乡贤、名宦、寓公，均称曰吴郡，各占一页，阳为绘像，阴列传赞，实吴中一大著作。

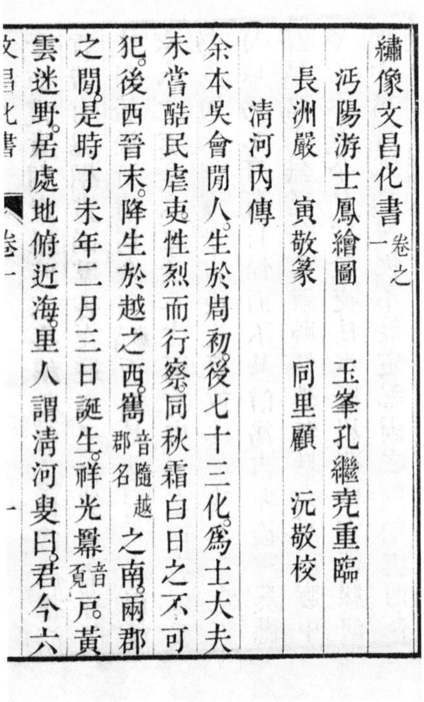

绣像文昌化书四卷文昌化书籤二卷

绣像文昌化书四卷文昌化书籤二卷

清王毂辑，清游士凤绘图，清孔继尧重临，清严寅篆，清顾沅校。

是书为南开大学图书馆藏清道光间刻本。一函四册。卷端题“沔阳游士凤绘图，玉峰孔继尧重临；长洲严寅敬篆，同里顾沅敬校”，前有清道光三年（1823）长洲彭希郑重刊序，及刘梁桢旧序、目录并“桂宫像竟”，末有郭士璟清康熙二十八年（1689）旧跋及顾思度清道光三年跋等。彭序谓顾君湘舟雅好善书“得文昌化书，浼长洲严君介堂茂才篆其目，倩玉峰孔君莲乡绘以图，而余族与武陵系姻世交，爰索序于余”。册内正文共图九十七幅。其书封皮与书名页题“文昌化书像注”。

莲乡题画偶存一卷

清孔继尧撰。

是书有民国二十二年（1933）《艺海一勺》铅印本，书仅六叶，无序跋目录。卷端题“崑山孔继尧砚香甫著”。有诗有文，诗如“秋色满寒汀，空山石气青。几年倪处士，此地著茅亭。”“东风吹腊去，淑气散群芳。独有寒葩在，垂帘度暗香。”“江南四月雨晴时，兰吐幽香竹弄姿。胡蝶不来黄鸟睡，小窗风捲落花丝”等，皆读之如临画幅，回味无穷。又如记“张船山太守善饮酒，工诗词，书法草圣，画学宋人。曩在京邸，曾谒先生于铁如意斋，每当花晨月夕，必贳酒招客，欢呼轰饮，竟夜忘倦。客有以笔墨事请者，辄握管以应也。此幅玉峰友人得于京师琉璃厂，索题于余，展玩之下，如与先生剪烛谈也。附书数语，以志企佩之意。”其雅趣高致，令人企羡不已。

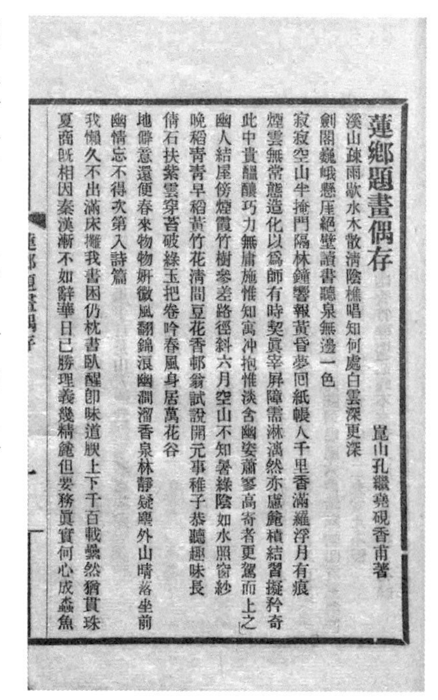
蓮鄉題畫偶存　崑山孔繼堯硯香甫著
溪山疏雨歇水木散清陰樵唱知何處白雲深更深
劍閣巍峨懸厓絕壁讀書聽泉無邊一色
寂寂空山半掩門隔林鐘響報黃昏夢回紙帳人千里香滿羅浮月有痕
煙雲無常態造化以爲師有時契眞宰屏障雲淋漓然亦盧鮑積結習擬矜奇
此中貴醞釀巧力無庸施惟知寓沖抱惟淡含幽姿蕭寥高寄者更駕而上之
幽人結屋傍煙霞竹樹參差路徑斜六月空山不知暑綠陰如水照窗紗
晚稻青青早稻黃竹花淸間豆花香郇翁試說開元事稚子恭聽趣味長
倚石扶筇雲穿苔破綠玉把卷吟春風身居萬花谷
地僻意還便春來物物妍徽風翻錦浪幽澗溜香泉林靜疑塵外山晴落坐前
幽情忘不得次第入詩篇
我懶久不出滿床攤我書困仍枕書臥醒卽味道腴上下千百載纍然猶貫珠
夏商既相因秦漢漸不如辭華日已勝理義幾精麁但要務眞實何必成蠹魚

莲乡题画偶存一卷

［光绪］陕州直隶州志十五卷首一卷

清赵希曾、孔广聪等纂修。孔广聪（又名广运，号厅樵），钱塘支捐升知府孔继中第三子，孔子七十世孙，清光绪八年（1882）壬午科第五十七名举人，修武县知县，清光绪十七年（1891）由员外郎军功保举陕州直隶州知州，加三品衔，赏戴花翎，诰授荣禄大夫。

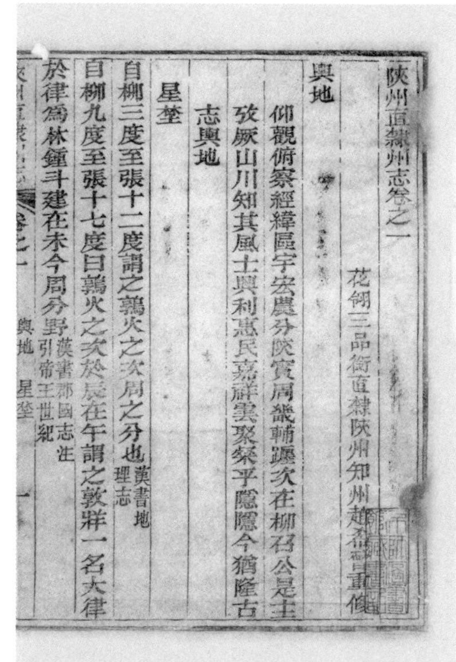
陝州直隸州志卷之一
花翎三品銜直隸陝州知州趙希曾重修
輿地
仰觀俯察經緯區宇宏農分陝實周畿輔躔次在柳召公是主
攷厥山川知其風土興利惠民嘉祥雲聚粲乎隱隱今猶隆古
志輿地
星埜
自柳三度至張十二度謂之鶉火之次周之分也漢書地理志
自柳九度至張十七度曰鶉火之次於辰在午謂之敦牂一名大律
於律爲林鐘斗建在未今周分野漢書郡國志注引帝王世紀

［光绪］陕州直隶州志十五卷首一卷

是书《中国地方志联合目录》有著录，题赵希曾等纂修。书前有知州赵希曾、定兴鹿瀛理、宝坻王庆祺、海盐沈守廉、萧山孔广聪等人序，并目录、凡例、修志姓氏。稿本《续修四库全书总目提要》著其书，略云：“此志，乾隆十二年知州龚崧林一修，迄同治间知州周仁寿曾增辑之，及光绪八年，满城赵希曾为牧是邦，乃征文考献，重加厘订，未及成而以忧去官。

广聪奉檄来权州篆，复与学正马毓騄等搜讨旧闻，增损义例，成书十五卷：一舆地，二建置，三赋役，四文治，五职官，六名宦，七选举，八、九人物，十、十一列女，十二、十三艺文，十四金石，十五纪遗。此编较乾隆龚志多所改正，如龚志艺文所收宋司马温公《三乞虢州》，此编以温公夏县人，夏县既非今属，且《乞虢州》，与地方利弊无关。又知陕州李彦仙列名宦，守城死事，据《宋史》撮其大要，叙入本条，已觉明瞭。龚志更引洪氏之书，转嫌芜杂。他若加学额、祀乡贤，已详各条中，不烦更录，具题原文，凡此之类，悉从删减。惟其人物不标细目，而以时代叙入，又其改易旧志之处，多未注明，皆为此志之失。其各门小序，皆作韵语，多未能得其概要，亦称无谓。其目录后自注云：明康对山先生撰《武功志》，义例分明，纲目具括，今略仿是书之义，增辑成书。今读全书，实与《武功志》未稍似也。”

按：考广聪凡兄弟六人，长兄广培本书有著录；二兄广杰字补生，号谱笙，太学生；大弟广平字定生，号静山，太学生，提举衔，候选盐课大使，诰授奉政大夫；二弟广锐字鞠生，号养图，邑庠生，是亦儒士一门，不坠先业者。

记忆方诗十二卷

清孔广福撰。孔广福（字履成，号行舟），桐乡县支孔继沨长子，孔子七十世孙，少业儒，以病废，精岐黄术。

是书今有清光绪三十年（1904）桐乡徐氏铅印本，题“青溪孔广福履成著，同里门人张寿昌润寰、吴文煃古棠编次”，前有清光绪三十年卢景昌、徐焕藻序及广福自序，末有张寿昌跋。是书专为记忆而作，故病证、药品、煎服各方，一一列陈。体例则依景岳八阵之制，奇正罗列，缓急并陈，凡卷一“补阵”，收四君子汤以下诸方诗；卷二“和阵”，收兰草汤以下诸方诗；卷三“攻阵”，收大承气汤以下诸方诗；卷四“散阵”，收麻黄汤以下诸方诗；卷五“寒阵”，收白虎汤以下诸方诗；卷六“热阵”，收理中丸以下诸方诗；卷七“固阵”，收桂枝去芍药加蜀漆、龙骨、牡蛎救逆汤以下方诗；卷八“因阵”，收七宝美髯丹以下方诗；卷九“妇人”，收逍遥散以下方诗；卷十“小儿”，收观音散以下方诗；卷十一“痘疹”，收射干鼠黏子汤以下诸方诗；卷十二“外科”，收仙方活命饮以下诸方诗。广福序其书曰：“方者，法也。景岳子有云：方之善者可为法，方之不善者可为鉴。此方之不独不可废，抑亦不可不慎所择。是以自长沙以下，昔贤所制之方，必须一一理会，务期用古而不为古所用，斯为尽善。但其中有用药相同而治病不同者，其义何居？

记忆方诗十二卷

盖君臣佐使之有不同，则治表里，治寒热，治虚实，亦因之而不同，而学者涉之，茫无头绪，其能免望洋之叹乎！此东垣辈所以有《汤头歌诀》之作也。近汪氏讱庵复有《歌括》之制，较诸前辈尤为简要，诚有裨于后学，无如辞句尚欠典雅，义理亦多晦塞，无英华以供咀嚼，难乎其为训矣。余因不辞谫劣，一仿骚人遗韵，作成方诗，用资记忆。其间为绝，为律，为古体，为今裁，以便己用，即以便及门用”云云。卢氏曰：“同里孔行舟先生少习举业，下帷读书，过目成诵，因身弱多病，遂弃儒习医，举往古之书籍，纵观博览，具过人之识。由是笃志研求，累月穷年，而学以大进，始则医己而锢疾除，继则医人而危症治，一时名闻远近，来聘者无虚日。而先生又以丹溪之《歌诀》、讱庵之《歌括》，语都鄙俚，不足为后学津梁。于是，取昔日之某散某煎，某汤某饮，某丸某丹，所医何病，所投何药，为之条分缕析，脉络贯通。并取前人之义涉于晦者而显之，词出于略者而详之，撰成《记忆方书》十二卷，以为佑启后人之法。其诗则律绝古风，各体具备，借药料为诗料，洋洋乎洵大观也。”又徐氏谓：“先生于余家有戚谊，屡求其遗稿而不可得，而是书适为余师卢小菊先生家所藏，借读之，方固酌古斟今，诗亦温雅可诵。人知先生之神于医，而不知先生之深于学；人即知先生之深于学，而不知先生之工于诗。读此乃知先生挟其术以济世而鸣时者，固有自也……余老矣，悲先生有是书而人知之者少，再越数十年，则是书又将湮没不彰，虽欲求其断简残编而不可得，而世将不知先生之名。余以此惧，亟请序于卢师，付诸手民，以公之世，聊以酬先生之德，而世之业医者，亦得所遵循矣。”

按：《［民国］孔子世家谱·孔广福传》不载此书，云：广福字履成，精于岐黄，善治血症，名噪杭嘉、湖广、苏松等处。

同治庚午科浙江优贡卷一卷

清孔昭晙撰。孔昭晙（字寅谷，号子明，一号子朴，又号少山），衢州派国学生孔广烈长子，孔子七十一世孙，清同治九年（1870）庚午科优贡。

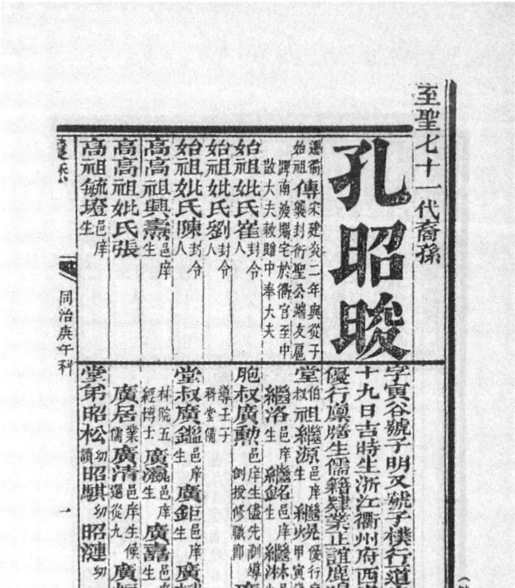

是书今有上海图书馆藏清同治间刻本，成文出版社《清代硃卷集成》据以影印，文章缺遗，荐批云：“地负海涵，日光玉洁”；“气象发皇，不似小家伎俩。”又两院总批：“第壹场，道艺思清笔健，理足神完，次，细针密镂，足征理致工夫。第贰场，经解阐发前人遗义，语得经旨；策问，条对工雅，洵合体裁；诗，秀。覆试场，书艺文势灏瀚，经义雅切，策问确当。”

按：昭晙，清道光二十四年（1844）四月十九日生，浙江衢州府西安县籍。

同治庚午科浙江优贡卷一卷

始祖传。曾祖传性、祖继镛，皆邑庠生，例赠修职郎。受业师有胞叔广勋、广煦，堂伯广升等人。

光绪甲午科浙江乡试硃卷一卷

清孔昭冕撰。孔昭冕（原名铸颜，谱名昭瀛，字步周，号子服），衢州派杭州支太学生例赠文林郎孔广辉子，孔子七十一世孙，清光绪二十年（1894）甲午科举人。

是书今有上海图书馆藏清光绪间刻本，成文出版社《清代硃卷集成》据以影印，内收文《知之为知之不知为不知是知也》《君臣也父子也夫妇也昆弟也朋友之交也》《周公思兼三王以施四事其有不合者仰而思之》，及《赋得雨过潮平江海碧》（得“平”字五言八韵）诗。荐批云：“邃深朴学，经策闳通。”取批：“意义渊雅，经策赅博。”中批：“茹古涵今，经策渊厚。”又本房原荐批：“第一场，层层洗涮，题中无一字放过；笔意清洁，局阵蝉联而下，尤有刀斫不断之势；次，举重若轻，开合尽致；三，笔意疏落，气局大方；诗，雅。第二场，引经据典，抽秘骋妍，规矩从心，炉锤在手；书礼两艺，考证博洽，足征学有本原。第三场，言简意赅。”

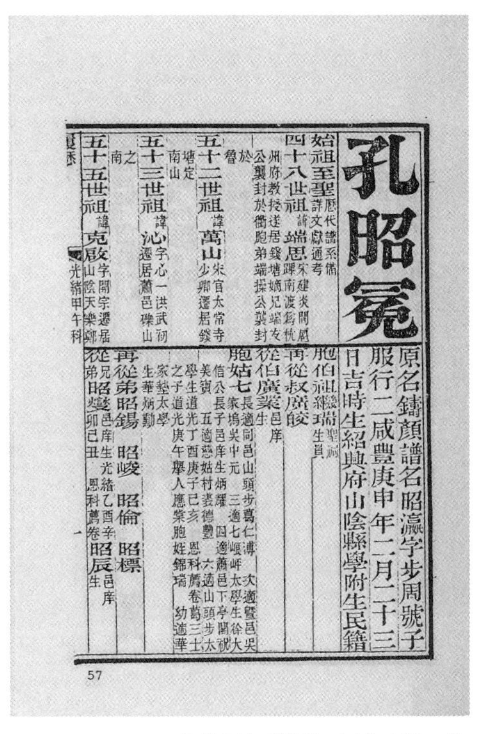
孔昭冕
原名鑄顏譜名昭瀛字步周號子服行二咸豐庚申年二月二十三日吉時生紹興府山陰縣學附生民籍
始祖至聖 歷代譜系備詳文獻通考
四十八世祖 諱端思 宋建炎間扈蹕南渡為杭州府教授遂居錢塘嫡兄端友公襲封於衢胞弟端操公襲封於魯
五十二世祖 諱萬山 宋官太常寺少卿遷居錢塘定南山
五十三世祖 諱沁 字心一 洪武初遷居蕭邑碟山之南
五十五世祖 諱克啟 字開宗 遷居山陰天樂鄉
胞伯祖 繼瑞 聖廟生員
再從叔 廣皎
從伯 廣棨 邑庠生
胞姑七 長適同邑山頭步葛仁溥 次適暨邑吳家塢吳中元 三適七嶼峅太學生徐大信公長子邑庠生炳耀 四適蕭邑下亭閣祝美賓 五適慈姑村袁德豐 六適山頭步太學生道光丁酉庚子己亥恩科薦卷葛三士之子道光庚午舉人應棠胞姪錦瑞 幼適華
再從弟 昭錫 家塾太學生華炳勳 昭峻 昭倫 昭標
從兄 昭燮 邑庠生光緒乙酉辛卯己丑恩科薦卷
從弟 昭辰 邑庠生
光緒甲午科
57
光绪甲午科浙江乡试硃卷一卷

按：昭冕，清咸丰十年（1860）二月二十三日生。四十八世祖端思，宋建炎间南渡，为杭州府教授，遂居钱塘。嫡兄端友袭封于衢，胞弟端操袭封于鲁。祖继显，字光照，太学生，例赠文林郎。未见有著述。

双溪诗汇二十二卷

清孔宪采辑。孔宪采（原名宪庄，字敬持，号雅六,一说号果庵），桐乡县支邑增生昭勋次子，孔子七十二世孙，廪贡生，候选训导，历署景宁、庆元、分水县教谕，景宁、丽水县训导，敕授修职郎。

是书今有二种稿本，一是中国台北"国家图书馆"藏清稿本，沈津《中国珍稀古籍善本书录》据以著录；一是浙江图书馆藏手稿本，《中国古籍善本书目》据以著录，二本均一函六册。此为浙图藏清咸丰八年（1858）孔宪采遇安居蓝格手稿本，书凡半叶十行，行二十一字，白口，四周双边，单鱼尾，书口有"遇安居"字样。封皮题"遇安居手编"，卷端题"里人孔宪采雅六手编"。内多涂乙，黏有浮签，并钤白文"遇安居"、朱文"浙江省立图书馆藏书印"二印。前有清咸丰八年十一月杨象济序，咸丰八年九月孔宪采自序，及凡例、参订姓氏与目录。据沈氏著录，台湾本半叶十二行，行二十五字，白口，四周双边，单鱼尾，书口下为细蓝口，内题"里人孔宪采雅六编次参校"，与此迥异。是集宪采积二十余年之力，广为搜罗排比，据卷首目录，各卷所收凡卷一为莫若冲、莫若拙、丁南等四十五人，卷二为周拱辰、周寀、孔自洙等二十三人，卷三为沈滉、夏煜、时寀等三十二人，卷四为张师范、钮汝骥、孔继元等八人，卷五为陆世埰、陆琛、张长均等十一人，卷六为施福元、徐斐然、唐以增等八人，卷七为陆元铉、严大烈、皇甫惠等二十一人，卷八为张桓一人，

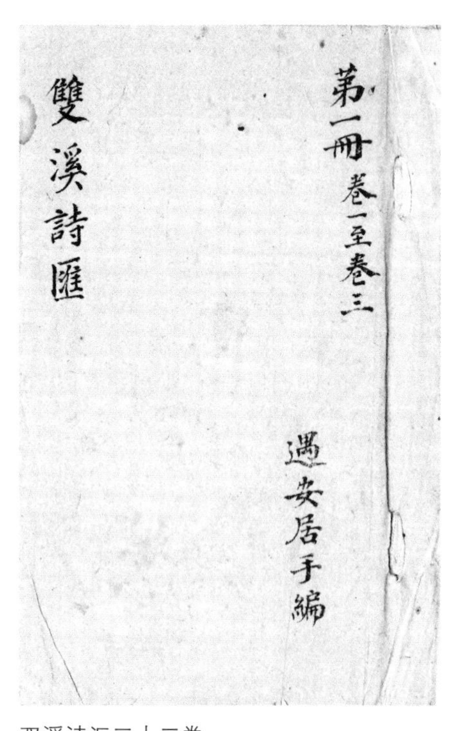

双溪诗汇二十二卷

卷九为徐驷、徐莹、叶绥祖等二十九人，卷十为唐晋锡、陆瀚、孔广威等十四人，卷十一为郑以嘉、杨煜、陆元錞等十二人，卷十二为徐保字、张芬、张若龄等十三人，卷十三为沈逢源、张千里、陆喜曾等十四人，卷十四为严廷珏、汪熙、何毓芳等十四人，卷十五为陆以湉、郑凤锵、周士炯等十五人，卷十六为陆秉枢、郑镰、郑锋等二十三人；卷十七至卷十八为“闺秀”，收顾蘩、顾英、孔继瑛、孔昭蕙等二十五人；卷十九为“方外”，收立虚舟、原妙、昭缉等十八人；卷二十至卷二十一为“流寓”，收陈与义、陈庆、高岳等九十八人；卷二十二为“附词”，收陈与义、沈中栋、沈时栋等二十人。每人皆立小传冠前。

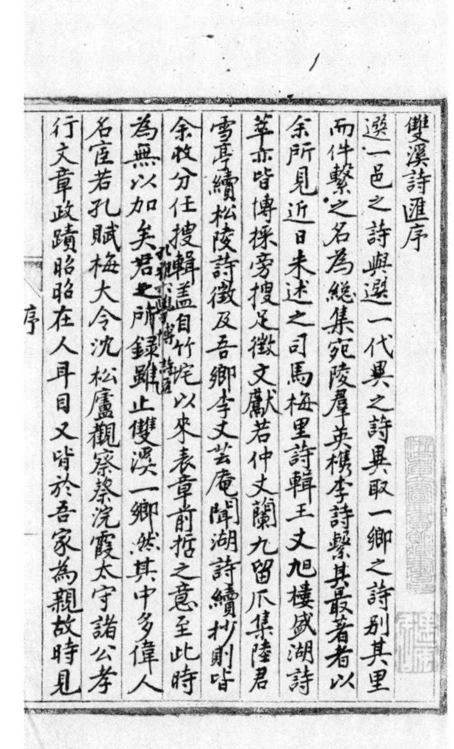

雙溪詩匯序

選一邑之詩與選一代異之詩異取一鄉之詩別其里而仵繫之名爲總集宛陵羣英檇李詩繫其最著者以余所見近日未述之司馬梅里詩輯王丈旭樓盛湖詩萃亦皆博採旁搜足徵文獻若仲丈蘭九留爪集陸君雪亭續松陵詩徵及吾鄉李丈芸庵聞湖詩續抄則皆余收分任搜輯蓋自竹垞以來表章前哲之意至此時爲無以加矣君之所録雖止雙溪一鄉然其中多偉人名宦若孔賦梅大令沈松廬觀察黎浣霞太守諸公孝行文章政蹟昭昭在人耳目又皆於吾家爲親故時見

序

双溪诗汇二十二卷

另据凡例，是集以诗存人，诗必选其最精有关风化者。若以人存诗，必其人功名道德与夫交际性情有不可没、不忍没者，亦存一二，未得以诗未尽善议之。孔宪采自序其书曰：乌青二墩，介嘉湖间，西为苕溪，东为车溪，二水分流而汇于镇，皆源于天目。自西抱东，南有稽家汇，自东抱西，北有油车汇，左右环带，烟火万家，尽潆洄荡漾于二水中。二水过分水墩，始合流趋烂溪而归太湖。宋南度，中原大家，多徙居于此，故屹然成巨镇焉。陈简斋参知卜居芙蓉蒲，与居士叶天经、僧洪智朝夕唱和，风雅始振。至有明，王伯雨横山草堂、李临川拳勺园、唐元竑灵水园，水木明瑟，皆极亭台池馆之盛，诸公风骚巨手，主持坛坫，诗教愈振，盖四五百年于兹矣。本朝名士辈出，人各有集，国初孔、沈、二张，称桐溪四子外，钮西斋太史、张蒿村明经、皇甫湰亭学博、陆冠南太守、张子善比部，皆陶铸风雅，凌轹唐宋，诗派虽各自成家，要皆疏瀹性灵，渊源学问，取裁格律，卓乎名家。其他憔悴专一之士，穷愁落寞之身，苦吟劳思，疙疙终年，头白老死，而不自辍者，以予所见闻，指不胜屈，其稿本多可专行，而刊者甚尠，阮文达公《两浙輶轩录》，陈明经无轩《湖州诗录》，宋学博小茗师《桐溪诗述》，间有摭采，而搜罗未广，缺漏良多。夫富贵功名，遭际有时，皆可发抒意气，建树勋猷，原不必以诗文传。至穷老著书，功名未达，而未尽所用，其胸中皆有不能自已之情，于是流连景物，抒写襟怀，不知几费编摩，几多爱惜，不能付梓，留待将来。后人读其诗，亦可考其出处行谊，交际离合，与夫山川名胜之所至，知人论世，于是乎在。倘子孙不加珍藏，后人不为搜辑，听其虫蚀鼠耗，终于湮没，岂不惜哉。余羌无学识，少年沾沾帖括，以谋馆谷，未暇留意篇章，然见人遗集或片纸只字，无不护惜。中年后，交游渐广，桑梓文献，时加采访，及作吴楚关陇之游，稿本携置行箧，暇时展玩，随手掇拾，辄有增益，迄今二十余年，搜采较多，思将排比，都有为一集，而忧患撄其虑，衣食乱其心，已辑者不加编纂，未辑者又何踵增？此事奚容缓也。今来吴会，族羁无似，复加抄掇，冀以成编。夫水之绩也，日浚月深，合千百支流而成巨浸；集之著也，旁搜远绍，合千百作家而成巨编。两镇家弦户诵，几数万家，涵濡诗教，既深且久，其散处四乡者，咸赴敦槃之会，以为风雅之宗，如双溪合流而注太湖，故是编以“诗汇”名。然由宋而上溯之，沈隐侯尝居于此，萧氏选楼从师移驻，昭明读书台有东西二浮屠为标识，人能指其处，而谢康乐西林故址，亦约略可寻于琳宫梵宇间，诗篇虽断自南宋，而先河后海之义，读者不可不知，犹双溪之源自天目云。

光绪丙戌科会试硃卷一卷

清孔宪教撰。孔宪教（字法圣，一字觐陔，号静皆），衢州派太学生候选县丞五品资政大夫昭麒次子、从九品敕授登仕郎昭邦（原名昭鹏）嗣子，孔子七十二世孙，清光绪十一年（1885）乙酉科举人，十二年丙戌科进士，朝考一等，钦点翰林院庶吉士，散馆签分福建顺昌县知县。

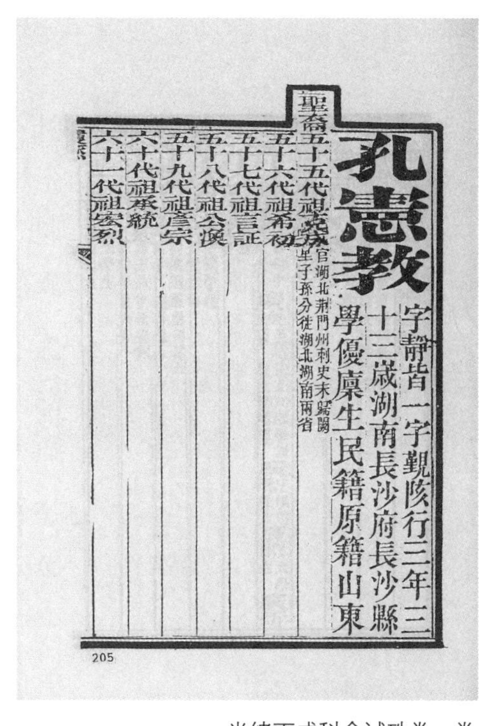

孔憲教
字靜皆一字覲陔行三年三
十三歲湖南長沙府長沙縣
學優廩生民籍原籍山東
聖裔五十五代祖克茂 官湖北荊門州刺史未歸闕里子孫分徙湖北湖南兩省
五十六代祖希初
五十七代祖言証
五十八代祖公瑍
五十九代祖彥宗
六十代祖承統
六十一代祖宗烈
205

光绪丙戌科会试硃卷一卷

是书今有上海图书馆藏清光绪间刻本，成文出版社《清代硃卷集成》据以影印，收文《子张问行子曰言忠信行笃敬虽蛮貊之邦行矣言不忠信行不笃敬虽州里行乎哉立则见其参于前也在舆则见其倚于衡也夫然后行子张书诸绅》《忠庸不可能也》二篇。有本房原荐批云："义精词卓，思笔不平。次、三称诗可。第二场，原原本本，殚见洽闻。第三场，五策均详明。"又聚奎堂原批："首艺拈一难字诂题，意既不庸，笔亦足以达之。次、三亦一样笔墨，诗知用意。"

按：宪教，清咸丰四年（1854）生。其受业师，除伯父昭麟（字显荣，号芸洲，太学生，蓝翎五品衔，候选州同，诰授奉直大夫）等，不乏如何绍基、郭嵩焘、翁同龢、李鸿藻等社会名流。另据《长沙志》等，宪教曾以在籍候选道身份，与王先谦、叶德辉等联名向巡抚陈宝箴递《湘绅公呈》，攻击维新变法，要求整顿时务学堂等。

救荒弭变转被诬陷本末

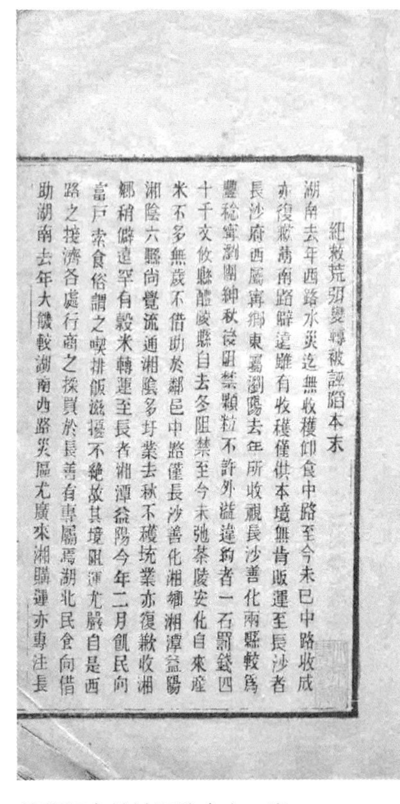

紀救荒弭變轉被誣陷本末

湖南去年西路水災迄無收穫仰食中路至今未已中路收成亦復歉薄南路僻遠雖有收穫僅供本境無肯販運至長沙者長沙府西屬甯鄉東屬瀏陽去年所收視長沙善化兩縣較為豐稔甯瀏團紳秋後阻禁顆粒不許外溢違狗者一石罰錢四十千文攸縣醴陵縣自去冬阻禁至今未弛茶陵安化自來產米不多無歲不借助於鄰邑中路僅長沙善化湘鄉湘潭益陽湘陰六縣尚覺流通湘陰多圩業去秋不穫坑業亦復歉收湘鄉稍僻遠罕有穀米轉運至長者湘潭益陽今年二月飢民向富戶索食俗謂之喫排飯滋擾不絕故其境阻運尤嚴自是西路之接濟各處行商之採買於長善有專屬焉湖北民食向借助湖南去年大饑較湖南西路災區尤廣來湘購運亦專注長

救荒弭变转被诬陷本末一卷

清孔宪教撰。

是书国家图书馆藏有清宣统二年（1910）活字本，一册，二十五叶，末有宪教宣统二年五月自识。相传，宣统二年湘北水灾，米荒严重，宪教与王先谦、叶德辉、杨巩等联合布政使庄赓良，要求巡抚岑春萱禁运谷米出境，以趁机囤积居奇，谋取暴利。岑不允，反劝募绅捐，官绅之间产生激烈矛盾。复由于英、美、日等外国洋行大量搜购运往邻省，造成米价暴涨，遂爆发长沙抢米风潮。宪教与王先谦被清廷以“梗议义粜”，罚降五级使用。此即陈述事之本末，申辩其诬。自识谓“原奏诬王‘梗议’，查二月初间，因岑抚不允平粜，诸绅集议，拟提振粜米捐银两，采买谷米，先办义粜。余绅肇康未允，并未告王，王亦无议可梗。且岑抚禁运期远，义粜不能遽办。其私相商议各节，官未与闻。至岑抚劝办绅捐，并无其说”云云。

最新注解笔算数学详草三卷

清孔宪昌、楼惠祥撰。孔宪昌（字尔康），萧山支，孔子七十二世孙。

是书为绍兴图书馆藏清光绪三十二年（1906）武林图书社石印本。一函五册。书名页题“最新注解笔算数学详草；萧山孔宪昌、楼惠祥编纂，武林图书社印行”。前有清光绪三十二年仲春富阳章高鹏浙江高等学堂序，略云："万物莫不有数，而数又莫不有理，若不明其理而强记其法，其能免胶柱鼓瑟之诮者几希。余观《笔算数学》一书，其中，法虽浅显，而理实精奥，使非细加以研究，未有不望洋而兴叹者……同学孔君尔康、楼君仲山思矫其弊焉。辛丑年，在萧山励志学堂演成《笔算数学详草》一书授予读之，余观其书中演式井然，注解详明，说理处最为透澈，并原书中所未详者加入之，琐烦者删去之，如利息则改用通分纳子法，如开方则添出带纵立方法。尤胜者，均中比例则添出公较一法，能推无穷答数，理法双清，实足以补原书之缺点。"

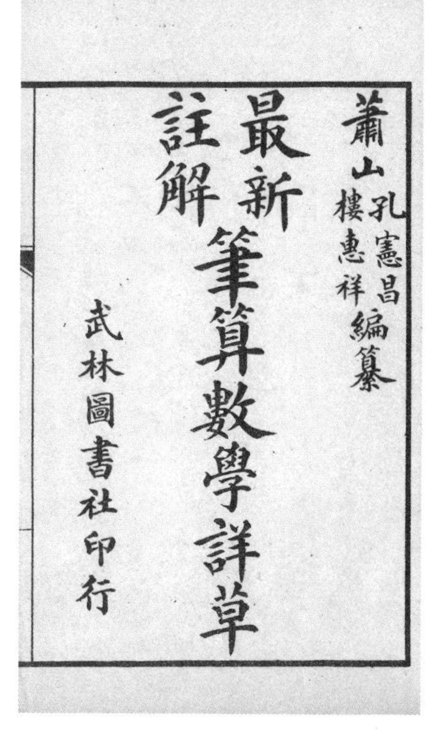

最新注解笔算数学详草三卷

按：是书《清史稿·艺文志·拾遗》据丁福保、周云青《四部总录算法编》著录此本四册不分卷。

中华民国最新字典

葛天爵、孔宪彭、张瑞年编校。孔宪彭（字澍棠，号觉山），萧山支，孔子七十二世孙。

是书有民国十一年（1922）六月上海会文堂书局石印本，上下二册。书前有民国四年二月萧山陆钟渭序并凡例，末有补遗。内分子、丑、寅、卯、辰、巳、午、未、申、酉、戌、亥十二集，约收常见字一万余字。盖以《康熙字典》虽称浩博，无奈引载过繁，检阅不易；《字汇》一书便则便矣，注释究嫌简单，审音辨义，不无缺点。况时代更新，文化递进，古无今有、今通古室之字，随处可见，因采新旧之说、古今之义，编为此书，以满足现实社会之需求。凡所收之字，皆注音释义。义取浅显，通

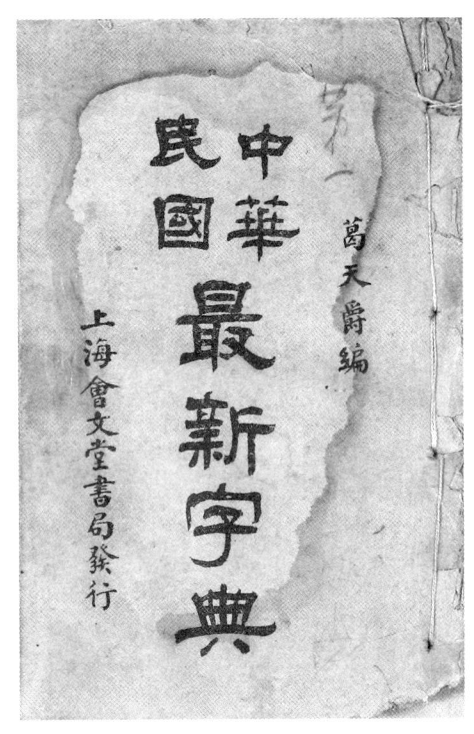

中华民国最新字典

俗适用。为使读者不至数典忘祖，对有关姓氏之字，必溯其所自出。而遇国名、朝代等字，则详考其变迁沿革，使读者知古今之变。故此书出版以来，深受欢迎，一印再印。

共和新尺牍四卷

孔宪彭撰。

是书为民国七年（1918）上海会文堂书局石印本，四卷四册，版权页著者项题“萧山孔宪彭”。据书前《编辑大纲》，此书共分十二章十二类（即庆贺类、吊唁类、慰问类、家书类、通候类、规劝类、请托类、邀约类、馈送类、感谢类、商业类、杂类），每类先加按语，以俾学者类推；每卷约五十课，俱有答书，以使学者告往知来。考此书初版于民国四年十二月，以其词句浅显，简明适用，而屡经刷印，至十三年一月已是第六十次印刷，足见其深受社会欢迎。

共和女界新尺牍二卷

孔宪彭撰。

是书有民国十四年（1925）上海会文堂书局石印本，书分二卷，前有民国三年八月孔宪彭自序，称“近时《尺牍》，汗牛充栋，大都人云亦云，慢无宗旨，初学学之了无兴味”，而此书则“非特作女界《尺牍》观，且可作女学《论说》读，披览是书而犹不能道其所道出于自己心坎者，鲜矣。”册内收文四十篇，凡叔侄、母女、夫妻、姐妹、姑嫂、亲戚、同学、师长间各类书翰，并推荐书、筹款书、婚礼祝贺书、劝娼从良书、劝僧还俗书等均有之。又考其书乃初版于民国六年四月，所见十四年三月版为第十九次印刷，十七年十一月版为第二十次印刷。

初学论说必读四卷

孔宪彭撰。

是书为民国十九年（1930）五月上海会文堂书局石印本，书名页题“古越孔宪彭著述，蔡郕评校”，版权页著者项题“萧山孔宪彭”。前有全书目次并民国元年五月萧山孔宪彭（澍棠）《撰述大意》。书分四卷，凡卷一：释天、论日、论为人、原学，卷二：论中华之文字、宗教说、振兴实业论、通商论，卷三：论贫富、说雷电、说虹霓、智胜于富论，卷四：论道德之宜重、论五色旗、卧薪尝胆论、论人不可无节性等，各数十目，并俱附注释。盖宪彭有鉴初等教科书于作文一道思路狭窄，欲以题之相似者使摹仿而类推。自谓：故友邵伯棠君，曾著《初学论说文范》四卷，循循善诱，煞费苦心，诚善本也。惟笔势雄放，似嫌高深。余不自揣，因取浅显警醒四字，著短论四卷，以供初等学校三四年生之用。又考此书初版为民国元年五月上海文会堂书局石印本。

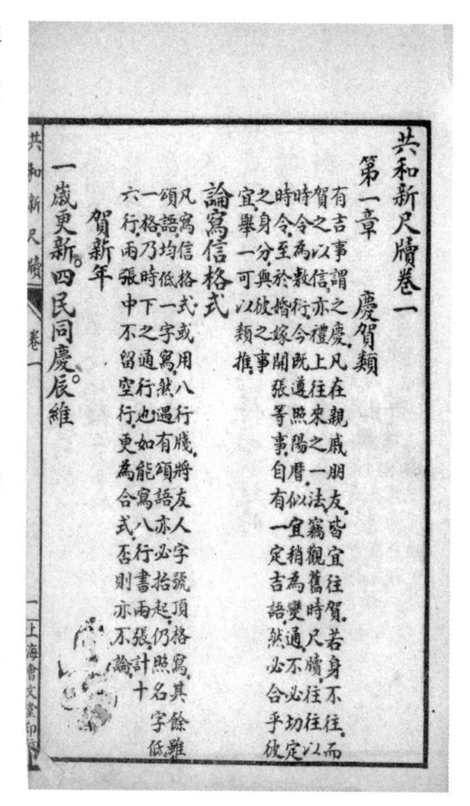
共和新尺牘卷一

第一章 慶賀類

有吉事謂之慶凡在親戚朋友皆宜往賀若身不往而賀之以信亦禮上往來之一法竊觀舊時尺牘往往以時令為數行今既遵照陽曆似宜稍為變通不必切定時令至於婚嫁開張等事自有一定吉語然必合乎彼之身分與放之事宜舉一可以類推

論寫信格式

凡寫信格式或用八行幾將友人字號頂格寫其餘雖頌語均低一字寫然遇有頌語亦必抬起仍照名字低一格乃時下之通行也如能寫八行書兩張計十六行兩張中不留空行更為合式否則亦不論

賀新年

一歲更新。四民同慶。辰維

共和新尺牘 卷一 一 上海會文堂印行

共和新尺牍四卷

共和新论说启蒙四卷

孔宪彭撰。

是书今有民国二十四年（1935）上海会文堂书局石印本，版权页题“中华民国二十四年六月第五十二版”，“著述人：萧山孔宪彭。”书前有

"民国二年一月古越觉山氏"孔宪彭自序云:"民国立共和成,四万万同胞尽是新国民。既称新国民,应有新知识,吾于是编《新论说》",其编撰旨趣于此不难窥见。其书凡四卷四册,前二册八十课,文白对照,盖循序渐进,导以门径也。

心向往斋谜话二卷

孔庆镕撰。孔庆镕(字剑秋,一字小山,又字筱山),南宗派杭州支宪埰子,孔子七十三世孙,以祖广樾尝官两淮盐运大使,遂家扬州。清季诸生,曾任教职,多所造就。入民国为军统徐宝山高等顾问,并长江都警务,主扬、沪各报笔政。又曾长竹西后社,主扬州冶春诗社。十五岁学谜,师从谜坛耆宿高芸生,尝参加"北平射虎社"及"隐秀社",与名流樊樊山、高阆仙、韩少衡、陈冕亚等风云际会,同堂射虎;并与张起南、谢会心、吴莲洲等邮筒往返,交游广泛,勤于任事,才思敏捷,无会不与,惟晚年意志渐趋消沉,自谓"老更荒唐,容不得肮脏之物,色即空,空即色,摩顶于欢喜佛前;文生情,情生文,插脚于快活林下。不谈国事,守口如瓶,及时行乐也。勘透世情,安心是药,因病得闲也。"

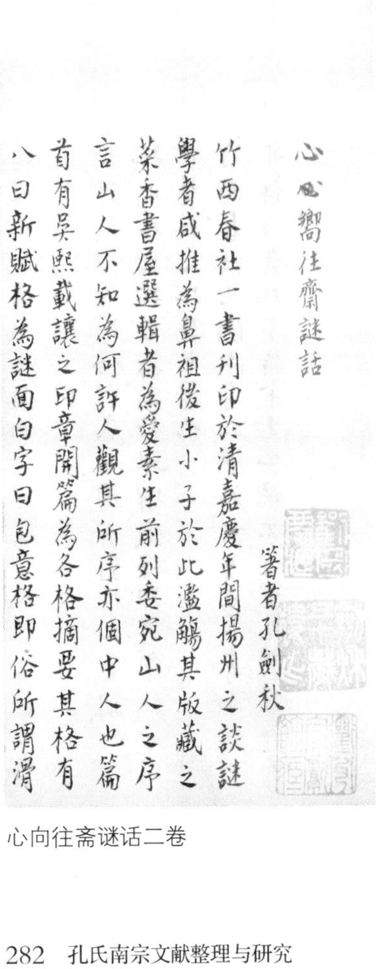

心向往斋谜话二卷

是书为民国抄本,二册,书凡半叶八行,行十九字,无格。封皮题"心向往斋谜话初编",下钤"心向往斋"白文印。卷端题:"心向往斋谜话;著者孔剑秋",有"剑秋五十岁后印"等印。书前有民国张起南、吴恩棠等人序,及庆镕自序,并张瑜、方长裕等人题词与庆镕自题诗。张序谓:

“春灯之制，在南首推维扬竹西春社，著为专书，久已脍炙人口。北则以燕京为盛，作者辈出。北平射虎社创始以来，南北名流与其列者百有余人，月凡常会，一年或大会，至二三揭橥之谜，无虑数千万条。”

本书乃汇辑扬城谜坛轶事趣闻，为谜学要籍之一。所收条别清析，征引宏富，体格详赡，而寓褒贬鉴别于其中。尤其庆镕以圣人之后，擅射虎之技、灯谜之制，每一谜出，妙趣环生，倾倒四座，其有裨后学者良非浅鲜。汤公亮评其书云：“广陵文虎盛，北海喜追寻。独识枕中秘，常求弦外音。剥蕉抽茧意，凿险缒幽心。漫说雕虫技，冥搜类苦吟。”庆镕本书之外尚有《埋鸴集》《隐语萃菁》等编，亦属谜籍类著述。

国民政府新法令

孔庆云编。孔庆云（榜名绍尧，字维钦，号性安，一说原名庆全，字绍尧），衢州派监生敕赠文林郎孔宪双长子，孔子七十三世孙，清光绪二十九年（1903）恩科举人，法政学校毕业，出使日本，签分刑部主事，代理江西民政长，国会议员。

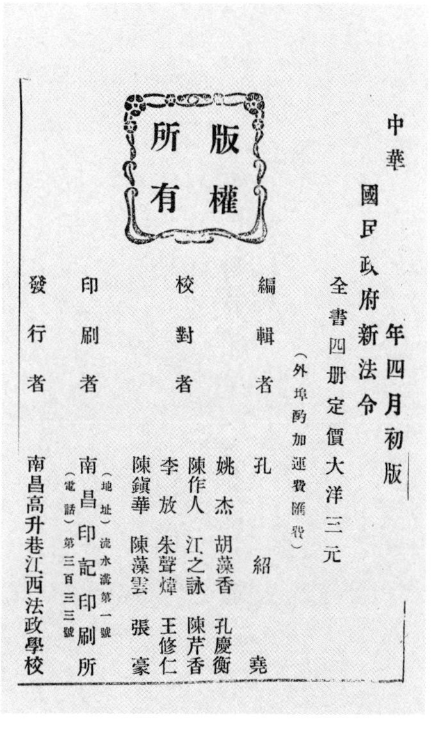
中華　　年四月初版
國民政府新法令
全書四冊定價大洋三元
（外埠酌加運費匯費）
版權所有
編輯者　孔紹堯
校對者　姚杰　胡藻香　孔慶衡　陳作人　江之詠　陳芹香　李放　朱聲煒　王修仁　陳鎮華　陳藻雲　張豪
印刷者　南昌印記印刷所（地址）流水溝第一號（電話）第三百三三號
發行者　南昌高升巷江西法政學校

国民政府新法令

是书今有江西法政学校民国十九年（1930）四月铅印本，全四册，作者题“孔绍尧”。书前有民国十九年四月自撰例言，略谓：国民政府法令自民国十六年以来时有变更，本刊截至最近新颁与修正之法令至民国十七年十月十五日继续有效者。所选法规大抵以《国民政府公报》《立法院公报》、中央各部院《公报》，及各省省政府、市政府《公报》为根据，亦有直接向各机关征集者。书共分四大部分，即“中央行政法令”，省行政法令，市行政法令，县行政法令，包括自治法规。具体编排，“中央行政法令”以类相从，即于《国民政府建国大纲》《中国国民党之政纲》之外下分：根本组织法、官制、官规、内政、外交、财政、军事、交通、司法、教育、农矿、工商十二目，务使秩然有序，一阅了然。此在当时无异于法规全书，持此一编，无烦他求，具有很强的实用性；而在今日则俱为珍稀资料，不少市、县级《政府公报》，甚至省《政府公报》缺期不全，有些法规条文赖此以传，因此，具有较高研究参考价值。

按：孔氏子孙无论南派北支，取名皆据谱辈，著述题署虽各异，然既为孔氏南宗作著述提要，著录时理应改用谱名，使归统一。

现代对于孔子之各方言论

孔庆云编。

是书今有南京图书馆藏民国十七年（1928）铅印本，《江苏省立国学图书馆现存书目》著录此书题“孔绍尧撰”。此为各界护孔、祀孔、颂孔之言论汇辑，有公文，有私言，广及呈文、函电、提案、赞诗各作，间附庆云篇末题识。无序跋目录及版权页。首为民国十七年六月“总司令”蒋中正《国民革命军总司令部布告》，以下有《瓜哇泗水文庙董事为大学院擅令废止祀孔通告国人请依法否认并征求名儒硕彦挽救意见书》（附致大学院呈文底稿一纸），徐炯《祀孔浅说》（共七篇），《对大学院废止祀孔问》，及山东省政府等保全古迹《布告》等内容。零篇碎制，搜求甚属不易，

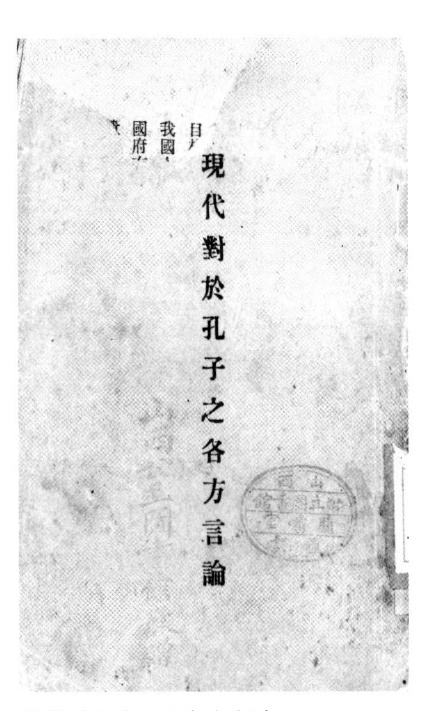

现代对于孔子之各方言论

不少篇目，仅见于此，故不可以其为汇编而轻之。

光绪癸卯恩科江西乡试卷一卷

孔绍尧撰。

是书今有上海图书馆藏清光绪间刻本，成文出版社《清代硃卷集成》据以影印，卷题“孔绍尧”，云：“派庆云，字维钦，号性安，行一。”收文《崔实谓文帝以严致平非以宽致平论》《李德裕制御三镇论》《张居正当国务尊主权课吏职信赏罚一号令论》《西国兵制视敌国之强弱为转移论者谓近世政治亦因兵事而日进其说然否今各国多尚征兵其编设之制与教育训练之方宜探其要领以合兵民而保住权策》《盖均无贫和无寡安无倾义》，凡四篇。有批曰：“论策高华，经义腴润”；“论策蕴藉，经义渊雅。”又“第一场本房荐批：绝大魄力，迥异铮铮细响；真力弥满、积健为雄二语，可以移赠。第二场本房荐批：笔力曲畅，规画周详，至繁称博引，犹其余事。第三场本房荐批：“思路旁通，不落恒蹊，持之有故，言之成理。”又奎宿堂原批称：“议论明爽，笔势开宕。”

按：绍尧，清光绪七年（1881）九月二十七日生，民国二十九年（1940）十二月卒，年六十岁，江西赣州府赣县副贡生。基祖新，由山东曲阜徙居福建汀州府上杭县白沙里。曾祖广精，由福建上杭徙居江西赣州府，而《家谱》则称自其祖昭拱（字元升）始移居赣州。族祖中又有庭训，明弘治举人，历官至刑部员外郎，任江西九江道；庭诏，明嘉靖乙酉拔贡，任广西宾州知州。嗣后有兴宗、兴宋、毓云等人。毓云，雍正乙卯举人，乾隆壬戌进士，历任湖南石

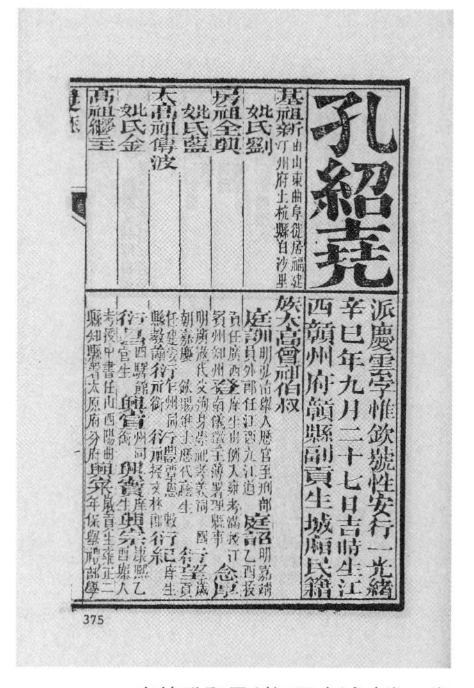
孔紹堯
派慶雲字惟欽號性安行一光緒辛巳年九月二十七日吉時生江西贛州府贛縣副貢生城廂民籍
基祖新由山東曲阜徙居福建汀州府上杭縣白沙里
375

光绪癸卯恩科江西乡试硃卷一卷

门龙山县知县，澧州知州，陕西兴安州知州。惜皆未见有著述传世。

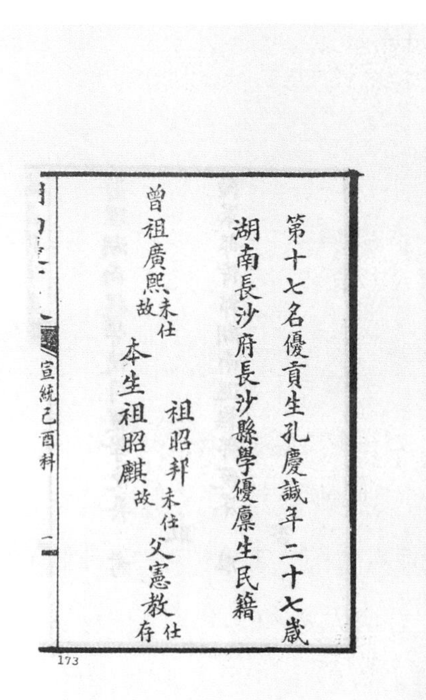
第十七名優貢生孔慶誠年二十七歲
湖南長沙府長沙縣學優廩生民籍
曾祖廣熙未仕故　祖昭邦未仕
本生祖昭麒故　父憲教仕存
宣統己酉科　一
173

宣统己酉科湖南优贡卷一卷

宣统己酉科湖南优贡卷一卷

孔庆諴撰。孔庆諴（字泽玉，号虞琴），衢州派翰林院庶吉士、顺昌县知县孔宪教次子，孔子七十三世孙，清宣统元年优贡，朝考一等一名，以知县签分云南，民国九年（1920），委署湘潭县知事。

是书今有上海图书馆藏清宣统间刻本，成文出版社《清代硃卷集成》据以影印，缺履历，庆諴为第十七名优贡生，时年二十七岁，湖南长沙府长沙县人，民籍。内收《唐玄奘之至天竺邃穷印度海滨元郭侃之收富浪远入地中海岛论》《逸民伯夷叔齐虞仲夷逸朱张柳下惠少连子曰不降其志不辱其身伯夷叔齐与谓柳下惠少连降志辱身矣言中伦行中虑其斯而已矣谓虞仲夷逸隐居放言身中清废中权我则异于是无可无不可义》二文，无批评。

三衢孔氏家庙志

明沈杰辑。

是书今有国家图书馆藏明嘉靖六年（1527）刻本，国家图书馆出版社2015年据以影印，一册，书凡半叶九行，行二十一字，黑口，四周双边。册内凡辑录载纪中之有关孔氏南宗家庙史实及“制诰奏疏”等文，前有沈氏明弘治十八年序及宋敕建家庙图、国朝移建家庙图，末有莆田黄讲《衢州孔氏清理宗派记》，袭封翰林院五经博士孔承美《孔庭杂志》，及嘉靖六年九月伍聪跋。伍氏谓“前《家庙志》志家庙，古今事迹详矣。今以是帙而附录之，录新庙之迁徙也，世爵之承袭也，后先振作之勋劳也，与凡奏疏碑刻及赠遗诗文之类，靡不备载而并录之，备参考，志不忘也。”

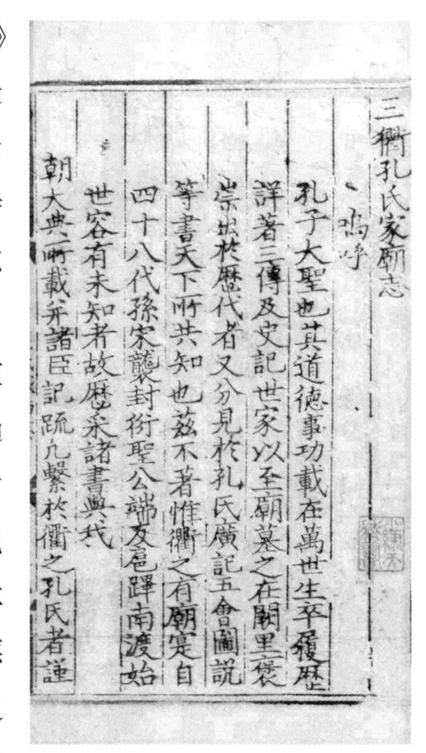
三衢孔氏家廟志
嗚呼
孔子大聖也其道德事功載在萬世生卒履歷
詳著三傳及史記世家以至廟墓之在闕里褒
崇出於歷代者又分見於孔氏廣記五會圖說
等書天下所共知也茲不著惟衢之有廟寔自
四十八代孫宋襲封衍聖公端友扈蹕南渡始
世容有未知者故歷采諸書與我
朝大典所載并諸臣記疏凡繫於衢之孔氏者謹

三衢孔氏家庙志

按：考衍圣公孔端友南渡居衢，凡数传，至元代至元年间孔洙让爵，南宗渐趋式微，故沈杰奏言称：衢州圣庙自孔洙后衣冠礼仪猥同氓庶，请授洙之六世孙彦绳以官，俾主祀事。正德元年，授彦绳翰林院五经博士，子孙世袭。并以为孔子道德事功及阙里圣裔已为天下所共知，惟衢之有庙，实自四十八世孙宋袭封衍圣公端友扈跸南渡始，世容有未知者，故历采诸书与我朝大典所载，并诸臣记疏，凡系于衢之孔氏者，谨录为《三衢孔氏家庙志》。

孔氏南宗考略

徐映璞纂辑，孔繁英参订。孔繁英，孔子七十四世孙、孔氏南宗奉祀官孔繁豪弟，孔子七十五世孙、孔氏南宗奉祀官祥楷生父。

是书有民国三十七年（1948）铅印本，一册，题“浙江衢县徐镜泉映璞纂辑，南宗圣裔孔繁英仲雄参订”，前有南宗奉祀官、孔子七十五世孙孔祥楷民国三十七年一月十一岁时题词，圣像，及民国三十五年兰溪姜卿云序，民国三十六年富阳朱天存序，民国三十五年徐映璞序目，末有叶渭清民国三十六年跋，七十三世孙驻杭执事官孔庆臣三十七年跋，并《引用书目》。书分二卷，卷一为孔子生卒年月考，孔子历代封谥考，北宋以前圣裔考，南渡以后世系考（附北宗世系考），圣裔支派考，衢州家庙考，衢州家塾考，杭州敷文书院考，庙塾历代碑碣考，祭器乐器考；卷二为宋代名贤事迹考，元代名贤事迹考，明代名贤事迹考，近代名贤事迹考，圣泽遗闻。徐氏自谓其书“爰采摭正史及省、府、县《志》，碑碣、档案，野史、轶闻，以及父老传说，偶有异同，辄复侧引旁征，折衷一是。原拟《孔氏南宗考》，嗣以牵涉过于繁重，乃节其芜蔓，加‘略’字于下，庶几名实相符。除《艺文考》另辑专帙外，计分十有六章。”姜氏称“八百年来之典章文物，古迹遗闻，用宏取精，剪裁适当。南宗纪述，素乏专书，得此一篇，亦足以知其梗概矣。”

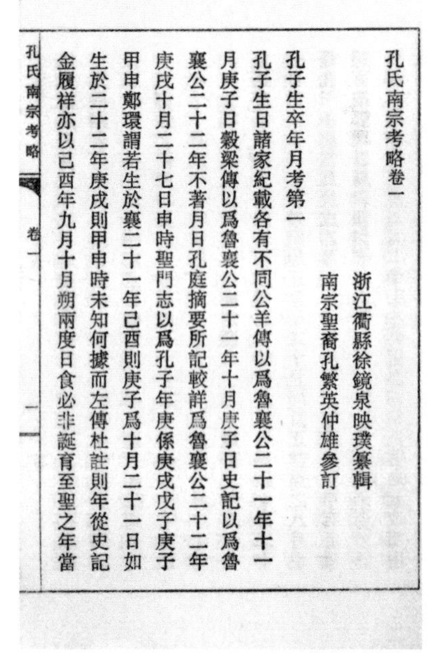
孔氏南宗考略卷一

浙江衢縣徐鏡泉映璞纂輯
南宗聖裔孔繁英仲雄參訂

孔子生卒年月考第一

孔子生日諸家紀載各有不同公羊傳以爲魯襄公二十一年十一月庚子日穀梁傳以爲魯襄公二十一年十月庚子日史記以爲魯襄公二十二年不著月日孔庭摘要所記較詳爲魯襄公二十二年庚戌十月二十七日申時聖門志以爲孔子年庚係庚戌戊子庚子甲申鄭環謂若生於襄二十一年己酉則庚子爲十月二十一日如生於二十二年庚戌則甲申時未知何據而左傳杜註則年從史記金履祥亦以己酉年九月十月朔兩度日食必非誕育至聖之年當

孔氏南宗考略　卷一　一

孔氏南宗考略二卷

按：《北京图书馆普通古籍总目·传记门》著录此书，题徐镜泉撰，孔繁英订，注云：“山东曲阜南宗孔氏。”《中国家谱总目》以其书颇类谱牒，遂据著录。

附 录

附录一 孔氏南宗宗子世系一览表

世 系	宗子	袭封情况	袭封时间
第四十八世	孔端友（字子交）	衍圣公	宋崇宁三年（1104）
第四十九世	孔玠（字锡老）	衍圣公	宋绍兴二年（1132）
第五十世	孔 搢 （字季绅，或作秀绅）	衍圣公	宋绍兴二十四年（1154）
第五十一世	孔文远（字绍先）	衍圣公	宋绍熙四年（1193）
第五十二世	孔万春（字耆年）	衍圣公	宋宝庆三年（1227）
第五十三世	孔 洙 （字景清，又字思鲁）	衍圣公	宋淳祐元年（1241）
第五十四世	孔思许（字与道）	—	—
第五十五世	孔克忠（字信夫）	—	—
第五十六世	孔希路（字士正）	—	—
第五十七世	孔议（字明伯）	—	—
第五十八世	孔公诚（字贵文）	—	—
第五十九世	孔彦绳（字朝武）	翰林院五经博士	明正德元年（1506）
第六十世	孔承美（字永实）	翰林院五经博士	明正德十四年（1519）
第六十一世	孔弘章（字以达）	翰林院五经博士	明嘉靖二十六年（1547）
第六十二世	孔闻音（字知政）	翰林院五经博士	明万历五年（1577）
第六十三世	孔贞运（字用行）	翰林院五经博士	明万历四十三年（1615）
第六十四世	孔尚乾（字象元）	—	早卒未袭
第六十五世	孔衍桢（字泗柯）	翰林院五经博士	清顺治九年（1652）
第六十六世	孔兴燫（字北衢）	翰林院五经博士	清康熙四十年（1701）

续表

世　系	宗子	袭封情况	袭封时间
第六十七世	孔毓垣（字东安）	翰林院五经博士	清康熙五十三年（1714）
第六十八世	孔传锦（字宫锡）	翰林院五经博士	清雍正十三年（1735）
第六十九世	孔继涛（字晋三）	—	早卒未袭
第七十世	孔广杓（字衡观）	翰林院五经博士	清嘉庆元年（1796）
第七十一世	孔昭烜（字亘青）	翰林院五经博士	清嘉庆二十四年（1819）
第七十二世	孔宪坤（字静一）	翰林院五经博士	清道光十九年（1839）
第七十三世	孔庆仪（字寿籛）	翰林院五经博士	清同治三年（1864）
		孔氏南宗奉祀官	民国三年（1914）
第七十四世	孔繁豪（字孟雄）	孔氏南宗奉祀官	民国十三年（1924）
		大成至圣先师南宗奉祀官	民国二十四年（1935）
第七十五世	孔祥楷（字子摹）	大成至圣先师南宗奉祀官	民国三十七年（1948）

说明：孔氏南宗宗子世系第五十四世至第五十八世，因历史原因未有袭封情况，故缺。

附录二：孔氏南宗重要宗支一览表

<table>
<tr><th colspan="4">宗</th><th colspan="3">支</th></tr>
<tr><th>宗　名</th><th>始　祖</th><th>始祖世系</th><th>始迁地</th><th>支　名</th><th>始　祖</th><th>始祖世系</th></tr>
<tr><td rowspan="10">大宗</td><td rowspan="10">孔端友</td><td rowspan="10">48</td><td rowspan="10">浙江衢州</td><td>浙江宁海隅南支</td><td>孔　淋</td><td>53</td></tr>
<tr><td>江西贵溪（今江西鹰潭）石塘支</td><td>孔　濂</td><td>53</td></tr>
<tr><td>湖北江夏（今湖北武昌）支</td><td>孔　沟
（孔洵）</td><td>53</td></tr>
<tr><td>江西芦溪支</td><td>孔宏绶</td><td>61</td></tr>
<tr><td>福建崇安（今福建武夷山）支</td><td>孔　楷</td><td>54</td></tr>
<tr><td>浙江湖州南浔支</td><td>孔克安</td><td>55</td></tr>
<tr><td>福建龙溪（今福建漳州龙海区）支</td><td>孔克权</td><td>55</td></tr>
<tr><td>广东潮阳和平支</td><td>孔克法</td><td>55</td></tr>
<tr><td>浙江杭州支</td><td>孔兴燧</td><td>66</td></tr>
<tr><td>河南息县支</td><td>孔继沄</td><td>69</td></tr>
<tr><td rowspan="3">二宗</td><td rowspan="3">孔　珪</td><td rowspan="3">49</td><td rowspan="3">江苏镇江</td><td>江苏丹徒大松园支</td><td>孔定魁</td><td>52</td></tr>
<tr><td rowspan="2">江苏江都张纲支</td><td>孔言明
孔言平</td><td>57</td></tr>
<tr><td>孔公秉</td><td>58</td></tr>
<tr><td>三宗</td><td>孔端廉</td><td>48</td><td>温岭江绾</td><td>—</td><td>—</td><td>—</td></tr>
<tr><td>四宗</td><td>孔　理</td><td>49</td><td>浙江衢州</td><td>—</td><td>—</td><td>—</td></tr>
<tr><td>五宗</td><td>孔　琛</td><td>49</td><td>宁波奉化</td><td>浙江慈溪支</td><td>孔万荣</td><td>52</td></tr>
</table>

续表

宗				支		
宗　名	始　祖	始祖世系	始迁地	支　名	始　祖	始祖世系
六宗	孔　瓒	49	安徽歙县	浙江萧山苧萝支	孔成十	53
				浙江富阳支	孔聪四	66
				浙江崇德青镇（今浙江乌镇）支	孔公昉	58
				安徽寿县支	孔　原	57
				安徽淮南支	孔兴宝	66
				浙江象山支	孔兴琏	66
七宗	孔端朝（端木）	48	安徽歙县	浙江婺州（今浙江金华）支	孔　瑮	49
				安徽绩溪支	孔克焕 孔克炜 孔克新 孔克文	55
八宗	孔端问	48	浙江衢州	江苏句容百社（今江苏孔村）支	孔应达（孔元迁）	51
				山西临汾陈庄支	孔思焕	54
				云南通海支	孔思弟	54
				江苏兴化支	孔彦渠	59
				云南玉溪宋官屯支	孔彦福	59
				安徽太湖孔河支	孔　滨	53
				湖北荆门支	孔克成	55
				安徽肥西石桥支	孔衍习 孔衍长	65
				江西进贤支	孔　珣	49
				江西临川支	孔　琬	49
				江西金溪支	孔之缙 孔之绅	52
				福建上杭支	孔思铭	54

续表

宗				支		
宗　名	始　祖	始祖世系	始迁地	支　名	始　祖	始祖世系
				福建永定支	孔公进	58
				江西铜鼓支	孔衍珍 孔衍启 孔衍凤	65
				浙江丽水支	孔衍新	65
				江西赣县支	孔衍奥 孔衍深	65
				台湾桃园支	孔传昕 （孔懋官）	68
				台湾屏东支	孔继星	69
				江西铅山石溪支	孔广椿	70
				广西容县支	孔传华	68
				湖南茶陵支	孔毓官	67
				福建建宁支	孔温宁 孔温宏	53
				江西新城（今江西黎川）支	孔温宠 （孔均宠）	53
				江西石城支	孔彦舍 孔彦旺	59
				江西宁都支	孔温锡	53
九宗	孔端己	48	浙江衢州	江苏吴江支	孔思构	54
				江苏青浦 （今上海青浦）支	孔毓行	67
				江苏泰兴支	孔宏鸾	61
				江苏镇江支	孔　访	57
十宗	孔端位	48	湖北龙阳 （今汉寿）	湖南桃源支	孔　瑞	49
					孔　抃	50
				湖南常德支	孔承先	60
					孔贞志	63

续表

宗				支		
宗　名	始　祖	始祖世系	始迁地	支　名	始　祖	始祖世系
十一宗	孔端植	48	浙江衢州	湖北通山支	孔　援	50
				江西武宁支	孔承进	60
				湖北嘉鱼支	孔廉见	52
				江苏武进绿城湾支	孔万有	52
				湖北蕲水（今湖北浠水）支	孔思贤 孔思胜	54
				湖北鄂州支	孔思真	54
				湖北兴国（今湖北阳新）支	孔　玲 孔　瑢	49
				江苏丹徒莱村支	孔　璹	49
				江苏句容下坝支	孔贞静	63
十二宗	孔端隐	48	江苏句容	江苏金坛支	孔　璩	49
				江苏丹徒支	孔　浒 （孔应元）	53
				江苏丹阳支	孔希旺	56
					孔宏周	61
				江苏溧水支	孔希昱 （孔天祥）	56
				江苏句容支	孔　瑄	49
				江苏江宁方山支	孔克让	55
				安徽庐江支	孔克珏	55
				安徽淮南支	孔公彩 （孔文耀）	58
				安徽建德（今安徽东至）支	孔应隆 孔伯隆	57
				河南商城支	孔克优 （孔士优）	55
				河北新城（今河北雄县）支	孔希新	56
				江苏南京支	孔思禹	54
				安徽合肥支	孔克美	55

续表

<table>
<tr><th colspan="4">宗</th><th colspan="3">支</th></tr>
<tr><th>宗　名</th><th>始　祖</th><th>始祖世系</th><th>始迁地</th><th>支　名</th><th>始　祖</th><th>始祖世系</th></tr>
<tr><td rowspan="2">十三宗</td><td rowspan="2">孔　琯</td><td rowspan="2">49</td><td rowspan="2">江西抚州</td><td>江西临川支</td><td>孔　掞
（孔时贵）</td><td>50</td></tr>
<tr><td>江苏武进支</td><td>孔克心</td><td>55</td></tr>
<tr><td rowspan="2">十四宗</td><td rowspan="2">孔端佐</td><td rowspan="2">48</td><td rowspan="2">江苏镇江</td><td>江苏丹徒支</td><td>孔公礼</td><td>58</td></tr>
<tr><td>江苏句容支</td><td>孔尚钺</td><td>64</td></tr>
<tr><td>十五宗</td><td>孔文杰</td><td>49</td><td>江苏镇江丹徒</td><td>江苏溧阳支</td><td>孔　霆</td><td>50</td></tr>
<tr><td>十六宗</td><td>孔端礼</td><td>48</td><td>江苏镇江丹徒</td><td>江苏江都支</td><td>孔过庭</td><td>53</td></tr>
<tr><td rowspan="12">十七宗</td><td rowspan="12">孔端躬</td><td rowspan="12">48</td><td rowspan="12">浙江永康榉溪（今浙江磐安）</td><td rowspan="3">浙江仙居支</td><td>孔思昂</td><td>54</td></tr>
<tr><td>孔克云</td><td>55</td></tr>
<tr><td>孔彦彬</td><td>59</td></tr>
<tr><td>浙江东阳支</td><td>孔克雨
孔克堂</td><td>55</td></tr>
<tr><td rowspan="2">浙江天台支</td><td>孔希太
孔希和</td><td>56</td></tr>
<tr><td>孔承庄</td><td>60</td></tr>
<tr><td>浙江缙云支</td><td>孔公铤</td><td>58</td></tr>
<tr><td rowspan="2">浙江永康支</td><td>孔克英</td><td>55</td></tr>
<tr><td>孔公销</td><td>58</td></tr>
<tr><td>浙江金华支</td><td>孔思昶</td><td>54</td></tr>
<tr><td>浙江嵊州支</td><td>孔传肇</td><td>68</td></tr>
<tr><td style="display:none"></td></tr>
<tr><td>十八宗</td><td>孔端阐</td><td>48</td><td>浙江永康榉溪（今浙江磐安）</td><td>—</td><td>—</td><td>—</td></tr>
<tr><td>十九宗</td><td>孔端任</td><td>48</td><td>浙江磐安</td><td>浙江绍兴支</td><td>孔克启
孔克创</td><td>55</td></tr>
</table>

续表

宗				支		
宗　名	始　祖	始祖世系	始迁地	支　名	始　祖	始祖世系
二十宗	孔端思	48	浙江杭州钱塘定南乡	浙江富阳支	孔宏溪	61
二十一宗	孔端修	48	浙江定海（今浙江镇海）	浙江萧山支	孔　汭	53
				浙江镇海支	孔克后	55
二十二宗	孔端原	48	浙江定海（今浙江镇海）	—	—	—
二十三宗	孔端穆	48	浙江永康榉溪（今浙江磐安）	浙江诸暨支	孔源明	51
				河北南宫支	孔　玙	49
				河北冀州支	孔言义	57
二十四宗	孔端志	48	江苏泰兴	—	—	—

说明：本表根据第一章第二节《孔氏南宗的重要宗支》整理而成。

主要参考文献

一、孔氏家族文献与史料

（唐）白居易撰，（宋）孔传续撰：《白孔六帖》，文渊阁《四库全书》本
（宋）孔传：《东家杂记》，宋刻递修本
（宋）孔元措：《孔氏祖庭广记》，《丛书集成初编》本
（明）吕元善：《圣门志》，明天启七年（1627）刻本
（明）陈镐：《阙里志》，明弘治十八（1505）刻本
（明）孔胤植：《阙里志》，《孔子文化大全》本
（明）孔贞时：《在鲁斋文集》，《四库禁毁书丛刊》本
（明）沈杰辑：《三衢孔氏家庙志》，明嘉靖刻本
（清）孔继汾：《阙里文献考》，《孔子文化大全》本
徐映璞：《孔氏南宗考略》，民国三十七年（1948）铅印本

（清）孔昭仁等：《续修梧塍孔氏谱》，清同治十二年（1873）木活字本

（清）孔广沧等：《［嘉庆］句容孔巷孔氏家谱》，清嘉庆元年（1796）刻本

（清）孔昭音等：《［光绪］闽杭孔氏家谱》，清光绪三十二年（1906）闽汀上杭县诗礼堂木活字本

（清）孔宪文等:《［光绪］桐乡孔氏宗谱》，清光绪三十三年（1907）刻本

（清）孔宪荣:《［宣统］兴化孔氏支谱》，清宣统元年（1909）木活字本

孔昭桢等:《［民国］萧山孔氏宗谱》，民国七年（1918）诗礼堂木刻本

孔广鼐:《［民国］四明慈水孔氏宗谱》，民国二十四年（1935）木活字本

《［乾隆］江西圣裔孔氏宗谱》，清乾隆四年（1739）续修本

《［民国］永康孔氏宗谱》，民国八年（1919）木活字本

《［民国］永康榉川孔氏宗谱》，民国八年（1919）己未重修谱本

《永康山西孔村孔氏族志》，浙江图书馆藏本

张维华:《曲阜孔府档案史料选编》第二编《明代档案史料》，齐鲁书社1980年版

张维华:《曲阜孔府档案史料选编》第三编《清代档案史料》（第十六册），齐鲁书社1982年版

孔德成:《［民国］孔子世家谱》，山东友谊书社1990年版

孔德懋:《孔子家族全书》，辽海出版社1999年版

谢昌智:《衢州孔氏南宗家庙志》，浙江人民出版社2001年版

徐寿昌:《孔氏南宗史料》（卷1—8），孔氏南宗家庙管理委员会2004年编印。

徐寿昌:《孔氏南宗史料》（卷9—16），孔氏南宗家庙管理委员会2009年编印。

崔铭先:《孔氏南宗志》，中国文史出版社2018年版

二、历史文献（按著者生卒年排序）

（汉）班固:《白虎通义》,《摛藻堂四库全书荟要》本

（唐）韩愈撰，马其昶校注：《韩昌黎文集校注》，上海古籍出版社1986年版

（宋）欧阳修、宋祁：《新唐书》，中华书局1975年版

（宋）张载：《张载集》，中华书局1978年版

（宋）程俱：《北山小集》，《四部丛刊续编》本

（宋）朱熹：《四书章句集注》，岳麓书社2007年版

（宋）王炎：《双溪类稿》，文渊阁《四库全书》本

（宋）李心传编撰，胡坤点校：《建炎以来系年要录》，中华书局2013年版

（宋）袁采：《袁氏世范》，影印宋刻本，国家图书馆出版社2015年版

（元）陈著：《本堂集》，文渊阁《四库全书》本

（元）许谦：《白云集》，文渊阁《四库全书》本

（元）黄溍著，王颋点校：《黄溍集》，浙江古籍出版社2013年版

（元）王逢：《梧溪集》，文渊阁《四库全书》本

（元）吴师道著，邱居里、邢新欣点校：《吴师道集》，浙江古籍出版社2012年版

（元）杨维桢：《东维子文集》，《四部丛刊续编》本

（元）脱脱等：《宋史》，中华书局1985年版

（元）陶宗仪：《南村辍耕录》，中华书局1997年版

（元）鲁贞：《桐山老农集》，文渊阁《四库全书》本

（明）宋濂等：《元史》，中华书局1976年版

（明）宋濂著，黄灵庚点校：《宋濂全集》，人民文学出版社2014年版

（明）舒頔：《贞素斋集》，文渊阁《四库全书》本

（明）胡翰：《胡仲子集》，文渊阁《四库全书》本

（明）林弼：《林登州集》，文渊阁《四库全书》本

（明）杨士奇：《东里集》，文渊阁《四库全书》本

（明）金实：《觉非斋文集》，明成化元年（1465）刻本

（明）王直：《抑庵文集》，文渊阁《四库全书》本

（明）李贤：《明一统志》，文渊阁《四库全书》本

（明）商辂：《续资治通鉴纲目》，文渊阁《四库全书》本

（明）黎淳：《黎文僖公集》，《续修四库全书》本

（明）程敏政：《篁墩文集》，文渊阁《四库全书》本

（明）王鏊：《震泽集》，文渊阁《四库全书》本

（明）罗钦顺：《整庵存稿》，文渊阁《四库全书》本

（明）王守仁撰，吴光等编校：《王阳明全集》，上海古籍出版社1992年版

（明）费宏：《明实录》，中国台北"中央研究院"历史语言研究所影印本

（明）黄佐：《翰林记》，文渊阁《四库全书》本

（明）黄光昇：《昭代典则》，《续修四库全书》本

（明）凌迪知：《万姓通谱》，文渊阁《四库全书》本

（明）林尧俞：《礼部志稿》，文渊阁《四库全书》本

（明）刘宗周：《刘蕺山集》，文渊阁《四库全书》本

（明）黄宗羲著，沈善洪主编：《黄宗羲全集》，浙江古籍出版社2005年版

（清）彭士望：《耻躬堂文钞》，清咸丰二年（1852）重刻本

（清）魏禧：《魏叔子文集外篇》，《续修四库全书》本

（清）魏禧：《魏叔子文集》，中华书局2003年版

（清）汪启淑：《撷芳集》，清乾隆五十年（1785）刻本

（清）朱彝尊：《曝书亭集》，文渊阁《四库全书》本

（清）徐乾学：《资治通鉴后编》，文渊阁《四库全书》本

（清）朱珪：《知足斋诗集》，《续修四库全书》本

（清）夏力恕等：《[雍正]湖广通志》，文渊阁《四库全书》本

（清）王士祯：《居易录》，文渊阁《四库全书》本

（清）魏世杰：《魏兴士文集》，清道光二十五年（1845）刻本

（清）陈梦雷：《钦定古今图书集成》，中华书局影印本

（清）魏世傚:《魏昭士文集》,《清代诗文集汇编》本
（清）魏世俨:《魏敬士文集》，清道光二十五年（1845）刻本
（清）张廷玉等:《明史》，中华书局1974年版
（清）张廷玉:《御定资治通鉴纲目三编》，文渊阁《四库全书》本
（清）沈德潜:《清诗别裁集》，中华书局1975年版
（清）杨椿:《孟邻堂文抄》,《续修四库全书》本
（清）黄之隽等:《[乾隆]江南通志》，文渊阁《四库全书》本
（清）谢道承等:《[乾隆]福建通志》，文渊阁《四库全书》本
（清）和珅等:《大清一统志》，文渊阁《四库全书》本
（清）嵇璜等:《续通志》，文渊阁《四库全书》本
（清）冯浩:《孟亭居士文稿》,《清代诗文集汇编》本
（清）纪昀:《纪文达公遗集》，清嘉庆刻本
（清）沈翼机等:《[雍正]浙江通志》，文渊阁《四库全书》本
（清）陶成等:《[雍正]江西通志》，文渊阁《四库全书》本
（清）毕沅:《续资治通鉴》，中华书局1957年版
（清）杜堮:《遂初草庐诗集》,《续修四库全书》本
（清）阮元:《两浙輶轩录》,《续修四库全书》本
（清）完颜恽珠:《国朝闺秀正始集》，清道光十一年（1831）刻本
（清）陶澍:《陶文毅公全集》,《续修四库全书》本
（清）张际亮著，王飚校点:《思伯子堂诗文集》，上海古籍出版社2007年版
（清）袁栋:《书隐丛说》,《续修四库全书》本
（清）陆以湉:《冷庐杂识》，中华书局1984年版
（清）张德容:《二铭草堂金石聚》，清同治十二年（1873）刻本
（清）李元度:《天岳山馆文钞》,《续修四库全书》本
（清）胡昌基:《续檇李诗系》，清宣统三年（1911）刻本
（清）赵尔巽等:《清史稿》，中华书局1977年版
（清）徐世昌:《晚晴簃诗汇》,《续修四库全书》本

余绍宋：《[民国]龙游县志》，语丝出版社1999年版
徐映璞：《两浙史事丛稿》，浙江古籍出版社1988年版
刘禺生：《世载堂杂忆》，中华书局1960年版
衢州市志编委会：《衢州市志》，浙江人民出版社1994年版
衢州市教育志编委会：《衢州市教育志》，杭州出版社2005年版
衢州市政协：《衢州历史文献集成》（方志专辑），中华书局2010年版
衢州市政协：《衢州历史文献集成》（文集专辑），中华书局2013年版

三、今人论著

中国谱牒学研究学会：《谱牒学研究》（第一辑），书目文献出版社1989年版
衢州市政协文史委会：《衢州文史资料》（第七辑），浙江人民出版社1989年版
匡亚明：《孔子评传》，南京大学出版社1990年版
王延梯：《中国古代女作家集》，山东大学出版社1999年版
鄢卫建、刘国庆：《衢州姓氏》，语丝出版社2001年版
衢州市政协文史委：《南孔研究》，中国戏剧出版社2001年版
钱穆：《论语新解》，三联书店2002年版
王日根：《明清民间社会的秩序》，岳麓书社2003年版
衢州市政协文史委会：《衢州名人》，天马图书有限公司2003年版
余英时：《中国思想传统及其现代变迁》，广西师范大学出版社2004年版
金普森、陈剩勇：《浙江通史》，浙江人民出版社2005年版
孔繁廉：《温岭孔子后裔》，天马图书有限公司2005年版
孔祥楷主编：《儒学研究》（上、下），杭州出版社2006年版
洪铁城：《沉浮榉溪》，机械工业出版社2006年版
浙江省社会科学界联合会：《浙东学派与浙江精神》，浙江古籍出版社

2006年版

郁达夫著，吴秀明主编：《郁达夫全集》，浙江大学出版社2007年版

王霄冰：《南宗祭孔》，浙江人民出版社2008年版

崔铭先：《孔夫子的嫡长孙们》，浙江人民出版社2009年版

中国社会科学院历史研究所明史研究室：《明史研究论丛》（第九辑），紫禁城出版社2011年版

赵青：《嘉兴历代才女诗文徵略》，浙江大学出版社2014年版

周洪才：《孔子世家艺文志》，国家图书馆出版社2015年版

魏俊杰：《衢州古代著述考》，国家图书馆出版社2016年版

孔德平等编：《孔子博物馆藏孔府档案汇编·明代卷》，国家图书馆出版社2018年版

刘小成：《孔氏南宗人物传略》，浙江古籍出版社2019年版

洪铁城：《中国第三圣地　孔氏婺州阙里》，《规划师》1997年第1期

胡发贵：《儒家文化与中国古代社会的认同与凝聚》，《学海》1999年第3期

张晓旭：《中国孔庙研究专辑》，《南方文物》2002年第4期

刘志扬、秦延红：《儒家和法家政治思想的几点比较》，《中国海洋大学学报》2003年第6期

孔庆华：《临川孔氏考略》，《东华理工学院学报》2004年第2期

邓立光：《从衢州祭孔看中国的文化发展》，《星岛日报》2004年10月4日

袁兆春：《孔氏家族宗族法及其法定特权研究》，华东政法大学2005年博士学位论文

马敏：《政治象征——符号的文化功能浅析》，《华南师范大学学报》2007年第4期

张小平：《魏禧思想交游考论》，江西师范大学2007年硕士学位论文

周立新、易琳、蔡卫：《清代书院的道德教育及其对当代思想道德教

育的启示》,《中国矿业大学学报》2007年第3期

国风:《追求完美的梦——儒家政治思想的乌托邦性格》,《甘肃社会科学》2007年第4期

陈理:《“大一统”理念中的政治与文化逻辑》,《中央民族大学学报(哲学社会科学版)》2008年第2期

吴锡标、刘小成:《明清时期孔氏南宗的教育活动及其影响》,《探索与争鸣》2008年第5期;《中国社会科学文摘》2008年第10期

林伟健:《国家凝聚力:从文化认同到政治认同》,《广东省社会主义学院学报》2009年第7期

周斌:《衢州南宗孔氏家庙》,《浙江档案》2009年第9期

吴锡标、刘小成:《明清时期孔氏南宗宗族文化述评》,《探索与争鸣》2009年第11期

刘士林:《江南与江南文化的界定与阐释》,《中国社会科学报》2010年2月25日

刘小成、吴锡标:《孔氏南宗的政治主张及其在浙西南的政治活动》,《历史教学问题》2010年第4期

吴锡标、张慧霞:《孔氏南宗的符号特征与文化意义》,《浙江社会科学》2010年第7期,《新华文摘》2010年第23期

吴锡标:《孔氏南宗与婺州学者之交游》,《探索与争鸣》2011年第5期

叶祝弟、秦维宪:《寻求区域史研究的新起点》,《历史教学问题》2011年第3期

赵文坦:《孔氏南宗“让爵”考》,《史学月刊》2012年第3期

申万里:《元代江南孔子后裔考述》,光明人家_65x的博客(网址:http://blog.sina.com.cn/jingyimei66)

吴锡标:《孔氏南宗的文化内涵及其传承机制》,《探索与争鸣》2012年第11期

刘小成:《明清时期孔氏南宗交游考》,《探索与争鸣》2013年第6期

吴锡标:《孔氏南宗的平民化及其当代启示》,《探索与争鸣》2013年第11期

吴锡标、刘小成:《孔氏南宗江西诸支派交游考略》,《探索与争鸣》2014年第12期

周纪焕、童献纲:《孔氏南宗与近圣文化心理发展》,《中南大学学报(社会科学版)》2015年第6期

刘小成、吴锡标:《青镇支淑媛所折射的孔氏南宗文化传统》,《探索与争鸣》2015年第12期

后　记

本书是《孔氏南宗文献丛书》的姊妹作。我多年从事孔氏南宗研究的最大感触是：充分发掘史料是深化孔氏南宗研究的重要前提。2015年《衢州文献集成》出版后不久，张爱芳编审惠赠一套周洪才研究馆员所著《孔子世家艺文志》，于我而言真可谓如获至宝。此书让我脑洞大开，萌发了一个全新课题——借鉴《衢州文献集成》编纂出版经验，以此书为基本线索，对孔氏南宗文献进行全面系统的收集整理与汇编出版。

《衢州文献集成》出版之时，同步出版了几十万字的《衢州文献集成提要》。相比之下，《孔氏南宗文献丛书》所收录的孔氏南宗著述在题量上毕竟有限，单独出版《孔氏南宗文献丛书提要》则会显得较为单薄。同时，经过几年的进一步探究，对2015年出版的《孔氏南宗研究》感到有修订完善之必要，于是决意将修订与文献整理研究工作合二为一。

第一至四章对《孔氏南宗研究》作了全面修订，在体系结构上作了大幅度调整，在内容上作了大量充实，引入了诸多新发现的史料，从而使得全书观点更为清晰，论证更为周密。通过对孔氏南宗源流的梳理、孔氏南宗文化内涵与传承机制的深入剖析，为进一步分析孔氏南宗文献著述打下了基础。第五至六章是对孔氏南宗文献的整理与研究，一是就其文献情况作了整体性梳理，二是就其现存著述类文献作了提要性介绍。

第一至四章主要由我和刘小成先生完成，其中第一章第二节《孔氏南宗重要宗支》由徐寿昌先生完成；第五至六章主要由周洪才先生完成。书名中的“孔氏南宗文献”仍采用了金鉴才先生为《孔氏南宗文献丛书》所题的字体。

在本书付梓之际，谨向对出谋划策、提供珍贵史料、提出宝贵意见建议，以及编、审、校过程中付出辛劳的所有人士一并表示由衷的感谢。

吴锡标

庚子冬于至简斋

作者简介

吴锡标 浙江诸暨人，衢州学院教授，浙江省“151人才工程”第二层次人才，主要从事孔氏南宗、区域历史文化等研究。主持并完成教育部人文社科研究规划基金、省社科规划等省部级课题多项，由国家图书馆出版社、商务印书馆等出版著作、教材多部；多篇论文被《中国社会科学文摘》《新华文摘》等权威期刊转载；成果曾获浙江省哲学社会科学优秀成果一等奖、省高校优秀科研成果二等奖等奖励；研究报告曾获省委、省政府、省政协主要领导批示。

刘小成 浙江江山人，衢州学院副教授。主要从事孔氏南宗研究，主持和参与多项省部级孔氏南宗研究项目，在CSSCI核心期刊发表多篇论文，出版《孔氏南宗》《孔氏南宗人物传略》等著作。

周洪才 山东齐河人，山东大学图书馆研究馆员。在《文献》《孔子研究》等学术刊物发表论文80余篇。出版《孔子故里著述考》《孔子世家艺文志》《济宁历代著述考》《两汉书研究书录》等专著，其中《孔子故里著述考》被列为山东省哲学社会科学“十五”规划重点项目，被国际儒学联合会列为“2004年以来出版之主要儒学研究著作”；《孔子世家艺文志》被誉为“中国第一部正式出版的以姓氏族群为收录范围的著述志”。

徐寿昌 浙江松阳人，原浙江省衢州第二中学高级教师，孔氏南宗家庙管理委员会研究员。著有《孔彦绳复爵的前前后后》《孔氏南宗家庙恩官祠及诸恩官》《南渡孔氏宗支考》等一系列孔氏南宗研究论文，先后于2004年、2009年整理辑成《孔氏南宗史料》1—8卷、9—16卷。